数据分析与应用丛书

数据分析与EViews应用

（第3版）

易丹辉　编著

STATISTICS

中国人民大学出版社
· 北京 ·

图书在版编目（CIP）数据

数据分析与 EViews 应用/易丹辉编著. —3 版. —北京：中国人民大学出版社，2020.4
（数据分析与应用丛书）
ISBN 978-7-300-27744-8

Ⅰ.① 数… Ⅱ.①易… Ⅲ.①计量经济分析-应用软件-高等学校-教材 Ⅳ.①F224.0-39

中国版本图书馆 CIP 数据核字（2019）第 279237 号

数据分析与应用丛书
数据分析与 EViews 应用（第 3 版）
易丹辉　编著
Shuju Fenxi yu EViews Yingyong

出版发行	中国人民大学出版社		
社　　址	北京中关村大街 31 号	**邮政编码**	100080
电　　话	010－62511242（总编室）		010－62511770（质管部）
	010－82501766（邮购部）		010－62514148（门市部）
	010－62515195（发行公司）		010－62515275（盗版举报）
网　　址	http://www.crup.com.cn		
经　　销	新华书店		
印　　刷	北京鑫丰华彩印有限公司	**版　　次**	2008 年 10 月第 1 版
规　　格	185 mm×260 mm　16 开本		2020 年 4 月第 3 版
印　　张	22 插页 1	**印　　次**	2020 年 4 月第 1 次印刷
字　　数	517 000	**定　　价**	49.00 元

第3版前言

Preface

本书在2012年中国人民大学出版社出版的《数据分析与EViews应用》(第2版)基础上修订完成。本书介绍的EViews10.0是QMS公司在2017年正式推出的最新版本,它是对EViews8.0以及之后版本的完善和改进。EViews10.0的改进和新增功能包括:EViews界面;数据处理,改善了和R软件的兼容性;图形、表格和线轴、计量经济与统计;VAR和线性限制、结构VAR约束的改进、VAR历史分解;改进非线性预测等,进行包括描述统计、回归分析、传统时间序列等基本数据分析以及建立条件异方差、向量自回归以及混频数据抽样等复杂的计量经济模型。

随着科学技术的不断进步,越来越多的统计方法应运而生,为经济计量提供了更多的工具和手段,也为进行社会的定量研究提供了方便。EViews10.0的很多功能还有待进一步开发利用,由于不想让本书变得很厚,第3版只增写了混频数据建模,其他功能有机会再写另外的书时增补。EViews10.0的许多功能在软件的帮助部分都有较为详细的介绍,有兴趣的读者可以自己阅读掌握,本书只是起到一个引导作用。

本书的第1章及第8～13章由肖宏伟帮助完成,十分感谢他对EViews10.0使用的付出。感谢中国人民大学出版社的王伟娟编辑,没有她的坚持,我可能还不会这么快完成第3版的撰写。

由于时间和水平的限制,本书难免存在一些遗憾和不足,恳请读者谅解并提出宝贵意见。

易丹辉

第2版前言

Preface

第2版是在2008年中国人民大学出版社出版的《数据分析与EViews应用》基础上修订改写的。本书自出版后得到很多读者的热情鼓励，不断有人提出各种建议和意见，我在教学和实际使用中也发现了一些问题，基于此在出版社的建议下修订再版，除了对一些问题加以修订外，还在第3章增加了分位数回归一节。

随着科学技术的不断进步，越来越多的统计方法应运而生，为经济计量提供了更多的工具和手段，也为进行社会的定量研究提供了方便。EViews中提供的很多功能还有待进一步开发利用，由于不想让书变得很厚，再版时只增写了分位数回归，其他功能有机会再写另外的书时增补。EViews的功能，在软件的帮助部分都有较为详细的介绍，有兴趣的读者可以自己阅读掌握，我们只是起到一个引导作用。

由于时间和水平的限制，本书难免还有一些遗憾和不足，恳请读者谅解并提出宝贵意见。

易丹辉

第1版前言

Preface

EViews软件是在科学数据分析与评价、金融分析、宏观经济预测、销售预测和成本分析等领域应用非常广泛的预测分析计量软件，其前身是时间序列回归软件TSP。TSP软件基于DOS操作系统，EViews软件则在Windows环境下运行，更多地使用菜单和窗口方式，界面友好，使得本来复杂的数据分析过程变得易学易用。

本书介绍的EViews 6.0版是QMS公司在2007年3月正式推出的版本，它是对EViews 5.0版的完善和改进。比起EViews 5.0版，EViews 6.0版最大的特点是增加了新的数据管理功能、新的序列处理过程、新的估计方式，并新定义了几个函数。EViews 6.0软件功能很强，能够处理以时间序列为主的多种类型的数据，进行包括描述统计、回归分析、传统时间序列等基本的数据分析以及建立条件异方差、向量自回归，包括非结构化和结构化模型、Panel Data模型、状态空间模型等复杂的计量经济模型。

本书是在2002年中国统计出版社出版的《数据分析与EViews应用》基础上修订改写的，那本书为运用各种统计方法和经济计量方法处理数据的读者，提供了一个简便易学、易操作的工具，其内容除基于中国人民大学统计学系的易丹辉、赵以立老师讲授课程使用的材料，硕士研究生陈立杰、起亚宁也做了大量的工作，他们从大学四年级即将毕业开始，投入大量的时间和精力，反复操作、摸索一些还没有使用的功能，使得那本书得以顺利完成。

为进行EViews 6.0软件的培训，我于2006年开始使用该软件试用版，感觉这一版本在功能和使用操作上都有很大变化，为教学需要，决定对EViews 3.1版的“数据分析与EViews应用”进行修改。中国人民大学统计学院赵以立老师修改了原来的章节，硕士研究生王旭、吴潇参与了修改工作。他们投入大量的时间和精力，特别是王旭，对EViews 6.0新增的一些功能反复操作、摸索，完成新增功能的写作，使得读者可以省去许多时间，很快就能够掌握该软件的运用。非常感谢他们，感谢他们的付出，感谢他们的敬业！

本书的出版得到了中国人民大学出版社，特别是陈永凤编辑的大力支持和帮助。感谢他们为读者提供了这么一个好的工具！为方便读者学习，书中的所有例题数据都会放在中国人民大学出版社的网站上，有兴趣的读者可以下载，按照书上的步骤练习操作。

由于时间和水平的限制，本书难免有一些遗憾，恳请读者谅解并提出宝贵意见。我们希望能够与读者一起探讨、共同努力，繁荣和发展我国的统计事业，进一步提高管理的科学水平。

易丹辉

目 录

第 1 章 EViews 软件使用初步

EViews 软件是广泛使用的经济计量软件之一，是应用非常广泛的预测分析计量软件。本书介绍的 EViews10.0 是 IHS 公司在 2017 年 7 月初发布的 EViews 最新版本，包含了很多的改进及更新，不仅带来了全新的用户界面，还带来了全新的功能和强大的数据接口，支持与云中心连接进行数据分析操作，支持最新的 Win10 系统。

EViews10.0 软件功能很强，能够处理以时间序列为主的多种类型数据，进行包括描述统计、回归分析、传统时间序列分析等基本数据分析以及建立条件异方差、向量自回归、混频数据抽样等复杂的计量经济模型。

使用 EViews 软件可以采用交互处理和批处理两种模式。在交互处理模式下，用户每次只能提交一个命令，既可以通过在主窗口上方的命令输入行键入，也能通过点击菜单实现；在批处理模式下，要求用户运行程序前必须建立一个包含一组命令的文本文件，相对于前者难度较大，一般要比较熟练后才使用。

为方便读者学习，本书各章中的实例分析使用交互处理模式，而且尽可能用选择菜单功能的方式，本书附录将集中介绍 EViews 软件的编程基础。

本章主要介绍 EViews10.0 版本的基本操作方法，熟练地掌握它们是学习后面章节中各种数据分析过程的前提。

1.1 工作文件及建立

1.1.1 主窗口简介

软件安装（过程略）后，在相应的目录下用鼠标双击图标启动 EViews10.0 程序，进入主窗口，见图 1-1。

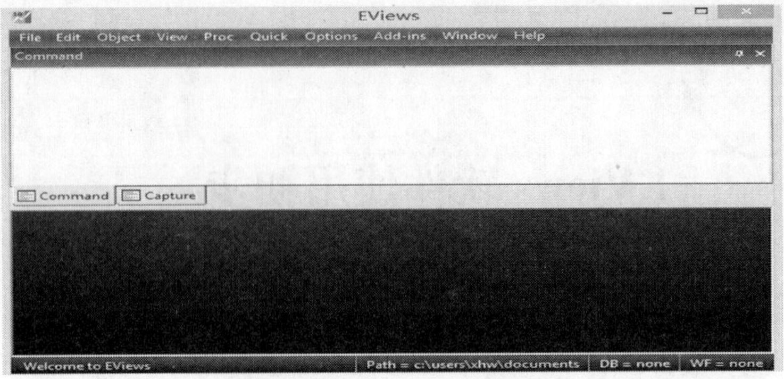

图 1-1　EViews10.0 软件主窗口

主窗口上方排列着按照功能划分的 10 个主菜单选项，用鼠标左键单击任意选项会出现不同的下拉菜单，显示该部分的具体功能。10 个主菜单选项提供的主要功能如下。

File　有关文件（工作文件、数据库、EViews 程序等）的常规操作，如文件的建立（New）、打开（Open）、保存（Save/Save As）、关闭（Close）、读入（Import）、读出（Export）、打印（Print）、程序运行（Run）等；选择下拉菜单中的 Exit 将退出 EViews 软件。

Edit　通常情况下只提供复制功能（下拉菜单中只有 Copy 项被激活），应与粘贴（Paste）配合使用；对某些特定窗口，如查看模型估计结果的表达式时，可对窗口中内容进行剪切（Cut）、删除（Delete）、查找（Find）、替换（Replace）等操作，选择 Undo 表示撤消上步操作。

Object　提供关于对象的基本操作。包括建立新对象（New Object）、从数据库获取/更新对象（Fetch/Update from DB）、将工作文件中的对象存储到数据库（Store to DB）、复制对象（Copy selected）、重命名（Rename）、删除（Delete）。

View 和 Proc　下拉菜单项目随当前窗口不同而改变，功能也随之变化，主要涉及变量的多种查看方式和运算过程。

Quick　提供快速分析过程，包括常用的统计分析方法、回归模型、时间序列模型以及多种重要的检验。

Options　系统参数设定选项。与一般应用软件相同，EViews 运行过程中的各种状态，如窗口的显示模式、字体、图像、电子表格等都有默认的格式，用户可根据需要选择 Options 下拉菜单中的项目对一些默认格式进行修改。

Add-ins　提供对常用插件进行管理和加载。包括管理插件（Manage Add-ins），通过增加（Add）或者删除（Remove）对插件进行增减；加载插件（Download Add-ins），在 Add In Objects 对话框中可以对相关插件进行安装。

Window　提供多种在打开窗口中进行切换的方式，以及关闭所有对象（Close All Objects）或关闭所有窗口（Close All）。

Help　EViews 的帮助选项。选择 EViews Help Topics 按照索引或目录方式在所有帮助信息中查找所需项目。下拉菜单还提供了分类查询方式，包括对象（Object）、命令（Command）、函数（Function）、矩阵与字符串（Matrix & String）、程序（Programming）五个方面。

主窗口的主菜单选项下面空白行是交互模式下的命令输入区，每次只允许键入一个操作命令。主窗口中大面积的空区域是留给其他子窗口显示所用。最下面是状态显示行，有程序路径、数据库和工作文件名称等相关内容。

1.1.2　工作文件的创建

EViews 要求数据的分析处理过程必须在特定的工作文件（workfile）中进行，所以在录入和分析数据之前，应创建一个工作文件。

利用鼠标左键单击主菜单选项 File，在打开的下拉菜单中选择 New/Workfile（菜单选择方式如图 1－2 所示，本书均以按鼠标选择顺序排列的各级菜单选项英文名称表示具体操作过程），此时屏幕出现一个工作文件定义对话框，要求用户指定序列的类型、频率和样本大小，见图 1－3。

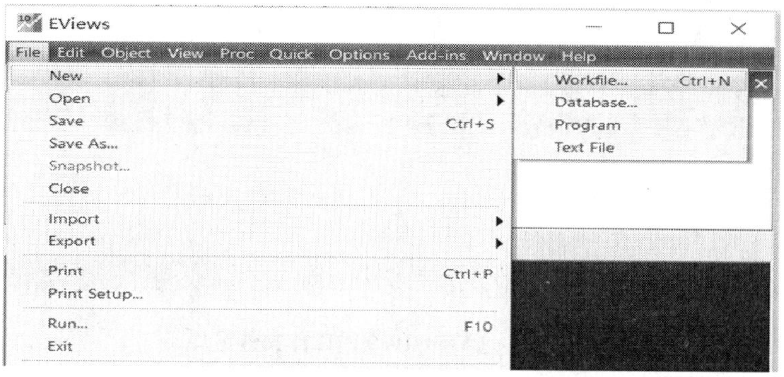

图 1－2　EViews 中菜单选择方法示意图

在图 1－3 所示对话框中，工作文件结构类型项（Workfile structure type）可根据具体情况选择非时序类（Unstructured/Undated）、时间序列（Dated-regular frequency）、齐整面板数据（Balanced panel）三种数据类型。我们以最常用的时间序列为例，在具体日期（Date specification）框中，日期频率（Frequency）可根据具体情况选择年度（Annual）、半年（Semi-annual）、季度（Quarterly）、月度（Monthly）等样式，并在下面的空格输入数据的起止时间。

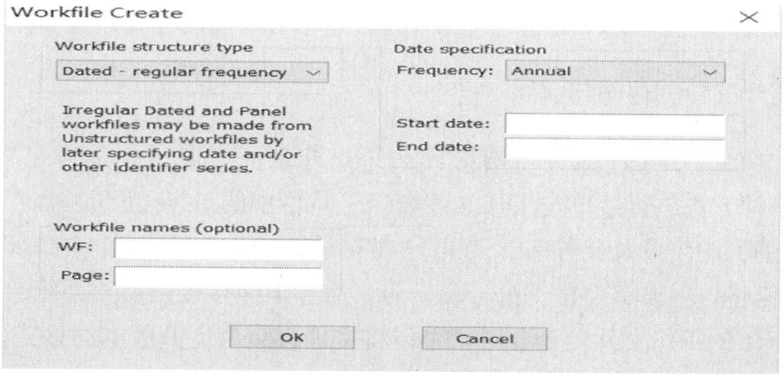

图 1－3　工作文件定义对话框

Annual 用四位数表示年份，如 1952，2001 等。Start date 后输入起始年份，End date 后输入终止年份。在 1900—2000 年之间的年份可以只输入后两位。

Semi-annual 输入格式为 1952：1，2001：2，注意年份后面只能跟 1 和 2，分别表示上半年和下半年。

Quarterly 输入格式为 80：1，2001：3，注意年后面只能跟 1，2，3，4，分别代表四个季度。

Monthly 输入格式为 1998：11，2001：09（等价于 2001：9），年后面为月份。

Weekly 和 Daily 在缺省状态下的格式为 10：31：1999，即“月：日：年”的形式。

Integer date 表示其他类型数据，如无时间限定的数据。起止项中分别输入 1 和 50，表示个数是 50 的一个序列。

输入完毕后，点击 OK，工作文件创建完毕，工作文件窗口（如图 1－4）同时打开。

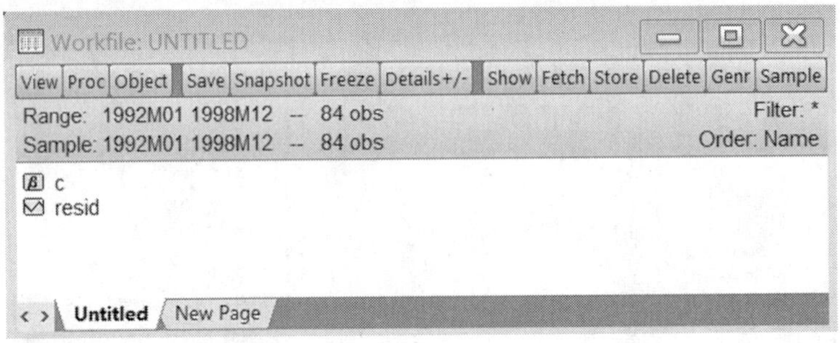

图 1－4 EViews10.0 的工作文件窗口

1.1.3 工作文件窗口简介

工作文件窗口是各种类型数据的集中显示区域，拥有很多功能。窗口最上方显示工作文件名称，图 1－4 显示为未命名（UNTITLED），下面一行是工具栏，提供了各种运算功能，相关内容将在以后章节逐步介绍。再下面显示的是数据的基本情况，包括数据区间（Range）、样本期（Sample）等。

一个新建的工作文件窗口内只有 2 个对象（Object），分别为 c（系数向量）和 resid（残差），当前它们取值分别为 0 和空值（NA），可通过鼠标左键双击对象名打开该对象查看其数值。当工作文件中读入或生成其他对象后，也可按照同样方法查看其数值。

1.1.4 工作文件的存储与调用

保存新建立的工作文件通常有两种方法。一种是在主窗口中选择菜单 File/Save 或 Save As，另一种方法是直接单击工作文件窗口工具栏中的 Save 按钮。保存文件时，用户需要给出保存的目的位置及文件名。当用户在对话框中输入文件名（如 gdp1，Y 等，但不能多于 8 个字符，且没有空格、逗号和句号）后点击保存按钮后，系统会自动将其存储为扩展名为 . wf1 的工作文件。需要时，可以将文件存储为更低版本的格式，如 TSP 中的 Old Dos Workfile 或 Old Mac Workfile。

调用以前建立的工作文件，在主窗口菜单选项中依次选择 File/Open/Workfile，并给出相应的路径与文件名。除了上述三种类型的工作文件，EViews 还支持 ASCII 码文本（Text）及数据库（Database）的读入。

1.1.5 工作文件时间范围的调整

当需要对建立的工作文件追加数据，或对变量进行预测，而这些数据超出工作文件创立时所确定的起止日期时，需对工作文件的时间范围进行调整。

在图 1-4 所示工作文件窗口的工具栏中，选择 Proc/Structure the Current Page，然后在屏幕出现的对话框中输入新观测起止时间即可。如果新的时间范围没有完全包含以前的设置，EViews 会给出数据将丢失的警告，用户应进行确认。

利用命令方式也可以实现相关操作。扩展样本期的命令格式为

expand start end

其中，start 和 end 分别代表新的观测期的起止点，且必须包含原样本期。expand 是命令关键词（本书中命令格式中的命令关键词都用粗体表示）。如果对观测期的调整涉及删除原有观测值，则应使用命令

range start end

例 1.1

某工作文件原起止期为 1992 年 1 月—1998 年 12 月，现分别将其变为 1991 年 1 月—1999 年 12 月和 1993 年 1 月—1999 年 12 月。

这类操作，使用命令方式比选择菜单更方便。在主窗口命令行输入

expand 1991，1 1999，12

和 **range** 1993：1 1999：12

即可。这里，分隔年月用“，”和“：”都可以；个位数月份前是否加 0 都行。

1.1.6 改变工作文件的显示方式

如果工作文件包含很多对象，使选取对象的操作变得比较麻烦，则可在工作文件窗口工具栏中选择 View/Display Filter 对某些对象进行过滤；选择 View/Display Comments (Label+－）可在是否显示对象的详细资料（包括创建或更新时间，对象标签，等等）间进行切换；选择 View/Name Display/Uppercase 将对象显示资料改为大写字母，系统默认的是小写（Lowercase）。

1.2 序列对象的基本操作

1.2.1 对象的类型

在 EViews10.0 中，共有功能各不相同的 27 种对象（Object），可以认为它们既是构

成工作文件的基本元素，也是实现所有分析过程的载体。这些对象的名称及在图 1-4 所示工作文件窗口中对应图标如下：

字符（Alpha）
系数向量（Coef）
矩阵（Matrix）
文本（Text）
方程（Equation）
串（String）
因子（Factor）
结构向量（Svector）
图像（Graph）
对称矩阵（Sym）
群（Group）
系统（System）
用户对象（Userobj）
表（Table）
模型（Model）
对称矩阵（Sym）
对象集合（Spool）
状态空间（Sspace）
合成数据（Pool）
值图（Valmap）
列向量（Rowvector）
向量自回归（Var）
样本（Sample）
向量（Vector）
标量（Scalar）
对数向量（Logl）
序列（Series）

27 种对象中，最常用的对象是序列（Series）和方程（Equation）。本节将主要介绍序列的基本操作，这些操作方法在很大程度上对各种对象都适用，有关其他对象类型的特殊用法将在后面的章节中加以说明。

1.2.2 序列的创建与打开

工作文件建立之后，应创建待分析处理的数据序列。在主窗口的菜单选项或者工作文件窗口的工具栏中选择 Object/New Object，屏幕出现对象定义对话框，如图 1-5 所示。

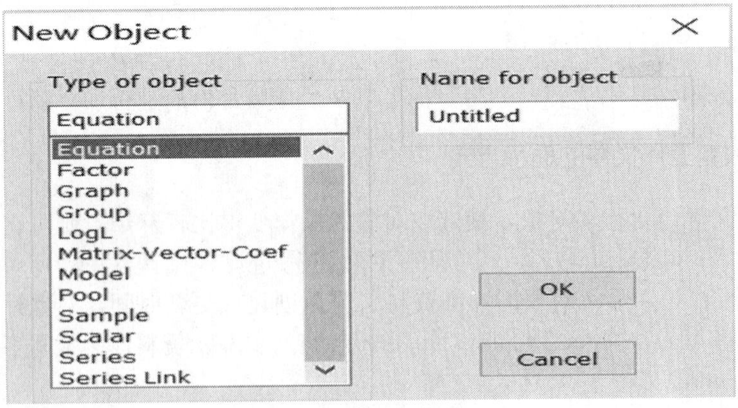

图 1-5　对象定义对话框

用户在对话框左侧列表中选择希望生成的对象类型（如建立一个序列，则选择 Series），并可以在对话框右上方的空格处为新序列起名（默认名是 Untitled），如命名为 x，定义完毕后单击 OK 按钮。建立不同类型的对象，会出现不同的对话框，用户可根据计算机屏幕提示进行相关操作。

注意，给包括序列在内的任何对象命名时，不能使用下面 EViews 软件的保留字符：

ABS　ACOS　AR　ASIN　C　CON　CNORM　COEF　COS　D
DLOG　DNORM　ELSE　ENDIF　EXP　LOG　LOGIT　LPT1　LPT2
MA　NA　NRND　PDL　RESID　RND　SAR　SIN　SMA　SQR
THEN

EViews 软件不区分序列名称字母的大小写，例如 LP、lp 和 Lp 被视为同一序列名称。

同时生成多个序列可使用命令：

data name1 name2

即在关键词 data 后输入新序列的名称（可不止两个），并用空格分开。

打开已存在的序列的方法很多：直接双击选定的序列打开；在工作文件窗口中选择 View/Open Selected/One Window 打开；在工作文件窗口中按 Show 或者在主窗口中选择 Quick/Show 后，在出现的对话框里输入需要打开的序列名称，点击 OK 按钮即可。

1.2.3　序列对象窗口简介

序列对象窗口是显示某对象的窗口，既可以显示其数据，也能够显示一个有关对象过程（Procedure）的结果。一个尚未命名和录入数据的序列对象窗口的电子表格形式（SpreadSheet）见图 1－6。

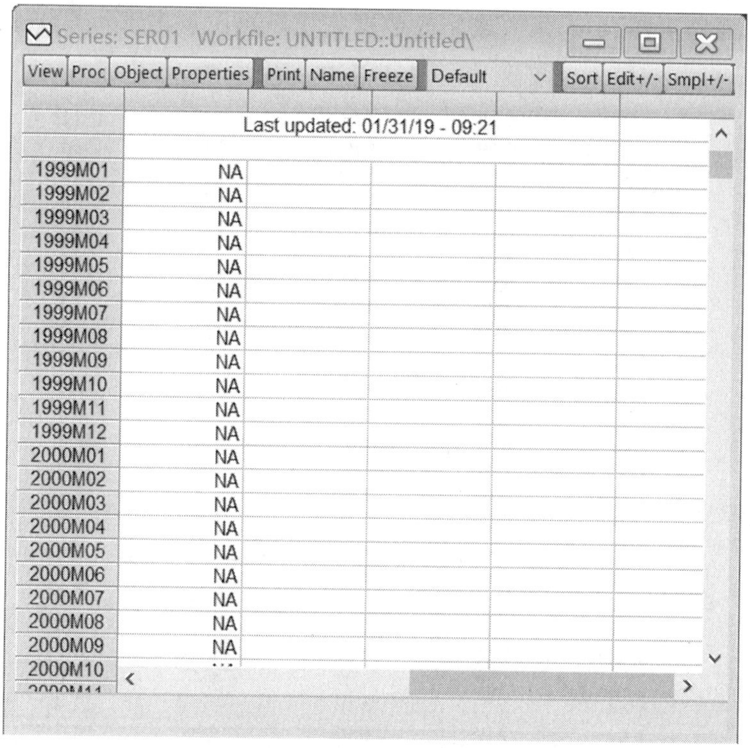

图 1－6　序列对象窗口

窗口上方工具栏中有多个按钮，通常会根据对象的不同而变化。其中，不变的按钮有：

View 改变对象在窗口中的显示模式。

Proc 提供关于对象的各种过程。

Object 进行有关对象的存盘、命名、删除、拷贝和打印等工作。

Print 打印当前对象窗口中显示的内容。

Name 对象命名或改名。

Freeze 以当前对象窗口内容为基础，生成一个新的图像、表或文本类型的对象。

EViews 支持同时打开多个对象窗口，并且这些对象可以是不同类型。

1.2.4 序列数据录入、调用与编辑

EViews10.0 软件为用户提供了多种导入数据的方法。

1. 手动输入数据

建立工作文件后，无论新生成还是打开一个序列，都会出现如图 1－6 所示的序列对象窗口。在工具栏上选择 Edit＋/－按钮进入编辑状态，用户可输入或修改序列观测值。点击 Smpl＋/－按钮可在显示工作文件时间范围内全部数据和只显示样本值（样本期可为工作文件时间范围的一个子区间）之间切换；Label＋/－按钮在是否显示对象标签两种模式间进行切换；Wide＋/－按钮在单列显示和多列显示序列值之间进行切换。对于季度和月度数据，采用多列显示模式会更清楚（图 1－7 和图 1－8 分别是同一批月度数据的多列和单列显示模式）。录入或修改数据完毕后再次点击 Edit＋/－按钮恢复只读状态。

2013M01	2.03	2.88	1.61	1.5	2.21	1.98
2013M02	3.22	5.99	1.85	1.8	2.96	3.25
2013M03	2.07	2.68	1.77	1.9	2.48	1.67
2013M04	2.39	4.05	1.58	1.8	2.19	2.16
2013M05	2.1	3.23	1.55	1.8	2.13	1.81
2013M06	2.67	4.93	1.59	1.7	2.29	2.65
2013M07	2.67	5.02	1.56	1.6	2.32	2.65
2013M08	2.57	4.73	1.53	1.6	2.4	2.52
2013M09	3.05	6.1	1.59	1.7	2.4	3.09
2013M10	3.21	6.55	1.62	1.8	2.3	3.25
2013M11	3.02	5.94	1.63	1.8	2.3	2.91
2013M12	2.5	4.05	1.74	1.8	2.2	2.18
2014M01	2.49	3.67	1.89	2	2.09	2.01
2014M02	1.95	2.65	1.59	1.7	1.5	1.57
2014M03	2.38	4.07	1.55	1.7	1.7	2.23
2014M04	1.8	2.29	1.56	1.6	1.8	1.44
2014M05	2.48	4.1	1.68	1.7	2.2	2.38
2014M06	2.34	3.68	1.67	1.7	2.1	2.22
2014M07	2.29	3.6	1.64	1.7	2	2.18
2014M08	1.99	3.05	1.47	1.6	1.9	1.84
2014M09	1.63	2.32	1.28	1.5	1.7	1.36
2014M10	1.6	2.5	1.16	1.4	1.6	1.45
2014M11	1.44	2.31	1.01	1.3	1.4	1.28
2014M12	1.51	2.86	0.83	1.3	1.1	1.39

图 1－7　多列显示模式

2013M01	2.03
2013M02	3.22
2013M03	2.07
2013M04	2.39
2013M05	2.1
2013M06	2.67
2013M07	2.67
2013M08	2.57
2013M09	3.05
2013M10	3.21
2013M11	3.02
2013M12	2.5
2014M01	2.49
2014M02	1.95
2014M03	2.38
2014M04	1.8
2014M05	2.48
2014M06	2.34
2014M07	2.29
2014M08	1.99
2014M09	1.63

图 1－8　单列显示模式

2. 调入已有数据文件

EViews10.0 允许调用三种格式的数据：ASCII、Lotus 和 Excel 工作表。用户可从主菜单选择 Proc/Improt/Read Text-Lotus-Excel，然后找到并打开目标文件，对应于不同类型的文件会出现不同的对话框，其中 Excel 工作表的读入是最常用的，下面将以一个例子具体说明。

例 1.2

如图 1－9 所示名为 stock 的 Excel 工作簿中，序列 y 和 x 分别代表我国 1990 年 12 月至 1991 年 11 月（时间在表中省略）上证指数最高值与最低值，现将其读入 EViews。

	A	B	C
1	y	x	
2	125.28	95.79	
3	135.19	129.93	
4	134.87	128.06	
5	132.53	120.11	
6	122.2	113.89	
7	114.83	104.96	
8	137.56	114.89	
9	143.8	131.87	
10	178.43	143.8	
11	191.18	178.43	
12	218.6	179.8	
13	259.85	218.6	
14			
15			

图 1－9　数据的 Excel 工作簿

建立一个时间范围为 1990 年 12 月—1991 年 11 月的工作文件，然后在主菜单选择 Proc/Improt/Improt from files，找到该 Excel 文件存储路径后（如 d：\ data \ stock. xls）双击文件名 stock，屏幕出现如图 1－10 所示对话框。读取 Excel 将分四步进行，如图 1－10 至图 1－13 所示，在图 1－13 中选择数据频率及起始时间，定义完毕后点击完成按钮，工作文件窗口即出现新读入的 y 和 x 序列。

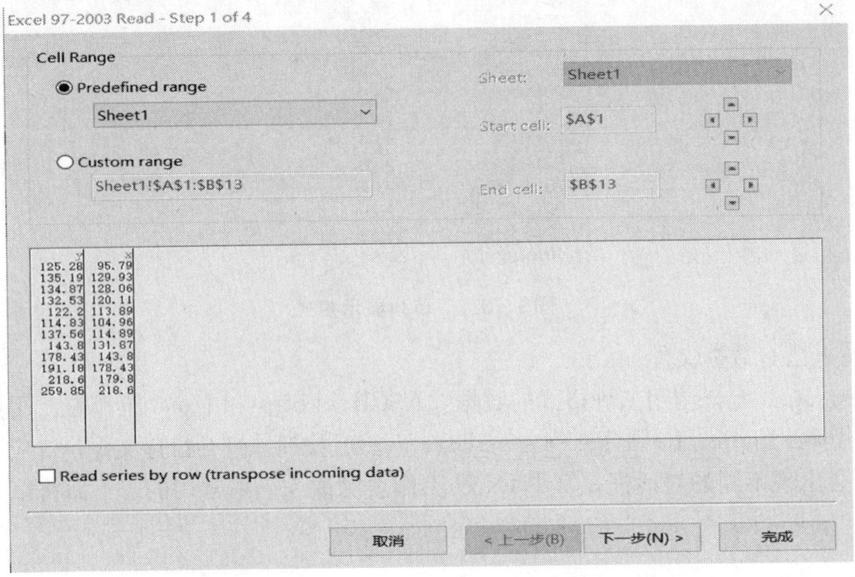

图 1－10　读入 Excel 电子表格第一步对话框

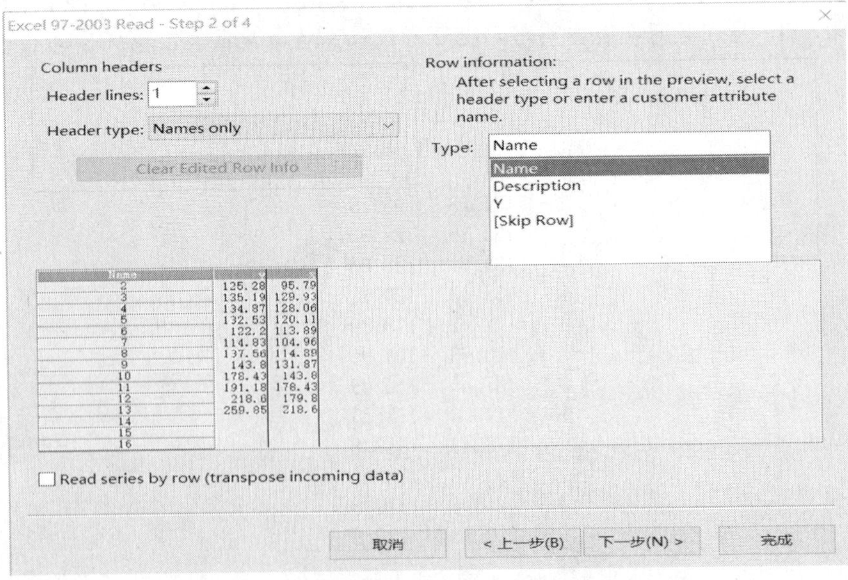

图 1－11　读入 Excel 电子表格第二步对话框

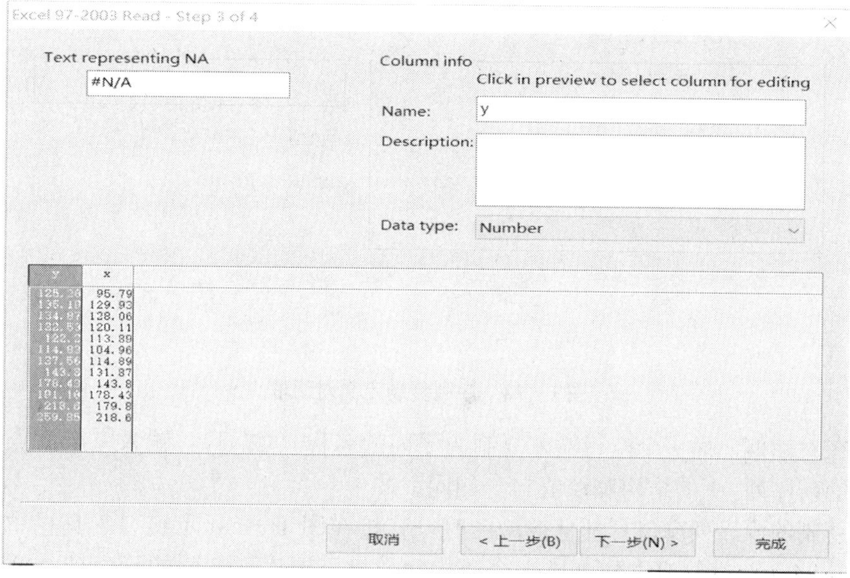

图 1-12　读入 Excel 电子表格第三步对话框

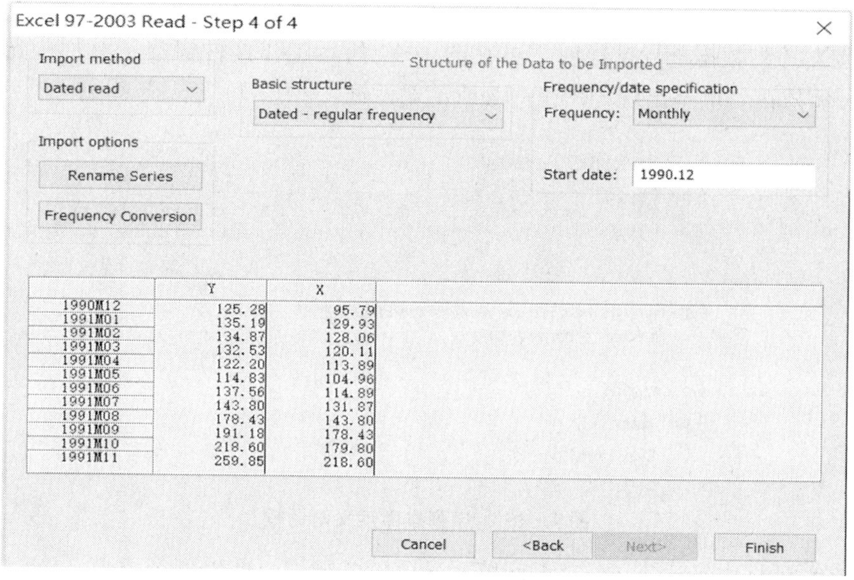

图 1-13　读入 Excel 电子表格第四步对话框

最后还要提醒读者一定别忘了及时保存新的数据文件，给工作文件命名时，应注意避免与其他文件同名，否则会覆盖原文件内容，造成信息丢失。

1.2.5　序列复制与排序

1. 序列复制

当需要复制的序列没有在工作文件中打开或者该对象窗口没被激活时，可以在主菜单中选择 Object/Rename selected，屏幕出现如图 1-14 所示对话框。

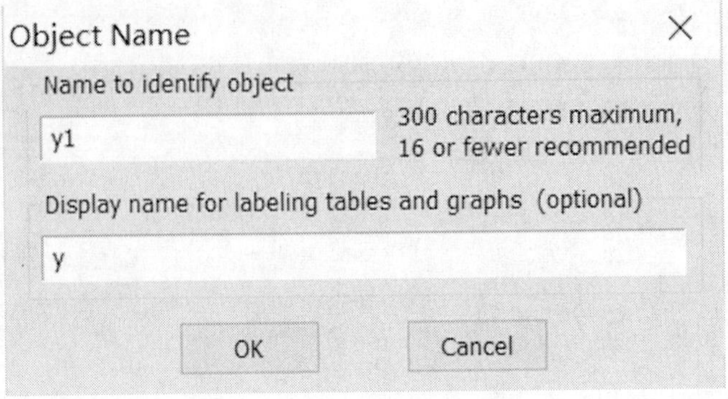

图 1-14　序列复制定义对话框

用户在对话框上面一个空行输入复制源序列的名称（如 y1），输入完毕后点击 OK 按钮，产生的新序列 $y1$ 的结构和取值与 y 相同。

若待复制的源序列窗口打开且被激活时，直接在图 1-6 所示窗口工具栏中选择 Object/Copy Object，计算机立即生成一个结构和数据与源序列相同的新序列，且新序列默认名称为 Untitled，用户可以根据需要重命名。

2. 序列排序

当需要对序列数据进行排序时，可在图 1-4 所示工作文件窗口工具栏中选择 Proc/Sort Current Page，屏幕出现如图 1-15 所示对话框。

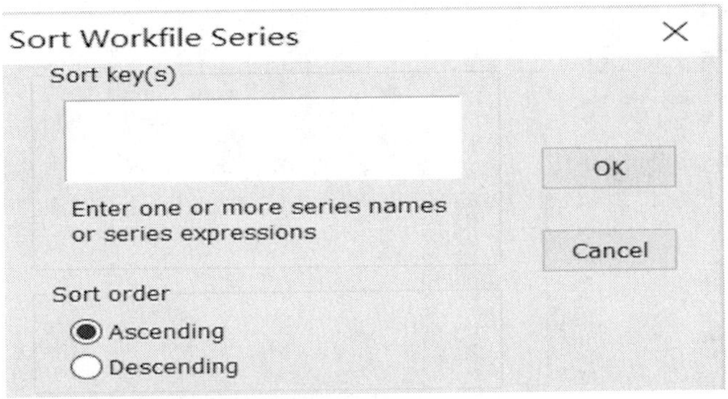

图 1-15　序列排序定义对话框

用户在对话框中 Sort key(s) 下面填写排序的关键词，即以哪个或哪几个序列值为基础进行排序，如输入 income 表示按照收入排序（若是多个序列名，则其间用空格隔开）。另外，还需要指定是按升序（Ascending）还是降序（Descending）排列。提醒注意的是，如果工作文件已经按日期排列，那么排序通常会破坏观测值与日期的对应关系。

1.3　数据分析的常用操作

1.3.1　表达式

EViews 的表达式通常由数据、序列名称、函数、数学和关系运算符构成。在 EViews

中，函数前面一般有记号@，如函数@mean 表示计算当前样本期一个序列的均值；@abs 是对当前样本期每个观测值取绝对值等，其他常用函数将在以后逐步介绍。

EViews 中表达式的各种运算符见表 1-1。

表 1-1　EViews 中的运算符

运算符	+	−	*	/	^	>	<	=	<>	<=	>=
意义	加	减	乘	除	幂	大于	小于	等于	不等于	小于等于	大于等于

表达式中可以出现逻辑运算符 and（和）、or（或）。如

(age<=35 and income>5 000)or(income>10 000)

表示收入在 5 000 元以上且年龄小于等于 35 岁，或收入高于 10 000 元的人群。更复杂一些的表达式如

0 * (age<=18)(age>18 and age<=50)2 * (age>50)

含义是当年龄小于等于 18 岁时取值为 0，大于 18 岁且小于等于 50 岁取值为 1（表达式中可省略），大于 50 岁则取值为 2。

1.3.2　样本

1. 样本的确定

样本（Sample）通常是工作文件观测值的一个子集。在建立工作文件时，系统默认为整个观测期。当需要对某段时间或符合某种条件的观测值操作时，需要更改样本期。一般可在图 1-4 所示的工作文件窗口工具栏中点击 Sample 按钮，也可以在主菜单或工作文件窗口的工具栏选择 Proc/Set Sample，屏幕上会出现一个包含上下两个编辑窗口的对话框，如图 1-16 所示，等待用户输入相关信息。

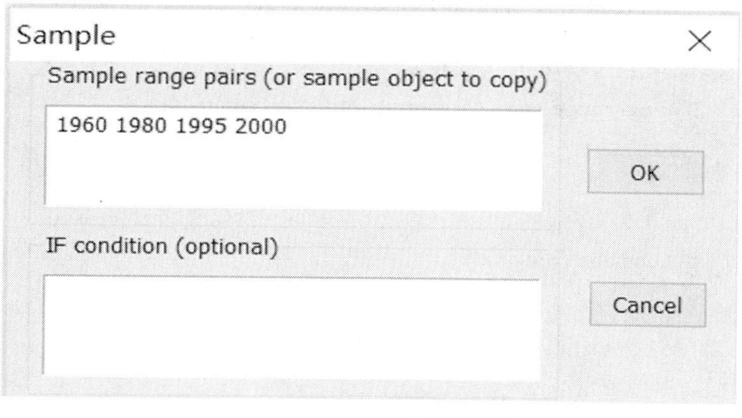

图 1-16　样本期定义对话框

在对话框上方 Sample range pairs 下的空白区域中，用户需给出成对的日期，每对数值分别表示在新样本期中一个子集的起止点。如输入 1960 1980 1995 2000，表示选择 1960—1980 年以及 1995—2000 年的观测值构成样本进行相关操作。EViews 还提供了几

个简化输入的函数：@all，整个工作文件范围；@first，工作文件的第一个观测值；@last，工作文件的最后一个观测值。例如，样本起止时间为 1995 年 1 月—2001 年 6 月，则@all、@first1995：1 和@last 2001：6 三种输入法是等价的。

对话框下半部分 IF condition 是附加条件输入区域（与 1.4.1 部分的表达式书写方法一样），若不需要对序列取值进行限制，可以省略。EViews 将取用户输入的样本区间与附加条件的交集作为最终的样本期。例如，在两个窗口中分别输入 1990 1999 和 pt＞1.12，表示所选取观测值在 1990—1999 年范围内，且序列 *pt* 的值应大于 1.12。另外，条件表达式中允许加入算子 OR 和 AND。比如，在两个窗口中分别输入 1980 1985 1990 1995 和 height＞＝170 and weight＜75，表示在 1980—1985 年以及 1990—1995 年间身高大于等于 170 厘米、体重小于 75 千克的毕业生。

样本期的定义可以利用命令完成，命令格式为：

smpl start1 end1 start2 end2 **if**_condition

其中，**if** _ condition 表示在关键词 if 后输入附加条件表达式（下划线在实际输入命令时并不出现，这种命令格式书写方式与 EViews 帮助文件相同，下同）。上面毕业生的例子可用命令表示为：

smpl 1980 1985 1990 1995 **if** height＞＝170 and weight＜75

2. 样本对象

在处理实际问题时，经常需要反复利用几个特定的工作文件样本期。为简化操作，EViews 提供了样本对象用以存贮所定义的样本信息，可供随时调用。生成样本对象的方法与序列类似，在图 1－5 所示对象定义对话框中选择 Sample 即可。点击 OK 按钮后屏幕出现样本对象定义对话框，如图 1－17 所示，可按照上面的格式输入相应条件。有所不同的是，对话框最下面有一个 Set workfile sample equal to this 选项，选中表示工作文件的范围与样本期一致。通过这种方法可以为工作文件设定多个样本，以适应不同操作的需要。

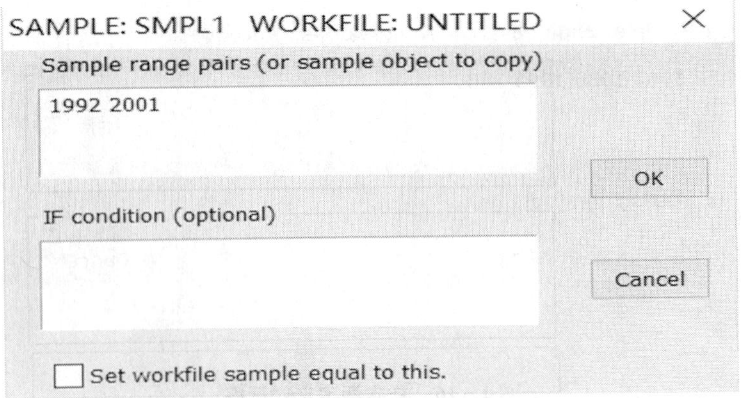

图 1－17　样本对象定义对话框

生成样本对象也可以使用命令

sample sample_name start end **if**_condition

其中，sample _ name 是样本对象的名称，如

sample smpl1 1994:1 2000:4

用 smpl1 代表 1994 年第 1 季度到 2000 年第 4 季度这段样本期。

调用已存在的样本对象，使用命令

smpl sample_name

1.3.3　新序列的建立

在数据分析时，利用已知序列生成新序列和修改原序列值是很常用的操作。若新序列是工作文件中已有序列的函数，则可由已知序列参与特定运算产生。

在主菜单选择 Quick/Generate Series 或点击工作文件窗口工具栏中的 Proc/Generate Series，屏幕弹出序列建立对话框，如图 1－18 所示，用户在上面的 Enter equation 编辑区中输入赋值语句，在 Sample 下面输入样本期。

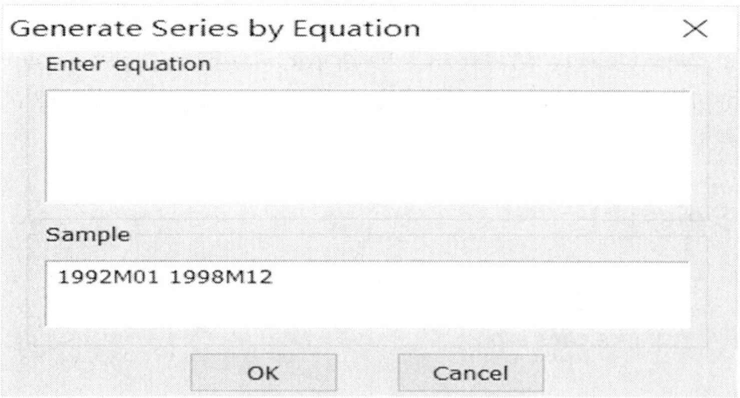

图 1－18　序列建立对话框

若工作文件现有序列 x 和 y，利用它们生成新序列 z，可键入赋值语句

z=3 * x－y/2　　　　(1.3.1)

在 Sample 编辑框中，既可以直接给出新序列的样本期，也能配合使用条件语句，如

@ all if x>0 and y<4

这样，在 x 和 y 满足条件的时点上，z 的取值由赋值语句决定，其他情况则为缺失值 NA。此外，EViews 允许赋值语句的等式左边是目标序列（如这里的 z）的某些函数，如

2 * z+y=6 * x　　　　(1.3.2)

式（1.3.1）与式（1.3.2）是等同的。除了＋、－、*、/、^外，EViews 支持在等式左边出现以下函数符号：自然对数 log()，指数 exp()，算术平方根 sqr()，差分 d()，自然对数差分 dlog() 和倒数@ inv()。如

log(@ inv(y) * z/2)=x

$$\log(z)=z \tag{1.3.3}$$

需要注意的是，目标序列在等式左边只能出现一次，且目标序列可以是工作文件中已存在的序列，此时操作相当于修改观测值。如式（1.3.3）相当于以序列 z 的自然对数值取代原观测值。

生成或修改一个序列，常用命令方式，格式为：

series name＝formula

例如，产生新序列 z 的命令为：

series z＝3 * x－y/2

1.3.4　群

1. 群对象的创建

群（Group）是一个或多个序列标志符，通过它可实现很多针对群中序列整体的操作，是研究序列间关系的有效工具。创建群对象时，首先在图 1－4 所示工作文件窗口的工具栏中选择 Object/New Object，然后在图 1－5 所示的对话框左边选择 Group 项，并给它命名，点击 OK 按钮后出现群对象定义对话框，如图 1－19 所示，输入欲建立的群所包含的序列名称后，点击 OK 按钮。

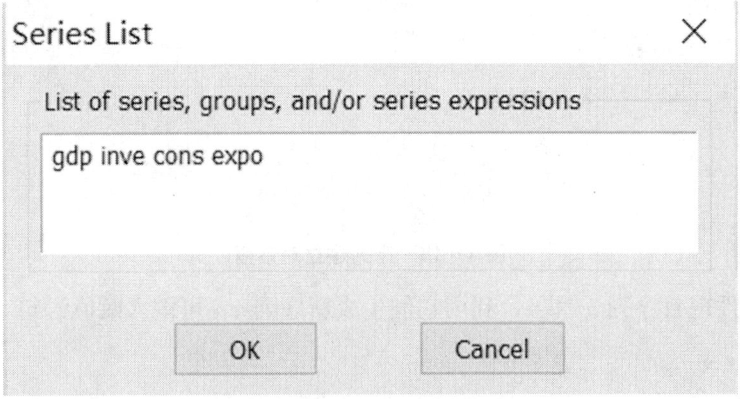

图 1－19　群对象定义对话框

也可以使用命令方式生成群对象，格式为：

group group_name ser1 ser2 ser3

其中，ser1 等是纳入群的序列名称。如

group economy gdp inve cons expo

表示将国民生产总值（gdp）、投资（inve）、消费（cons）和出口（expo）四个时间序列一起生成群对象 economy。

在群对象定义对话框中允许将输入序列名称表示为已有序列的一个函数，如

3 * gdp inve+expo @inv(cons)

但这种输入法不能用于命令方式。

最后要说明的是，群对象生成后，如果其中某个序列发生变化，如修改观测值、更名、删除等，都会引起群的相应变化。

2. 群中序列的调用

调用群所包含的序列时，主要标志是在该群建立时，特定序列在所有序列中的排列次序 *n*。在图 1-19 显示的例子中，economy(1) 代表序列 gdp，以此类推。对它们的操作与一般序列方法相同。例如：

series y=economy(2)/p+economy(3)/p

式中，***p*** 为价格指数序列；***y*** 为投资（inve）和消费（cons）实际值的总和。另外，也可以改变群中的序列值，如

series economy(1)=log(economy(1))

表明用 gdp 的自然对数值取代原序列 gdp。

1.3.5　图像

当工作对象确立之后，为认识数据的变化规律，最直接的观察方法是图像法。在 EViews 中，直接在主菜单中选择 Quick/Graph，将目标对象（一般是序列和群）名称或者关于特定对象的表达式输入对话框，单击 OK 按钮进入图像定义对话框，如图 1-20 所示。

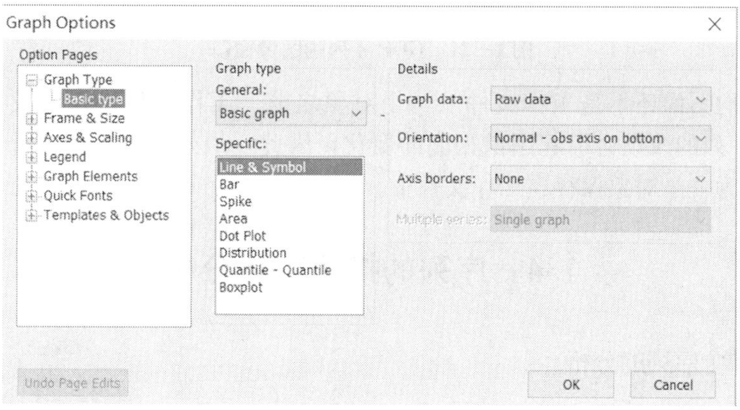

图 1-20　图像定义对话框

图像定义对话框由多个标签组成，有图像类型（Graph Type）、边框（Frame & Size）、坐标轴与尺度（Axis/Scaling）、图例（Legend）等。在图像类型（Graph Type）下，显示 Basic type，用户可点击右侧 General 下方的箭头打开下拉菜单，根据需要选择绘制单个序列图像（Basic graph）还是多个序列的图像（Categorical graph）；在 Specific 下方选择需要的图像种类，包括点线图（Line & Symbol）、条形图（Bar）、堆栈图（Spike）、面积图（Area）、点图（Dot Plot）、分布图（Distribution）、Q-Q 图（Quantile-Quantile）、

箱线图（Boxplot）等。对话框的右侧部分，Graph data 中可以选择是对原始数据画图（Raw data）还是均值（Mean）等其他统计量，Orientation 中可选择横坐标为时间变量（Normal-obs axison bottom）或者纵坐标为时间变量（Rotated-obs/time down left axis），Axis borders 中可以选择在图像左方（纵坐标为时间变量时在图像下方）同时输出箱线图（Boxplot）、直方图（Histogram）及核密度图（Kernel density），或者选择不要任何图（None）。对要生成的图像做更细致的定义，可以点击其他标签，做相应的选择即可。各种项目定义完毕后，点击 OK 按钮即出现图像窗口。图 1 - 21 是我国 1978—2018 年 GDP 序列的折线图，纵坐标单位为亿元。如果需要，可利用窗口上方的工具栏继续对图像进行编辑。

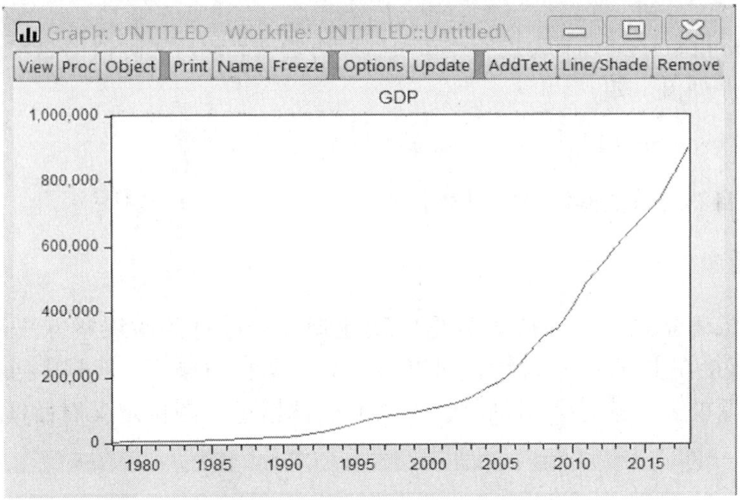

图 1 - 21　GDP 序列的图像窗口

当新绘制的图像还不是工作文件的一个对象之前（工作文件窗口尚没有该图像的名称），对有关序列的改动会引起图像相应的变化，因此，最好及时选择 Name 按钮给图像取名，将其作为一个对象保存在工作文件中。

1.4　序列的描述统计分析

1.4.1　单个序列的分析

图 1 - 6 所示的序列对象窗口工具栏中，View 按钮的下拉菜单（见图 1 - 22）提供了多种描述统计功能。

该下拉菜单由四个部分组成。最上面一部分提供了两种序列数据的观察法：电子表格（SpreadSheet）及图形（Graph）。下面的两部分中，第三部分的相关图（Correlogram）、单位根检验（Unit Root Test）及 BDS 独立性检验（BDS Independence Test）主要针对时间序列，将在以后章节详细说明，这里主要介绍第二部分内容。菜单最下面的第四部分为标签（Label），在需要时可以进行相关改动。

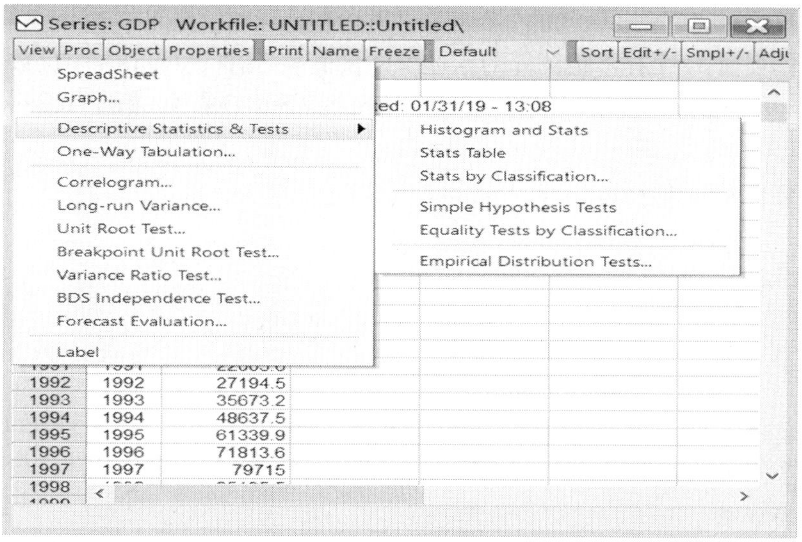

图 1-22 单个序列 View 下拉菜单项目

1. 描述统计分析与检验

View 下拉菜单中的描述统计与检验（Descriptive Statistics & Tests）包括三个子块。第一个子块为描述统计部分，包含三项：直方图和统计量（Histogram and Stats）、统计量表（Stats Table）与分组统计量（Stats by Classification）。

例 1.3

对我国 2005 年 31 个省市的人均可支配收入 INC 序列进行描述统计分析。

工作文件中已有名为 INC 的序列（数据见二维码内容），在 View 下拉菜单中选择 Histogram and Stats，得到图 1-23。

例 1.3 数据

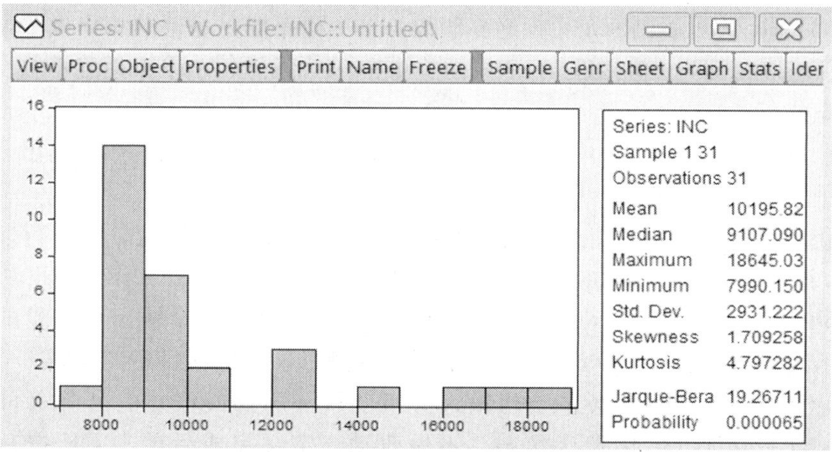

图 1-23 INC 序列的柱图与相关统计量

直方图反映序列值在各区间的分布频率，其中横坐标单位是元。图 1－23 中右边的框里列出了根据当前 31 个样本值测算的描述统计量值：均值（Mean）、中位数（Median）、最大值（Maximum）、最小值（Minimum）、标准差（Std. Dev.）、偏度（Skewness）和峰度（Kurtosis）。

其中，标准差的计算公式为：

$$\hat{\sigma}=\sqrt{\frac{1}{n-1}\sum_{i=1}^{n}(y_i-\bar{y})^2} \tag{1.4.1}$$

偏度的计算公式为：

$$S=\frac{1}{n}\sum_{i=1}^{n}\left(\frac{y_i-\bar{y}}{\hat{\sigma}}\right)^3 \tag{1.4.2}$$

峰度的计算公式为：

$$K=\frac{1}{n}\sum_{i=1}^{n}\left(\frac{y_i-\bar{y}}{\hat{\sigma}}\right)^4 \tag{1.4.3}$$

式中，n 为样本量。

由图 1－23 可知，偏度 $S=1.709\,258>0$，峰度 $K=4.797\,282>3$，因此，与标准正态分布（$S=0$，$K=3$）相比，各省市人均可支配收入呈现右偏、尖峰的分布形态。

图 1－23 中右边最下方是 Jarque-Bera 检验结果。该检验的零假设是样本服从正态分布。检验统计量为：

$$JB=\frac{n-m}{6}\left[S^2+\frac{1}{4}(K-3)^2\right] \tag{1.4.4}$$

式中，S 和 K 为样本序列的偏度与峰度；m 为产生样本序列时用到的估计系数的个数。

在零假设下，JB 统计量服从 $\chi^2(2)$ 分布。根据 EViews 给出的拒绝零假设犯第一类错误的概率（Probability）可以判断是否拒绝零假设。这个概率值是检验的相伴概率，简称为 p 值。由图 1－23 可知，p 值接近 0，表明至少可在 99%的置信水平下拒绝零假设，即序列不服从正态分布。

序列的统计量表是将图 1－23 中右边框里列出的描述统计量值用表的形式输出，而且加上总量与总量的方差值，如图 1－24 所示。

序列的分组描述统计分析是将样本期分为若干子集后对各组观测值分别进行描述统计。选择 Stats by Classification，屏幕出现分组描述统计定义对话框，如图 1－25 所示。

对话框左边 Statistics 下面有 11 个选项，用户可选择一个或多个输出统计量的种类（# of NAs 表示缺失值的个数，Observations 指样本观测量，其他项目意义与图 1－23 相同）。在 Series/Group for classify 下的空格输入分组变量（序列或群）的名称（可不止一个），其他项目一般可以使用默认状态，不做改动。定义完成后单击 OK 按钮得到结果。

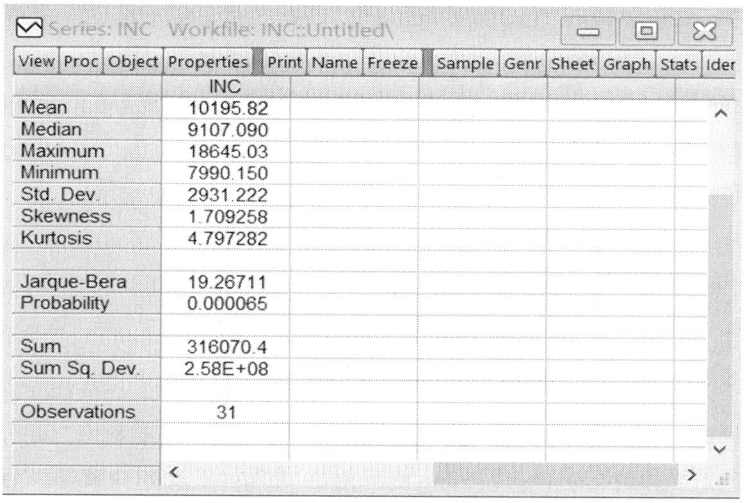

图 1-24　INC 序列的相关统计量

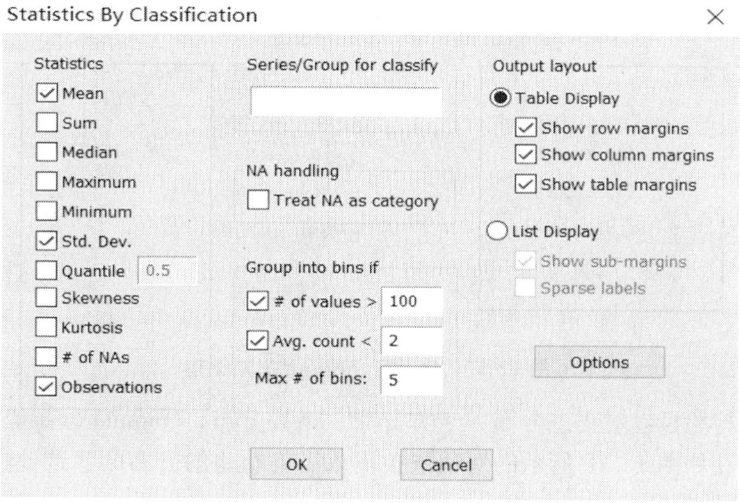

图 1-25　分组描述统计定义对话框

第二个子块和第三个子块为描述统计量的检验部分，包含三个项目：简单假设检验（Simple Hypothesis Tests）、分组齐性检验（Equality Tests by Classification）及经验分布检验（Empirical Distribution Tests）。

简单假设检验包括对序列的均值检验、方差检验和中位数检验。零假设分别为：

$$H_0: \mu = \mu_0 \qquad H_0: \sigma^2 = \sigma_0^2 \qquad H_0: m = m_0$$

用户在对话框中（见图 1-26）输入检验值 μ_0（均值）、σ_0^2（方差）和 m_0（中位数）。EViews 利用 t 统计量进行均值检验，用 χ^2 统计量进行方差检验，中位数检验给出了符号检验、Wilcoxon 秩检验和正态记分检验等多种非参数方法的结果。如果序列标准差已知，可在对话框右侧给出标准差，此时 EViews 利用 z 统计量进行均值检验，它在零假设下具有标准正态分布。

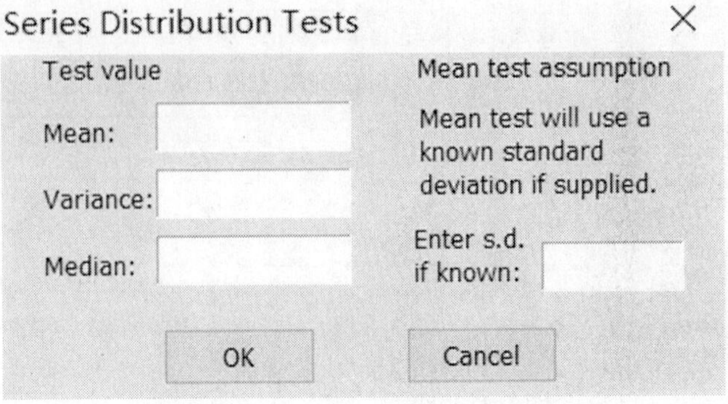

图 1-26　简单假设检验定义对话框

分组齐性检验也包括均值检验、方差检验和中位数检验。主要利用方差分析的方法得到各组数据的组内差异和组间差异，EViews 同时给出 F 统计量及相伴概率。与分组描述统计过程类似，用户需要在如图 1-27 所示的对话框中指定分组变量、检验类型和相关参数。

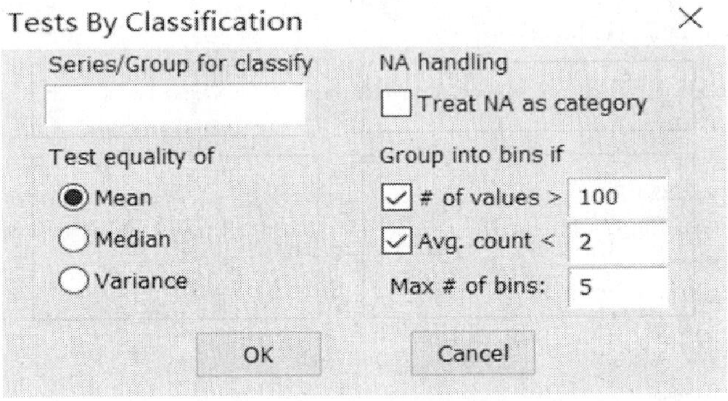

图 1-27　分组齐性检验定义对话框

经验分布检验可以对正态分布、卡方分布、指数分布、Gamma 分布等十种分布做检验，用户需要在如图 1-28 所示的对话框中输入需要检验的分布的参数值。如正态分布，需要输入均值及方差。

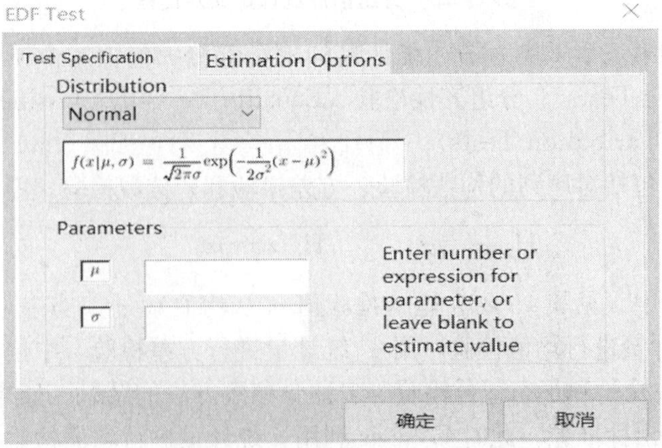

图 1-28　经验分布检验定义对话框

2. 单因素列联表

在图 1－22 所示下拉菜单中选择 One-Way Tabulation，即对序列建立单因素列联表，并给出序列在不同区间内观测值计数（Count）、百分比计数、累计计数（Cumulative Count）和累计百分比计数。

例 1.4

序列 T 和 H 分别表示某地区 1997 年 1 月—2000 年 12 月的气温和绝对湿度的月平均值序列，数据见表 1－2。要求对序列 H 建立单因素列联表。

表 1－2　某地区气温和绝对湿度月平均值

月份	1997 年		1998 年		1999 年		2000 年	
	H	T	H	T	H	T	H	T
1	5.4	2	5.4	2.8	6.7	3.6	5.3	2
2	6.2	4	4.7	1.8	6.2	2.6	7.1	6
3	9.1	8.7	8.5	8.8	8.3	6.8	7.1	6
4	13.3	13.6	11.8	13.7	13.7	14.2	11.8	13.1
5	19.1	19.3	17.9	18.7	18	19.6	18.1	18.7
6	25.3	24.3	22.3	22.6	21.2	22.4	22.5	22.7
7	31	28	29.1	26.7	30.1	26.7	30	27.1
8	31.9	24.9	29.4	27.5	31	28	30.6	28.1
9	22.7	24	23.6	23.7	26.7	24.9	27	24.6
10	15.1	18.4	15.1	17.4	14.9	18	17.2	18.5
11	12.1	12.5	12.3	13.3	9.2	10.3	10.8	11.8
12	4.4	1	10.6	9.5	6	4.9	8	6.9

假定在 EViews 中已经建立了工作文件和相应的序列 H 与 T。对序列 H 建立单因素列联表，结果见表 1－3。

表 1－3　绝对湿度序列单因素列联表

Value	Count	Percent	Cumulative Count	Cumulative Percent
[0, 10)	16	33.33	16	33.33
[10, 20)	16	33.33	32	66.67
[20, 30)	10	20.83	42	87.50
[30, 40)	6	12.50	48	100.00
Total	48	100.00	48	100.00

1.4.2　群对象的简单统计分析

如果希望将工作文件中已有的某几个序列作为一个群，可以按住键盘的 Ctrl 键不放，用鼠标左键单击各序列名，选定后单击鼠标右键，在出现的菜单中选择 Open/as Group 可生成并打开一个群对象。

群对象窗口工具栏中 View 按钮的下拉菜单（见图 1－29）包括四个部分。第一部分提供了包括表格和图像等多种观察序列数据的方法，与单个序列情况大同小异。需要注意的是，按日期分类数据表（Dated Data Table）只对年度、半年、季度和月度性质的工作文件有效。第二部分是常用的基本统计分析。第三部分是专用于时间序列分析的一些统计量和检验过程，在以后的章节会详细说明。第四部分 Label 功能是把有关该群对象的详细信息添加到标签中。

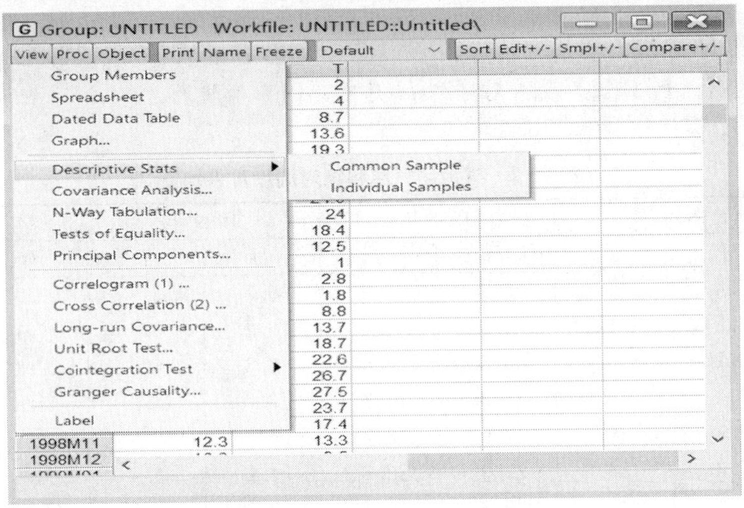

图 1-29　群对象 View 下拉菜单项目

1. 描述统计

群对象的描述统计（Descriptive Stats）包括两个子项：普通样本（Common Sample）和个体样本（Individual Samples）。当群对象没有缺失值或者各序列的缺失值处于同一时点时，选择二者的结果是相同的，EViews 将分别对各序列计算出与图 1-24 中相同的描述统计量。在其他情况下，选择前一种算法，EViews 计算时将只利用各序列均无缺失值的时间点的样本值进行计算，这种选取样本值的算法称为个案删除（Casewise Deletion）；选择第二种方法，EViews 将分别利用各序列所有非缺失观测值计算各统计量，这种样本取值法称为列删除（Listwise Deletion）。

2. 齐性检验与多因素列联表

群对象的齐性检验（Tests of Equality）包括均值检验、方差检验和中位数检验，对应的零假设是群中各序列的均值、方差及中位数相等。菜单下面一项是多因素列联表分析（N-Way Tabulation），是单因素列联表的推广形式，有兴趣的读者请参看相关统计学教材。

3. 协方差分析与主成分

协方差分析（Covariance Analysis）包括协方差及相关分析。

相关分析给出各序列的相关系数矩阵。序列 x 和 y 的相关系数计算公式为：

$$r=\frac{\sum_{i=1}^{n}(x_i-\overline{x})(y_i-\overline{y})}{\sqrt{\sum_{i=1}^{n}(x_i-\overline{x})^2\sum_{i=1}^{n}(y_i-\overline{y})^2}} \tag{1.4.5}$$

相关系数 r 取值范围为 [−1，1]，其绝对值越接近 1，两个序列相关性越强。

协方差分析结果是一个协方差矩阵。它的主对角线上分别是各序列的样本方差，其他元素则是对应两个序列的协方差，计算公式为：

$$\mathrm{COV}\,(x,y)=\frac{\sum_{i=1}^{n}(x_i-\bar{x})(y_i-\bar{y})}{n} \tag{1.4.6}$$

主成分（Principal Components）分析是将较为相关的变量经过线性组合后，提取出更能代表数据信息的变量。

例 1.5

序列 CONS 和 INC 分别代表 1994—1999 年北京市年人均生活消费支出和可支配收入，都经过以 1994 年为基期的消费物价指数平减，数据见表 1-4。现对两序列作相关分析和协方差分析。

表 1-4　北京市年人均消费与可支配收入

单位：元

年份	消费支出	可支配收入
1994	4 134.04	5 084.70
1995	4 279.43	5 315.43
1996	4 376.79	5 600.94
1997	4 738.52	5 668.08
1998	4 938.49	6 001.98
1999	5 280.62	6 466.73

以 CONS 和 INC 两个序列建立一个群，命名为 Group01。打开该群对象，在工具栏中选择 View/ Covariance Analysis，点选相应的选项，得到相关分析与协方差分析结果，如表 1-5 所示。

表 1-5　序列相关分析及协方差分析结果

Covariance	CONS	INC
CONS	160 511.4	
INC	175 546.2	202 623.9
Correlation	CONS	INC
CONS	1.000 000	
INC	0.973 404	1.000 000

表 1-5 中第二个矩阵显示，可支配收入与消费支出序列的相关系数为 0.973 404，属于正向高度相关关系。第一个矩阵的主对角线上 160 511.4 和 202 623.9 分别表示序列 CONS 和 INC 的方差，175 546.2 是两序列的协方差。

第 2 章

线性回归分析

2.1 线性回归概述

2.1.1 回归模型简介

回归分析主要研究客观事物间的关系，它是建立在对客观事物进行大量试验和观察的基础上，用来寻找隐藏在那些看上去是不确定的现象中的统计规律性的统计方法。

如果随机变量 y 与变量 x_1，x_2，…，x_p 存在相关关系，则可建立模型：

$$y=f(x_1,x_2,\cdots,x_p)+\varepsilon \tag{2.1.1}$$

式中，y 为因变量，亦称被解释变量；x_1，x_2，…，x_p 为自变量，亦称解释变量；$f(x_1$，x_2，…，$x_p)$ 为回归函数；ε 为随机误差，表示受随机因素影响而未能观察到的偶然因素。y 由自变量和随机误差共同决定，表达出了 y 与自变量间既有联系又有不确定性的特点。

根据模型表达式是否为线性，可将回归模型分为线性回归模型和非线性回归模型；根据模型中自变量的个数，还可分为一元回归和多元回归。

经典线性回归模型的基本假定为：

(1) 自变量是确定性变量且彼此间不相关，即 $\mathrm{Cov}(x_i, x_j)=0(i\neq j)$；

(2) 随机误差项服从相互独立且期望为 0、标准差为 σ 的正态分布，即$\varepsilon_i \overset{i.i.d}{\sim} N(0, \sigma^2)$；

(3) 样本容量个数多于参数个数，即 $n>p+1$。

需要强调这三个基本假定对于建立一个合理模型至关重要，如果违背假设中的任何一条都将带来一些更加复杂的问题，我们将在第 3 章的 3.1 节对这方面问题展开讨论。

回归函数为线性函数的模型是线性回归模型，其一般形式为：

$$y=\beta_0+\beta_1 x_1+\beta_2 x_2+\cdots+\beta_p x_p+\varepsilon \tag{2.1.2}$$

上式中如果只含有一个自变量，称为一元线性回归模型，它是最简单的线性回归模型，一般形式为：

$$y=\beta_0+\beta_1 x+\varepsilon \tag{2.1.3}$$

2.1.2　模型的矩阵形式

式（2.1.2）也可以写成矩阵形式，如式（2.1.4）。

$$\boldsymbol{y}=\boldsymbol{X\beta}+\boldsymbol{\varepsilon} \tag{2.1.4}$$

其中

$$\boldsymbol{y}=\begin{bmatrix} y_1 \\ y_2 \\ \vdots \\ y_n \end{bmatrix} \quad \boldsymbol{X}=\begin{bmatrix} 1 & x_{11} & x_{12} & \cdots & x_{1p} \\ 1 & x_{21} & x_{22} & \cdots & x_{2p} \\ \vdots & \vdots & \vdots & & \vdots \\ 1 & x_{n1} & x_{n2} & \cdots & x_{np} \end{bmatrix} \quad \boldsymbol{\beta}=\begin{bmatrix} \beta_0 \\ \beta_1 \\ \vdots \\ \beta_p \end{bmatrix} \quad \boldsymbol{\varepsilon}=\begin{bmatrix} \varepsilon_1 \\ \varepsilon_2 \\ \vdots \\ \varepsilon_n \end{bmatrix}$$

式中，n 为样本容量；p 为自变量个数；$\boldsymbol{y}$ 为因变量观测值向量；$\boldsymbol{X}$ 为设计矩阵，由 $\boldsymbol{X}$ 的实际观测值构成；$\boldsymbol{\beta}$ 为参数向量，由待估计的参数构成；$\boldsymbol{\varepsilon}$ 为随机误差向量。

2.1.3　参数估计

参数估计一般运用普通最小二乘法。在随机误差平方和 $\boldsymbol{\varepsilon}'\boldsymbol{\varepsilon}$ 最小原则下，参数估计值 $\hat{\boldsymbol{\beta}}$ 为：

$$\hat{\boldsymbol{\beta}}=(\boldsymbol{X}'\boldsymbol{X})^{-1}\boldsymbol{X}'\boldsymbol{y} \tag{2.1.5}$$

式中，前提条件是 $(\boldsymbol{X}'\boldsymbol{X})^{-1}$ 存在。在第三条基本假定不被违反的情况下，该结果具有无偏性、有效性等特点。

2.2　常规检验

模型检验主要包括方程的显著性检验（F 检验）和回归系数的显著性检验（t 检验）。F 检验主要是针对模型拟合样本的整体效果，也就是所选择的自变量对因变量的解释力度；回归系数的显著性检验则反映每一个自变量的合理性。需要指出，如果模型不满足线性回归模型基本假定条件，各种检验的效力都将受到影响甚至是失效的。

2.2.1　F 检验

检验的零假设为：$H_0:\beta_0=\beta_1=\cdots=\beta_p=0$

检验统计量：

$$F=\frac{SSR/p}{SSE/(n-p-1)} \tag{2.2.1}$$

它服从于自由度为（p，$n-p-1$）的 F 分布。其中，SSR 和 SSE 的含义见式（2.2.4）。

若 F 大于临界值 $F_\alpha(p, n-p-1)$，则拒绝零假设，认为在规定的显著性水平下，y 对自变量有显著的线性关系，回归方程是显著的；反之，则不能拒绝原假设，认为回归方程不显著。

在 EViews 中，为了方便用户，给出了拒绝零假设时犯错误（第一类错误或 α 错误）的概率，也称收尾概率或相伴概率 p。若此概率值低于事先确定的显著性水平（如 0.05），则可拒绝零假设；反之，不能拒绝。以后涉及的检验，大多数情况下都不用查表，只需直接查看收尾概率即可。

2.2.2　t 检验

检验的零假设为：H_0：$\beta_i=0$，　$i=1, 2, \cdots, p$

检验统计量：

$$t=\frac{\hat{\beta}_j}{S(\hat{\beta}_j)},\quad j=1,2,\cdots,p \tag{2.2.2}$$

它在零假设下服从自由度为 $n-p-1$ 的 t 分布，其中，$S(\hat{\beta}_j)$ 是估计量 $\hat{\beta}_j$ 的样本标准差。当 $|t|$ 小于临界点 $t_{\alpha/2}(n-p-1)$ 时，未通过检验；大于临界值则检验通过。EViews 中为每个系数的 t 检验提供了收尾概率 Prob，可以很方便判断检验是否通过。当收尾概率小于规定的显著性水平（如 0.05），则检验通过；反之，检验未通过。

如果一个自变量的回归系数通过了 t 检验，说明该自变量对 y 的影响显著；未通过检验的自变量，应结合实际情况予以剔除，这是选择自变量的一个最常用方法。

2.2.3　*D. W.* 检验

D. W. 检验是 Durbin 和 Watson 提出的，用于检验残差序列自相关性，目的是验证基本假定 2 是否成立。若记 ρ 为残差序列的自相关系数，检验的零假设是

$H_0: \rho = 0$　（残差序列无序列相关）

检验统计量为：

$$D.W. = \frac{\sum_{t=2}^{n}(e_t - e_{t-1})^2}{\sum_{t=1}^{n}e_t^2} \approx 2(1-\hat{\rho}) \tag{2.2.3}$$

该统计量的取值范围在 0～4 之间。如果 $\hat{\rho}$ 比较大，统计量的取值接近 0（$\hat{\rho}$ 值为正）或 4（$\hat{\rho}$ 值为负）。给定显著性水平 $a=5\%$ 或 1%，根据样本容量 n 和自变量个数 p，查《*D. W.* 检验表》（本书附表 V），可查出 d_l 和 d_u 两个临界值。我们只需考虑统计量的取值区间，以决定随机误差序列的自相关状态。判断准则如下：

若 $0 \leqslant D.W. < d_l$，序列存在正相关；

若 $d_u < D.W. < 4-d_u$，序列无相关；

若 $4-d_l < D.W. < 4$，序列存在负相关。

若落入区间并非上述三个的任何一个，则无法判定，检验失效。

D. W. 检验有两点不足：(1) 如果模型中存在因变量的滞后项，该检验失效；(2) *D. W.*

检验只对一阶自相关的检验有效，不能检验是否有高阶自相关。

除了上述三项检验，模型的常规检验还包括一些评价指标。设置这些评价指标的主要目的是在不同模型之间择优。比如，采用线性回归模型时常遇到引入一个新变量后模型仍然通过了上述三个检验，这时采用哪个模型较好？从模型简洁的角度看，当然选择变量少的，但如果减少变量引起误差明显增加，自然不是一个好的选择。反过来说，变量多了，不仅模型的研制、使用和维护的费用会增加，而且由于变量增多，变量本身的观测误差影响 y 的机会也会相应增加。因此，需要找到适当的评价方法和评价指标，在综合考虑模型的准确性和简洁性的前提下，对模型的优劣给予客观的评价。

2.2.4　决定系数

在线性回归中，如果参数估计采用最小二乘法，则存在如下分解式：

$$\sum_{i=1}^{n}(y_i-\bar{y})^2=\sum_{i=1}^{n}(\hat{y}_i-\bar{y})^2+\sum_{i=1}^{n}(y_i-\hat{y}_i)^2 \tag{2.2.4}$$

记为：$SST=SSR+SSE$

式中，SST 为因变量 y 的总变化，称作总离差平方和；SSR 为由 x 变化引起的 y 的变化，称作回归平方和；SSE 为不可控的随机因素对 y 的影响，称为残差平方和。一个好的模型的 SST 中，SSR 应尽可能大，SSE 则应尽可能小。

记样本决定系数（R-squared）为：

$$R^2=\frac{SSR}{SST}=\frac{\sum_{i=1}^{n}(\hat{y}_i-\bar{y})^2}{\sum_{i=1}^{n}(y_i-\bar{y})^2} \tag{2.2.5}$$

表示总离差平方和中由回归方程可以解释的部分所占的比例。这一比例越大，回归方程可以解释的部分越多，模型越精确，回归的效果越显著。R^2 是一个介于 0～1 之间的数，越接近 1 说明回归拟合效果越好。一般地，如果 R^2 的取值超过 0.8，认为模型的拟合优度比较高。

但是，R^2 随着回归模型中自变量个数的增加而逐渐加大。这往往会让使用者误认为拟合效果越来越好。为克服 R^2 受自变量个数的影响，引进调整的样本决定系数 $\bar{R}^2$，亦称修正的 R^2(Adjusted R-squared)。

$$\bar{R}^2=1-\frac{n-1}{n-p-1}(1-R^2) \tag{2.2.6}$$

式中，n 为样本容量；p 为自变量个数。容易看出：修正的 R^2 除具备原指标 R^2 的特征外，还与自变量个数 p 有关。在其他条件不变的情况下，p 越大，$\bar{R}^2$ 越小。因此，该指标综合了精度和变量数两个因素，兼顾了精确性和简洁性。$\bar{R}^2$ 不随自变量的个数增加而增加，用来判别拟合优度比 R^2 更有效。

2.2.5　基于对数似然函数的一些统计量

1. 对数似然函数

对数似然函数（log likelihood，简记为 L）是基于极大似然估计法得到的统计量。根据基本假定 3，对数似然函数定义为：

$$L= -\frac{n}{2}\log 2\pi-\frac{n}{2}\log \hat{\sigma}^2-\frac{n}{2} \tag{2.2.7}$$

式中，n 为样本容量；$\hat{\sigma}^2$ 为未知参数 σ^2 的极大似然估计，与残差有关，残差越小，$\hat{\sigma}^2$ 越小，L 取值越大，因此 L 取值越大说明模型越精确。但是，残差的大小也与自变量数目有关，变量越多残差越小，因此一般来说变量越多 L 越大，这就不够合理了，需要改进。

迄今，人们提出的改进统计量很多，在 EViews 6.0 中主要是 *AIC*、*SC* 和 *HQC*。

2. *AIC*

AIC 是赤池信息准则（Akaike info criterion）的简称。该项准则运用如下统计量评价模型的好坏。

$$AIC=-\frac{2L}{n}+\frac{2k}{n} \tag{2.2.8}$$

式中，L 为对数似然函数；n 为观测值数目；k 为被估计的参数个数。*AIC* 取值越小越好。容易看出，*AIC* 的大小取决于 L 和 k，k 取值越小（绝对值），*AIC* 值越小，L 取值越大，*AIC* 值越小。k 值小意味着模型简洁，L 值大意味着模型精确。因此，*AIC* 和修正的决定系数类似，在评价模型优劣时兼顾了简洁性和精确性。

3. *SC*

SC 是施瓦茨准则（Schwarz criterion）的简称。该准则运用如下统计量评价模型。

$$SC=-\frac{2L}{n}+\frac{k\log n}{n} \tag{2.2.9}$$

式中，L，n，k 的解释与 *AIC* 统计量完全相同。可以看出 *SC* 的用法和特点与 *AIC* 十分相近。在使用时，*SC* 值越小越好。

4. *HQC*

HQC 是汉南-奎因准则（Hannan-Quinn criterion）的简称。该准则运用如下统计量评价模型。

$$HQC=-\frac{2L}{n}+\frac{2k\log n}{n} \tag{2.2.10}$$

该统计量的用法与 *AIC* 和 *SC* 相似。

2.3 建模基本步骤和 EViews 操作

2.3.1 引例

例 2.1

美国机动车汽油消费量研究，相关数据见表 2-1。

因变量：QMG——机动车汽油消费量（单位：千加仑）

自变量：MOB——汽车保有量（单位：辆）

PMG——机动车汽油零售价格（单位：美元/加仑）

POP——人口数（单位：千人）

GNP——国民生产总值（单位：10 亿美元，按 1982 年美元计算）

表 2-1　美国机动车汽油消费量研究数据

obs	*QMG*	*MOB*	*PMG*	*POP*	*GNP*
1950	40 617 285	49 195 212	0.272	152 271	1 090.4
1951	43 896 887	51 948 796	0.276	154 878	1 179.2
1952	46 428 148	53 301 329	0.287	157 553	1 226.1
1953	49 374 047	56 313 281	0.290	160 184	1 282.1
1954	51 107 135	58 622 547	0.291	163 026	1 252.1
1955	54 333 255	62 688 792	0.299	165 931	1 356.7
1956	56 022 406	65 153 810	0.310	168 903	1 383.5
1957	57 415 622	67 124 904	0.304	171 984	1 410.2
1958	59 154 330	68 296 594	0.305	174 882	1 384.7
1959	61 596 548	71 354 420	0.311	177 830	1 481.0
1960	62 811 854	73 868 682	0.308	180 671	1 517.2
1961	63 978 489	75 958 215	0.306	183 691	1 547.9
1962	62 531 373	79 173 329	0.304	186 538	1 647.9
1963	64 779 104	82 713 717	0.304	189 242	1 711.6
1964	67 663 848	86 301 207	0.312	191 889	1 806.9
1965	70 337 126	90 360 721	0.321	194 303	1 918.5
1966	73 638 812	93 962 030	0.332	196 560	2 048.9
1967	76 139 326	96 930 949	0.337	198 712	2 100.3
1968	80 772 657	101 039 113	0.348	200 706	2 195.4
1969	85 416 084	103 562 018	0.357	202 677	2 260.7
1970	88 684 050	106 807 629	0.364	205 052	2 250.7
1971	92 194 620	111 297 459	0.361	207 661	2 332.0
1972	95 348 904	117 051 638	0.388	209 896	2 465.5
1973	99 804 600	123 811 741	0.524	211 909	2 602.8
1974	100 212 210	127 951 254	0.572	213 854	2 564.2
1975	102 327 750	130 918 918	0.595	215 973	2 530.9
1976	106 972 740	136 333 934	0.631	218 035	2 680.5
1977	110 023 410	141 523 197	0.657	220 239	2 822.4
1978	113 625 960	146 484 336	0.678	222 585	3 115.2
1979	107 831 220	149 422 205	0.857	225 055	3 192.4
1980	100 856 070	153 357 876	1.191	227 757	3 187.8
1981	100 994 040	155 907 473	1.311	230 138	3 248.8
1982	100 242 870	156 993 694	1.222	232 520	3 166.0
1983	101 515 260	161 017 926	1.157	234 799	3 279.1
1984	102 603 690	163 432 944	1.290	237 001	3 489.9
1985	104 719 230	168 743 817	1.115	239 279	3 585.2
1986	107 831 220	173 255 850	0.857	241 613	3 676.5
1987	110 467 980	177 922 000	0.897	243 915	3 847.0

理论线性回归方程为：

$$QMG=\beta_0+\beta_1 MOB+\beta_2 PMG+\beta_3 POP+\beta_4 GNP+\varepsilon \qquad (2.3.1)$$

2.3.2 数据的预处理

预处理是指在正式建模之前运用一些初等方法探讨变量之间的关系，为正式建模做些准备。常用的预处理方法包括绘制动态曲线、绘制散点图、计算变量之间的相关系数等。

1. 绘制统计图

绘制统计图基本操作方式有三个：菜单式操作、命令式操作和对象操作。EViews 的绝大部分统计功能都是以上述三种方式实现的，这一点请读者务必注意。

（1）通过菜单绘图。

方法一，运用主窗口菜单，即在主窗口中单击 Quick/Graph，随后会弹出序列表（Series List）对话框，如图 2－1 所示。在这个对话框中填写要处理的序列的名称，比如，例 2.1 中的序列是 QMG，MOB，PMG，POP，GNP。如果序列名确认无误，按 OK 按钮确认，之后弹出绘图设置窗口（Graph Options），如图 2－2 所示。

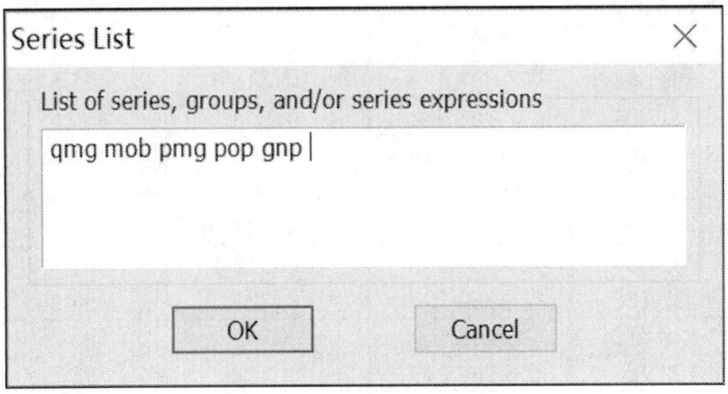

图 2－1　序列表对话框

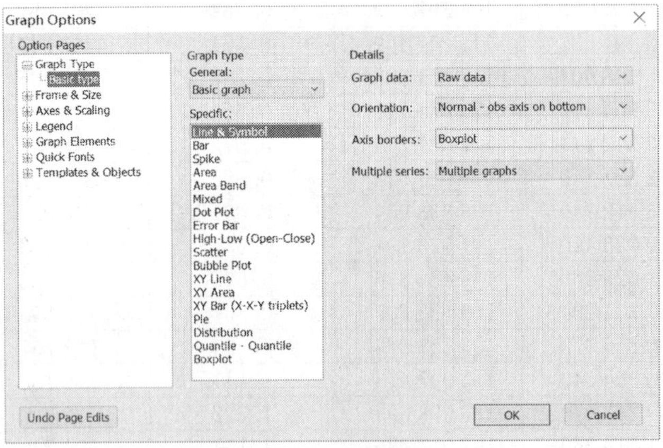

图 2－2　绘图设置窗口

在这个窗口中，可选择图形类型（Graph Type），设置绘图细节（Details）等。由于选项很多，这里不一一解释，读者可参考第 1 章和 EViews 的帮助文件。下面只对刚才提到的两点做些解释。

图形类型的一般设置（General）有两个选项：基本图（Basic graph）和分类图（Categorical graph）。具体图形（Specific）包括许多常见的统计图，如条形图（Bar）、箱线图

(Boxplot)、曲线图 (Line & Symbol) 和散点图 (Scatter) 等。

绘图细节的设置包括绘图数据、图形方向、轴边附加图和单多图选项。

绘图数据 (Graph data) 通常是使用原始数据 (Raw data)，但在某些特殊场合也可能用原始数据的最大值、最小值、均值、中位数、方差、标准差等数据绘图。

图像方向 (Orientation) 是指图形是否旋转，即是否交换横纵轴。有两个备选项：正常 (Normal) 和旋转 (Rotated)。

轴边附加图 (Axis borders) 是指是否需要在所选图形外附加别的图。比如，主要图形是曲线图，在这张图的旁边可以附加数据的直方图 (Histogram)、箱线图或核密度图 (Kernal Density)。由于附加图位于数轴旁边，故称轴边附加图。

单多图选项 (Multiple series) 是指对多个序列绘图时，是绘制多张图还是绘制一张图。备选答案是：一张图 (Single graphs)、多张图 (Multiple graphs) 或堆图 (Stack graphs)。

根据例 2.1 的数据绘制各变量的动态曲线，绘图的各项设置见图 2-2，绘制结果如图 2-3 所示。

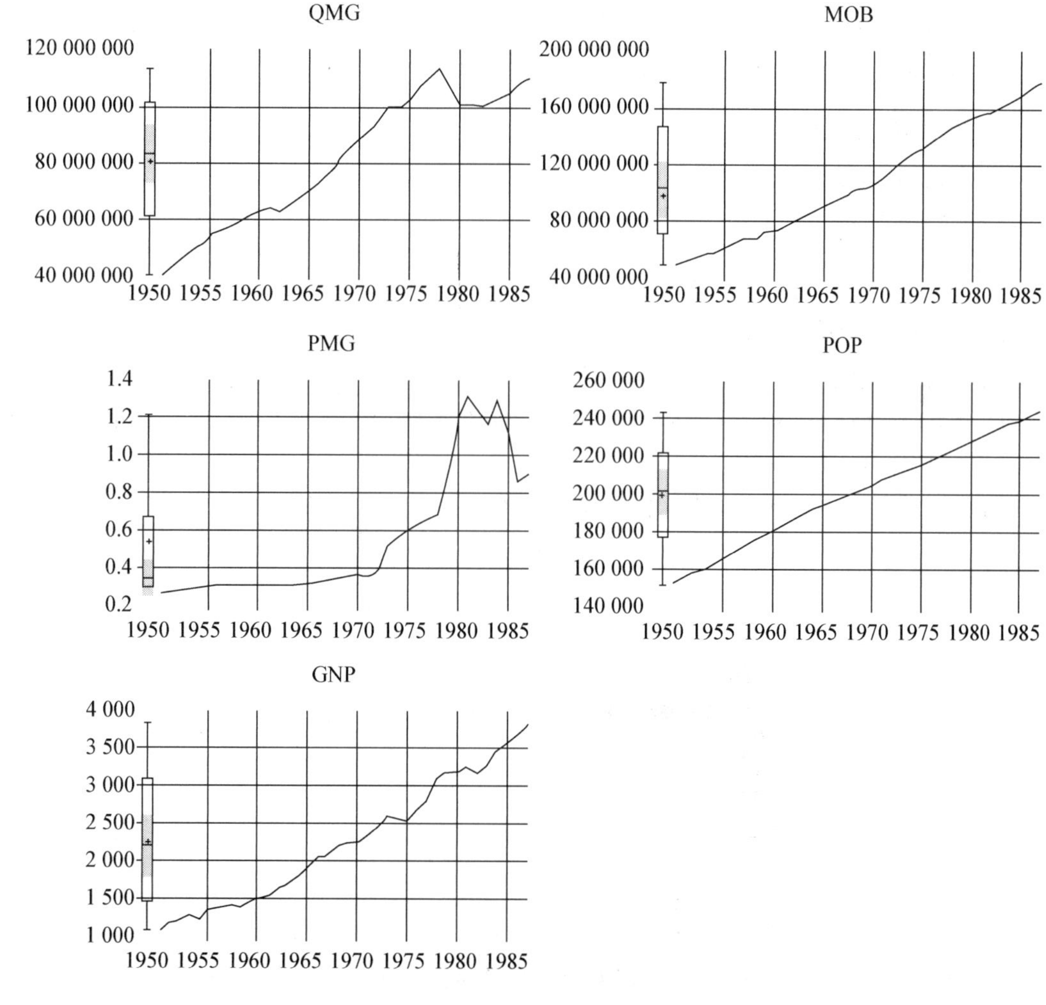

图 2-3　例 2.1 中各个变量的动态曲线

方法二，运用对象窗口菜单。方法是：打开序列或群，在弹出的对象窗口中，单击菜单 View/Graph，余下操作与方法一完全相同。

（2）用命令绘图。

在主窗口的命令行，输入图形生成命令（Graph Creation Commands）。比如绘制动态曲线可以用命令 plot 或 line，绘制散点图用 scat 命令。命令的一般格式为：

command(options) a1[a2 a3…]

其中，options 是可选的命令参数，a1［a2 a3…］是一系列操作对象的名称。

比如，绘制序列 *QMG*，*MOB*，*PMG*，*POP*，*GNP* 的动态曲线，可输入命令：

line(m)qmg mob pmg pop gnp

其中，参数 *m* 表示输出多个图，结果见图 2－3。如果取消这个选项，则按照默认方式操作，默认设置是输出一个图，所有序列都在这一张图上。

图形生成命令的操作对象也可以是群，比如先将序列 QMG，MOB，PMG，POP，GNP 做成一个群，取名为 group01，

group group1 qmg mob pmg pop gnp

再针对群创建图形，

line(m) group1

或

group1. **line**(m)

同样可以生成图 2－3。

（3）创建图形对象。

创建图形对象的基本方式有两个：在主窗口单击 Object/New Object；在命令行输入图形对象创建命令 Graph。

第一种方式属于菜单式操作。首先弹出如图 2－4 所示的窗口。

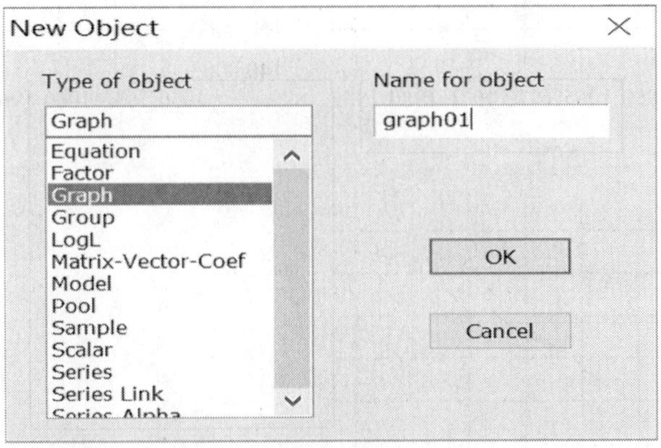

图 2－4　新对象窗口

在这个窗口中选择对象类型，并给新对象起名。图形对象的类型是 Graph，名称是任意给定的，这里是 graph01。点击 OK 按钮后，弹出如图 2 - 5 所示的窗口，输入该对象的序列。点击 OK 按钮，在主窗口生成一个新的图形对象 graph01，双击该对象，即可展示各个序列的动态曲线图，如图 2 - 6 所示。如果显示的图中没有坐标轴，可以在主窗口选择 Options/Graphics Defaults，在出现的对话框中，选择帧和大小→颜色和边框以及坐标轴等，更改默认设置。

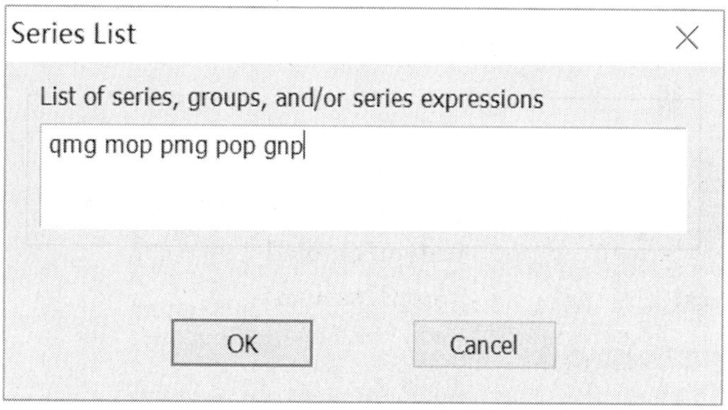

图 2 - 5　需要绘制图形的新对象序列名

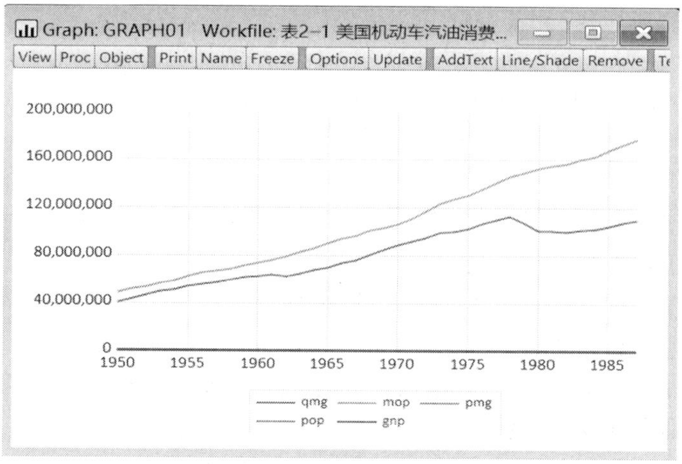

图 2 - 6　图形对象动态曲线图

创建图形对象也可以通过命令来实现，命令的一般格式为：

graph graph_name. **graph_command**(options)arg1 [arg2 arg3 …]

其中，graph _ name 是图形对象名称，可以任意取名；graph _ command 是图形生成命令，options 为该命令参数；arg1 [arg2 arg3 …] 是操作对象。例如

graph graph01. **line**(m) qmg mob pmg pop gnp

或

graph graph01. **line**(m) group01

也可以生成图形对象 graph01，并在其窗口内绘制出图。

2. 简单相关分析

(1) 散点图的绘制方法。

散点图的绘制方法与曲线图基本一致，这里概要介绍一下。

方法一，菜单方法。

菜单路径：主窗口 Quick/Graph，Type 选项设为 scatter；序列窗口或群窗口 View/Graph。

选择 Quick/Graph，Type 选项设为 scatter，一次只能绘制两个变量之间的散点图；选择建立群对象可以同时绘制群内两两变量的散点图。

方法二，命令方法。

命令格式	例子
scat(options) a1[a2 a3…]	**scat**(m)qmg mob pmg pop gnp
	scat(m)group01
group_name. **scat**(options)	group1. **scat**(m)

方法三，创建图形对象操作。

命令格式：

graph graph_name. **scat**(options) arg1 [arg2 arg3…]

例子：

graph graph01. **scat**(m) qmg mob pmg pop gnp

或

graph graph01. **scat**(m) group01

(2) 计算简单相关系数。

相关系数的操作对象是序列（series）或群（group）。

方式一，菜单方法。菜单路径为：主窗口 Quick/Group Statistic/Correlation；群对象窗口 View/Covariance Analysis，在选项窗口内选择 Correlation。

方式二，用命令计算相关系数。

命令格式	例子
cor(*options*) arg1 [arg2 arg3…]	**cor** qmg mob pmg pop gnp
	cor group01

方式三，对群对象进行操作。

命令格式	例子
group _ name. **cor**(options)	group01. **cor**

(3) 实例。

例 2.2

续例 2.1，根据数据绘制各变量之间的散点图，并计算相关系数。

首先，创建群 g02，在命令行输入

group g02 qmg mob pmg pop gnp

其次，绘制散点图，在命令行输入

g02. **scat**(m)

得到散点图如图 2－7 所示。

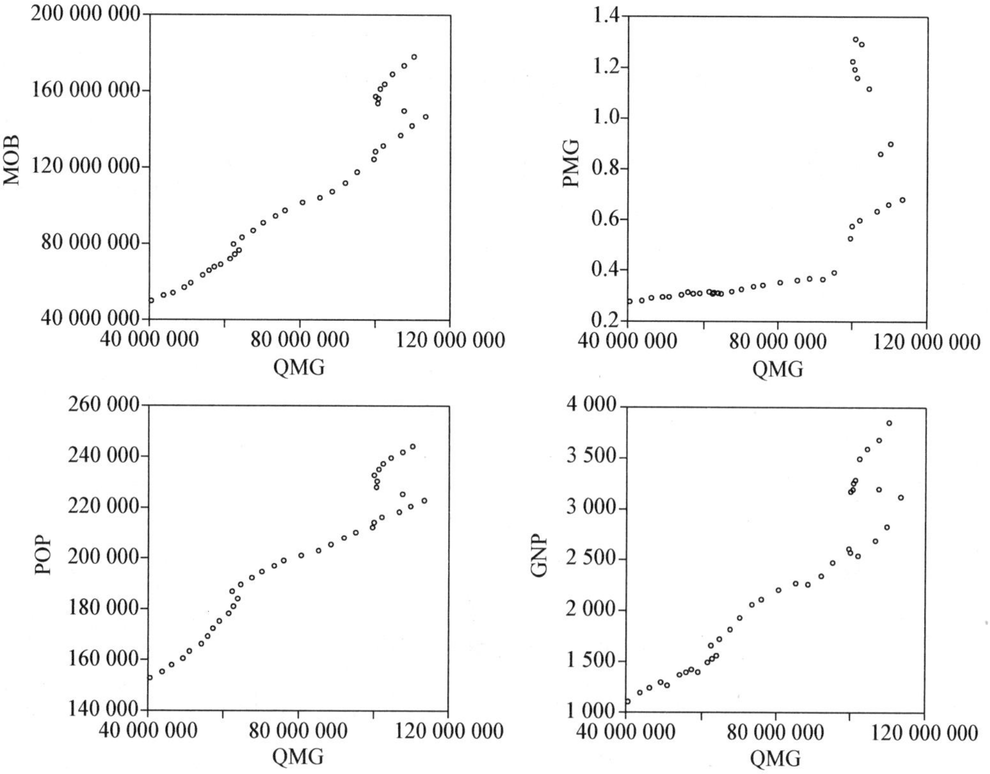

图 2－7　例 2.1 中因变量对各个自变量的散点图

最后，计算相关系数，在命令行输入

g02. **cor**

计算相关系数也可以直接利用主窗口菜单，即在主窗口中单击 Quick/Group Statistics/Correlations，弹出如图 2－1 所示的序列表对话框。在这个对话框中填写要处理的序列的名称，比如，例 2.1 中的序列是 QMG，MOB，PMG，POP，GNP。如果序列名确认无误，按 OK 按钮确认，得到如图 2－8 所示的计算结果。

2.3.3　最小二乘估计

EViews 10.0 的实现方式也有菜单方式、命令方式、对象方式。

方式一，菜单方式。

在主窗口菜单单击 Quick/Estimate Equation，弹出方程估计窗口，如图 2－9 所示。

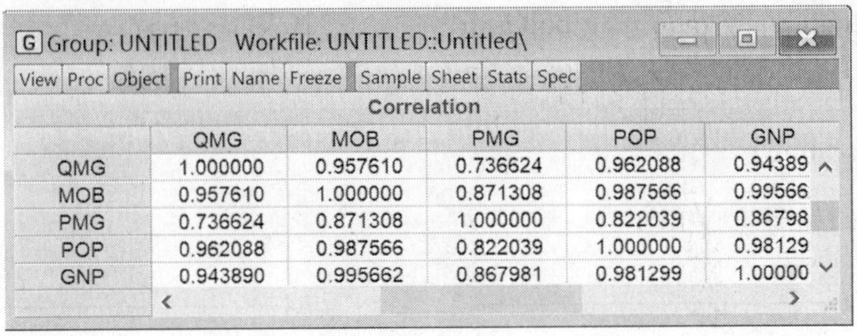

	QMG	MOB	PMG	POP	GNP
QMG	1.000000	0.957610	0.736624	0.962088	0.94389
MOB	0.957610	1.000000	0.871308	0.987566	0.99566
PMG	0.736624	0.871308	1.000000	0.822039	0.86798
POP	0.962088	0.987566	0.822039	1.000000	0.98129
GNP	0.943890	0.995662	0.867981	0.981299	1.00000

图 2－8　例 2.1 的样本相关系数计算结果

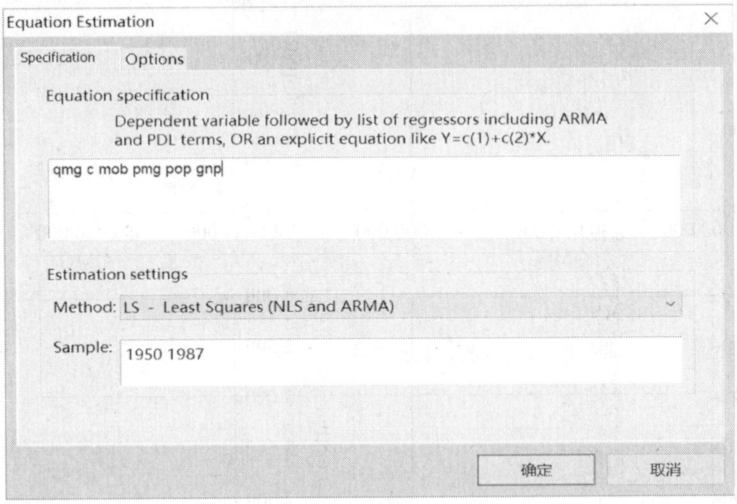

图 2－9　方程估计窗口

在方程清单（Specification）窗口内填写要建立的方程。回归方程的书写形式如下：

完整形式 qmq＝c(1)＋c(2) * mob＋c(3) * pmg＋c(4) * pop＋c(5) * gnp

或

简化形式 qmg c mob pmg pop gnp

这两种形式是等价的。但要注意：只有线性模型才可以简化形式书写。

c 为模型的常数项，这是系统默认的表达方法。在完整形式中，c(1)，c(2)，c(3)，c(4)，c(5)，…，是系统默认的系数向量β 的各个分量，用于存放回归方程的各个参数的估计值。这里特别需要提醒：系统默认的系数向量只有β ；用户只能以 c(1)，c(2)，c(3)，c(4)，… 来表示模型中的各个系数；随着建模进程的推进，β 各个分量的值会被不断刷新，即 c(1)，c(2)，c(3)，c(4)，…的取值总是最新建立的方程的参数估计值，除非在不同的模型使用β 的不同分量作为不同模型的系数，如在第一个模型中使用 c(1)，c(2)，c(3)，c(4)，c(5) 作为系数，在第二个模型的建模过程中，为防止 c(1)，c(2)，c(3)，c(4)，c(5) 被刷新，只能采用 c(6)，c(7)，…作为第二个模型的系数。但是，如果采用简化形式书写模型，则这种刷新无法避免，因为无论什么模型，若以简化形式书写，则永远以 c(1) 为第一个系数，其他系数永远依次为 c(2)，c(3)，…。

方式二，命令方式。

在主窗口命令行输入 ls 命令，ls 命令的一般形式为：

ls(options) specification

其中，options 为该命令的参数；specification 为回归方程。

如

ls qmq=c(1)+c(2) * mob+c(3) * pmg+c(4) * pop+c(5) * gnp

或

ls qmg c mob pmg pop gnp

然后确认，无论用上述哪一种方法，随后都会弹出方程估计结果窗口，见图 2-10。在这个窗口内，可以看到参数估计结果和各项常规检验结果。在这个窗口内还可完成预测等建模和模型应用的各项操作。

方式三，创建方程对象。

通过主窗口的菜单创建方程对象。单击 Object/New Object，在弹出的新对象窗口中，选择对象类型为 Equation，并给新对象命名，比如 Eq01。确认无误后，弹出方程清单窗口，按照方式一完成书写方程的操作，点击 OK 按钮，在主窗口会出现一个新的方程对象 eq01。单击该对象，进入对象窗口，可以进行参数估计，结果如图 2-10 所示。

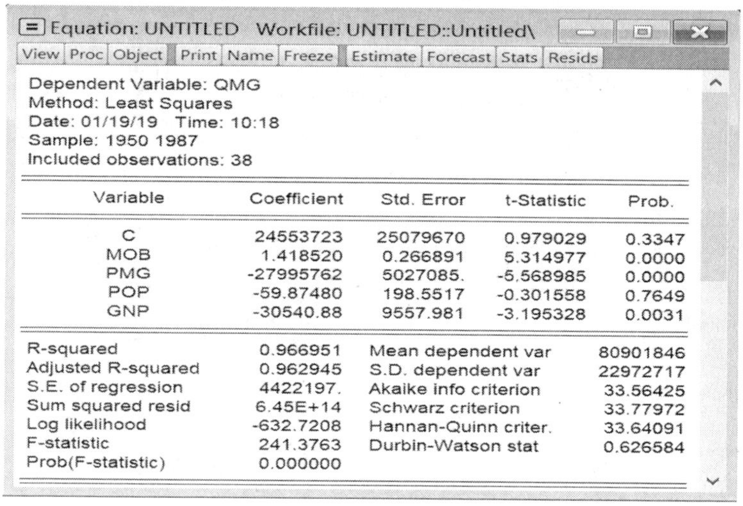
Equation: UNTITLED Workfile: UNTITLED::Untitled\

View | Proc | Object | Print | Name | Freeze | Estimate | Forecast | Stats | Resids

Dependent Variable: QMG
Method: Least Squares
Date: 01/19/19 Time: 10:18
Sample: 1950 1987
Included observations: 38

Variable	Coefficient	Std. Error	t-Statistic	Prob.
C	24553723	25079670	0.979029	0.3347
MOB	1.418520	0.266891	5.314977	0.0000
PMG	-27995762	5027085.	-5.568985	0.0000
POP	-59.87480	198.5517	-0.301558	0.7649
GNP	-30540.88	9557.981	-3.195328	0.0031

R-squared	0.966951	Mean dependent var	80901846
Adjusted R-squared	0.962945	S.D. dependent var	22972717
S.E. of regression	4422197.	Akaike info criterion	33.56425
Sum squared resid	6.45E+14	Schwarz criterion	33.77972
Log likelihood	-632.7208	Hannan-Quinn criter.	33.64091
F-statistic	241.3763	Durbin-Watson stat	0.626584
Prob(F-statistic)	0.000000		

图 2-10 方程估计结果

创建方程对象也可以通过命令 equation 来实现，命令格式是

equation eq_name. method(options) specification

其中，eq_name 为对象的名称；method 为建模方法，如 Ls；options 为建模方法的参数；

specification 为表达式，即公式。

例如

equation eq01. **ls** qmq=c(1)+c(2) * mob+c(3) * pmg+c(4) * pop+c(5) * gnp

或

equation eq01. **ls** qmg c mob pmg pop gnp

此外，我们还可以创建群 group1。

group group1 qmg mob pmg pop gnp

打开群 group1，在群对象窗口内，单击菜单 Proc/Make Equation 或 Proc/Make System 也可以建模。

2.3.4 各统计量的解释

在方程估计结果窗口中列出一张统计表，如表 2－2 所示，表中列出了参数估计值、各常规检验统计量值等。

表 2－2 例 2.1 的参数估计结果

Dependent Variable：QMG	（因变量）			
Method：Least Squares	（参数估计方法）			
Date：08/30/07 Time：19：08				
Sample：1950 1987	（样本范围）			
Included observations：38	（样本容量）			
Independent Variable（自变量）	Coefficient（参数估计值）	Std. Error（参数估计量的样本标准差）	t-Statistic（t-统计量）	Prob.（t-统计量的收尾概率）
C（常数项）	24 553 723	25 079 670	0.979 029	0.334 7
MOB	1.418 520	0.266 891	5.314 977	0.000 0
PMG	−27 995 762	5 027 085	−5.568 985	0.000 0
POP	−59.874 80	198.551 7	−0.301 558	0.764 9
GNP	−30 540.88	9 557.981	−3.195 328	0.003 1
R-squared（决定系数 R^2）	0.966 951	Mean dependent var（因变量的样本均值）	80 901 846	
Adjusted R-squared（修正的决定系数 $\bar{R}^2$）	0.962 945	S.D. dependent var（因变量的样本标准差）	22 972 717	
S.E. of regression（回归标准差）	4 422 197	Akaike info criterion（AIC，赤池信息准则）	33.564 25	
Sum squared resid（残差平方和）	6.45E+14	Schwarz criterion（SC，施瓦茨准则）	33.779 72	
Log likelihood（对数似然函数）	−632.720 8	Hannan-Quinn criter.（HQC，汉南-奎因准则）	33.640 91	
F-statistic（F-统计量）	241.376 3	Durbin-Watson stat（$D.W.$ 统计量）	0.626 584	
Prob（F-statistic）（F-统计量的收尾概率）	0.000 000			

2.4　自变量的选择

在多元线性回归中，选择哪些变量作为自变量引入模型，对模型的优劣有直接的影响。模型中既不能遗漏重要的自变量，又要防止过多变量带来的诸多负面影响。本节介绍一些基于系数显著性的筛选方法。

2.4.1　*t*-检验法

这是最简便的方法，通过回归系数的显著性检验来决定自变量的取舍。方法是：根据输出的参数估计结果，如果某些变量 *t*-检验的收尾概率大于给定的显著性水平 α（如 0.01，0.05 或 0.10），则检验未通过，可以考虑删除相应的自变量。但是，一次只能删除一个变量，即删除收尾概率最大的那个变量。这是由于该检验未通过，除了自变量不显著外，还受自变量多重共线性的影响（关于多重共线性的问题，我们在下一章讨论）。每次删除变量后重新建模，如果还存在检验未通过的变量，再删掉一个变量，直至所有自变量都通过显著性检验为止。

如图 2 - 10 和表 2 - 2 所示，POP 的收尾概率为 0.764 9，可以考虑从模型中删除这个变量。

2.4.2　似然比检验（Likelihood Ratio Test）法

借助对数似然比统计量可以筛选自变量。若假设

$$\text{QMG}=\beta_0+\beta_1\text{MOB}+\beta_2\text{PMG}+\beta_3\text{POP}+\beta_4\text{GNP}+\varepsilon$$

系数 $\beta_3=0$，$\beta_4=0$，等于对原模型的系数 $\boldsymbol{\beta}=(\beta_0, \beta_1, \beta_2, \beta_3, \beta_4)'$ 附加两个约束。若将未附加约束的参数估计量记做 $\hat{\boldsymbol{\beta}}$，附加约束的参数估计量记做 $\tilde{\boldsymbol{\beta}}$，则极大似然函数分别为 $L(\hat{\boldsymbol{\beta}}, \hat{\sigma}^2)$ 和 $L(\tilde{\boldsymbol{\beta}}, \tilde{\sigma}^2)$。对数似然比统计量定义为：

$$LR=-2\log\frac{L(\hat{\boldsymbol{\beta}}, \hat{\sigma}^2)}{L(\tilde{\boldsymbol{\beta}}, \tilde{\sigma}^2)}=-2(\log L(\hat{\boldsymbol{\beta}}, \hat{\sigma}^2)-\log L(\tilde{\boldsymbol{\beta}}, \tilde{\sigma}^2)) \tag{2.4.1}$$

若

$$H_0: \beta_3=\beta_4=0$$

在原假设成立的情况下，$LR\sim\chi^2(2)$。一般 $LR\sim\chi^2(m)$，m 为约束个数。当 $LR>\chi^2_\alpha(m)$ 时，拒绝原假设；反之，接受原假设。也可以看收尾概率是否大于显著性水平 α，来决定是否接受原假设。

2.4.3　遗漏变量检验法

遗漏（Omitted）变量检验用以查看对现有模型添加某些变量后，新变量是否对因变量的解释有显著贡献。检验的原假设是：新变量都是不显著的。检验统计量是 $LR\sim\chi^2(m)$，其中 m 为新变量个数。

遗漏变量检验要求预先建立一个方程对象，如建立的方程命名为 eq02。检验可以通

过下面两种方式实现。

方法一，通过方程对象窗口的菜单来实现。

单击 eq02，打开方程对象。在该对象窗口，点击菜单 View/Coefficient Diagnostics/Omitted Variables Test—Likelihood Ratio，随后弹出一个对话框（见图 2-11），在这个对话框中填写 eq02 中遗漏变量的名称。单击 OK 按钮，在该窗口输出检验结果，同时给出添加了新变量后的模型。

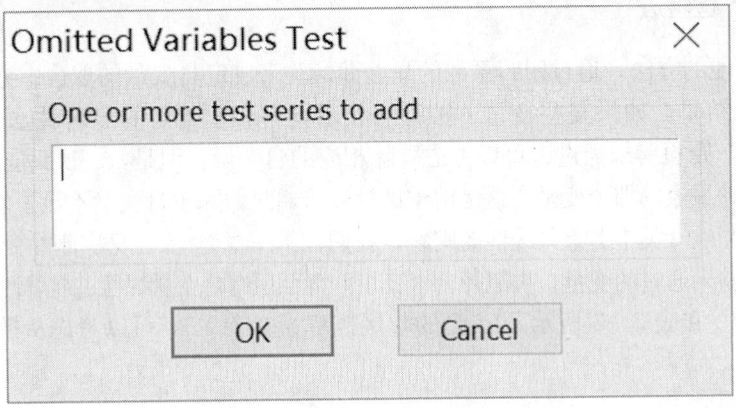

图 2-11　遗漏或冗余变量列表对话框

方法二，通过 testadd 命令实现。

命令格式：

eq_name. **testadd** omitted_series_list

其中，eq _ name 为方程对象的名称；omitted _ series _ list 为遗漏变量的序列表。

比如，已建立的模型 eq03 包含 x_1，x_2 两个自变量。现在要检验 x_3，x_4 是不是遗漏的重要变量。

eq03. **testadd** x1 x2

2.4.4　冗余变量检验法

冗余（Redundant）检验是遗漏变量检验的逆过程，它要求先建立包括所有变量的模型，然后检验其中一些变量是不是冗余变量。原假设是：待检验变量是冗余变量。在 EViews 中操作与遗漏变量检验相似，只需在方程对象窗口中选择 View/Coefficient Diagnostics /Redundant Variables Test —Likelihood Ratio，在弹出的对话框中填写待检验序列的名称。系统同时给出删掉了冗余变量后的模型。

冗余变量检验也可以用命令实现，命令及其格式是：

eq_name . **testdrop** redundant_series_list

如

eq01. **testdrop** pop mob

即检验方程 eq01 中，pop mob 是不是冗余变量。

例 2.3

续例 2.1。

在创建的方程 eq02 中，包含 MOB，PMG，POP，GNP 四个自变量。检验 POP 是不是冗余变量。原假设是：POP 是冗余变量。按照上面所讲方法，或使用命令

eq01. **testdrop** pop

在 eq01 的窗口中可得到如表 2-3 所示的检验结果。

似然比（Likelihood ratio）的取值为 0.104 571，其收尾概率为 0.746 4，显然大于给定的显著性水平 α（如 0.01，0.05 或 0.10）。因此，不能拒绝原假设，即 POP 是冗余变量。

在同一窗口，还给出了如表 2-4 所示的删除 POP 后模型的估计结果。可以看出变量 POP 删除后，模型中所有变量系数的显著性检验均已通过。

2.4.5 几点建议

建议一：最好一次只检验一个变量。虽然 EViews 容许同时检验多个变量，但上述检验只给出待检验变量整体显著或不显著，当有的变量显著而有的不显著时，我们反而会被这个检验误导。

建议二：要求原模型与检验模型的样本容量一致，因此，如果一个模型加入滞后变量而另一个模型未加入滞后变量，那么因样本容量出现了差异，检验是失效的。

表 2-3 冗余变量检验结果

Redundant Variable Test
Null hypothesis: POP
Equation: EQ2
Specification: QMG C MOB PMG POP GNP
Redundant Variables: POP is not significant

	Value	df	Probability
t-statistic	0.301558	33	0.7649
F-statistic	0.090937	(1, 33)	0.7649
Likelihood ratio	0.104571	1	0.7464

F-test summary:

	Sum of Sq.	df	Mean Squares
Test SSR	1.78E+12	1	1.78E+12
Restricted SSR	6.47E+14	34	1.90E+13
Unrestricted SSR	6.45E+14	33	1.96E+13

LR test summary:

	Value
Restricted LogL	-632.7730
Unrestricted LogL	-632.7208

表 2-4　删除 POP 后模型的参数估计

Restricted Test Equation:
Dependent Variable: QMG
Method: Least Squares
Date: 01/21/19　Time: 10:06
Sample: 1950 1987
Included observations: 38

Variable	Coefficient	Std. Error	t-Statistic	Prob.
C	17025279	2361435.	7.209718	0.0000
MOB	1.364079	0.193923	7.034111	0.0000
PMG	-27235487	4290641.	-6.347650	0.0000
GNP	-30106.66	9321.718	-3.229733	0.0027

R-squared	0.966860	Mean dependent var	80901846
Adjusted R-squared	0.963935	S.D. dependent var	22972717
S.E. of regression	4362678.	Akaike info criterion	33.51437
Sum squared resid	6.47E+14	Schwarz criterion	33.68675
Log likelihood	-632.7730	Hannan-Quinn criter.	33.57570
F-statistic	330.6453	Durbin-Watson stat	0.609854
Prob(F-statistic)	0.000000		

2.5　预　测

预测是建模的目的之一，预测效果的好坏也是评判模型优劣的标准之一。

2.5.1　回归预测的基本操作

1. 用菜单方式进行预测

首先，建立一个方程并打开方程对象窗口，然后在方程对象窗口选择 Forecast 按钮。随后弹出预测设置窗口（见图 2-12）。

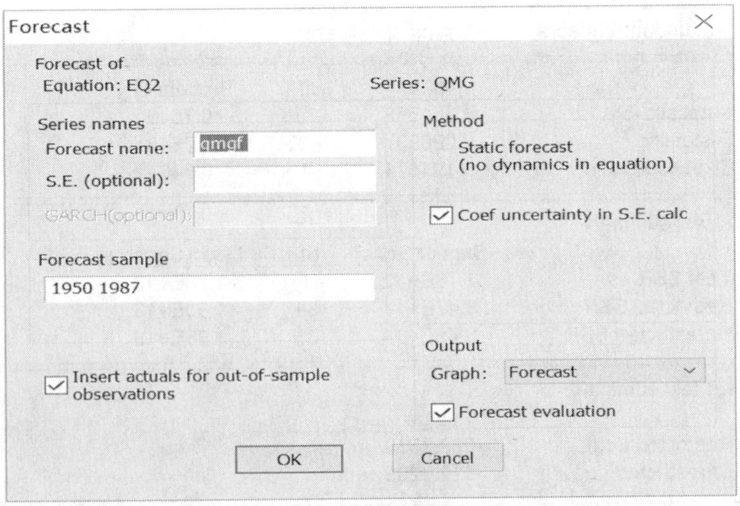

图 2-12　预测设置窗口

在这个窗口中，要进行如下设置。

(1) 预测值序列名 (Forecast name)。该序列用于存放预测值。系统默认名称是在原因变量名后加一个 f，比如原因变量序列名是 QMG，那么预测值序列名为 QMGF，用户可以根据需要改成别的名称。

(2) 预测范围 (Forecast sample)。用户可根据需要确定预测的起止时间。

(3) 预测方法 (Method)。

(4) 输出选项 (Output)。其中，Forecast graph 指输出预测图；Forecast evaluation 指输出预测评价指标。

(5) 是否插入实际值 (Insert actuals for out-of-sample observations)。

如按图 2-12 的设置，在方程对象 EQ2 的窗口内可得 QMG 序列在样本期 (1950—1987 年) 的预测值曲线和各个预测评价指标，同时在主窗口生成预测值序列☑ QMGF (见图 2-13)。

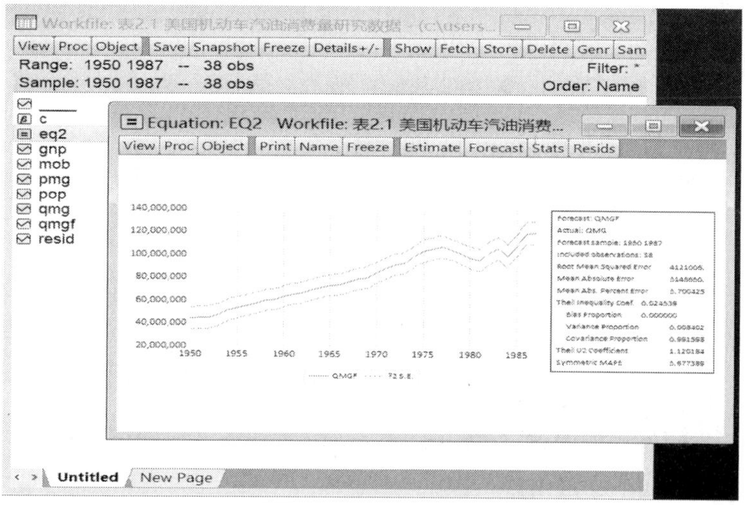

图 2-13　预测结果

上述过程也可以通过主窗口菜单 Proc/Forecast 来实现，但是方程对象的窗口必须处于被打开的状态。

2. 用 Forecast 命令进行预测

在方程对象的窗口处于被打开的状态时，在主窗口命令行输入 forecast 命令，余下操作与第 1 种方式完全相同。如果方程对象未处于被打开状态，可以输入以下命令：

eq_name. **forecast**

Forecast 的一般格式是

eq_name. **forecast**(options) forecast_series_name

如

eq01. **forecast** qmgf

2.5.2 预测评价指标

1. 基于预测误差的评价指标

（1）均方根误差（Root Mean Squared Error）。

$$RMSE=\sqrt{\frac{1}{h+1}\sum_{t=s}^{s+h}(\hat{y}_t-y_t)^2} \tag{2.5.1}$$

（2）平均绝对误差（Mean Absolute Error）。

$$MAE=\frac{1}{h+1}\sum_{t=s}^{s+h}|\hat{y}_t-y_t| \tag{2.5.2}$$

（3）平均绝对百分误差（Mean Abs. Percent Error）。

$$MAPE=\frac{100}{h+1}\sum_{t=s}^{s+h}\left|\frac{\hat{y}_t-y_t}{y_t}\right| \tag{2.5.3}$$

（4）希尔不等系数（Theil Inequality Coefficient）。

$$TIC=\frac{\sqrt{\frac{1}{h+1}\sum_{t=s}^{s+h}(\hat{y}_t-y_t)^2}}{\sqrt{\frac{1}{h+1}\sum_{t=s}^{s+h}\hat{y}_t^2}+\sqrt{\frac{1}{h+1}\sum_{t=s}^{s+h}y_t^2}} \tag{2.5.4}$$

式中，$t=s$，$s+1$，$s+2$，…，$s+h$。

RMSE 的平方叫做均方误差（ Mean Squared Error），简记为 *MSE*。它对误差的微小变化十分敏感，在实践中也常用。

上述指标前两项测量绝对误差，后两项测量相对误差。绝对误差比较直观，但取值大小受量纲的影响，不能形成统一的评价标准。相对误差则可以形成一致的评价标准，比如 *MAPE* 的取值在 0～5 之间说明预测精度极高，在 10 以内说明预测精度高。*TIC* 的取值范围为 0～1，取值越小越好。

图 2－13 表明：$MAPE=3.7$，$TIC=0.02$，预测十分理想。

2. 误差成分分析

误差成分分析由偏差率、方差率和协变率这三个相互联系的指标构成，它们的取值范围都在 0～1 之间，这三项指标之和等于 1。它们的计算公式如下。

（1）偏差率（Bias Proportion）。

$$BP=\frac{(\bar{\hat{y}}-\bar{y})^2}{\sum_{t=s}^{s+h}(\hat{y}_t-y_t)^2/h} \tag{2.5.5}$$

式中，$\bar{\hat{y}}$ 和 $\bar{y}$ 是预测值序列和实际值序列的均值。

（2）方差率（Variance Proportion）。

$$VP = \frac{(S_{\hat{y}} - S_y)^2}{\sum_{t=s}^{s+h} (\hat{y}_t - y_t)^2 / h} \tag{2.5.6}$$

式中，$S_{\hat{y}}$ 和 S_y 是预测值序列和实际值序列的标准差。

（3）协变率（Covariance Proportion）。

$$CP = \frac{2(1-r)S_{\hat{y}} S_y}{\sum_{t=s}^{s+h} (\hat{y}_t - y_t)^2 / h} = 1 - \text{偏差率} - \text{方差率} \tag{2.5.7}$$

偏差率反映预测值序列的均值和实际值序列的均值之差。如果偏差很大则说明预测是有偏的。方差率测量预测值序列和实际值序列标准差的差距，如果该指标取值较大，说明预测值与实际值存在明显差异。这两项指标所反映的误差叫做系统性误差（systematic error），是预测中尽量要避免的。协变率所反映的误差是非系统性误差（unsystematic error）或紊乱误差。一个理想预测的总误差中，系统性误差所占份额应尽可能小，非系统性误差所占份额应尽可能大，因此，偏差率和方差率应尽可能小，协变率应尽可能大。

图 2-13 表明：$BP=0.000$，$VP=0.008$，$CP=0.992$，预测十分理想。

2.5.3　稳定性检验

稳定性又称参数的超样本特性，是指用不同区间的样本建立同一模型，模型的参数没有显著差异。这个特性对于预测来说十分重要。如果模型参数具有超样本特性，说明因变量与自变量的关系十分稳定，依据这样的关系进行预测就十分可靠。

EViews 10.0 中的稳定性检验包括 Chow 断点检验、Chow 预测检验、Quant-Andrews 断点检验、Ramsey 重置检验和循环估计。由于篇幅所限，这里只介绍 Chow 断点检验（Chow's breakpoints test）和 Chow 预测检验（Chow's forecast test）。

1. Chow 断点检验

该检验的思想是对每个子样本单独拟合方程来观察估计方程是否有显著差异。零假设是两个子样本拟合的方程无显著差异。有显著差异意味着关系中结构改变。

检验之前，需要先把数据分成两个或更多的子样本，每个子样本的观察数必须多于方程系数个数，这样才能对每个子样本分别拟合方程。对总体样本可单独拟合一个方程，对子样本可分别拟合方程，Chow 断点检验基于这两组方程的残差平方和的比较。

EViews 能生成该检验所需的两个统计量。

（1）F 统计量。

$$F=\frac{(\boldsymbol{\varepsilon}'\boldsymbol{\varepsilon}-\boldsymbol{\varepsilon}_1'\boldsymbol{\varepsilon}_1-\boldsymbol{\varepsilon}_2'\boldsymbol{\varepsilon}_2)/k}{(\boldsymbol{\varepsilon}_1'\boldsymbol{\varepsilon}_1+\boldsymbol{\varepsilon}_2'\boldsymbol{\varepsilon}_2)/(n-2k)} \tag{2.5.8}$$

式中，$\boldsymbol{\varepsilon}'\boldsymbol{\varepsilon}$ 为受限制的残差平方和；$\boldsymbol{\varepsilon}_i'\boldsymbol{\varepsilon}_i$ 为第 i 个子样本的残差平方和；k 为方程中的参数个数。如果残差是独立同分布的正态随机变量，F 服从于精确的 F 分布。

（2）对数似然比统计量 LR。

关于该统计量的形成细节，上一节已有详细介绍，这里不再赘述。只是强调一下，在零假设下，LR 近似服从自由度为 $(m-1)k$ 的 χ^2 分布，其中 m 为子样本个数。

Chow 断点检验的菜单操作是：在方程对象窗口单击 View/Stability Tests/Chow Breakpoint Test，在对话框中给出断点的时期，比如 1970 年（见图 2-14）。确认后，在方程对象窗口列出检验结果，见表 2-5。由于各个检验统计量的收尾概率都是 0.000 0，所以拒绝原假设，说明模型参数不具有超样本特性，回归方程有显著差异。

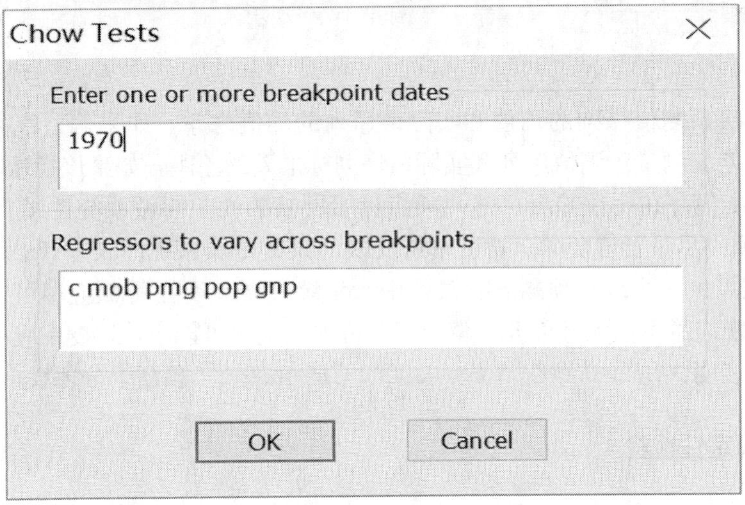

图 2-14　Chow 检验设置窗口

表 2-5　Chow 断点检验结果

Equation: EQ2　Workfile: 表2-1 美国机动车汽油消费...

View | Proc | Object | Print | Name | Freeze | Estimate | Forecast | Stats | Resids

Chow Breakpoint Test: 1970
Null Hypothesis: No breaks at specified breakpoints
Varying regressors: All equation variables
Equation Sample: 1950 1987

F-statistic	53.05750	Prob. F(5,28)	0.0000
Log likelihood ratio	89.26006	Prob. Chi-Square(5)	0.0000
Wald Statistic	265.2875	Prob. Chi-Square(5)	0.0000

2. Chow 预测检验

Chow 预测检验先对包含前 T_1 个观察值的子样本建立模型，然后用这个模型对后 T_2 个观察值的因变量进行预测，若实际值与预测值有很大变动，就可以怀疑这两个子样本估计关系的稳定性。

和 Chow 断点检验类似，Chow 检验的菜单操作是：在方程对象窗口单击 View/Stability Tests/Chow Forecast Test，在随后弹出的对话框中，给出预测样本开始的时期，如 1980 年。窗口弹出检验结果，如表 2-6 所示，同时还给出了 1950—1979 年数据构建模型的估计结果，如表 2-7 所示。

表 2-6　Chow 预测检验结果

Chow Forecast Test
Equation: EQ2
Specification: QMG C MOB PMG POP GNP
Test predictions for observations from 1980 to 1987

	Value	df	Probability
F-statistic	17.26944	(8, 25)	0.0000
Likelihood ratio	71.28147	8	0.0000

F-test summary:

	Sum of Sq.	df	Mean Squares
Test SSR	5.46E+14	8	6.83E+13
Restricted SSR	6.45E+14	33	1.96E+13
Unrestricted SSR	9.89E+13	25	3.96E+12

LR test summary:

	Value
Restricted LogL	-632.7208
Unrestricted LogL	-597.0800

Unrestricted log likelihood adjusts test equation results to account for observations in forecast sample

表 2-7　参数估计结果

Unrestricted Test Equation:
Dependent Variable: QMG
Method: Least Squares
Date: 01/21/19　Time: 11:27
Sample: 1950 1979
Included observations: 30

Variable	Coefficient	Std. Error	t-Statistic	Prob.
C	60792147	18112181	3.356423	0.0025
MOB	1.380982	0.184559	7.482601	0.0000
PMG	-38307327	9234529.	-4.148271	0.0003
POP	-411.2873	144.2073	-2.852056	0.0086
GNP	-10476.56	5253.705	-1.994129	0.0572

R-squared	0.993028	Mean dependent var	74834660
Adjusted R-squared	0.991913	S.D. dependent var	22115550
S.E. of regression	1988814.	Akaike info criterion	31.99499
Sum squared resid	9.89E+13	Schwarz criterion	32.22852
Log likelihood	-474.9248	Hannan-Quinn criter.	32.06970
F-statistic	890.2397	Durbin-Watson stat	0.649403
Prob(F-statistic)	0.000000		

3. Chow 检验的命令方式

Chow 检验的命令方式的一般格式为：

eq_name. **chow**(options) breakpoints

其中，breakpoints 是指断点时间；options 是命令参数，如果取消这个参数，则按默

认方式进行检验，默认方式就是 Chow 断点检验。如果进行 Chow 预测检验，则 options 必须取值 f，如

```
eq01.chow(f) 1980
```

注意事项：样本容量不够大不宜做检验，因为样本容量不够大必然造成各个子样本的容量过小，过小的样本会导致参数估计的不稳定，断点检验变得不那么可靠。

2.6 含定性自变量的回归模型

2.6.1 定性变量的概念

一般的线性回归模型，变量取值都有具体数值，例如国民生产总值、职工人均年收入、北京市月降雨量等都属于定量变量。然而，实际问题中经常会碰到这样一些变量，如性别、职称、历史时期（计划经济或市场经济）等，不是用数值度量的，称为定性变量。

含有定性变量的线性回归问题可分为自变量含定性变量和因变量含定性变量两种情况，由于后者比较复杂，将其放在第 10 章专门介绍，这里只讨论含定性自变量的情况。

2.6.2 名义变量的设立

在建立回归模型之前，首先应对属于定性变量的自变量加以数量化处理，常用方法是引入只取 0 和 1 两个值的名义（dummy）变量。例如，有下面职工工作量的回归模型：

$$y_i=\beta_0+\beta_1x_i+\beta_2D_i+\varepsilon_i \tag{2.6.1}$$

式中，$D_i=\begin{cases}1, & 男\\0, & 女\end{cases}$，是一个定性变量。

实际上，男性职工的平均工作量为：$E(y_i\mid D_i=1)=\beta_0+\beta_2+\beta_1x_i$。

女性职工的平均工作量为：$E(y_i\mid D_i=0)=\beta_0+\beta_1x_i$。

这个回归模型使用普通最小二乘估计可以得到参数估计值。D_i 是引入的虚拟变量，亦称哑变量。当描述的事物或现象有 m 种情况时，引入的虚拟变量个数应为 $m-1$ 个。不能建立如下的模型：

$$y_i=\beta_0+\beta_1x_i+\beta_2D_{1i}+\beta_3D_{2i}+\varepsilon_i \tag{2.6.2}$$

式中，$D_{1i}=\begin{cases}1, & 男\\0, & 女\end{cases}$；$D_{2i}=\begin{cases}1, & 女\\0, & 男\end{cases}$。

性别有两种情况，若引入 2 个虚拟变量，最小二乘估计失效。

2.6.3 EViews 的操作

解释变量中含有定性变量的问题比较简单，EViews 的操作步骤与一般多元线性回归模型的建模过程基本相同，只需将定性变量看作一般数值变量操作即可。下面以一个实例来说明。

例 2.4

为研究采取某项保险革新措施的速度 y 对保险公司的规模 x_1 和保险公司类型的关系，选取下列数据：y 是第 i 个公司采纳该项革新和给定公司采纳在时间上间隔的月数，x_1 是公司的总资产额（单位：百万美元），x_2 是一个定性变量，表示公司类型：其中 1 表示股份公司，0 表示互助公司。数据资料见表 2－8。

表 2－8　保险公司革新数据

y	x_1	x_2	y	x_1	x_2
17	151	0	28	164	1
26	92	0	15	272	1
21	175	0	11	295	1
30	31	0	38	68	1
22	104	0	31	85	1
0	277	0	21	224	1
12	210	0	20	166	1
19	120	0	13	305	1
4	290	0	30	124	1
16	238	0	14	246	1

数据来源：John Neter：Applied linear regression model.

要建立的模型是：

$$y_i=\beta_0+\beta_1 x_i 1+\beta_2 x_i 2+\varepsilon_i$$

用 EViews 按普通回归建模得到结果如表 2－9 所示。

表 2－9　参数估计的结果

Variable	Coefficient	Std. Error	t-Statistic	Prob.
C	33.87407	1.813858	18.67515	0.0000
X1	-0.101742	0.008891	-11.44299	0.0000
X2	8.055469	1.459106	5.520826	0.0000

R-squared	0.895058	Mean dependent var	19.40000
Adjusted R-squared	0.882712	S.D. dependent var	9.405486
S.E. of regression	3.221131	Akaike info criterion	5.314823
Sum squared resid	176.3867	Schwarz criterion	5.464183
Log likelihood	-50.14823	Hannan-Quinn criter.	5.343980
F-statistic	72.49705	Durbin-Watson stat	1.970680
Prob(F-statistic)	0.000000		

模型为：

$$\hat{y}=33.874\ 07-0.101\ 742x_1+8.055\ 469x_2$$

含定性自变量的回归模型，其各种检验与一般线性回归模型相同。从表 2－9 的结果看，定性变量，即公司类型参数的 t 检验通过，说明公司类型确实对因变量有显著影响。表 2－9 还显示其他参数的 t 检验、回归方程的 F 检验、残差的 $D.W.$ 检验均通过，模型拟合得比较好。公司类型对采纳革新措施所需时间的影响表现为 x_2 的系数：它的值为 8.055，说明股份公司采取革新措施的时间平均比互助公司多 8 个月左右。由于

$$x_2=\begin{cases}1, & \text{股份公司}\\0, & \text{互助公司}\end{cases}$$

模型还可以写成两个形式，当 $x_2=0$ 时，即互助公司采纳革新措施所需时间模型为：

$$\hat{y}=33.874\,07-0.101\,742x_1$$

当 $x_2=1$ 时，即股份公司采纳革新措施所需时间模型为：

$$\hat{y}=41.929\,539-0.101\,742x_1$$

第 3 章 线性回归问题与非线性回归分析

3.1 线性回归的常见问题

经典的线性回归模型存在一些假设前提条件，如果实际数据违背了其中某一条或某几条假设，那么最小二乘法就不能较准确地得到参数估计值，并且各种检验也会产生问题。

3.1.1 多重共线性

1. 多重共线性的含义及影响

多重共线性（Multicollinearity）是在 p 个回归变量 x_1，x_2，…，x_p 间存在严格的或近似的线性关系，即满足

$$\lambda_1 x_1+\lambda_2 x_2+\cdots+\lambda_p x_p=0 \tag{3.1.1}$$

或

$$\lambda_1 x_1+\lambda_2 x_2+\cdots+\lambda_p x_p\approx 0 \tag{3.1.2}$$

式中，λ_1，λ_2，…，λ_p 不全为零。

多重共线性在实际的多元线性回归分析尤其是涉及经济变量的模型中很常见，即在决定一个因变量的多个自变量中，存在部分自变量呈高度相关，也就是说，这些变量被用来解释因变量时导致所提供的信息出现了“重叠”。例如，模型中如果有多个自变量有共同的上升趋势，它们之间很可能有高度的相关关系导致共线性。

多重共线性的直接后果是回归系数参数估计的标准误变大，置信区间变宽，估计值的稳定性降低，因此接受备择假设犯错的概率增加，系数 t 检验通不过的概率增大，常不能得到正确的系数估计值。

2. 诊断方法

（1）一些经验方法。

一般地，如果模型的 R^2 很大，F 检验通过，但有些系数不能通过参数 t 检验；模型的自变量之间简单相关系数很高；回归系数的符号与简单相关系数的符号相反；都有理由怀疑存在多重共线性。

（2）特征根法。

记自变量数据矩阵 $\boldsymbol{X}=(\boldsymbol{X}_1, \boldsymbol{X}_2, \cdots, \boldsymbol{X}_p)$，若式（3.1.2）成立，则

$$|\boldsymbol{X}'\boldsymbol{X}| = \prod_{i=1}^{p} \lambda_i \approx 0 \tag{3.1.3}$$

式中，$\lambda_1, \lambda_2, \cdots, \lambda_p$ 是方阵 $\boldsymbol{X}'\boldsymbol{X}$ 的特征根。

显然，若上式成立，至少有一个特征根约等于零。在此基础上，还可以进一步计算条件指数。条件指数（Condition Index）的定义是：

$$CI_i=\sqrt{\frac{\lambda_{\max}}{\lambda_i}} \tag{3.1.4}$$

式中，$\lambda_{\max}$是最大特征根。

通常认为，$0<CI<10$ 时，没有多重共线性；$10\leqslant CI<100$ 时，有较强多重共线性；当 $CI\geqslant 100$，有严重的多重共线性。

例 3.1

根据例 2.1 的四个自变量的数据计算出四个特征根及相应的条件指数。

$\lambda_1=0.003\,063$　　$\lambda_2=0.015\,277$　　$\lambda_3=0.214\,776$　　$\lambda_4=3.766\,884$

$CI_1=35.071\,19$　　$CI_2=15.702\,70$　　$CI_3=4.187\,917$　　$CI_4=1.000\,000$

由于 $\lambda_1\approx 0$ 且 CI_1，$CI_2>10$，说明自变量之间存在较强的多重共线性。

（3）方差扩大因子法。

方差扩大因子法也是诊断多重共线性的常用手段。自变量 x_j 的方差扩大因子（Variance Inflation Factor）VIF_j 定义为矩阵 $(\boldsymbol{X}'\boldsymbol{X})^{-1}$ 中的第 j 个对角元素 c_{jj}，且有

$$VIF_j=c_{jj}=1/(1-R_j^2),\quad j=1,2,\cdots,p \tag{3.1.5}$$

式中，R_j^2 是把 x_j 作为因变量，其余 $p-1$ 个自变量作为自变量建立多元线性回归模型所得的决定系数，也即 x_j 与其余 $p-1$ 个自变量间的复相关系数。显然 R_j^2 越大，说明 x_j 与其余 $p-1$ 个自变量的线性依存程度越强，则自变量间的共线性越严重，VIF 的大小与 R_j^2 的大小一致，因此可用 VIF 来度量多重共线性的严重程度。当存在某变量的 VIF_j 大于 10 时，就可认为自变量间有比较严重的共线性。

此外，还可以用所有 p 个自变量所对应的方差扩大因子的平均数检验共线性。

$$\overline{VIF} = \frac{\sum_{j=1}^{p}(VIF_j)}{p} \tag{3.1.6}$$

当$\overline{VIF}$远大于 1 时，表示自变量间存在严重的共线性。

与特征根法相比较，方差扩大因子法可以较准确地说明哪些变量与其他变量有严重的共线性，严重程度如何。

例 3.2

续例 3.1，用方差扩大因子法检验多重共线性（见表 3-1）。

表 3-1　各变量的方差扩大因子

j	variables	VIF
1	MOB	218.0789
2	PMG	5.548339
3	POP	55.07427
4	GNP	118.205 2

显然，除 PMG 外，其他变量都与别的变量存在程度不同的共线性，其中，MOB 的共线性最为严重。

不知出于什么原因，包括 EViews 10.0 在内 EViews 的各个版本，都没有考虑共线性诊断的问题。本章例题中的各项计算是由笔者自编的 EViews 小程序完成的，这些程序见本章附录。

3. 多重共线性的处理方法

当自变量出现共线性问题时，应设法消除其影响。一方面从收集数据，增大样本容量考虑；另一方面改变模型形式。常用的方法如下。

（1）剔除法。

设法找到引起共线性的变量并予以剔除。通常剔除 VIF_j 值最大或未通过系数显著性检验的变量。

（2）差分法。

将原模型

$$y_i=\beta_0+\beta_1 x_{1i}+\beta_2 x_{2i}+\cdots+\beta_p x_{pi}+\varepsilon_i \tag{3.1.7}$$

变形为

$$\Delta y_i=\beta_1\Delta x_{1i}+\beta_2\Delta x_{2i}+\cdots+\beta_p\Delta x_{pi}+\Delta\varepsilon \tag{3.1.8}$$

其中：

$$\Delta y_i=y_i-y_{i-1}\text{，}\Delta x_{1i}=x_{1i}-x_{1i-1}\text{，}\cdots\text{，}\Delta x_{pi}=x_{pi}-x_{pi-1}$$

操作时的命令是

ls d(y) d(x_1)…d(x_p)　（d(・)是差分函数）

或者

$$\textbf{ls}\ y-y(-1)\ x_1-x_1(-1)\cdots x_p-x_p(-1)$$

得到 β_1，…，β_p 的估计值。

由于差分后的变量之间的相关性比差分前要弱得多，有效地降低了出现共线性的可能性。此时可直接估计式（3.1.8）。

差分法也容易带来问题，如拟合效果变差，常常丢失一些信息等。

（3）重新定义方程。

比如，可以在例 2.1 中考虑用人均汽油消费量、人均机动车数量、人均国民生产总值和油价这四个变量建模，取消原模型中的人口数变量。由于减少了变量，也就降低了发生共线性的可能性。

（4）有偏估计。

如主成分回归、岭回归等。有兴趣的读者可以参考文献［7］。另外，EViews 6.0 中有一个主成分分析的模块，在群对象窗口的 View/Principal Components 菜单中。

3.1.2 异方差性

1. 异方差性的含义及影响

如果回归模型中的随机误差项 ε_i 不满足假设条件中的同方差性，即对不同的样本点有

$$\text{Var}(\varepsilon_i)\neq\text{Var}(\varepsilon_j),\quad i\neq j \tag{3.1.9}$$

则称 ε_i 存在异方差性（herteroskedasticity）。

随机误差项包含众多因素对因变量的影响，如果其中某一个或多个因素随着自变量观测值的变化而对因变量产生不同的影响，就往往导致异方差性。但一般情况下，用截面数据作样本时出现异方差的可能性较大，或者说一般都存在异方差性。当随机误差项存在异方差性时，它的方差往往与主要的自变量之间存在某种联系：

当存在异方差时，如果采用普通最小二乘法估计模型参数，可能导致参数估计值虽然是无偏的，但不是有效的；参数的显著性检验失去意义；预测失效等。

2. 异方差性的诊断方法

检验异方差性的方法有多种，实际应用时可参考多种方法的结论进行分析。这里介绍三种常用的诊断方法。

（1）图示检验法。这是一种最直观的方法，它以某一变量（通常取自变量或因变量的预测值）作为横坐标，以模型的残差 e 为纵坐标，根据作出的散点图直观地判断是否存在相关性。如果存在相关性，则存在异方差性。如图 3－1 所示，随着自变量 GNP 取值的增大，残差 e 的波动幅度也逐渐加大，这是异方差的典型特征。

（2）怀特（White）检验。把 e^2 作为因变量，原先的自变量和自变量的平方项作为新自变量建立线性回归模型（还可加上任意两个自变量的交叉项 x_ix_j），通过这个模型的拟合情况来检验是否有异方差性。检验的零假设是残差不存在异方差性。例如，对两个自变量的情况，可建立下面的辅助回归模型：

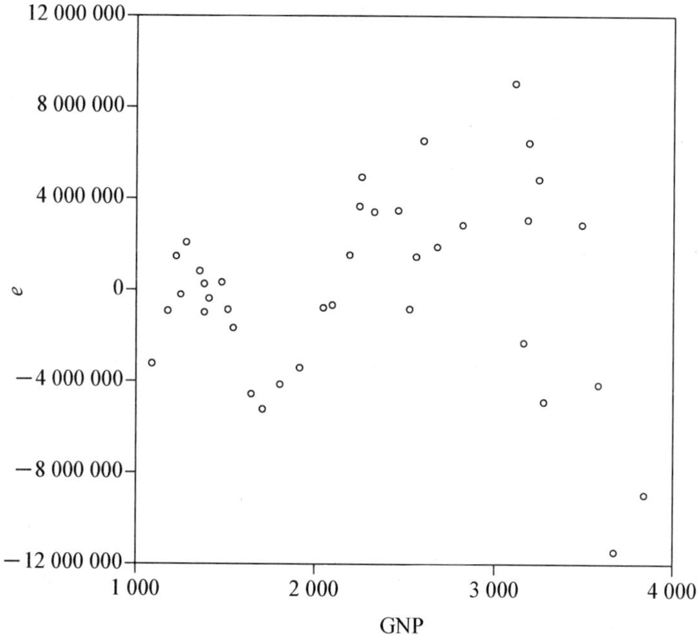

图 3-1　残差分布图

$$e^2=\alpha_0+\alpha_1 x_1+\alpha_2 x_2+\alpha_3 x_1^2+\alpha_4 x_2^2+\alpha_5 x_1 x_2 \tag{3.1.10}$$

怀特检验的统计量是：

$$LM=nR^2 \tag{3.1.11}$$

式中，n 为样本观测量；R^2 为辅助回归的拟合优度。LM 近似服从自由度为 k（除常数项以外回归系数的个数）的 χ^2 分布。于是可利用收尾概率作出是否拒绝原假设的结论。

例 3.3

对例 2.1 的模型进行怀特检验。

打开方程对象窗口，选 View/Residual Tests/White Heteroskedasticity，弹出检验设置对话框，如图 3-2 所示。在这个对话框中选择检验方法，然后确认，就在对象窗口内得到检验结果，如表 3-2 中上方表所示，其中，Obs * R-squared 即 $LM=nR^2$。

由于收尾概率远小于显著性水平 0.1，0.05 或 0.01，拒绝原假设，残差存在异方差。这部分结果下面还有辅助回归模型的估计结果，如表 3-2 中下方表所示。

注意：怀特检验还有一个交叉项（White cross terms）选项。

异方差检验的命令是 hettest，一般格式为：

equation_name.**hettest**(options) variables

表 3-2　怀特检验结果

Heteroskedasticity Test: White
Null hypothesis: Homoskedasticity

F-statistic	12.04670	Prob. F(14,23)	0.0000
Obs*R-squared	33.43969	Prob. Chi-Square(14)	0.0025
Scaled explained SS	33.39935	Prob. Chi-Square(14)	0.0025

Variable	Coefficient	Std. Error	t-Statistic	Prob.
C	5.38E+15	3.80E+15	1.416107	0.1701
MOB^2	-0.196858	0.284432	-0.692110	0.4958
MOB*PMG	-25324620	10576810	-2.394353	0.0252
MOB*POP	-670.9858	512.6348	-1.308896	0.2035
MOB*GNP	52624.47	16747.74	3.142184	0.0046
MOB	63877930	65671446	0.972690	0.3408
PMG^2	2.51E+14	1.24E+14	2.024814	0.0546
PMG*POP	1.90E+10	1.14E+10	1.672593	0.1080
PMG*GNP	-3.29E+10	2.31E+11	-0.142648	0.8878
PMG	-9.59E+14	1.52E+15	-0.629538	0.5352
POP^2	409605.6	235640.5	1.738264	0.0955
POP*GNP	-381199.8	14380719	-0.026508	0.9791
POP	-9.35E+10	5.99E+10	-1.562034	0.1319
GNP^2	-1.28E+09	3.91E+08	-3.267881	0.0034
GNP	2.73E+11	1.87E+12	0.146126	0.8851

R-squared	0.879992	Mean dependent var	1.70E+13
Adjusted R-squared	0.806943	S.D. dependent var	2.80E+13
S.E. of regression	1.23E+13	Akaike info criterion	63.40768
Sum squared resid	3.48E+27	Schwarz criterion	64.05410
Log likelihood	-1189.746	Hannan-Quinn criter.	63.63767
F-statistic	12.04670	Durbin-Watson stat	2.554699
Prob(F-statistic)	0.000000		

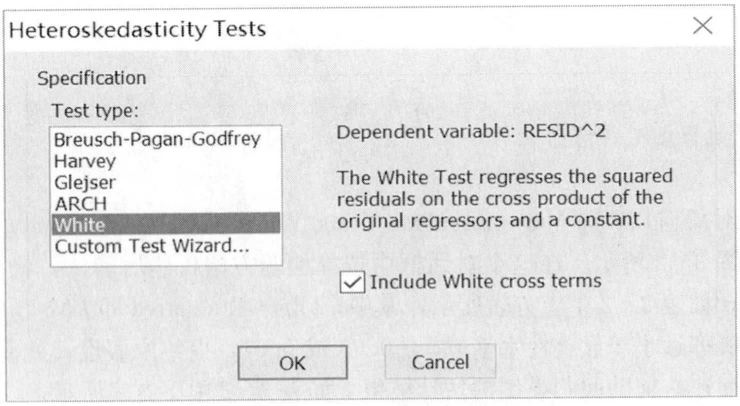

图 3-2　异方差检验的设置窗口

其中，variables 是只包括常数项在内的所有自变量清单；options 是该检验的设置参数，主要包括 type（检验方法）和 c（是否有交叉项）。

equation_name. **hettest**(type=method,c) variables

如果是怀特检验，c 意味着检验中考虑交叉项，取消 c 意味着检验中不考虑交叉项。如果其他检验不存在交叉项的问题，完全可以取消 c。如格雷瑟尔检验：

eq01. **hettest**(type=Glejser)c mob pmg pop gnp

(3) 其他类似的检验。

EViews 中的其他异方差检验方法与怀特方法大同小异，主要是方差函数的具体形式存在差异（见表 3-3）。异方差检验的方差函数的一般形式为：

$$\sigma_t^2 = f(z_t'\alpha, \sigma^2), \quad t=0,1,2,\cdots \tag{3.1.12}$$

式中，σ_t^2 为 t 时刻随机项的理论方差；z'_t 为 t 时刻方差函数的自变量向量，通常是原模型的自变量，但也不绝对；$\boldsymbol{\alpha}$ 为方差函数的参数向量。

表 3-3　异方差各检验的方差函数

中文名称	英文名称	方差函数
格里瑟尔检验	Glejser-test	$\sigma_t^2=(\sigma^2+z_t'\boldsymbol{\alpha})^m$ $m=1,\ 2$
哈维检验	Harvey-test	$\sigma_t^2=\exp(z_t'\boldsymbol{\alpha})$
布罗什-帕甘-古德弗雷检验	Breusch-Pagan-Godfrey-test (BPG)	$\sigma_t^2=\sigma^2 h(z_t'\boldsymbol{\alpha})$

3. 异方差性的处理

(1) 加权最小二乘法。

处理异方差最常用的方法是加权最小二乘法（Weighted Least Square，WLS)。其基本思路是残差平方和中的每个观测值的权数不同，从而使新模型的随机误差项具有同方差性。以一元线性回归方程为例，WLS 的残差平方和变为：

$$Q = \sum_{i=1}^{n} \omega_i [y_i - (\beta_0 + \beta_1 x_{i1} + \beta_2 x_{i2} + \cdots + \beta_p x_{ip})]^2 \tag{3.1.13}$$

式中，ω_i 为给定的第 i 个观测值的权数。

如果已知线性回归模型 ε_i 的方差与某个自变量的某种函数成比例，即有

$$\text{Var}(\varepsilon_i) = \sigma_i^2 = f(x_{ik})\sigma^2, \quad i=1,2,\cdots,n \tag{3.1.14}$$

那么，ω_i 通常取其为误差项标准差的倒数：

$$\omega_i = \frac{1}{\sigma_i} = \frac{1}{f(x_{ik})\sigma^2} \tag{3.1.15}$$

那么，对于原模型，等式两边同时除以 $\sqrt{f(x_{ik})}$，得

$$\frac{y_i}{\sqrt{f(x_{ik})}} = \frac{\beta_0}{\sqrt{f(x_{ik})}} + \frac{\beta_1 x_{i1}}{\sqrt{f(x_{ik})}} + \cdots + \frac{\beta_p x_{ip}}{\sqrt{f(x_{ik})}} + \frac{\varepsilon_i}{\sqrt{f(x_{ik})}} \tag{3.1.16}$$

由于 $E\left(\frac{\varepsilon_i}{\sqrt{f(x_{ik})}}\right)^2 = \frac{1}{f(x_{ik})}E(\varepsilon_i)^2 = \frac{1}{f(x_{ik})}\sigma_i^2 = \sigma^2$ 具有同方差性，这样的变换消除了异方差，叫做方差稳定性变换。可直接用这种变换来改变回归方程形式，以消除异方差。

也可选用 $\omega_i = 1/\sqrt{f(x_{ik})}$，按照式（3.1.13）做加权最小二乘估计。

由于 $1/\sqrt{f(x_{ik})}$ 的具体形式往往是未知的，实践常用下面的函数做试探性研究。

$$\omega_i = x_{ik}^m \tag{3.1.17}$$

我们尝试一些 m 值，如 $m=-2$，-1.5，-1，-0.5，0，0.5，1，1.5，2，建立不同的模型，然后选择其中表现最好的模型。

加权最小二乘估计的实现与普通最小二乘估计基本相同。只是需要在方程定义对话框中点击 Options 按钮，在 Options 栏中选 Weighted LS 项，并在 Weight 项中输入权数序列名。

例 3.4

续例 2.1 和例 3.3。

首先可以用逐步回归对模型进行优化，优化后的模型不再含 POP 变量。但是用哈维检验发现：优化后的模型仍然存在异方差问题，如表 3－4 所示。考虑采用加权最小二乘估计。从残差分布图（见图 3－1）看，残差序列存在明显的异方差性，且方差扩大的趋势与 GNP 有关，于是可以下面的函数定义权数：

W=GNP^m

表 3－4　未加权模型的哈维检验结果

Heteroskedasticity Test: Harvey
Null hypothesis: Homoskedasticity

F-statistic	10.18921	Prob. F(3,34)	0.0001
Obs*R-squared	17.98998	Prob. Chi-Square(3)	0.0004
Scaled explained SS	14.42847	Prob. Chi-Square(3)	0.0024

加权最小二乘估计的实现与普通最小二乘估计基本相同。只是需要在方程定义对话框中点击 Options 按钮，在 Option 栏中 Weights 项进行设置即可，如图 3－3 所示。

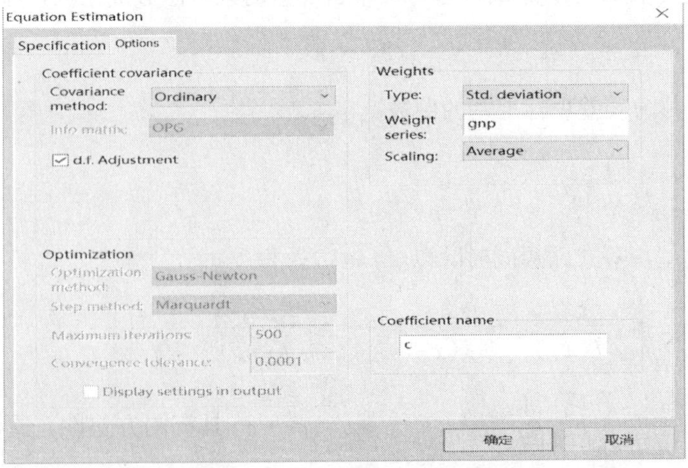

图 3－3　参数估计权重设置图

用加权最小二乘法重新建立模型。通过 R^2 的比较，选择适合的模型（见表 3－5）。

表 3－5　适合模型的参数估计结果

Dependent Variable: QMG
Method: Least Squares
Date: 01/21/19　Time: 16:48
Sample: 1950 1987
Included observations: 38
Weighting series: GNP
Weight type: Standard deviation (average scaling)

Variable	Coefficient	Std. Error	t-Statistic	Prob.
C	14495173	1608460.	9.011834	0.0000
MOB	1.186284	0.164165	7.226179	0.0000
PMG	-28180300	4219855.	-6.678025	0.0000
GNP	-20239.69	8202.905	-2.467381	0.0188

Weighted Statistics

R-squared	0.980260	Mean dependent var	68080565
Adjusted R-squared	0.978518	S.D. dependent var	7296820.
S.E. of regression	3008740.	Akaike info criterion	32.77124
Sum squared resid	3.08E+14	Schwarz criterion	32.94362
Log likelihood	-618.6536	Hannan-Quinn criter.	32.83257
F-statistic	562.7928	Durbin-Watson stat	0.472823
Prob(F-statistic)	0.000000	Weighted mean dep.	65394905

对这个模型再次实施哈维检验，结果如表 3－6 所示，可以看出各统计量在 0.05 的显著性水平下都无法拒绝原假设，说明异方差的问题已得到较好的解决。

表 3－6　加权最小二乘估计法建立的模型的哈维检验结果

Heteroskedasticity Test: Harvey
Null hypothesis: Homoskedasticity

F-statistic	1.355044	Prob. F(2,35)	0.2711
Obs*R-squared	2.730924	Prob. Chi-Square(2)	0.2553
Scaled explained SS	1.768234	Prob. Chi-Square(2)	0.4131

（2）异方差和自相关相容协方差估计。

异方差和自相关相容协方差（Heteroskedasticity and Autocorrelation Consistent Covariances）是 EViews 提供的另一种方法，适用于异方差的形式未知时，此时不能用最小二乘估计法来消除异方差。相容参数估计采用了另外估计回归系数协方差阵，从而改变了估计值的标准差。该方法的标准差是不正确的，不能用来推断。

这一方法的操作是：在普通的建模过程中点击方程定义对话框的 Options 按钮，在新对话框选择 Heteroskedasticity Consistent Covariances，再从 White 和 Newey-West 中选择一种，开始估计。使用 HAC 协方差估计前要明白：对这两种异方差相容协方差估计方法——White 或 Newey-West HAC 都不改变参数的点估计，改变的只是估计标准差。

可以将其结合其他针对异方差或自相关的方法使用，例如可伴随最小二乘估计法一起估计。

3.1.3 自相关性

1. 自相关的含义及影响

回归模型中各残差项之间不满足独立假设，即

$$\mathrm{cov}(\varepsilon_i, \varepsilon_j) \neq 0, \quad i, j=1, 2, \cdots, n; \ i\neq j \tag{3.1.18}$$

则称误差随机项之间存在自相关现象。

自相关现象是回归中较常见的问题。一般说来，经济时间序列中较为多见。这主要是由经济变量的滞后性带来的。许多经济变量都会产生滞后影响。

自相关的产生违背了回归的基本假设，此时若仍用普通最小二乘法估计，将会产生严重后果：得到的参数估计值虽是无偏的，但不是有效的；显著性检验失效；预测失效等。

2. 诊断方法

（1）*D.W.* 检验。

这个检验在上一章已有详细介绍，这里不再赘述。这里只需强调 *D. W.* 检验有三点不足：存在无法做出判断的不确定区域；如果模型中存在因变量的滞后项，该检验失效；*D. W.* 检验只对一阶自相关的检验有效，不能检验是否有高阶自相关。因此，才有了其他的方法。

（2）*LM* 检验。

LM 检验方法如下。

原假设：残差不存在从 1 阶到 p 阶的自相关。

如果原模型为：

$$y_t = X_t\beta + \varepsilon_t$$

则残差向量为：

$$\boldsymbol{e} = \boldsymbol{y} - \boldsymbol{X}\hat{\boldsymbol{\beta}}$$

若对原假设进行检验，首先要建立辅助方程：

$$e_t = X_t\gamma + \left(\sum_{s=1}^{p} \alpha_s e_{t-s}\right) + v_t \tag{3.1.19}$$

并获得该辅助方程的决定系数 R^2，那么检验统计量为：

$$LM = n \times R^2 \tag{3.1.20}$$

在相当一般的假定下，该统计量服从渐进 $\chi^2(p)$，其中 p 为辅助方程的阶数，也是原假设中所要检验的自相关的最大阶数。可以根据统计量的收尾概率的大小决定原假设的取舍。

LM 检验位于方程对象窗口菜单 View/Residual Test/ Serial Correlation LM Test。

3. 自相关的克服方法

（1）Cochrane-Orcutt 迭代法。

假设原模型为：

$$y_t = \beta_0 + \beta_1 x_{t1} + \cdots + \beta_p x_{tp} + \varepsilon_t$$

若随机误差项存在一阶自相关，则

$$\varepsilon_t=\rho\varepsilon_{t-1}+u_t \tag{3.1.21}$$

式中，ρ 为自相关系数；$u_t\overset{iid}{\sim}N(0,\ \sigma_u^2)$ 为模型的随机误差。

若以 ρ 乘 $t-1$ 时刻的模型

$$\rho y_{t-1}=\rho\beta_0+\rho\beta_1 x_{t-11}+\cdots+\rho\beta_p x_{t-1p}+\rho\varepsilon_{t-1} \tag{3.1.22}$$

两式相减

$$\begin{aligned} y_t-\rho y_{t-1}=&(\beta_0-\rho\beta_0)+\beta_1(x_{t1}-\rho x_{t-11})+\cdots\\ &+\beta_p(x_{tp}-\rho x_{t-1p})+(\varepsilon_t-\rho\varepsilon_{t-1}) \end{aligned} \tag{3.1.23}$$

即

$$y'_t=\beta'_0+\beta_1 x'_{t1}+\cdots+\beta_p x'_{tp}+u_t \tag{3.1.24}$$

式中，$\beta'_0=\beta_0(1-\rho)$；$y'_t=y_t-\rho y_{t-1}$；$x'_{t1}=x_{t1}-\rho x_{t-11}$，$\cdots$；$x'_{tp}=x_{tp}-px_{t-1p}$；$u_t=\varepsilon_t-\rho\varepsilon_{t-1}$。其中，新生成的随机误差 u_t 不存在序列相关。

上述变换称作广义差分变换。

在 ρ 的估计值已知的情况下，上述变换十分容易。新模型的参数与旧模型几乎一样，只是常数项需要根据 $\beta'_0=\beta_0(1-\rho)$ 还原 β_0，因此，只需对式（3.1.23）进行参数估计，就可获得旧模型的所有参数的估计值，这种估计是在无序列自相关的条件下进行的，这就有效避免了序列相关对参数估计的负面影响。

实践中人们往往采用简单差分方法变换模型，如式（3.1.8）所示。在自相关系数 ρ 取值较大的情况下，这种变换与广义差分变换效果差不多，弊病是无法还原 β_0，当原模型含常数项时，无法获得这个参数的估计，因为变换后的模型不再含常数项。

（2）重新定义模型。

新定义的模型可能会避免序列相关。

例 3.5

将例 2.1 的因变量和自变量重新定义为各变量的年度发展变化：DQMG，DMOB，DPMG，DPOP，DGNP。在 EViwes10.0 中的空白窗口中输入：genr dqmg=qmg/qmg（−1）、genr dmob=mob/mob（−1）等，即可生成各变量的年度发展变化值，即环比发展速度。

建立如下模型：

$$DQMG=\beta_0+\beta_1 DMOB+\beta_2 DPMG+\beta_3 DPOP+\beta_4 DGNP+\varepsilon$$

采用后面介绍的逐步回归及其他自变量筛选方法，最后模型优化为：

$$DQMG=\beta_0+\beta_1 DMOB+\beta_2 DPMG+u$$

该模型的参数估计如表 3-7 所示。

表 3-7　最后模型的参数估计结果

Dependent Variable: DQMG
Method: Least Squares
Date: 03/03/19 Time: 10:35
Sample (adjusted): 1951 1987
Included observations: 37 after adjustments

Variable	Coefficient	Std. Error	t-Statistic	Prob.
C	-0.196118	0.280262	-0.699768	0.4888
DMOB	1.295987	0.270767	4.786361	0.0000
DPMG	-0.113647	0.032946	-3.449515	0.0015

R-squared	0.491116	Mean dependent var	1.027827
Adjusted R-squared	0.461182	S.D. dependent var	0.029301
S.E. of regression	0.021508	Akaike info criterion	-4.763179
Sum squared resid	0.015728	Schwarz criterion	-4.632564
Log likelihood	91.11882	Hannan-Quinn criter.	-4.717132
F-statistic	16.40645	Durbin-Watson stat	1.475915
Prob(F-statistic)	0.000010		

从表 3-7 可以看出，两个解释变量的系数均通过显著性检验，*D.W.* 统计量取值为 1.475 915，当样本观测值为 37，自变量数目为 2，显著性水平为 0.01 时的 $d_u=1.38$，$d_u<\text{D. W.}<4-d_u$ 说明残差项无序列相关。*LM* 检验在 $p=1, 2, 3$ 等时，均不能拒绝原假设，也说明残差项无序列相关。新模型较好地解决了序列相关问题。

3.2　非线性回归分析

3.2.1　非线性模型

非线性模型指的是关于参数或自变量是非线性函数的模型。在某些情形下，可以将这些非线性模型通过一定的变换线性化，作为线性模型处理。这类模型称为可线性化的非线性模型。

1. 一元模型

(1) 线性化不涉及参数。

有许多非线性模型通过对变量进行直接变换，可以线性化。这类模型及变换如表 3-8 所示。

表 3-8　线性化变换函数（不涉及参数）

原模型	变换函数
$y=\dfrac{1}{a+bx}$	$y'=\dfrac{1}{y}$，$x'=x$
$y=\sqrt{ax+b}$	$y'=y^2$，$x'=x$
$y=a+bx+cx^2$	$y'=y$，$x'_1=x$，$x'_2=x^2$
$y=a+b\ln x$	$y'=y$，$x'=\ln x$
$y=a+bx+cx^2+dx^3$	$y'=y$，$x'_1=x$，$x'_2=x^2$，$x'_3=x^3$

这一类变换的共同点是变换本身不涉及模型参数，对变换后得到的模型，其参数估计就是原模型的参数估计。化为线性模型后，可对线性模型直接进行 OLS 估计，按变换后的方程估计，得到的参数估计值就是原模型的参数估计值。

（2）线性化涉及参数。

这类模型变换后模型参数发生了变化，即在进行变换时，对模型参数也要做变换才能把非线性模型转换为线性形式。常见的这种函数变换见表 3-9。

表 3-9 常见的线性化变换函数（涉及参数）

原模型	变换函数
$y=ax^b$	$y'=\ln y$，$x'=\ln x$，$\beta_1=\ln a$，$\beta_2=b$
$y=ae^{bx}$ $(a>0)$	$y'=\ln y$，$x'=x$，$\beta_1=\ln a$，$\beta_2=b$
$y=K(1-ae^{-x})^3$	$y'=y^{1/3}$，$x'=e^{-x}$，$\beta_1=\sqrt[3]{K}$，$\beta_2=-a\sqrt[3]{K}$

在对变换后的模型估计参数后，还要再实施变换才能得到原先回归模型的参数值。

（3）不可线性化模型（见表 3-10）。

表 3-10 一些不能线性化的模型

名称	模型
Logistic	$y_t=\dfrac{k}{1+ae^{-bt}}$
Compertz	$y_t=ka^{b^t}$
Weibull	$y_t=k-ab^{t^c}$

表 3-10 中的模型有三个待估计的参数，当这些参数的任何一个均无法事先通过经验或历史数据得到时，不能将其线性化。

2. 多元非线性模型

（1）可直接线性化的模型。

例如，Cobb-Douglas 生产函数：

$$Y=AK^{\alpha}L^{\beta} \tag{3.2.1}$$

可通过对数变换线性化为：

$$\log Y=A'+\alpha\log K+\beta\log L \quad (A'=\log A) \tag{3.2.2}$$

再如，二元二阶多项式：

$$y=\beta_0+\beta_1x_1+\beta_2x_2+\beta_{11}x_1^2+\beta_{22}x_2^2+\beta_{12}x_1x_2+\varepsilon \tag{3.2.3}$$

直接化为：

$$y=\beta_0+\beta_1x_1+\beta_2x_2+\beta_{11}x_3+\beta_{22}x_4+\beta_{12}x_5+\varepsilon \tag{3.2.4}$$

式中，$x_3=x_1^2$，$x_4=x_2^2$，$x_5=x_1x_2$。

（2）Taylor 级数展开法。

非线性模型可以借助 Taylor 级数展开式进行逐次的线性近似估计。也就是把非线性的表达式通过 Taylor 级数展开，近似化为线性表达式，然后进行估计。本部分结合实例说明 EViews 如何处理。

例如，固定替代弹性生产函数（简记为 CES 函数）的形式为：

$$Q=A\ (\delta L^{-\theta}+(1-\delta)K^{-\theta})^{-\mu/\theta} \tag{3.2.5}$$

式中，Q 为产出；L，K 分别为劳动力、资本的投入；A，δ，θ 与 μ 为方程的四个参数，且要求 $A>0$，$0<\delta<1$，$\theta>-1$，$\mu>0$。

掌握了一定数量的样本，可以进行 CES 函数的拟合。但该函数的形式较为复杂，且待估参数较多，即使用非线性最小二乘法，也难取得较好效果。常用的估计方法是对式（3.2.5）两边取对数，得

$$\ln Q=\ln A-\frac{\mu}{\theta}\ln\ (\delta L^{-\theta}+(1-\delta)K^{-\theta}) \tag{3.2.6}$$

并在 $\theta=0$ 处作 Taylor 展开，取关于 θ 的线性部分，即有

$$\ln Q=\ln A+\mu\delta\ln L+\mu(1-\delta)\ln K-\frac{1}{2}\mu\theta\delta(1-\delta)\left(\ln\left(\frac{K}{L}\right)\right)^2 \tag{3.2.7}$$

以 $\ln Q$ 为因变量，$\ln L$，$\ln K$，$(\ln\frac{K}{L})^2$ 为自变量，应用 OLS 估计各个参数。这相当于对式（3.2.5）进行变换，生成新的变量和参数，估计出参数值后再还原为原模型。于是 CES 函数的建立就化成了线性模型（3.2.7），用前面的知识来解决这一问题是很容易的。

3.2.2 非线性最小二乘法

1. 估计方法

并非所有的非线性模型都可做线性化处理，无法线性化模型的一般形式为：

$$y=f(\boldsymbol{x},\boldsymbol{\beta})+\varepsilon \tag{3.2.8}$$

式中，$f(\boldsymbol{x},\boldsymbol{\beta})$ 为非线性函数，这也正是它与线性模型的本质区别；$\boldsymbol{\beta}$ 为 $1\times p$ 未知参数向量；ε 为随机误差；y 为因变量；$\boldsymbol{x}=(x_1,x_2,\cdots,x_p)$ 为自变量向量，它是影响变量 y 的 k 个因素。假设已有样本 $(y_1,\boldsymbol{x}_1)$，$(y_2,\boldsymbol{x}_2)$，…，$(y_n,\boldsymbol{x}_n)$，其中 $\boldsymbol{x}_i=(x_{1i},x_{2i},\cdots,x_{pi})$，$i=1,2,\cdots,n$，将模型写为：

$$y_i=f(\boldsymbol{x}_i,\boldsymbol{\beta})+\varepsilon_i,\quad i=1,2,\cdots,n \tag{3.2.9}$$

式中，ε_i 为随机误差项，仍满足独立同分布假定。

有一点需要说明：上述函数的误差为加性误差，即在非线性函数后加上一个误差，但这不是说所有非线性模型的误差都以加性误差形式出现。一些可线性化的模型采用了乘性误差，或其他误差形式，比如可线性化的 Cobb-Douglas 生产函数的理论回归模型就采用了乘性误差形式：

$$Y=AK^{\alpha}L^{\beta}e^{\varepsilon} \tag{3.2.10}$$

线性化后

$$\ln Y = A' + \alpha \ln K + \beta \ln L + \varepsilon \quad (A' = \ln A) \tag{3.2.11}$$

这才是一个标准的线性回归理论模型，因而可以按照线性回归的方法来处理。

如果采用加性误差形式：

$$Y = AK^{\alpha}L^{\beta} + \varepsilon \tag{3.2.12}$$

该模型无法线性化，只能按照不可线性化的模型来处理，用非线性最小二乘法来估计，这会导致处理结果与线性模型的处理结果存在差异。

非线性最小二乘法（Nonlinear Least Square，NLS）是非线性模型的常用估计方法，使得

$$S(\boldsymbol{\beta}) = \sum_{i=1}^{n} (y_i - f(\boldsymbol{x}_i, \boldsymbol{\beta}))^2 = (y - f(\boldsymbol{x}, \boldsymbol{\beta}))'(y - f(\boldsymbol{x}, \boldsymbol{\beta})) \tag{3.2.13}$$

达到最小的 $\hat{\boldsymbol{\beta}}$ 为 β 的非线性最小二乘估计。求解 $\hat{\boldsymbol{\beta}}$ 的方法通常是令式（3.2.13）对 $\boldsymbol{\beta}$ 的偏导等于零。

但在 f 较为复杂的情况下，即使令式（3.2.13）对 $\boldsymbol{\beta}$ 的偏导等于零也无法求出精确解。这时，常用迭代法逼近 $\hat{\boldsymbol{\beta}}$，即先给出参数估计的初始值，通过迭代求一个新的估计值，重复迭代直到估计值收敛。这一方法可以在一定精度下求出近似解。

用非线性最小二乘法估计参数的操作与普通最小二乘法基本相同，只是在方程估计窗口或命令行中，模型必须以方程式的形式出现，没有简化形式。以式（3.2.12）为例，方程式为：

```
y=c(1) * L^c(2) * K^c(3)
```

式中，c(1)，c(2)，c(3) 为参数向量 $\boldsymbol{\beta}$ 的前三个分量，分别代表模型中的参数 A，α，β。

2. 估计中的选项设置（options）

（1）初始值（start value）。

初始值是 EViews 进行第一次迭代计算时参数所取的数值，这个值保存在与回归函数有关的系数向量中。有时回归函数必须定义初始值。例如，如果回归函数包含表达式 1/c(1)，就不能把 c(1) 的初始值设定为 0；同样，如果包含表达式 Ln(c(2))，那么 c(2) 必须大于零。

初始值的选取不当可能会导致 NLS 运算失败。当 EViews 给出“Near Singular Matrix”的错误提示时，有可能与初始值选取有关。但通常没有选取初始值的一般规则，显然离真实值越近越好。我们可以先根据参数的意义猜测参数的范围，给出一个合适的初始值。如根据劳动弹性系数在 0～1 之间，可将 Cobb-Douglas 生产函数的系数 c(2) 赋一个介于 0～1 的值。

在 NLS 中，EViews 用开始估计的系数向量中对应的值作为初始值。我们可以先查看系数向量中的各个参数值，如果有需要更改的，可直接在系数向量窗口中编辑更改。另外也可用命令

param　coef_name(1) n1 coef_name(2) n2 …

来重新设置。例如

param c(1) 153 c(2) 0.68 c(3) 0.15

或

param 1 153 2 0.68 3 0.15

设定了三个参数的初始值：c(1)=153，c(2)=0.68，以及 c(3)=0.15。

另外，迭代有时会在一个局部最优处停止，但从输出结果无法判定，因此我们应当重新设定初始值进行多次估计，来检查它是否收敛于同一个值。

（2）迭代和收敛。

EViews 用的是 Gauss-Seidel 迭代法求参数估计值。迭代停止遵循的法则是：基于回归函数或参数在每次迭代后的变化率，当待估参数的变化百分比的最大值小于事先给定的水平时，就会停止迭代。

但有时即使未达到收敛也会停止迭代。这有两种情况：一种是迭代次数已经达到了给定的次数，这时应重新设定迭代次数以取得收敛；另一种是经过一定迭代后 EViews 发出显示失败的错误信息，这大多和回归函数有关，这时可以选取不同的参数初始值，从不同方向逼近估计值。

Options 中有一栏和 NLS 有关：迭代过程（Iterative Procedure）。它有两个选项：Max Iterative 是最大迭代次数，Convergence 是事先给定的一个比率值，当系数在一次迭代后的变化率小于该值时就停止迭代。在有些较复杂的建模过程中，当给定的迭代次数仍不能使待估参数收敛时，可在结果输出窗口中点击 Estimate 键来重新估计，通过 Options 对话框增加最大迭代次数即可。

3.2.3 应用实例

例 3.6

表 3－11 是某企业在 16 个月度的某产品产量和单位成本资料，研究二者关系。

表 3－11 某企业某产品产量和单位成本资料

月度序号 obs	产量（台） X	单位成本（元/台） Y
1	4 300	346.23
2	4 004	343.34
3	4 300	327.46
4	5 016	313.27
5	5 511	310.75
6	5 648	307.61
7	5 876	314.56
8	6 651	305.72

续表

月度序号 obs	产量（台） X	单位成本（元/台） Y
9	6 024	310.82
10	6 194	306.83
11	7 558	305.11
12	7 381	300.71
13	6 950	306.84
14	6 471	303.44
15	6 354	298.03
16	8 000	296.21

为了明确产量和单位成本是何种关系，先绘制散点图（见图3-4）。

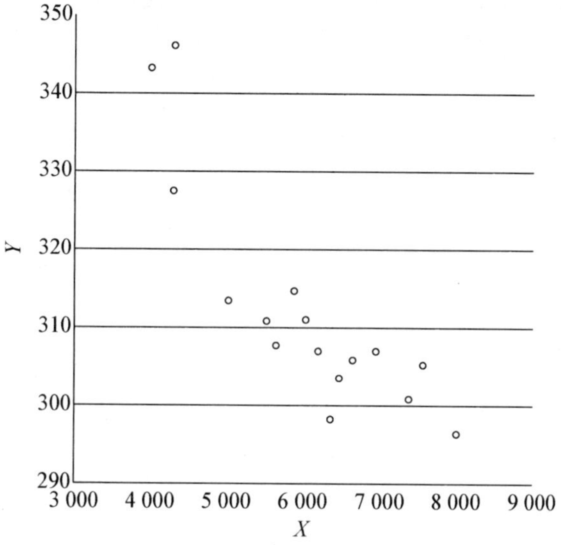

图3-4 散点图

试选择双曲线模型：

$$y=a+b/x \tag{3.2.14}$$

线性化后：

$$y=a+bx' \quad (x'=1/x)$$

在主窗口命令行输入：

ls y c @inv(x) （@inv()是倒数函数）

或

ls y=c(1)+c(2)/x

第一种方式是对线性化的模型实施线性最小二乘估计，第二种方式是直接对原模型实施非线性最小二乘估计。估计的结果完全一致（见表3-12），这是因为线性化没有涉及误差项，仍然是加性误差，且误差不变。

表 3 - 12　线性估计和非线性估计比较

线性最小二乘估计

Dependent Variable: Y
Method: Least Squares
Date: 01/22/19 Time: 11:35
Sample: 1 16
Included observations: 16

Variable	Coefficient	Std. Error	t-Statistic	Prob.
C	250.7848	7.389382	33.93853	0.0000
1/X	355457.0	41775.97	8.508648	0.0000

R-squared	0.837958	Mean dependent var	312.3081
Adjusted R-squared	0.826383	S.D. dependent var	14.62250
S.E. of regression	6.092811	Akaike info criterion	6.568565
Sum squared resid	519.7128	Schwarz criterion	6.665138
Log likelihood	-50.54852	Hannan-Quinn criter.	6.573510
F-statistic	72.39709	Durbin-Watson stat	1.151568
Prob(F-statistic)	0.000001		

非线性最小二乘估计　Y=C(1) +C(2) /X

Variable	Coefficient	Std. Error	t-Statistic	Prob.
C(1)	250. 784 8	7. 389 382	33. 938 53	0. 000 0
C(2)	355 457. 0	41 775. 97	8. 508 648	0. 000 0

曲线模型为：

$$\hat{y}=250.78+\frac{355\,457}{x}$$

例 3.7

粮食产量通常由粮食生产劳动力（L）、化肥施用量（K）等因素决定。表 3 - 13 是我国粮食生产的有关数据（由于粮食生产劳动力不易统计，假定它在农业劳动力中的比例是一定的，故用农业劳动力的数据代替），研究其间关系，建立 Cobb-Douglas 生产函数模型。

表 3 - 13　我国 1975—2000 年粮食产量、农业劳动力和化肥施用量

年份	粮食产量（Y）（万吨）	农业劳动力（L）（万人）	化肥施用量（K）（万吨）
1975	28 452	27 561	550
1976	28 631	27 965	597
1977	28 273	28 124	679
1978	30 477	28 455. 6	884
1979	33 212	29 071. 6	1 086. 3

续表

年份	粮食产量（Y）（万吨）	农业劳动力（L）（万人）	化肥施用量（K）（万吨）
1980	32 056	29 808.4	1 269.4
1981	32 502	30 677.6	1 406.9
1982	35 450	31 152.7	1 513.4
1983	38 728	31 645.1	1 659.8
1984	40 731	31 685.0	1 739.8
1985	37 911	30 351.5	1 775.8
1986	39 151	30 467.9	1 930.6
1987	40 298	30 870	1 999.3
1988	39 408	31 455.7	2 141.5
1989	40 755	32 440.5	2 357.1
1990	44 624	33 336.4	2 590.3
1991	43 529	34 186.3	2 805.1
1992	44 266	34 037	2 930.2
1993	45 649	33 258.2	3 151.9
1994	44 510	32 690.3	3 317.9
1995	46 662	32 334.5	3 593.7
1996	50 454	32 260.4	3 827.9
1997	49 417	32 434.9	3 980.7
1998	51 230	32 626.4	4 083.7
1999	50 839	32 911.8	4 124.3
2000	46 218	32 797.5	4 146.4

数据来源：中国统计年鉴（2001）. 北京：中国统计出版社，2001.

Cobb-Douglas 生产函数模型为：

$$Y=AK^{\alpha}L^{\beta} \tag{3.2.15}$$

参数估计方法如下：

线性化方法：**ls** log(y) c log(k) log(l)

非线性方法：**ls** y=c(1)* k^c(2) * l^c(3)

参数估计出现了差异，因为这两种方法分别采用乘性和加性误差形式，本质上是两个模型。

表 3 - 14　Cobb-Douglas 生产函数的参数估计

线性化后的参数估计

	Coefficient	Std. Error	t−Statistic	Prob.
C	5.174 474	2.986 266	1.732 757	0.096 5
LOG（K）	0.285 350	0.034 186	8.346 907	0.000 0
LOG（L）	0.123 035	0.332 391	0.370 153	0.714 7

非线性最小二乘估计 Y=C(1) *（K^C(2)） *（L^C（3））

Variable	Coefficient	Std. Error	t−Statistic	Prob.
C(1)	375.507 6	1 031.232	0.364 135	0.719 1
C(2)	0.299 856	0.030 719	9.761 407	0.000 0
C(3)	0.029 880	0.302 636	0.098 732	0.922 2

注意到无论是 LS 还是 NLS，劳动力项 L 的回归系数 C(3) 都未通过显著性检验，而且参数估计值相差太大。这是因为自变量之间存在非常强的共线性。事实上，无论是 L 和 K 之间还是它们的对数之间的简单相关系数都超过 0.98。这个问题如何处理呢？我们打算用重新定义模型的方法处理这个问题。

我们知道，在实践中，人们常常以 $\alpha+\beta=1$ 为条件来简化这个模型。如果该条件满足，则 Cobb-Douglas 函数变形为：

$$Y=AK^{\alpha}L^{1-\alpha} \tag{3.2.16}$$

模型简化为：

$$\frac{Y}{L}=A\left(\frac{K}{L}\right)^{\alpha} \tag{3.2.17}$$

式中，Y/L 为人均产量，K/L 为人均资本投入。

简化后的模型变成一元模型，当然不存在共线性的问题。现在的问题是：约束条件 $\alpha+\beta=1$是否成立？这需要检验。关于参数约束是否成立，EViews 为我们提供了一个有用的方法——Wald 检验，在方程对象窗口的 View/Coefficient Test 的子菜单中。根据可线性化的模型所做的 Wald 检验结果如表 3-15 所示。

表 3-15　Wald 检验结果

Wald Test：
Equation：EQ08　　　　Null Hypothesis：c(2) +c(3)=1

Test Statistic	Value	df	Probability
F-statistic	3.863 204	(1，23)	0.061 5
Chi-square	3.863 204	1	0.0494

方程名为 EQ08；原假设是 c(2) +c(3)=1，即 $\alpha+\beta=1$；检验统计量是 F 统计量和 χ^2 统计量。

由表 3-15 知，在 0.05 的显著性水平下，F 检验不能拒绝原假设，χ^2 统计量的收尾概率也近似 0.05。因此，约束 $\alpha+\beta=1$ 是基本可以接受的，可以采用式（3.2.17）的形式建模。

表 3-16　简化的 Cobb-Douglas 生产函数的参数估计

线性化后的参数估计

	Coefficient	Std. Error	t－Statistic	Prob.
C	－0.693 877	0.062 921	－11.027 81	0.000 0
LOG（K/L）	0.224 248	0.015 047	14.903 01	0.000 0
R-squared	0.902479			

非线性最小二乘估计 Y/L=C(1) * (K/L)^C(2)

Variable	Coefficient	Std. Error	t－Statistic	Prob.
C(1)	0.482 684	0.034 348	14.052 75	0.000 0
C(2)	0.232 638	0.016 532	14.071 89	0.000 0
R-squared	0.898109			

估计结果相差不多，线性化的模型略好，所以采用这个模型：

$$\log(\frac{Y}{L})=-0.693\,887+0.224\,248\log(\frac{K}{L})$$

还原后：

$$Y=0.499\,6K^{0.224\,2}L^{0.775\,8}$$

补充知识：Wald 检验

Wald 检验的原假设是关于模型系数的约束条件有效。考虑线性回归模型：

$$\boldsymbol{y}=\boldsymbol{X\beta}+\boldsymbol{\varepsilon} \tag{3.2.18}$$

若约束条件即原假设为：

$$\boldsymbol{R\beta}-\boldsymbol{r}=0 \tag{3.2.19}$$

式中，$\boldsymbol{R}$ 为一个已知的 $q\times k$ 阶矩阵；$\boldsymbol{\beta}$ 和 $\boldsymbol{r}$ 分别为 k 维和 q 维向量。则检验统计量为：

$$w=(\boldsymbol{R}\hat{\boldsymbol{\beta}}-\boldsymbol{r})'((s^2\boldsymbol{R}(\boldsymbol{X}'\boldsymbol{X})^{-1})\boldsymbol{R}')^{-1}(\boldsymbol{R}\hat{\boldsymbol{\beta}}-\boldsymbol{r}) \tag{3.2.20}$$

式中，$\hat{\boldsymbol{\beta}}$ 为无约束条件下的参数估计值，且

$$s^2=\frac{\boldsymbol{e}'\boldsymbol{e}}{n-k} \tag{3.2.21}$$

这里，$\boldsymbol{e}$ 为无约束条件模型的残差向量；n 为样本量。

在原假设下，统计量 w 具有渐进的 $\chi^2(q)$ 分布。事实上，Wald 检验对二阶段最小二乘法、非线性最小二乘法等建立的模型均有效，只是检验统计量有所不同，不再赘述。

EViews 同时输出了 F 检验和 χ^2 检验计算结果。其中，F 检验是假定式（3.2.18）的随机扰动项具有相同独立正态分布情况下推导的样本精确统计量

$$F=\frac{(\tilde{\boldsymbol{e}}'\tilde{\boldsymbol{e}}-\boldsymbol{e}'\boldsymbol{e})/q}{\boldsymbol{e}'\boldsymbol{e}/(n-k)} \tag{3.2.22}$$

式中，$\tilde{\boldsymbol{e}}$ 为约束模型的残差向量。可以证明，χ^2 统计量值等于 F 统计量值与参数约束条件个数的乘积。本例，仅一个约束条件，故两个检验统计量的取值相等。

Wald 检验需要在图 3-5 的对话框中填写约束条件。

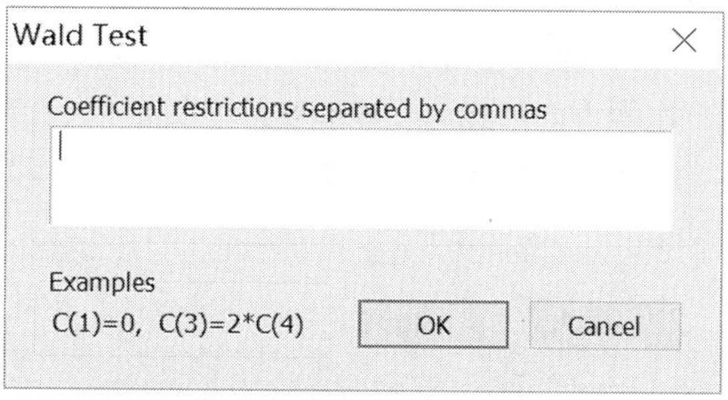

图 3-5　Wald 检验的对话框

3.2.4 确定非线性模型形式的方法和模型的比较

非线性模型的形式复杂多样，如何根据实际的数据选择合适的模型是建模的关键。总的说来可参考下面的方法。

（1）根据散点图来确定类型。确定类型一般是把样本观测值画成散点图，由散点图的形状来大体确定模型类型。

（2）根据一定的经济知识背景。如商品的销售量与广告费用之间的关系，一般用 S 形曲线来描述，这是由于广告费用只有在一定范围内才会对销售量有明显影响。

有时对一个问题需要用不同的模型来拟合，以找到效果最好的一个。需要对它们进行比较。首先应从经济学角度考虑，因为数据分析的目的是解释经济现象，所以要重视经济学理论和行为规律提供的理由。其次从统计分析角度比较。最重要的是残差分析，如果模型的残差平方和最小，并且看起来残差最随机化，则这样的模型应当被选择。

3.3 逐步回归法

自变量的选择是建立回归模型时必须考虑的一个重要问题。一般情形下，根据所要研究的问题，结合经济理论找出所有对因变量可能有影响的因素。如果遗漏了某些重要的变量，回归的效果肯定不会好；如果自变量过多，一方面会增大计算量，造成误差的积累，另一方面出现多重共线性的可能性加大。逐步回归法可以用于自变量的选择。

3.3.1 单向前进逐步回归（Uni-directional-Forwards）

单向前进逐步回归法的思想是变量由少到多，每次增加一个最重要的变量，即利用p值最小（等价地，t 统计量最大）准则，直至没有可引入的变量为止。首先将全部 m 个自变量对因变量 y 分别建立 m 个一元线性回归方程，计算这 m 个一元线性回归方程的 m 个回归系数所对应的 p 值，记为 $\{p_1^1, p_2^1, \cdots, p_m^1\}$，选择其中的最小者为 $p_{j_1}^1=\min\{p_1^1, p_2^1, \cdots, p_m^1\}$，并对于事先给定的显著性水平 α，若 $p_{j_1}^1<\alpha$，则将变量 x_{j_1} 引入回归方程，其中，j_1 为 1，2，…，m 中的某个整数。不失一般性，不妨设 x_{j_1} 就是 x_1。

接下来，让因变量 y 分别与 (x_1, x_2)，(x_1, x_3)，…，(x_1, x_m) 建立 $m-1$ 个二元线性回归方程，计算这 $m-1$ 个回归方程中 x_2，x_3，…，x_m 回归系数所对应的 p 值，记为 $\{p_2^2, p_3^2, \cdots, p_m^2\}$，选择其中的最小者为 $p_{j_2}^2=\min\{p_2^2, p_3^2, \cdots, p_m^2\}$，并对于事先给定的显著性水平 α，若 $p_{j_2}^2<\alpha$，则将变量 x_{j_2} 引入回归方程，其中，j_2 为 2，3，…，m 中的某一整数。依上述方法依次做下去，直至所有未被引入方程的自变量系数所对应的 p 值均大于所规定的显著性水平 α，或者达到所规定的前进步数，或者方程中增加的回归量达到用户事先所规定的最大数目。

例 3.8

为研究我国成品钢材的需求量（y），选择与其相关的八个因素——原油产量（x_1）、生铁产量（x_2）、原煤产量（x_3）、发电量（x_4）、铁路货运量（x_5）、固定资产投资额（x_6）、居民消费（x_7）、政府消费（x_8），作为影响变量，1980—1998 年的有关数据如表 3-17 所示。

表 3－17　钢材需求量及相关因素（1980—1998 年）

年份	成品钢材需求量（万吨）	原油产量（万吨）	生铁产量（万吨）	原煤产量（亿吨）	发电量（亿千瓦小时）	铁路货运量（万吨）	固定资产投资额（亿元）	居民消费（亿元）	政府消费（亿元）
1980	2 716.20	10 595.00	3 802.40	6.20	3 006.20	111 279.00	910.90	2 317.10	659.00
1981	2 670.10	10 122.00	3 416.60	6.20	3 092.70	107 673.00	961.00	2 604.10	705.00
1982	2 902.00	10 212.00	3 551.00	6.66	3 277.00	113 495.00	1 230.40	2 867.90	770.00
1983	3 072.00	10 607.00	3 738.00	7.15	3 514.00	118 784.00	1 430.10	3 182.50	838.00
1984	3 372.00	11 461.30	4 001.00	7.89	3 770.00	124 074.00	1 832.90	3 674.50	1 020.00
1985	3 693.00	12 489.50	4 384.00	8.72	4 107.00	130 709.00	2 543.20	4 589.00	1 184.00
1986	4 058.00	13 068.80	5 064.00	8.94	4 495.00	135 635.00	3 120.60	5 175.00	1 367.00
1987	4 386.00	13 414.00	5 503.00	9.28	4 973.00	140 653.00	3 791.70	5 961.20	1 490.00
1988	4 689.00	13 704.60	5 704.00	9.80	5 452.00	144 948.00	4 753.80	7 633.10	1 727.00
1989	4 859.00	13 764.10	5 820.00	10.54	5 848.00	151 489.00	4 410.40	8 523.50	2 033.00
1990	5 153.00	13 830.60	6 238.00	10.80	6 212.00	150 681.00	4 517.00	9 113.20	2 252.00
1991	5 638.00	14 099.20	6 765.00	10.87	6 775.00	152 893.00	5 594.50	10 315.90	2 830.00
1992	6 697.00	14 209.70	7 589.00	11.16	7 539.00	157 627.00	8 080.10	12 459.80	3 492.30
1993	7 716.00	14 523.70	8 739.00	11.51	8 395.00	162 663.00	13 072.30	15 682.40	4 499.70
1994	8 428.00	14 608.20	9 741.00	12.40	9 281.00	163 093.00	17 042.10	20 809.80	5 986.20
1995	8 979.80	15 004.94	10 529.27	13.61	10 070.30	165 855.00	20 019.30	26 944.50	6 690.50
1996	9 338.02	15 733.39	10 722.50	13.97	10 813.10	168 803.00	22 974.00	32 152.30	7 851.60
1997	9 978.93	16 074.14	11 511.41	13.73	11 355.53	169 734.00	22 913.50	34 854.60	8 724.80
1998	10 737.80	16 100.00	11 863.67	12.50	11 670.00	161 243.00	24 941.10	36 921.10	9 484.80

试用单向前进逐步回归法建立模型预测我国成品钢材的需求量。

按第 1 章所述方法将数据读入，在工具栏中选择 Quick→Estimate Equation…，或者在工作区文件工具栏中选择 Object→New Object…建立一个 Equation 对象，得到如图 3－6 所示的对话框。

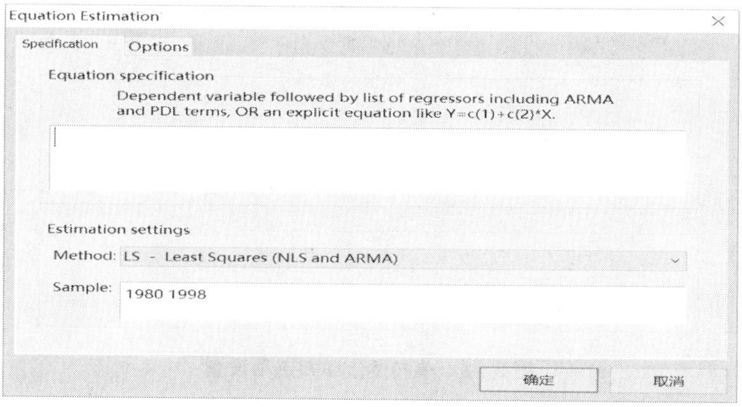

图 3－6　Equation 对话框

在图 3－6 所示的 Method 中选择 LS-Least Squares（NLS and ARMA），得到如图 3－7 所示的有关定义逐步回归的对话框。

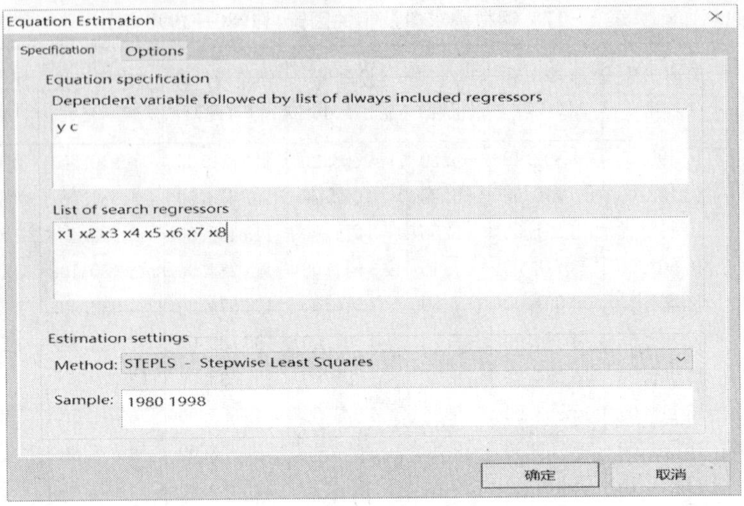

图 3－7　逐步回归的定义

在图 3－7 中，Equation specification 框用来输入回归方程的因变量与自变量，其中，在 Dependent variable followed by list of always included regressors 中输入因变量，以及方程中始终包含的自变量序列，在 List of search regressors 中输入需要进行逐步回归的自变量序列，在 Sample 中输入用于估计的样本范围。本节的例子，在 Dependent 框中输入因变量 y 与常数项 c，在 List of search regressors 框中输入与因变量相关的八个因素。

在图 3－7 中选择 Options 标签，可以得到如图 3－8 所示的单向逐步回归选项设置对话框。

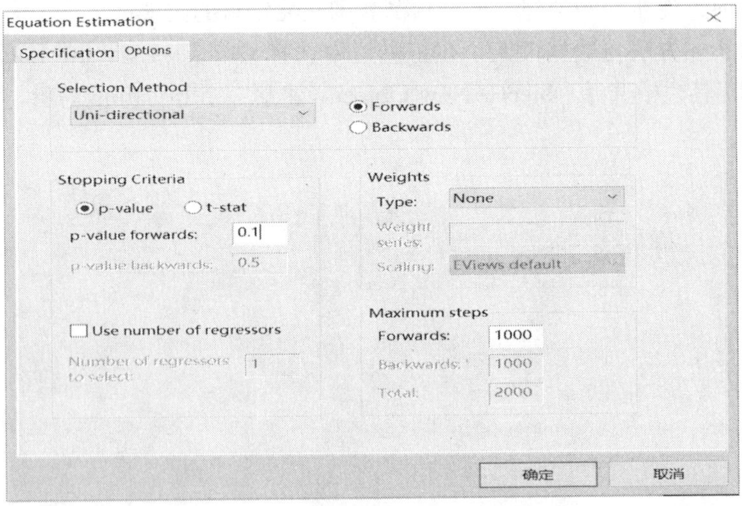

图 3－8　单向逐步回归选项设置

在图 3－8 中，可以对采用的逐步回归方法及其相应参数进行设置。在方法选择框（Selection Method）中可以选择所要采用的逐步回归方法，具体有单向前进逐步回归（Uni-directional-Forwards）、单向后退逐步回归（Uni-directional-Backwards）、前进逐步回归（Stepwise-Forwards）、后退逐步回归（Stepwise-Backwards）、最大 R^2 增量逐次交换回归（Swapwise-Max R-Squared Increment）、最小 R^2 增量逐次交换回归（Swapwise-Min R-Squared Increment）以及组合逐步回归（Combinatorial）等方法，此处采用单向前进逐步回归方法，即在下拉菜单中选择 Uni-directional，然后选择 Forwards 选项。当回归方法确定之后，其相应的参数设置项也随之确定，如图 3-8 所示，可以设置的参数包括停止规则（Stopping Criteria 框与 Maximum steps 框）以及权数（Weights 框），其中，在 Stopping Criteria 框中我们可以通过 p-value 选项来事先规定前进过程中的显著性水平 α（或者通过 t-stat 选项等价地规定 t 统计量的值），可选择 Use number of regressors 来规定回归方程中所包含的回归量的最大数目，还可以通过 Maximum steps 框限定最大前进步数。此外，我们可以选择在 Weights 框中输入相应的权数序列。本例将显著性水平 α 设为 0.1，将回归方程中所包含的回归量的最大数目规定为 8，其他的选项均采取默认形式，点击确定，得到如表 3-18 所示的输出结果。

表 3-18　单向前进逐步回归输出结果

	Coefficient	Std. Error	t-Statistic	Prob.*
C	205.1131	253.7721	0.808257	0.4316
X2	0.491338	0.156010	3.149398	0.0066
X4	0.510477	0.167121	3.054533	0.0080
X3	-110.2399	44.38102	-2.483942	0.0253

R-squared	0.997840	Mean dependent var	5741.255
Adjusted R-squared	0.997408	S.D. dependent var	2675.716
S.E. of regression	136.2202	Akaike info criterion	12.85109
Sum squared resid	278339.1	Schwarz criterion	13.04992
Log likelihood	-118.0853	Hannan-Quinn criter.	12.88474
F-statistic	2309.986	Durbin-Watson stat	1.048578
Prob(F-statistic)	0.000000		

Selection Summary
Added X2
Added X4
Added X3

表 3-18 显示，输出结果分为三个部分，最上面的部分为最终模型的参数估计结果，易知，通过该方法遴选出了生铁产量（x_2）、发电量（x_4）和原煤产量（x_3）三个变量，生铁产量（x_2）、发电量（x_4）对因变量均为正影响，原煤产量（x_3）对因变量有很强的负影响，这与实际情况不符，这可能是因为变量 x_3 与 x_4 之间有较强的相关性。中间部分为模型的评价结果，包括 R^2、修正的 R^2、$D.W.$ 统计量、AIC、SC 和 HQ 等，模型的拟合效果非常好，R^2 与修正的 R^2 均在 0.997 以上，$D.W.$ 检验表明残差存在正的自相关。最下面的 Selection Summary 部分记录了变量选择的过程，回归方程中添加的变量依次为 x_2，x_4 与 x_3。

点击 Equation 对象工具栏中 Forecast 按钮，或者选择 Proc→Forecast…，得到如图 3-9 所示的预测设置对话框。

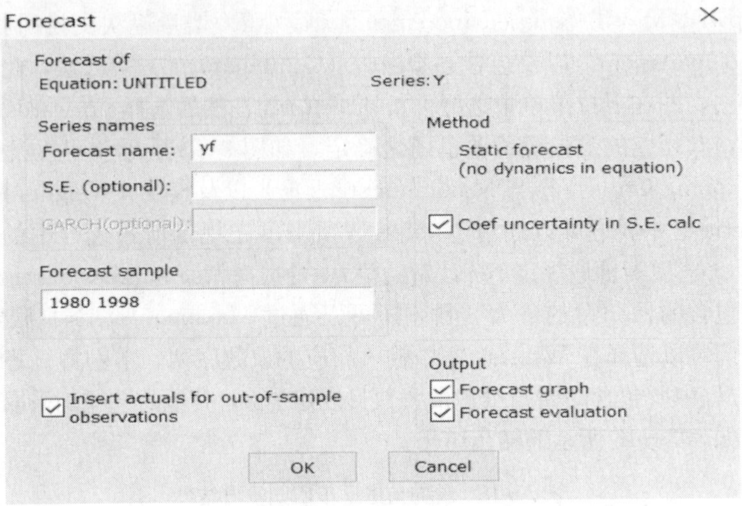

图 3-9　预测设置对话框

在图 3-9 中，Series names 框中填入输出序列的名称，包括预测序列名称以及标准差序列名称（可选）。在 Forecast sample 中输入预测的样本范围。Method 提供了动态预测和静态预测的方法（这里只有静态预测），若不选择 Coef uncertainty in S. E. calc，则在计算预测值的标准误差时总是忽略系数的不确定性。在 Output 框中可勾选预测输出的结果，包括预测图和预测评价，如图 3-10 所示。

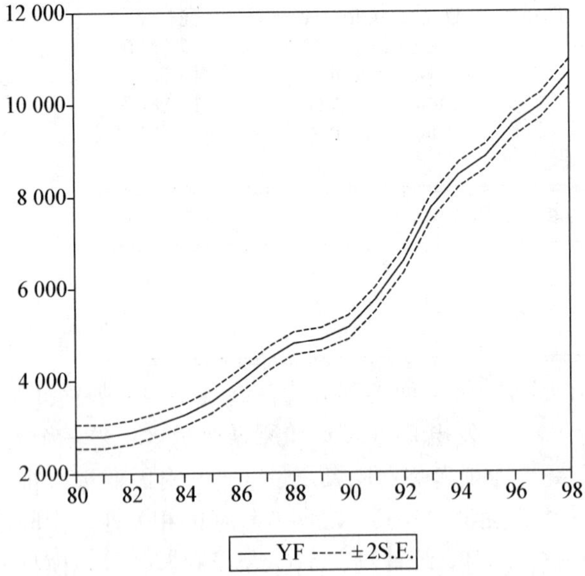

Forecast: YF
Actual: Y
Forecast sample: 1980 1998
Included observations: 19

Root Mean Squared Error	121.0348
Mean Absolute Error	102.5925
Mean Abs. Percent Error	2.139321
Theil Inequality Coefficient	0.009600
Bias Proportion	0.000000
Variance Proportion	0.000541
Covariance Proportion	0.999459

图 3-10　单向前进逐步回归模型预测图

图 3-10 的左边是预测图，两条虚线表示预测值的两倍标准误差带，右边是有关预测的一些评价指标，可以看到 *MAPE* 的值为 2.139 321，表明模型的预测精度较高。

3.3.2　单向后退逐步回归（Uni-directional-Backwards）

后退法与前进法相反，先用所有 m 个变量建立一个回归方程，然后在这 m 个变量中选择一个最不重要的变量，即利用 p 值最大（等价地，t 统计量最小）准则，将它从方程中剔除。计算该 m 个回归系数的 p 值，记为 $\{p_1^m, p_2^m, \cdots, p_m^m\}$，选择其中的最大者记为 $p_{j_m}^m=\max\{p_1^m, p_2^m, \cdots, p_m^m\}$，并对于事先给定的显著性水平 α，若 $p_{j_m}^m>\alpha$，则将变量 x_{j_m} 从回归方程中剔除，其中，j_m 表示 1，2，…，m 中的某一整数。不失一般性，不妨设 x_{j_m} 就是 x_m。

接着重新建立 y 对剩下的 $m-1$ 个自变量 x_1，x_2，…，x_{m-1} 的回归方程，计算该 $m-1$ 个回归系数的 p—值，记为 $\{p_1^{m-1}, p_2^{m-1}, \cdots, p_{m-1}^{m-1}\}$，选择其中的最大者记为 $p_{j_{m-1}}^{m-1}=\max\{p_1^{m-1}, p_2^{m-1}, \cdots, p_{m-1}^{m-1}\}$，并对于事先给定的显著性水平 α，若 $p_{j_{m-1}}^{m-1}>\alpha$，则将变量 $x_{j_{m-1}}$ 从回归方程中剔除，其中，j_{m-1} 表示 1，2，…，$m-1$ 中的某一整数。重新建立 y 关于 $m-2$ 个自变量的回归方程……如此下去，直至回归方程中所剩余自变量的 p 值均小于事先所规定的显著性水平 α，或者达到所规定的后退步数，或者回归方程中所包含的回归量达到用户事先所规定的最小数目。

例 3.9

续例 3.8。试用单向后退逐步回归法建立模型预测我国成品钢材的需求量。

在图 3－8 所示的选择框中选择 Backwards 选项，将显著性水平 α 仍设为 0.1，将回归方程中所包含的回归量的最小数目规定为 1，其他的选项均采取默认形式，点击确定，得到如表 3－19 所示的输出结果。

表 3－19　单向后退逐步回归输出结果

	Coefficient	Std. Error	t-Statistic	Prob.*
C	-147.6135	401.0978	-0.368024	0.7188
X7	-0.080194	0.019195	-4.177853	0.0011
X4	0.965584	0.088494	10.91131	0.0000
X3	-248.9726	57.70628	-4.314481	0.0008
X1	0.156356	0.062213	2.513223	0.0259
X6	0.123909	0.028686	4.319563	0.0008

R-squared	0.998661	Mean dependent var	5741.255
Adjusted R-squared	0.998146	S.D. dependent var	2675.716
S.E. of regression	115.1981	Akaike info criterion	12.58327
Sum squared resid	172517.9	Schwarz criterion	12.88152
Log likelihood	-113.5411	Hannan-Quinn criter.	12.63375
F-statistic	1939.590	Durbin-Watson stat	1.968628
Prob(F-statistic)	0.000000		

Selection Summary
Removed X5
Removed X2
Removed X8

将表 3－19 的输出结果与表 3－18 进行对照，不难发现，所选择的变量有所不同，这是由于后退法能比较更多种的组合效应。从 R^2，AIC，SC 和 HQ 可知，由后退法所得到

方程的拟合效果优于前进法，并且此时 *D. W.* 统计量的值提升了不少，接近 2，说明残差之间基本不存在相关。

类似地，可以得到模型的预测图及其相应评价指标，如图 3－11 所示。

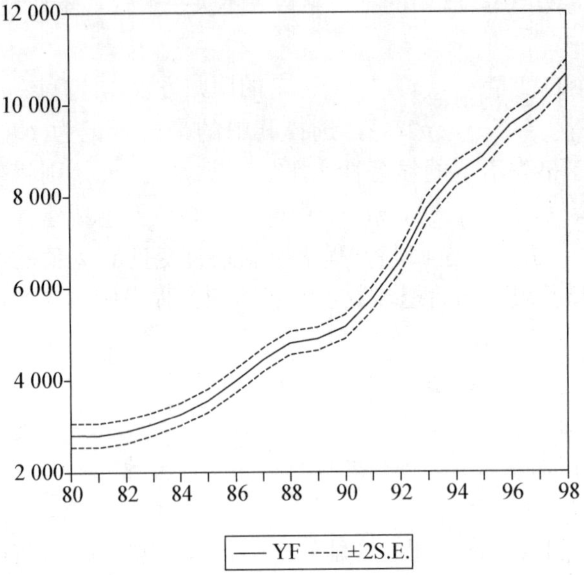

Forecast: YF
Actual: Y
Forecast sample: 1980 1998
Included observations: 19

Root Mean Squared Error	95.28846
Mean Absolute Error	78.25327
Mean Abs. Percent Error	1.649405
Theil Inequality Coefficient	0.007558
Bias Proportion	0.000000
Variance Proportion	0.000335
Covariance Proportion	0.999665

图 3－11　单向后退逐步回归模型预测图

从图 3－11 中可以看到 *RMSE*，*MAE*，*MAPE* 值均小于图 3－10 中所示的相应值，说明该模型的预测能力要好于例 3.8 中建立的回归模型。

前进法和后退法都有明显的不足。前进法可能不能反映引进新的自变量后的变化情况，因为某个变量开始是重要的，但当引入其他变量后它可能会变得不那么重要（因为最终考虑的是一种组合效应，而不是某变量的个体效应），又没有机会将其剔除。后退法则相反，单个地看某些变量，它一开始是不重要的，但它可能和其他变量的组合效应对因变量有重要作用，只是事先无法察觉，变量一旦被剔除后就没有机会再进入回归方程。另外，一开始就把全部自变量引入方程，计算量会比较大。双向逐步回归法则吸收了前进法和后退法的优点，其思想是有进有出。EViews 中具体有前进逐步回归、后退逐步回归、最大 R^2 增量逐次交换回归和最小 R^2 增量逐次交换回归。

3.3.3　前进逐步回归（Stepwise-Forwards）

前进逐步回归是单向前进逐步回归与单向后退逐步回归的结合。前进逐步回归同样是将变量逐个引入回归方程，只是每当引入一个自变量后，要对已选入的变量采用后退法进行检查，将当前组合效应下不显著的变量剔除（显著性水平为 $\alpha_{出}$），以确保在下一次引入新的变量之前回归方程中只包含显著的变量，如此为逐步前进回归的一步，这个过程反复进行，直至所有未被引入方程的自变量系数所对应的 p 值均大于所规定的显著性水平 $\alpha_{进}$，或者达到所规定的前进与后退的步数，或者回归方程中所包含的回归量达到用户事先所规定的最大数目。在前进逐步回归法中需要注意一个问题，就是引入自变量的显著性水平 $\alpha_{进}$ 应不小于剔除变量的显著性水平 $\alpha_{出}$，否则，可能产生死循环。

例 3.10

续例 3.8。试用前进逐步回归法建立模型预测我国成品钢材的需求量。

在图 3－8 方法选择的下拉菜单中选择 Stepwise，便可得到如图 3－12 所示的选项设置框。

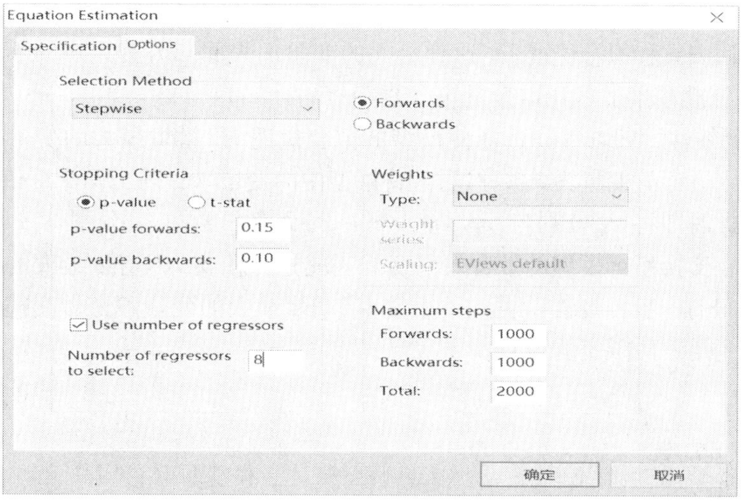

图 3－12　逐步回归法选项设置

在图 3－12 中，选择 Forwards 选项，设置引入自变量的显著性水平 $\alpha_{进}$ 为 0.15，剔除变量的显著性水平 $\alpha_{出}$ 为 0.10，将回归方程中所包含的回归量的最大数目规定为 8，其他的选项均采取默认形式，点击确定，得到的输出结果与表 3－18 相同。

3.3.4　后退逐步回归（Stepwise-Backwards）

后退逐步回归也是单向前进逐步回归与单向后退逐步回归的结合，只是与前进逐步回归相反。它先用所有 m 个变量 x_1，x_2，…，x_m 建立一个回归方程，并将 p 值最大的变量剔除，不妨设被剔除的变量为 x_m。在此基础上，建立因变量 y 与剩余 $m-1$ 个变量 x_1，x_2，…，x_{m-1}做回归，并将 p 值最大的变量剔除，不妨设被剔除的变量为 x_{m-1}，然后，利用向前 p 值准则检查所有被剔除的变量（包括前次剔除的变量），将 p 值小于所规定的显著性水平 $\alpha_{进}$ 的变量重新引入模型中，至此完成后退逐步回归的一步。接着将当前回归方程中 p 值最大的变量剔除，然后利用前进 p 值准则检查被剔除的变量……这个过程反复进行，直至回归方程中所有的自变量系数所对应的 p 值均小于所规定的显著性水平 $\alpha_{出}$，或者达到所规定的前进与后退的步数，或者回归方程中所包含的回归量达到用户事先所规定的最小数目。在后退逐步回归法中需要注意一个问题，就是引入自变量的显著性水平 $\alpha_{进}$ 应不大于剔除变量的显著性水平 $\alpha_{出}$，否则可能产生死循环。

例 3.11

续例 3.8。试用后退逐步回归法建立模型预测我国成品钢材的需求量。

在图 3－12 所示的方法选择框中选择 Backwards 选项，设置引入自变量的显著性水平 $\alpha_{进}$ 为 0.05，剔除变量的显著性水平 $\alpha_{出}$ 为 0.10，将回归方程中所包含的回归量的最小数目规定为 1，其他的选项均采取默认形式，点击确定，得到的输出结果与表 3－19 相同。

3.3.5 最大 R^2 增量逐次交换回归（Swapwise-Max R-Squared Increment）

首先将全部 m 个自变量 x_1，x_2，…，x_m 对因变量 y 分别建立 m 个一元线性回归方程，并将使得回归方程拟合优度 R^2 达到最大的变量加入回归方程之中，不妨设加入方程的变量为 x_1。在此基础上，让因变量 y 分别与（x_1，x_2），（x_1，x_3），…，（x_1，x_m）建立 $m-1$ 个二元线性回归方程，选择使模型的拟合优度 R^2 增量最大的变量加入回归方程中，不妨设加入方程的变量为 x_2，然后，将模型中的变量（目前为两个）依次与模型外的变量作交换，此时即将 x_1 分别与 x_3，x_4，…，x_m交换，再将 x_2 分别与 x_3，x_4，…，x_m 交换，如果存在交换使得模型的拟合效果变好，就选择使得 R^2 增量最大的交换，如此完成逐次交换回归的一步。接着，引入一个使 R^2 增量最大的变量，并做交换，直至模型中变量的个数达到用户所限定的数目。

例 3.12

续例 3.8。试用最大 R^2 增量逐次交换回归法建立模型预测我国成品钢材的需求量。

在图 3－8 方法选择的下拉菜单中选择 Swapwise，便可得到如图 3－13 所示的选项设置框。

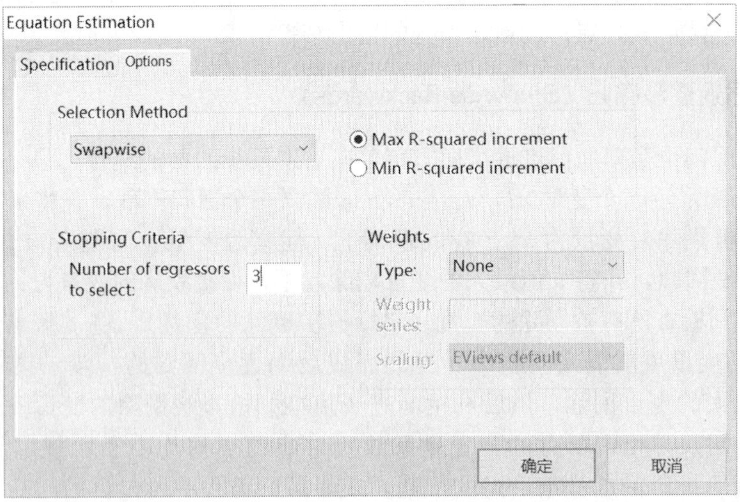

图 3－13 逐次交换回归选项设置

在图 3－13 中，选择最大 R^2 增量（Max R-squared increment）选项，设置回归方程中所包含的回归量的最大数目为 3，其他的选项均采取默认形式，点击确定，得到的输出结果与表 3－18 相同。

3.3.6　最小 R^2 增量逐次交换回归（Swapwise-Min R-Squared Increment）

该方法与最大 R^2 增量逐次交换回归法相似，不同之处在于交换的过程，如果存在交换使得模型的拟合效果变好，那么最大 R^2 增量逐次交换回归法选择使得 R^2 增量最大的交换，最小 R^2 增量逐次交换回归法选择使得 R^2 增量最小的交换，这将导致选择过程变长，而且在这个过程中，更多的变量组合进行了比较。

例 3.13

续例 3.8。试用最小 R^2 增量逐次交换回归法建立模型预测我国成品钢材的需求量。

在图 3－13 所示的方法选择框中选择最小 R^2 增量（Min R-squared increment）选项，将回归方程中所包含的回归量的数目规定为 3，其他的选项均采取默认形式，点击确定，得到的输出结果与表 3－18 相同。

3.3.7　组合逐步回归（Combinatorial）

这是一种比最大 R^2 增量逐次交换回归法和最小 R^2 增量逐次交换回归法更为彻底的方法，它将比较变量所有的组合形式，变量的个数为用户事先规定的数目，并选择使得拟合优度 R^2 达到最大的组合作为最终的回归模型。显然，这个过程可能会耗费大量的计算时间。

例 3.14

续例 3.8。试用组合逐步回归法建立模型预测我国成品钢材的需求量。

在图 3－8 方法选择的下拉菜单中选择 Combinatorial，便可得到如图 3－14 所示的选项设置框。

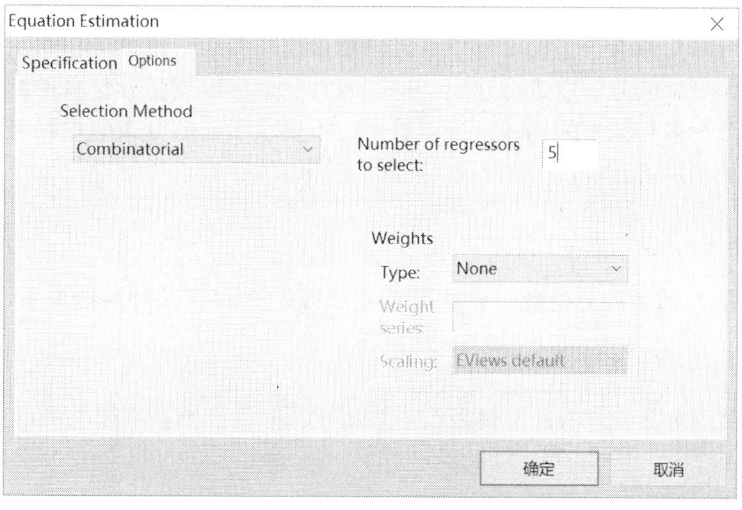

图 3－14　组合逐步回归选项设置

将回归方程中所包含的回归量的数目设定为 5，其他的选项均采取默认形式，点击确定，得到的输出结果如表 3 - 20 所示。

表 3 - 20 中，Selection Summary 以上的部分与表 3 - 19 实际上是相同的，只是变量的显示顺序不同，Selection Summary 部分与表 3 - 19 有明显不同，给出了在当前设定的回归量的数目下，变量所有组合情形的个数。

表 3 - 20　组合逐步回归法输出结果

	Coefficient	Std. Error	t-Statistic	Prob.*
C	-147.6135	401.0978	-0.368024	0.7188
X4	0.965584	0.088494	10.91131	0.0000
X3	-248.9726	57.70628	-4.314481	0.0008
X6	0.123909	0.028686	4.319563	0.0008
X7	-0.080194	0.019195	-4.177853	0.0011
X1	0.156356	0.062213	2.513223	0.0259

R-squared	0.998661	Mean dependent var	5741.255
Adjusted R-squared	0.998146	S.D. dependent var	2675.716
S.E. of regression	115.1981	Akaike info criterion	12.58327
Sum squared resid	172517.9	Schwarz criterion	12.88152
Log likelihood	-113.5411	Hannan-Quinn criter.	12.63375
F-statistic	1939.590	Durbin-Watson stat	1.968628
Prob(F-statistic)	0.000000		

Selection Summary	
Number of combinations compar...	56

3.4　分位数回归

分位数（Quantile）回归观察分布中不同分位点上，解释变量对因变量的不同效应，即在解释变量与因变量某一个特定分位数之间建立线性关系，也就是在给定一个解释变量集的条件下对因变量的分位数进行建模，描述解释变量对因变量分位数的影响，进而对整个因变量条件分布进行完整的描述。分位数回归不要求很强的分布假设，可以对因变量与解释变量之间的各种关系提供一个不受分布假定影响的稳健估计结果。

3.4.1　模型

假定因变量 Y 的条件分位数与 p 维解释变量 X 之间存在某种线性关系，即：

$$Q(\tau \mid X_i, \beta(\tau)) = X_i{}'\beta(\tau) \tag{3.4.1}$$

式中，$\beta(\tau)$ 为对应 τ 分位数的回归模型的系数估计值向量，则基本模型可以写成

$$y_i = X_i'\beta_\tau + \varepsilon_{\tau i} \tag{3.4.2}$$

式中，y_i 为被解释变量；X_i 为 $K \times 1$ 的行向量，表示 K 个解释变量中第 i 个观察值；β_τ

为 $K\times 1$ 的行向量，分别对应于被解释变量第 τ 分位数的各解释变量回归系数；$\varepsilon_{\tau i}$ 为随机误差项，满足独立同分布条件。通过模型可以得到给定解释变量 X 时，被解释变量 y 的第 τ 个条件分位数 $Q_\tau(y_i|X_i)=X'_i\beta_\tau$ 的估计值。

例 3.15

我国城镇居民 7 个收入组年人均可支配收入与年人均医疗保健消费支出的分析。

按截面数据读入，共 105 个数据。绘制散点图，如图 3－15 所示。

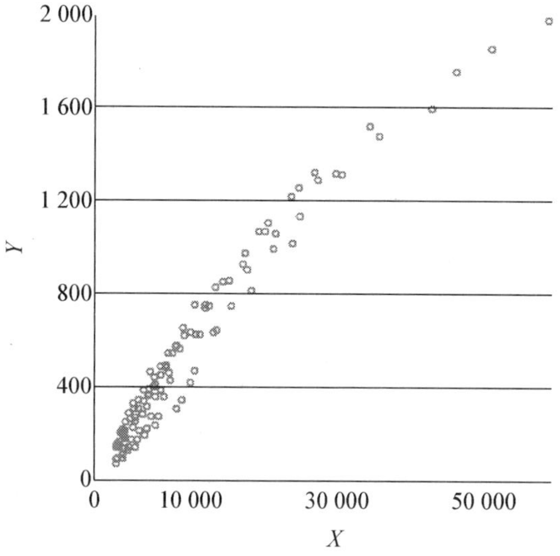

图 3－15　收入与医疗保健支出

若运用最小二乘法建立一元线性回归模型，结果如表 3－21 所示。显然模型不合适，观察散点图考虑建立分位数回归模型。

表 3－21　最小二乘估计结果

Variable	Coefficient	Std. Error	t-Statistic	Prob.
C	118.6232	14.22171	8.340996	0.0000
X	0.037269	0.000854	43.63786	0.0000
R-squared	0.948686	Mean dependent var	581.6487	
Adjusted R-squared	0.948188	S.D. dependent var	426.2918	
S.E. of regression	97.03345	Akaike info criterion	12.00685	
Sum squared resid	969795.5	Schwarz criterion	12.05740	
Log likelihood	-628.3598	Hannan-Quinn criter.	12.02734	
F-statistic	1904.263	Durbin-Watson stat	0.563628	
Prob(F-statistic)	0.000000			

从主菜单中点选 Quick/Estimate Equation/QREG-Quantile Regression (including LAD)，屏幕显示如图 3－16。在 Equation specification 下面的框内输入要估计的模型。如

模型为：

$$Y_i = \beta_{0\tau} + \beta_{1\tau} X_i + \varepsilon_{\tau i}$$

输入 y c x。Quantile to estimate 是设置估计的分位数，可以是 0～1 之间的任意值，但若很接近 0 或 1 可能导致估计有问题。默认 0.5 是中位数。

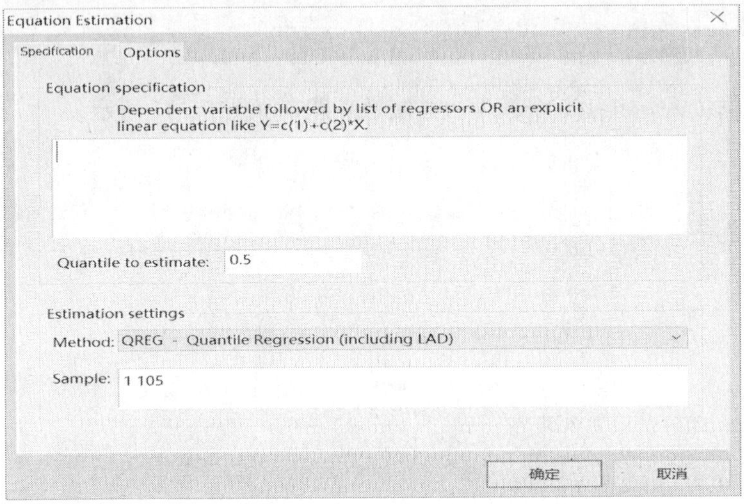

图 3－16　模型设置

3.4.2　参数估计

分位数回归中，参数估计一般采用加权最小一乘法（WLA），其表达式为：

$$\hat{\beta}_\theta = \underset{\beta}{\mathrm{Argmin}}\Big(\sum_{i_t y_i > x_i'\beta} \theta \mid y_i - x_i'\beta \mid + \sum_{i_t y_i < x_i'\beta} (1-\theta) \mid y_i - x_i'\beta \mid \Big)$$

式中，θ 为估计中所取的各分位点值；$\hat{\beta}_\theta$ 为各分位点估计系数值。其基本含义是：在回归线上方的点（残差为正），赋予其权重为 θ；在回归线下方的点（残差为负），赋予其权重为（$1-\theta$），求误差绝对值的加权和，使这个加权和最小的系数即为参数的估计值。目前有几种算法，EViews 使用的是 Barrodale 和 Roberts（1973）提出的单纯形算法的 Koenker 和 D'Orey（1987）版本的修正算法，即改进的 BR 算法。

在图 3－16 中点选 Options，屏幕显示如图 3－17 所示。

图 3－17 中有两列，左侧是分位数回归需要设置的选项，包括 Coefficient Covariance（系数协方差估计）、Weight（权重）、Sparsity Estimation Method（稀疏度估计）、Bandwidth Method（窗宽设定）、Size Param（显著性水平大小）、Quantile Method（选择分位数方法）、Kernel（核选择）。右侧是迭代控制（Iteration control）和自助法（Bootstrap settings）的一些设置。

Coefficient Covariance 是计算系数协方差方法的选项，EViews 提供 Ordinary（IID）法、Huber Sandwich 法和 Bootstrap 重抽样法。Ordinary（IID）法和 Bootstrap 重抽样法对独立同分布和独立不同分布均适用，Huber Sandwich 只在独立但不同分布条件下有效。

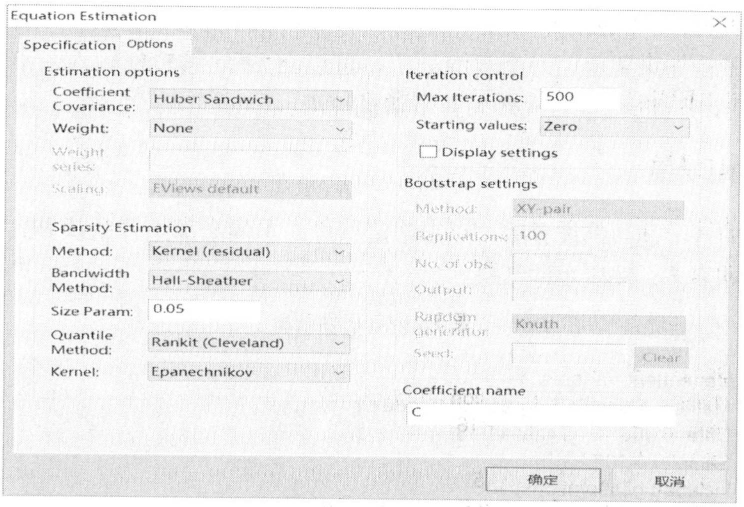

图 3－17　参数估计选项

Weight 的编辑框可以输入一个加权序列或序列表达式。

Sparsity Estimation 下方的 Method 的稀疏度估计选项 Siddiqui（mean fitted）表示 Siddiqui 均值拟合法，Kernel（residual）表示 Kernel 残差法，Siddiqui（residual）表示 Siddiqui 残差法。不同的 Coefficient Covariance 设定有不同的稀疏度估计选项。若前面选择 ordinary 或者 bootstrap，可以选择 Siddiqui（mean fitted）、Kernel（residual）或者 Siddiqui（residual）；如上面选择 Huber Sandwich，此处只能选择 Siddiqui（mean fitted）和 Kernel（residual）。

Bandwidth Method 是窗宽的设定。稀疏度的估计无论采用哪种方法都需要设定窗宽。可供选择的方法有：Hell-Sheather，Boeinger，Chamberlain 和 User-specified。

Size Param 是显著性水平设定，默认为 0.05。

Quantile Method 是选择分位数方法，如 Rankit（Cleveland），Ordinarty，Van der Waerden，Blom，Tukey，Gumbel。

Kernel 是核的选择，稀疏度核估计方法即前面选用了 Kernel，需要选定核并设定窗宽。有四个选项：Epanechnikov，Uniform，Triangular，Biweight。

Iteration control 是迭代控制，Max Iterations 需要输入最大迭代次；Starting values 是给出初始值，分位数回归默认初始值为 0，也可以选择为最小二乘估计值的一定比例或自己指定，下拉菜单中有一些可供选择的值；Display settings 是自定义。

Bootstrap settings 是关于自助法的设置选项。Method 框中设有 Residual（残差自助法）、XY-pair（XY 自助法）、MCMB（马尔可夫链边际自助法）、MCMB-A（修正马尔可夫链边际自助法）。

Replications 需要输入抽样次数。No. of obs. 需要输入 Bootstrap 样本大小，如果没有设置，软件会抽取与原来样本量相同的的样本。Output 是为抽样结果保存命名。Random generator 是设置随机数产生方法，有四个选项（Knuth（EViews4），Mersenne（EViews4），L'Ecuyer，Knuth Mersenne）。Seed 需要输入一个整数值作为随机种子，如果没有输入，

EViews 将自动选择一个随机种子，并默认将其与相应的模型一起保存，后续的估计都会使用相同的种子。如果要使用一个新的种子，可以在 Seed 编辑框输入一个新数值，或者点击 Clear 按钮，EViews 会再次产生一个随机种子。

3.4.3 估计结果

图 3－17 的各个选项都设置后，点击确定即可。本例全部选择默认方式，估计中位数的系数，得到如表 3－22 所示的结果。

表 3－22 估计结果

Dependent Variable: Y
Method: Quantile Regression (Median)
Date: 03/03/19 Time: 11:16
Sample: 1 105
Included observations: 105
Huber Sandwich Standard Errors & Covariance
Sparsity method: Kernel (Epanechnikov) using residuals
Bandwidth method: Hall-Sheather, bw=0.20594
Estimation successfully identifies unique optimal solution

Variable	Coefficient	Std. Error	t-Statistic	Prob.
C	107.5366	22.45472	4.789045	0.0000
X	0.038961	0.002016	19.32963	0.0000

Pseudo R-squared	0.761148	Mean dependent var	581.6487
Adjusted R-squared	0.758829	S.D. dependent var	426.2918
S.E. of regression	99.37192	Objective	3992.444
Quantile dependent var	433.2100	Restr. objective	16715.15
Sparsity	274.0182	Quasi-LR statistic	371.4412
Prob(Quasi-LR stat)	0.000000		

输出结果的顶端给出的是模型设定的相关信息。模型使用 Huber Sandwich 法计算系数协方差矩阵，稀疏度估计使用的 Kernel 核方法；窗宽利用 Hall-Sheather 公式计算得到，其值为 0.205 94。

表中与一般线性回归结果类似，有系数估计结果、相应的标准误差、t 统计量和 p 值，可以看出两个系数估计值都显著不为 0。

输出结果的下半部分包括：Koenker 和 Machado（1999）拟合优度值（Pseudo R-squared）以及调整后拟合优度值（Adjusted R-squared）；回归标准差（S. E. of regression）；被解释变量分位数（Quantile dependent var），因为前面定义为 0.5，计算的是中位数；稀疏度估计值（Sparsity）；被解释变量均值（Mean dependent var）；被解释变量方差（S. D. dependent var）；目标函数（Objective）最小值；拟似然比统计量（Quasi-LR statistic）以及两种模型设定之间存在显著差异的概率（Prob（Quasi-LR stat））。EViews 不论在何种设定条件下都会计算稀疏度的值，即使使用的是 Huber Sandwich 估计系数协方差，稀疏度的估计值将会用于计算拟似然比检验统计量，拟似然比（QLR）统计量必须满足独立同分布的假定。

若通过 Bootstrap（自助法）计算系数协方差矩阵，在图 3－17 中 Coefficient Covariance 处选择 Bootstrap，在 Bootstrap settings 方法中可以选择 MCMB，将 Bootstrap 的重复次数设为 100，为查看用不同方法估计稀疏度的效果，可以将稀疏度估计方法设置为 Siddiqui（mean fitted），如图 3－18 所示，点击确定得到如表 3－23 所示的结果。

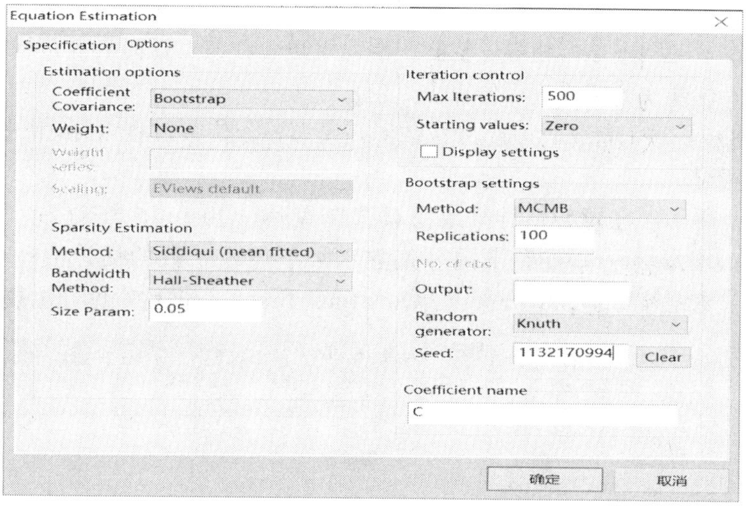

图 3－18　参数估计的 Bootstrap 设置

比较表 3－23 和表 3－22 可以看出，输出内容大部分相同。表头信息给出了估计系数协方差矩阵和稀疏度的方法；Huber Sandwich 和 Bootstrap 估计的系数标准误差比较接近（常数项分别是 22.454 7 和 21.360 1，一次项分别是 0.002 0 和 0.001 7）；稀疏度的估计值有区别，表 3－22 为 274.018 2，表 3－23 为 286.020 9，但这没有对拟似然比统计量 QLR 产生显著影响。

表 3－23　估计结果

Dependent Variable: Y
Method: Quantile Regression (Median)
Date: 03/03/19 Time: 11:23
Sample: 1 105
Included observations: 105
Bootstrap Standard Errors & Covariance
Bootstrap method: MCMB, reps=100, rng=kn, seed=1132170994
Sparsity method: Siddiqui using fitted quantiles
Bandwidth method: Hall-Sheather, bw=0.20594
Estimation successfully identifies unique optimal solution

Variable	Coefficient	Std. Error	t-Statistic	Prob.
C	107.5366	21.36012	5.034459	0.0000
X	0.038961	0.001658	23.49462	0.0000

Pseudo R-squared	0.761148	Mean dependent var	581.6487
Adjusted R-squared	0.758829	S.D. dependent var	426.2918
S.E. of regression	99.37192	Objective	3992.444
Quantile dependent var	433.2100	Restr. objective	16715.15
Sparsity	286.0209	Quasi-LR statistic	355.8538
Prob(Quasi-LR stat)	0.000000		

3.4.4 分位数过程（Quantile Process）检验

前面的分位数回归模型是对一个特定的分位数 τ 进行的建模和检验。然而在很多情况下，可能希望对不止一个分位数回归的系数进行检验。例如，希望通过检验在不同的分位数下位置漂移模型的斜率是否相等以检验模型设定是否合适，这时需要进行多个分位数回归估计的分析，称其为分位数过程分析。

在 EViews 中一次只能估计一个分位数回归模型，分位数过程（Quantile Process）需要特别的工具实现。

如图 3－19 所示，在模型估计结果窗口选择 View/Quantile Process，下面有三个选项：Process Coefficients——查看不同分位数水平下过程系数的估计值；Slope Equality Test——进行斜率相等检验；Symmetric Quantiles Test——进行对称分位数检验。

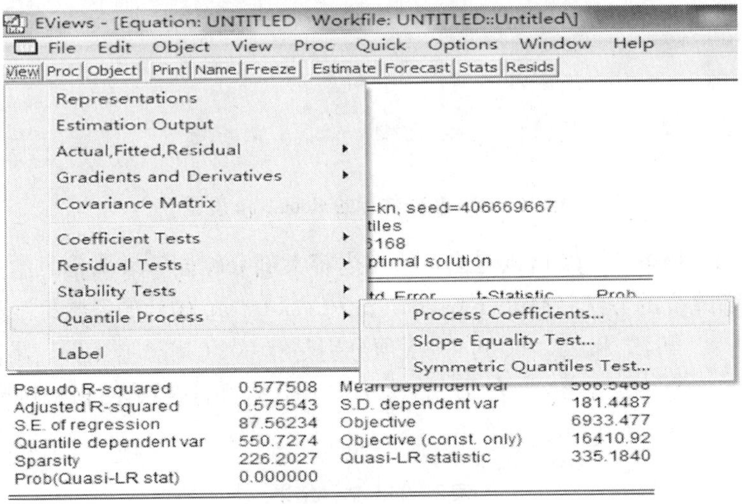

图 3－19　分位数过程检验

1. 不同分位数系数检验

点选 Process Coefficients 得到图 3－20，Specification 下的选项有：Output——选择输出方式，表或图；Quantiles——设置计算的分位数，默认为 10；User-specified quantiles——需要输入一系列分位数或一个（多个）包含分位数值的向量名。Output 的输出设置如图 3－21 所示。可以保存的分位数估计有三项，Quantiles Vector——分位数向量；Coefficient Matrix——系数矩阵；Covariance Matrix——系数协方差。本例选择 Table 并计算十分位数，得到表 3－24 的结果。

从表 3－24 可以看出，除了常数项在第一个十分位点显著性检验没有通过，其余分位点系数均通过显著性检验，表明在不同分位点，截距不同，回归系数也有差异，但差异不是很大。若在图 3－22 中选择 Graph 并于编辑区中输入置信区间的置信水平值，EViews 默认给出 95%的置信区间，得到图 3－23。从图 3－23 中可以看出，两个系数估计值都表现出与分位数值正向的相关关系。变量 X 与分位数之间的正相关关系说明条件分位数不是独立同分布的。

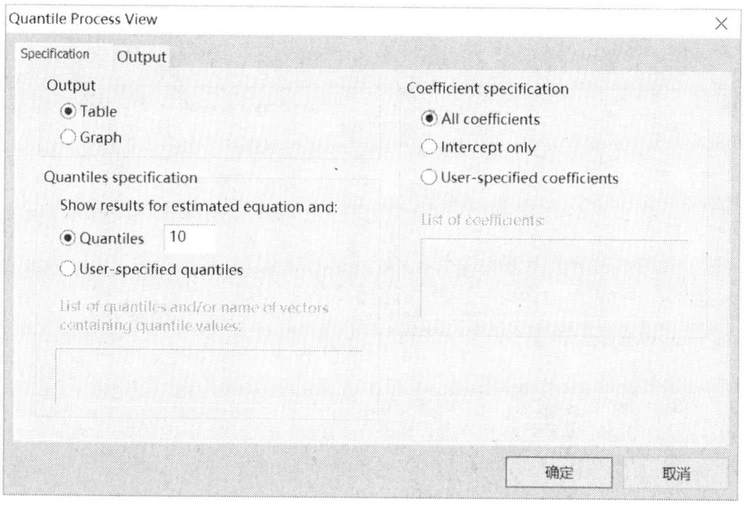

图 3-20　不同分位数系数检验设置

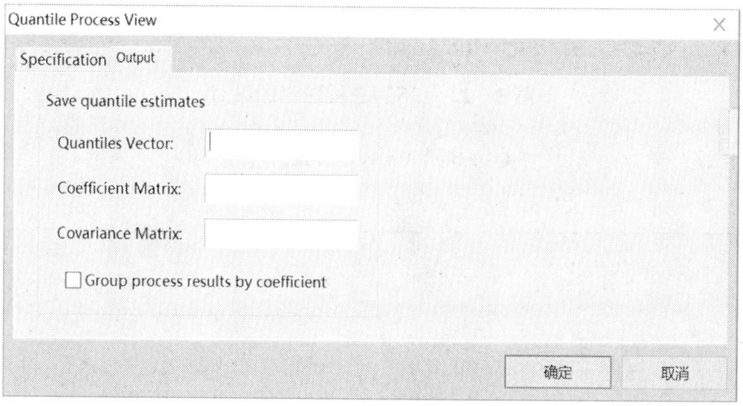

图 3-21　输出选项设置

表 3-24　十分位数系数估计与检验

	Quantile	Coefficient	Std. Error	t-Statistic	Prob.
C	0.100	13.17907	14.76062	0.892853	0.3740
	0.200	37.56334	15.92351	2.358986	0.0202
	0.300	74.14466	20.02622	3.702380	0.0003
	0.400	78.93750	20.44170	3.861591	0.0002
	0.500	107.5366	22.45472	4.789045	0.0000
	0.600	110.1084	24.89346	4.423188	0.0000
	0.700	114.5204	27.21297	4.208301	0.0001
	0.800	138.4457	28.03174	4.938890	0.0000
	0.900	153.4540	27.31079	5.618805	0.0000
X	0.100	0.035574	0.001090	32.63173	0.0000
	0.200	0.035588	0.001219	29.19532	0.0000
	0.300	0.037568	0.002210	17.00225	0.0000
	0.400	0.038842	0.001941	20.00723	0.0000
	0.500	0.038961	0.002016	19.32963	0.0000
	0.600	0.040969	0.002278	17.98390	0.0000
	0.700	0.043500	0.002642	16.46392	0.0000
	0.800	0.042670	0.002501	17.06196	0.0000
	0.900	0.042959	0.002379	18.05627	0.0000

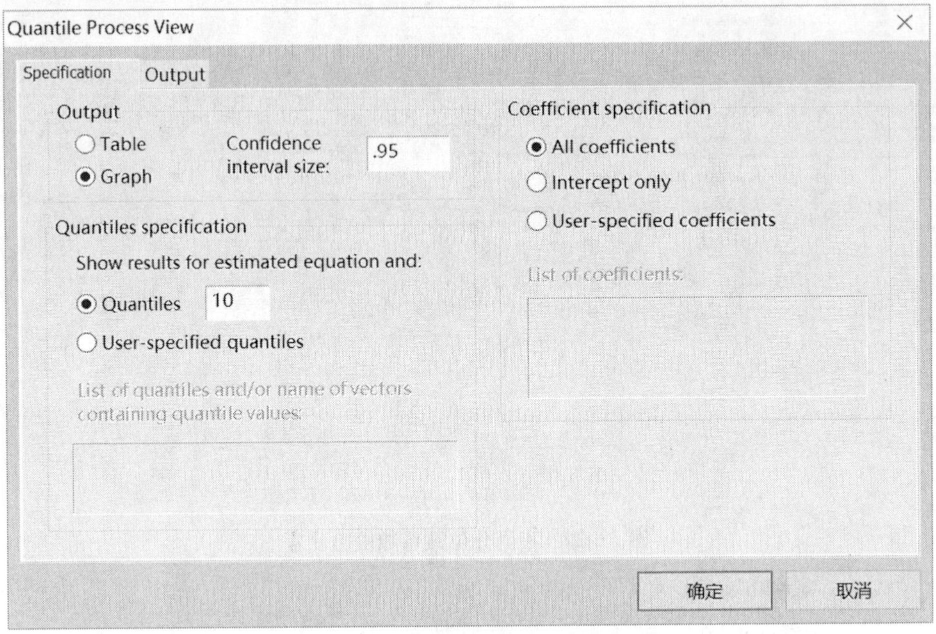

图 3-22　不同分位数图的设置

Quantile Process Estimates（95%CI）

C

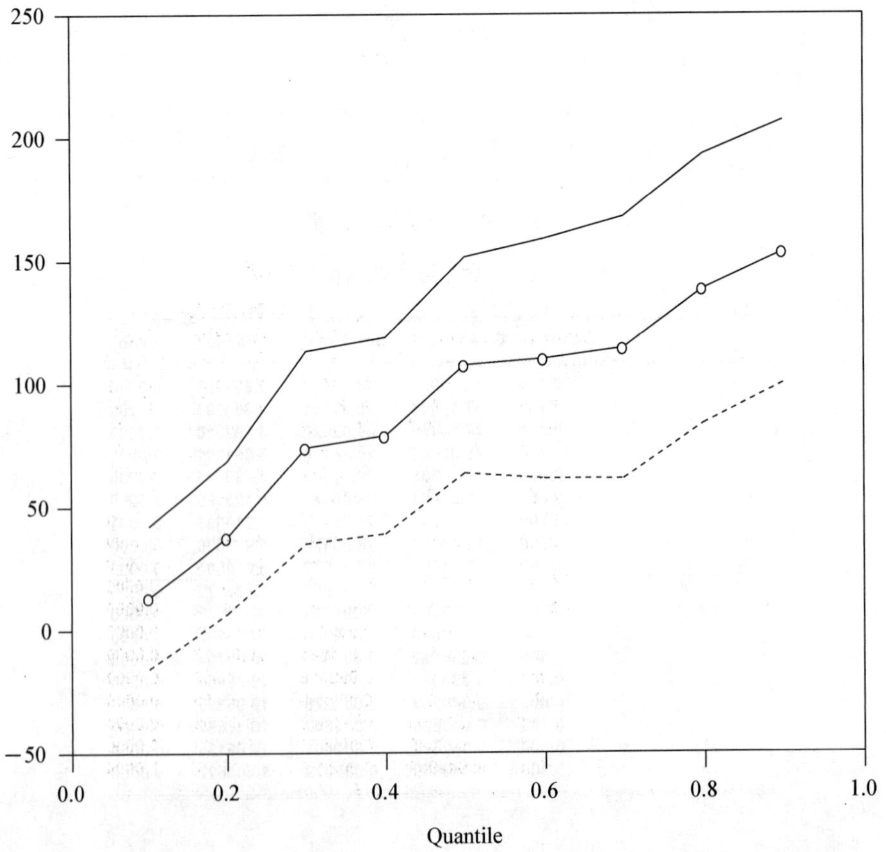

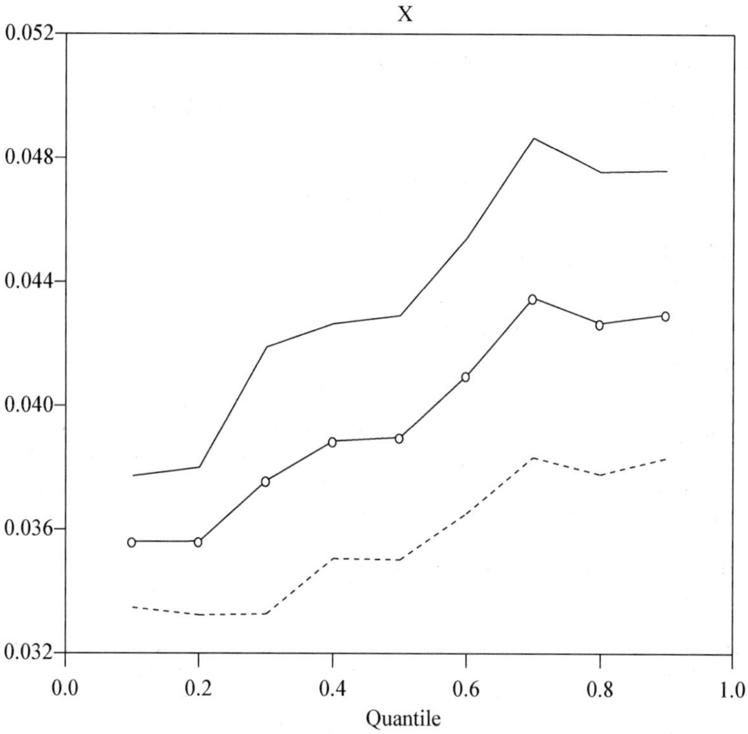

图 3-23　分位数估计图

2. 斜率相等检验

Koenker 和 Bassett (1982a) 提出对不同分位数下的斜率是否相等进行检验，以此判断回归模型估计结果对异方差是否稳健。检验的原假设如式 (3.4.3)。

$$H_0 : \beta_1(\tau_1) = \beta_1(\tau_2) = \cdots = \beta_1(\tau_K) \tag{3.4.3}$$

原假设对模型系数施加了 $(p-1)(K-1)$ 个约束条件，在已知系数向量分布情况下，可以构造服从 $\chi^2_{(p-1)(K-1)}$ 分布的 Wald 统计量。选择 View/Quantile Process/Slope Equality Test. 得到图 3-24。对话框包括 Specification 和 Output 两个页面。Specification

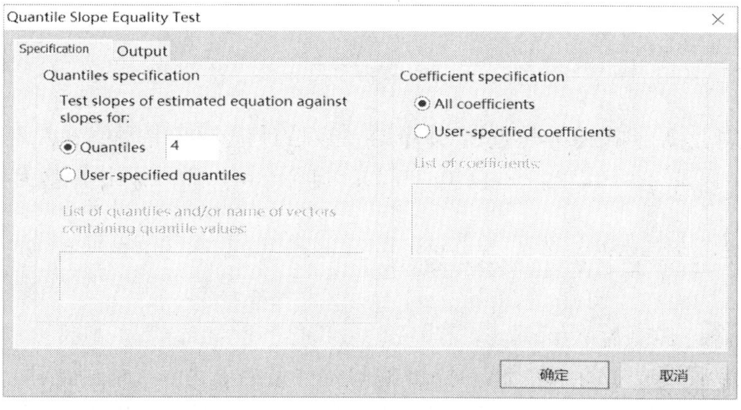

图 3-24　斜率相等检验设置

设置需要比较各个分位数。EViews 将估计得到的分位数 τ 的斜率（无截距项）系数与对话框中设定的 τ 值进行比较。默认情况下，用于比较的 τ 有三个临界点（$\tau=\{0.25, 0.5, 0.75\}$），也可以通过选择 User-specified quantiles 指定分位数值。Output 的输出设置与图 3－21 一样。本例采用默认值得到表 3－25。

表 3－25　斜率相等检验结果

Quantile Slope Equality Test
Equation: UNTITLED
Specification: Y C X
Estimated equation quantile tau = 0.5
Number of test quantiles: 4
Test statistic compares all coefficients

Test Summary	Chi-Sq. Statistic	Chi-Sq. d.f.	Prob.
Wald Test	9.729456	2	0.0077

Restriction Detail: b(tau_h) - b(tau_k) = 0

Quantiles	Variable	Restr. Value	Std. Error	Prob.
0.25, 0.5	X	-0.003120	0.001674	0.0623
0.5, 0.75		-0.004411	0.002113	0.0368

输出结果顶端给出的是模型设定，下面框中给出了 Wald 检验的有关信息。与前面图形提供的信息类似，χ^2 统计量为 9.729 456，原假设成立的概率为 0.007 7，拒绝 H_0，总的来说，在不同的分位数下，模型系数的估计值有显著差异；但是第一个四分位数和中位数的斜率似乎在 5%的显著性水平下并不存在显著差异，在 10%的显著性水平下存在显著差异，中位数与第三个四分位数在 5%的显著性水平下存在显著差异。

3. 对称分位数检验

对称检验即检验 Newey 和 Powell（1987）提出的条件对称是否成立。条件对称意味着中位数两端处于对称位置的分位数系数估计值的均值应该等于中位数处的系数估计值，即如果在给定 X 的条件下，Y 的分布是对称的，则原假设为：

$$\frac{\beta(\tau)+\beta(1-\tau)}{2}=\beta(1/2) \tag{3.4.4}$$

假设存在奇数 K 组按照分位数 τ_k 排序的系数估计值，其中间值 $\tau_{(K+1)/2}$ 为 0.5，且有 $\tau_j=1-\tau_{K-j+1}$ 以及 $j=1, 2, \cdots, (K/2-1)$，则 Newey 和 Powell 检验为：

$$H_0: \frac{\beta(\tau_j)+\beta(\tau_{K-j-1})}{2}=\beta(1/2) \tag{3.4.5}$$

式中，$j=1, 2, \cdots, (K/2-1)$。

在对称性原假设成立的条件下，Wald 检验统计量的值为 0。原假设对分位数过程系数施加了 $p(K/2-1)$ 个约束条件，因此 Wald 检验统计量服从自由度为 $p(K/2-1)$ 的 χ^2 分布。如果有已知的先验信息证明误差项是独立同分布的，但可能不具有对称性，可以将原假设限定为只对截距项进行检验，这种带限定的原假设仅对分位数过程系数施加了 $(K/2-1)$ 个约束条件。点选 View/ Quantile Process/ Symmetric Quantiles Test 得到图 3 - 25。

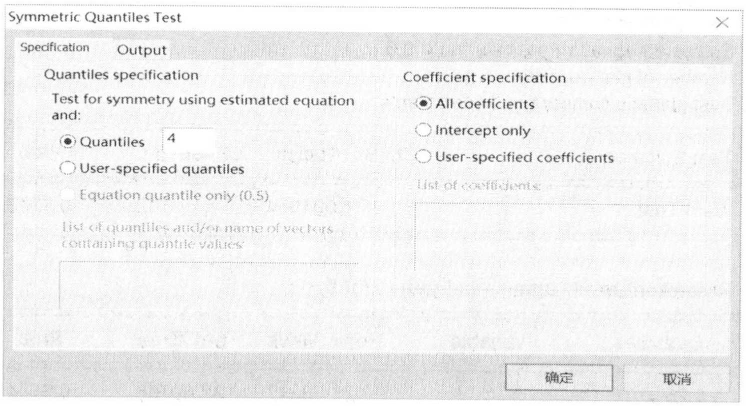

图 3 - 25　对称分位数检验设置

默认情况下，EViews 将会使用估计得到的分位数与对话框中设定的分位数临界值检验对称性。如果估计得到的模型只拟合中位数，将有约束条件：

$$(\beta(0.25)+\beta(0.75))/2=\beta(0.5) \tag{3.4.6}$$

如果估计得到的模型拟合的是 0.6 分位数，则会有另外一个约束条件：

$$(\beta(0.4)+\beta(0.6))/2=\beta(0.5) \tag{3.4.7}$$

选择 User-specified quantiles，可以按需要设定分位数值。EViews 将同时为设定的分位数 τ 以及 $1-\tau$ 分别建立分位数模型，并将这些模型的系数估计结果与中位数模型进行比较。如果原始模型是对中位数之外的分位数建立的模型，可以选择是否只对估计出的分位数模型进行检验。例如，模型拟合的是 0.6 分位数，对话框中会增加另外一个单选框：Estimation quantile only (0.6)，若选择，将只有一个约束条件：

$$(\beta(0.4)+\beta(0.6))/2=\beta(0.5) \tag{3.4.8}$$

如果已知一个先验条件，即满足独立同分布的假定，但不一定是对称分布，则可以将原假设限定为只对常数项相关的约束进行检验。为了实现这种施加约束的检验，只需在对话框的 Test Specification 部分点击 Intercept only 即可。

Output 的输出设置与图 3 - 21 一样，可以将增加的估计结果保存，分别为分位数向量、系数矩阵以及系数协方差指定序列名。

默认情况下，本例对基于中位数模型进行对称检验的结果如表 3 - 26 所示。

表 3 - 26 中上面的框是检验的 Wald 统计量、原假设成立的概率 p，可以看出，检验表明不能拒绝 H_0，即具有对称性；下面的框比较的是中位数模型的第一个和第三个四分位数。在前面的检验中发现不同分位数下的斜率系数显著不同，此处的结果则说明没有证据表明分布不是对称的。

表 3-26 对称检验结果

Symmetric Quantiles Test
Equation: UNTITLED
Specification: Y C X
Estimated equation quantile tau = 0.5
Number of test quantiles: 4
Test statistic compares all coefficients

Test Summary	Chi-Sq. Statistic	Chi-Sq. d.f.	Prob.
Wald Test	1.091954	2	0.5793

Restriction Detail: b(tau) + b(1-tau) - 2*b(.5) = 0

Quantiles	Variable	Restr. Value	Std. Error	Prob.
0.25, 0.75	C	-29.69347	32.80766	0.3654
	X	0.001292	0.002941	0.6605

附录 3A 例子中所用的 EViews 小程序

1. 多重共线性诊断

```
'多重共线性诊断
'VIF 的计算（计算结果见 vif 向量）
equation eq1.ls mob c pmg pop gnp  '建立 mob 对其他自变量模型
equation eq2.ls pmg c mob pop gnp  '建立 pmg 对其他自变量模型
equation eq3.ls pop c mob pmg gnp  '建立 pop 对其他自变量模型
equation eq4.ls gnp c mob pmg pop  '建立 gnp 对其他自变量模型
vector (4) vif                     '设置向量 vif，用于存放计算结果
for !k=1 to 4
%k=@str(!k)
vif(!k)=eq{%k}.@R2                 '调用上述各个模型的决定系数
vif(!k)=1/(1-vif(!k))
delete eq{%k}
next                               '上述循环是 vif 的计算过程


'特征根（eig）与条件指数（ci）
group gx  mob pmg pop gnp          '设置群 gx 存放自变量数据
sym xx=@cor(gx)                    '设置方阵 xx，存放 gx 相关系数矩阵
vector eig=@eigenvalues(xx)        '设置向量 eig，存放方阵 xx 的特征根
!meig=@max(eig)                    '计算最大特征根 meig
vector(4) ci                       '设置向量 ci，存放条件指数的计算结果
```

```
for!k=1 to 4
  ci(!k)=(!meig/eig(!k))^0.5
next                                    '以上循环是条件指数 ci 的计算过程
delete gx
delete xx
```

2. 加权最小二乘估计

```
'加权最小二乘估计（结果见 wls _ 9 方程）
for!k = 1 to 9
!l=!k/2-2.5
%s=@str(!k)
equation wlse_{%s}.ls(w=gnp^!l) qmg c mob pmg pop gnp
next
'以上循环是建立 9 个方程
for !k=2 to 9
%s=@str(!k)
%s1=@str(!k-1)
if wlse_{%s}.@R2 >wlse_{%s1}.@R2 then
delete wlse_{%s1}
else
delete wlse_{%s}
rename wlse_{%s1}  wlse_{%s}
endif
next
'以上循环是筛选最优方程
```

第4章

传统时间序列分析

4.1 趋势模型与分析

4.1.1 趋势模型

确定型时间序列分析是根据时间序列自身发展变化的基本规律和特点（趋势），选取适当的趋势模型进行分析和预测。

趋势模型的最一般形式是：

$$\hat{Y}_t=f(t) \tag{4.1.1}$$

式中，t 为时间变量。t 的一般取值为 0，1，2，3，…，或…，−3，−2，−1，0，1，2，3，…。

趋势模型的具体形式多种多样，例如，经济领域不少现象近似指数增长

$$\hat{Y}_t=Y_0(1+r)^t$$

式中，Y_0 为增长初期水平；r 为增长率。常用的趋势模型有：

（1）直线模型：$\hat{Y}_t=a+bt$ （4.1.2）

（2）指数曲线：$\hat{Y}_t=a\,b^t$ 或 $a\,e^{bt}$ （4.1.3）

（3）幂函数曲线：$\hat{Y}_t=at^b$ （4.1.4）

（4）对数曲线：$\hat{Y}_t=a+b\ln t$ （4.1.5）

（5）多项式：$\hat{Y}_t=b_0+b_1t+b_2t^2+\cdots+b_kt^k$ （4.1.6）

（6）修正指数曲线：$\hat{Y}_t = L + a\,b^t$ 或 $L + a\,e^{bt}$ （4.1.7）

（7）双曲线：$\hat{Y}_t = L + b/t$ （4.1.8）

（8）Compertz 曲线：$\hat{Y}_t = La^{b^t}$ （4.1.9）

（9）Logistic 曲线：$\hat{Y}_t = L/(1 + ae^{-bt})$ （4.1.10）

此外，根据数据的特点上述模型之间可能产生进一步的组合，比如

指数曲线：$\hat{Y}_t = ae^{f(t)}$ （4.1.11）

Logistic 曲线：$\hat{Y}_t = L/(1 + ae^{f(t)})$ （4.1.12）

式中，$f(t) = b_0 + b_1 t + b_2 t^2 + \cdots + b_k t^k$。

4.1.2　模型的选择

趋势模型的选择是定性分析和定量分析相结合的分析过程。

定性分析要求在选模型之前，要弄清模型的条件和预测对象性质、特点。例如，指数曲线模型成立的条件是后一期与前一期之比为常数，即发展速度为常数，如式（4.1.3）。该值减 1（或 100%）就是增长率。

$$\hat{Y}_t / \hat{Y}_{t-1} = a\,b^t / a\,b^{t-1} = b \quad (4.1.13)$$

实际现象的逐期增长率不可能严格等于某一常数，但常会围绕某一常数上下波动。如果分析对象具备上述特点，可以考虑采用指数模型；否则，不适宜采用。

有一些趋势模型是从其他领域特别是生物学领域移植过来的。比如，Logistic 曲线最初用于研究生物种群发展规律。它假定种群的增长取决于两个因素：种群的现有规模和环境（生存空间、光照、水、食物等），其中环境是限制性因素，在有限的环境（如有限的生存空间）之中，种群不可能无限增长，而是存在增长极限 L。如果用 Logistic 曲线分析某种现象，必须首先弄清该现象是否在发展到一定规模后增长速度会逐步下降、该现象是否存在增长的极限等。

除定性分析外，根据资料把握现象的特点也是选择模型的重要环节。定量分析需要用到多种初等分析方法，比如，计算样本的逐期增长率，看是否满足指数曲线模型的要求。更常用的方法是绘制曲线图，直观判断现象大体符合哪种模型。有时数据中不仅包含趋势，还存在周期波动和较强的随机变动，造成趋势识别的困难，需要对数据进行预处理，其方法主要包括数据的平滑和周期调整（如季节调整），这些内容将在本章最后介绍。

例 4.1

续例 3.7。化肥施用量的数据如表 3-13 所示，动态曲线如图 4-1 所示。由于国土面积和耕地面积有限，化肥的施用量存在饱和点，因此可采用带上限 L 的模型，如 Logistic 曲线。图 4-1 中虚线部分就是这个曲线。

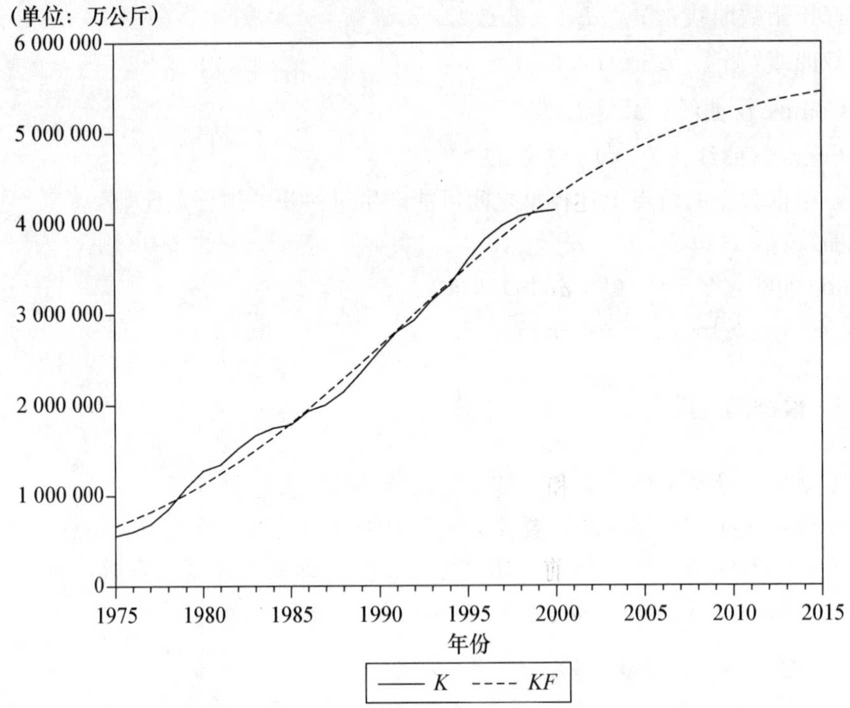

图 4-1　化肥施用量的实际值和预测值曲线图

4.1.3　模型的参数估计

EViews 中支持的参数估计方法是最小二乘估计，包括线性最小二乘法和非线性最小二乘法。可线性化的模型可采用前者，不可线性化的模型可采用后者。例如，指数曲线：

线性化：**ls** log(k) c t

非线性：**ls** k=c(1) * exp(c(2) * t)

无论采用什么方法，首先要产生一个时间自变量序列 t。方法如下：

```
genr t=@ trend
```

自动生成 t 序列，该序列的取值依次为 0，1，2，3，…。

对于一些比较复杂的模型，如修正指数曲线、Logistic 曲线等，不能线性化，就无法采用线性最小二乘估计，必须采用非线性最小二乘估计。但是非线性最小二乘估计迭代速度和估计的精度都有赖于选择良好的参数初值，可以利用一些初等的方法，如许多教材推荐的三和值法，获取参数初值。

补充知识：三和值法

三和值法的基本思想是：若模型有三个未知参数，将数据三等分，分别对每部分的数据求和，将每部分的和值代入方程，可得到一个方程，一共可得到三个方程，然后解方程组可以获得三个参数的估计值。由于模型不同，求解的具体过程有所不同。

修正指数曲线的三和值法估计：

$$\hat{y}_t = L + ab^t \tag{4.1.14}$$

$$a = \left(\sum\nolimits_2 y_t - \sum\nolimits_1 y_t\right)\frac{b-1}{(b^n-1)^2}$$

$$b = \sqrt[n]{\frac{\sum_3 y_t - \sum_2 y_t}{\sum_2 y_t - \sum_1 y_t}} \tag{4.1.15}$$

$$L = \frac{1}{n}\left(\sum\nolimits_1 y_t - \frac{b^n-1}{b-1}a\right)$$

式中，$\sum_1$，$\sum_2$，$\sum_3$ 分别表示各个部分求和，n 为每一部分所含数据个数。

Logistic 曲线的三和值估计：

$$a/L = \left(\sum\nolimits_2 \frac{1}{y_t} - \sum\nolimits_1 \frac{1}{y_t}\right)\frac{e^{-b}-1}{(e^{-bn}-1)^2}$$

$$e^{-b} = \sqrt[n]{\frac{\sum_3 \frac{1}{y_t} - \sum_2 \frac{1}{y_t}}{\sum_2 \frac{1}{y_t} - \sum_1 \frac{1}{y_t}}} \tag{4.1.16}$$

$$1/L = \frac{1}{n}\left(\sum\nolimits_1 \frac{1}{y_t} - \frac{e^{-bn}-1}{e^{-b}-1}\frac{a}{L}\right)$$

三和值法在 EViews 中没有相应过程的支持，可以通过编写小程序实现。

例 4.2

续例 4.1 。考虑建立 Logistic 模型。这个模型属于无法线性化的模型，应当用非线性最小二乘法进行参数估计，但预先要用三和值法计算参数的初值。

$$\hat{K}_t = L/(1+ae^{-bt}) \tag{4.1.17}$$

根据式（4.1.16）计算参数值初值，结果如下：

$$a/L = \left(\sum\nolimits_2 \frac{1}{k_t} - \sum\nolimits_1 \frac{1}{k_t}\right)\frac{e^{-b}-1}{(e^{-bn}-1)^2} = 1.787\,80$$

$$e^{-b} = \sqrt[n]{\frac{\sum_3 \frac{1}{k_t} - \sum_2 \frac{1}{k_t}}{\sum_2 \frac{1}{k_t} - \sum_1 \frac{1}{k_t}}} = 0.865\,28$$

$$1/L = \frac{1}{n}\left(\sum\nolimits_1 \frac{1}{k_t} - \frac{e^{-bn}-1}{e^{-b}-1}\frac{a}{L}\right) = 1.960\,93 \times 10^{-7}$$

得到参数初值为：

$$L = 5\,099\,619 = c(1)$$

$a=9.117\,081=c(2)$

$b=0.144\,702=c(3)$

最后，在主窗口命令行输入：

ls k=c(1)/(1+c(2)*exp((−1)*c(3)×t))

进行参数的精确估计。参数估计结果如表4-1所示。

表4-1 Logistic曲线参数的最小二乘估计

K=C(1)/(1+C(2)*EXP((−1)*C(3)*T))

Variable	Coefficient	Std. Error	t-Statistic	Prob.
C（1）	5 732 067	372 537.7	15.386 54	0.000 0
C（2）	8.774 092	0.466 271	18.817 58	0.000 0
C（3）	0.125 677	0.007 846	16.018 73	0.000 0
R-squared	0.992 328	Mean dependent var	2 308 615	
Adjusted R-squared	0.991 661	S.D. dependent var	1 188 502	

趋势模型为：

$$\hat{K}_t=\frac{5\,732\,067}{1+8.774\,092e^{-0.125\,677t}}$$

根据上述估计，我国农用化肥施用量的饱和水平估计为每年5 732 067万公斤。

4.1.4 模型评价与预测

趋势模型的预测与回归预测一样，这里不再赘述，只就应用中的问题进行一些探讨。

趋势模型一般是将现象的趋势模式化、固定化。它的一个不足是：无法随着现象的变化而变化。这就带来一个问题：模型所描述的趋势能否与现象未来发展趋势吻合？因为模型是固定的而现象总是在变化的。一个考虑是在建模以后对模型未来可能的表现进行分析。这种分析可从多方面进行（参见易丹辉编著的《统计预测》第五章）。这里结合EViews谈谈对近期数据的分析方法。近期数据是指离预测期较近的样本数据。如果模型生成的序列能与近期样本数据相吻合，模型在未来与序列实际变化一致的可能性较大。

例4.3

运用上述模型进行全样本期（1975—2000年）和近期（1991—2000年）预测。

预测评价指标为：

预测范围	时间段	MAPE	TIC	BP	VP	CP
整个样本	1975—2000年	8.853	0.034	0.006	0.002	0.992
近期	1991—2000年	1.921	0.012	0.012	0.015	0.973

与全样本期预测相比，近期预测的MAPE大幅下降，说明模型近期拟合效果趋好，

模型在未来与序列实际变化一致的可能性较大。

有时会遇到如表 4－2 所示的情况。

表 4－2　某序列的指数曲线预测和三次曲线预测的比较

指标	全样本期（1975—2000 年）		近期（1991—2000 年）	
	指数曲线	三次曲线	指数曲线	三次曲线
MAPE	7.94	16.77	10.70	7.42
TIC	0.041 5	0.030 8	0.041 7	0.027 8
BP	0.038 3	0.000 0	0.048 0	0.011 4
VP	0.263 3	0.001 9	0.344 6	0.033 6
CP	0.698 4	0.998 13	0.607 4	0.955 0

从全样本期看，三次曲线的 *MAPE* 比指数曲线大很多，但其他评价指标都比指数曲线好，尤其是偏差率近似 0，说明预测的偏差极小；从近期看，三次曲线的 *MAPE* 大大减小，比指数曲线小很多，而且其他指标优于指数曲线。那么哪个模型预测比较好呢？以定性和定量分析相结合作出判断。

4.2　季节模型与分析

4.2.1　季节模型的类型

季节模型是具有季节变动规律的时间序列模型。季节变动是指以一年为一个周期的变化。引起季节变动的首要因素是四季更迭，比如冷饮的市场销量随着冬去夏来年复一年地发生周期变动。以年为周期的变化还可由历史的、人文的或制度的因素引起，比如，春节、穆斯林的斋月等。

传统的时间序列分析把时间序列的波动归结为四大因素：趋势变动（T，*trend*）、季节变动（*S*，seasonal）、循环变动（*C*，circle）和不规则变动（*I*，irregular）。其中，循环变动指周期为数年的变动，通常指经济周期。不规则变动即随机变动。四种变动与原序列（*Y*）的关系被概括为两种模型：

乘法模型（Multiplicative Model）　　$Y = TSCI$　　(4.2.1)

加法模型（Additive Model）　　$Y = T+S+C+I$　　(4.2.2)

其中，乘法模型适于 *T*，*S*，*C* 相关的情形，比如，季节变动的幅度随趋势上升而增大。加法模型则适于 *T*，*S*，*C* 相互独立的情形。季节模型通常需要利用连续 3～5 年的月度数据或季度数据。

适合季节分析的数据至少是季度数据（Quarterly），也可采用月度数据（Monthly）、周数据（Weekly）、日数据（Daily）等。随着数据频率的提高，在分析中还要考虑一些在传统模型中没有给予单独考虑的周期波动，比如，月、周、日数据要考虑节假日等周期波动因素，统称为交易日因素，用 *D* 来表示。美国联邦统计局所使用的 X-11 和 X-12 程序中，增加了这个因素。

乘法模型（Multiplicative Model）　　$Y = TSCDI$　　(4.2.3)

加法模型（Additive Model）　　$Y = T+S+C+D+I$　　(4.2.4)

4.2.2 季节因子与季节调整

季节因子（Seasonal Factor）反映序列随时间变化过程中，受季节因素影响的程度，即模型中的 S 部分。其表现形式因模型类型不同而异。如果从乘法模型出发，季节因子以季节指数（Seasonal Index）形式出现，是一串在 100%上下波动的相对数；如果从加法模型出发，季节因子以季节变差（Seasonal Variation）形式出现，是一串 0 左右分布的绝对数。

传统的测定季节因子的基本步骤如下：

(1) 测定趋势（T），通常采用移动平均法（Moving Average Method）。

(2) 剔除趋势部分。

如果是乘法模型，剔除后＝某期实际值（Y）/同期趋势值（T）；

如果是加法模型，剔除后＝某期实际值（Y）－同期趋势值（T）。

(3) 测定季节因子。

如果是乘法模型，根据剔除后的数据，计算季节指数；如果是加法模型，根据剔除后的数据，计算季节变差。

季节因子的主要用途如下：

(1) 反映时间序列中季节波动的规律，如图 4－2 所示；

(2) 对时间序列进行季节调整；

(3) 对时间序列进行季节预测。

季节因子的一个重要用途是季节调整。为什么进行季节调整？序列里存在季节波动常会妨碍对某些问题的认识。比如，3 月份的啤酒销售比 2 月份好还是差？如果仅从实际销量分析这个问题，似乎并不合适。因为 3 月份是销售淡季而 2 月份是旺季，受季节影响，3 月份销量总比 2 月份小。如果排除季节因素，观察季节调整后的销量，分析这个问题会比较切合实际。另外，有时为了准确观测序列的其他特征需要季节调整，比如为了确定序列的趋势类型需要排除季节因素的干扰等。

对原序列进行季节调整，就是将季节变动从序列中去除。基本思路如下。

乘法模型：

$$\frac{\text{某期实际值}(Y)}{\text{同期季节指数}(S)}=\frac{TSCI}{S}=TCI \tag{4.2.5}$$

加法模型：

$$\begin{aligned}\text{某期实际值}(Y)-\text{同期季节变差}(S)&=(T+S+C+I)-S\\&=T+C+I\end{aligned} \tag{4.2.6}$$

EViews 中的季节调整有两种途径：

途径一，运用 seas 命令，命令格式为：

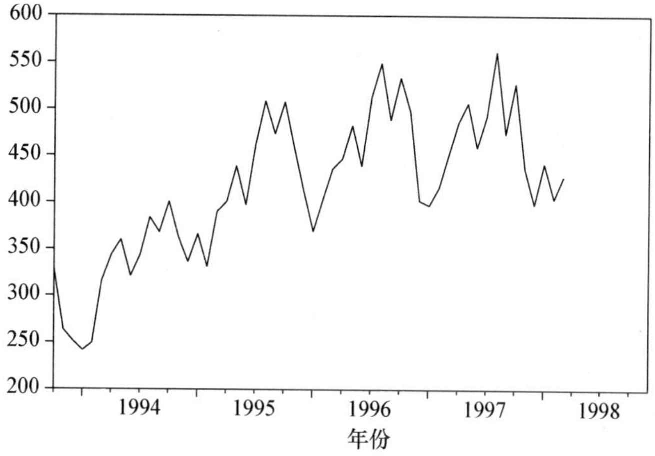

a　航空客运量时序图

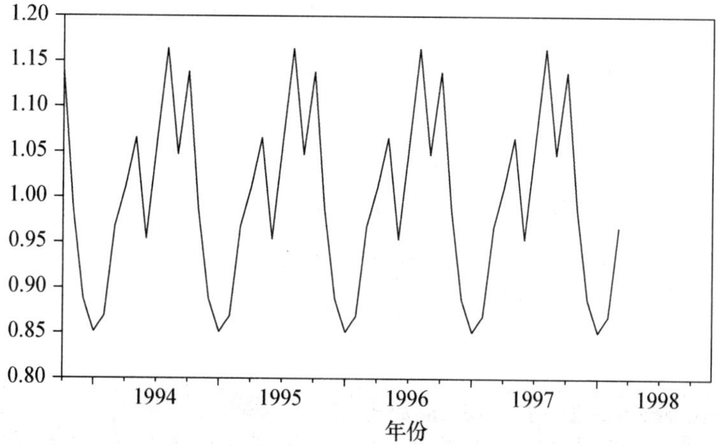

b. 航空客运量的季节部分（季节指数）时序图

图 4－2　季节因子

seas series_name

例如，对 airln 序列进行季节调整，在主窗口命令行中输入：

seas airln

途径二，打开 airln 序列对象窗口，然后按下该窗口中的 Proc 按钮，在随后出现的菜单中，选择 Seasonal Adjustment，或在主菜单选 Proc/Seasonal Adjustment。

途径一提供的季节调整方法十分简单，只有上面介绍的两种方法，分别称为移动平均比率法（Ratio to moving average-Multiplicative）和移动平均差分法（Difference from moving average-Additive）。前者用于乘法模型（Multiplicative），生成季节指数，并按照式（4.2.5）进行季节调整；后者用于加法模型（Additive），生成季节变差，并按照式（4.2.6）进行季节调整。季节调整后生成的新序列的默认名称是在原序列名添加字母 sa，如原序列是 airln，季节调整后会产生一个名为 airlnsa 的新序列，如图 4－3 所示。当然同任意对象一样，这个名称可以任意修改。

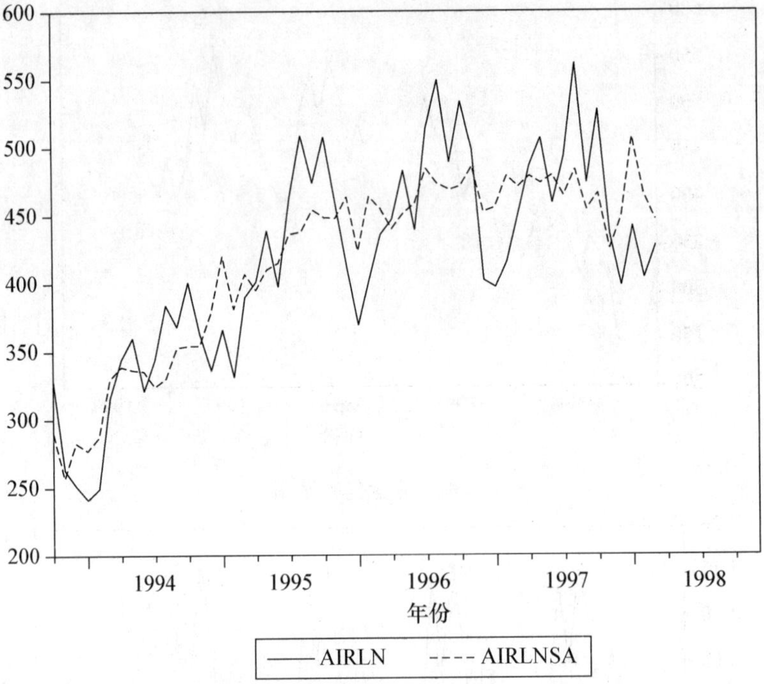

图 4-3 民航客运量季节调整前后比较图

如果以途径二进行季节调整，屏幕会弹出一个菜单，列出可选的调整方法，除上面提到的方法外，还提供了一些高级方法，包括 Census X11 和 Census X12 法以及 Tramo/Seats 方法（见图 4-4）。

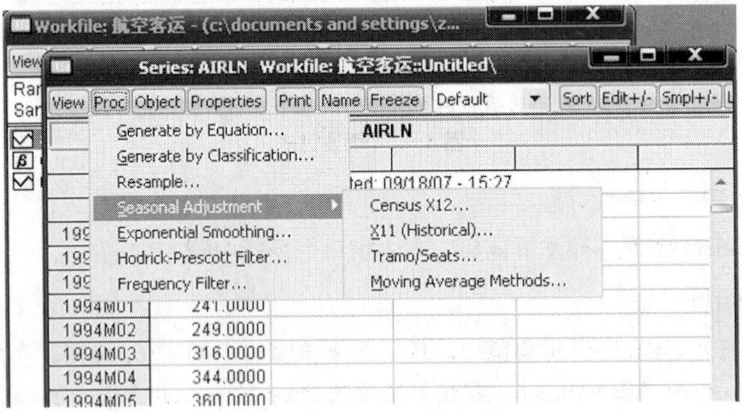

图 4-4 季节调整子菜单

4.2.3 时间序列各成分的分解与合成

1. 时间序列的分解

分解的主要目的是将时间序列的各波动因素分解开，可以清楚地观察各部分波动的具体情况，以便为深入研究各部分波动的变化规律提供条件。

EViews 10.0 在 X-12 模块中提供了这种分解方法。具体操作是：打开序列，在该序列窗口单击 Proc/Seasonal Adjustment/Census X12。随后在弹出的设置窗口中选择所需要了解的波动成分（见图 4－5）。

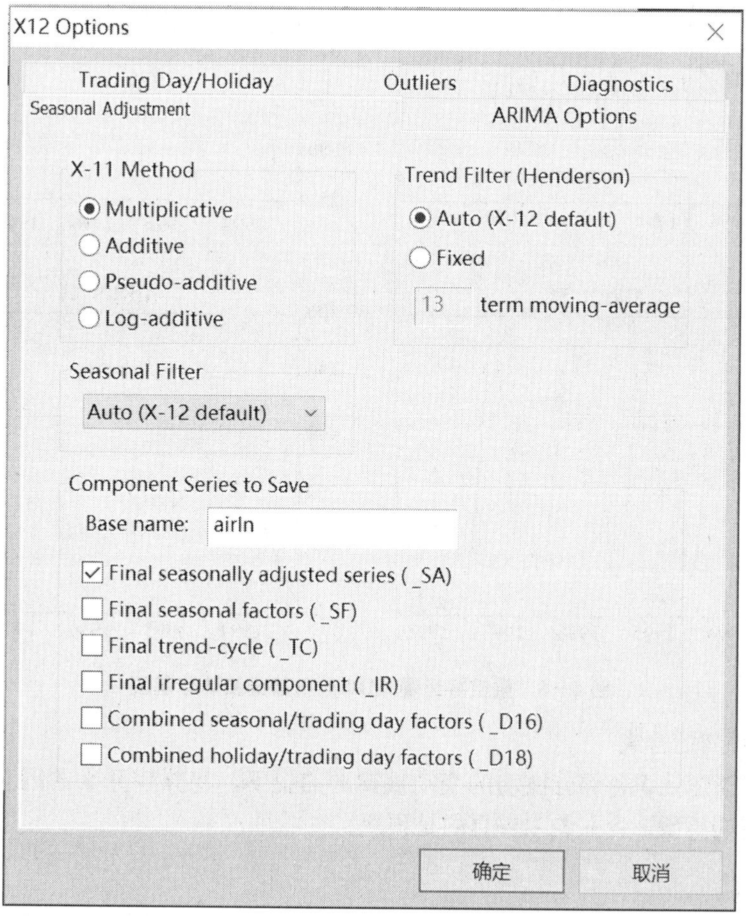

图 4－5　X-12 的设置窗口

在这个窗口中，我们可以选择分解后的各种成分，具体包括：

（1）季节调整后的序列（Final seasonally adjusted series），序列名为被调整的原序列加后缀“ _ SA”；

（2）季节因子序列（Final seasonal factors），序列名为被调整的原序列加后缀“ _ SF”；

（3）趋势与循环波动叠加序列（Final trend-cycle），序列名为被调整的原序列加后缀“ _ TC”；

（4）与季节波动相结合的交易日因素（Combined seasonal/trading day factors）；

（5）与假日相结合的交易日因素（Combined holiday/trading day factors）；

（6）不规则波动（Final irregular component），序列名为被调整的原序列加后缀“ _ IR”。

图 4－6 是表 4－3 我国民航客运量数据进行时间序列分解的结果图。

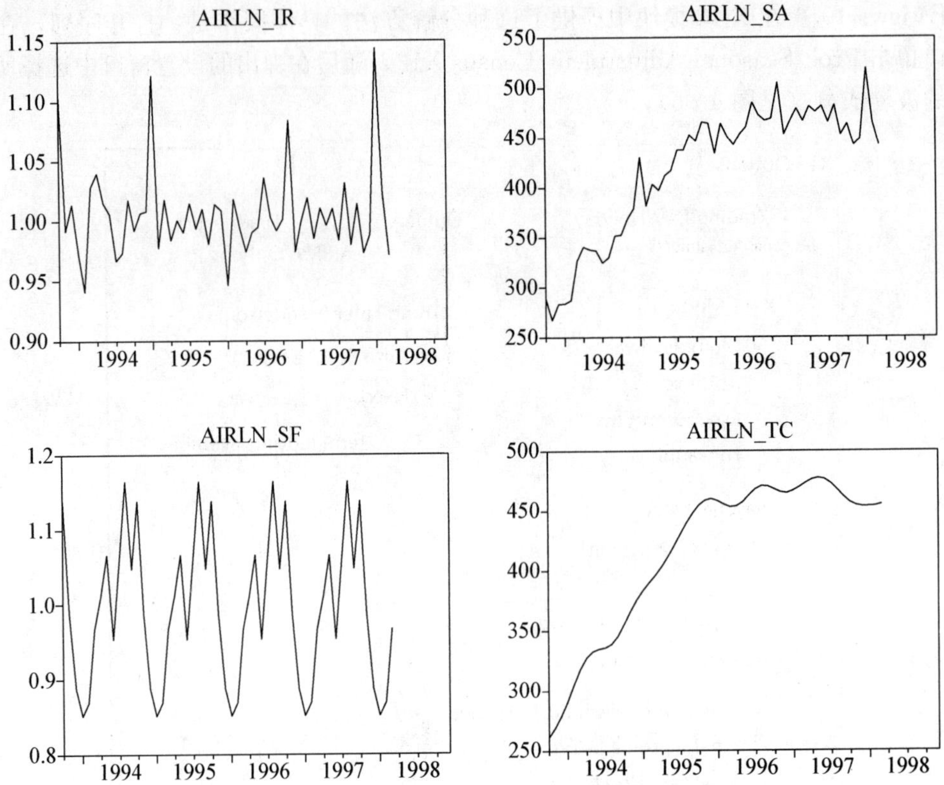

图 4-6　航空客运量 AIRLN 各部分波动分解图

2. 时间序列的合成

合成是在清楚认识各部分波动的变动规律的前提下，将分解开来的因素再重新合并，构成比较完整的模型。合并的主要目的是预测。

例 4.4

我国民航客运量数据的季节调整。有关数据如表 4-3 所示。

表 4-3　我国 1993 年 10 月至 1998 年 3 月民航客运量

时间	民航客运量	时间	民航客运量
1993 年 10 月	328.000 0	1994 年 08 月	384.000 0
1993 年 11 月	263.000 0	1994 年 09 月	368.000 0
1993 年 12 月	251.000 0	1994 年 10 月	401.000 0
1994 年 01 月	241.000 0	1994 年 11 月	363.000 0
1994 年 02 月	249.000 0	1994 年 12 月	336.000 0
1994 年 03 月	316.000 0	1995 年 01 月	366.000 0
1994 年 04 月	344.000 0	1995 年 02 月	331.000 0
1994 年 05 月	360.000 0	1995 年 03 月	390.000 0
1994 年 06 月	321.000 0	1995 年 04 月	401.000 0
1994 年 07 月	344.000 0	1995 年 05 月	439.000 0

续表

时间	民航客运量	时间	民航客运量
1995 年 06 月	397.310 0	1996 年 11 月	498.000 0
1995 年 07 月	463.000 0	1996 年 12 月	402.000 0
1995 年 08 月	509.000 0	1997 年 01 月	397.000 0
1995 年 09 月	474.000 0	1997 年 02 月	416.000 0
1995 年 10 月	508.000 0	1997 年 03 月	451.000 0
1995 年 11 月	458.940 0	1997 年 04 月	486.200 0
1995 年 12 月	412.000 0	1997 年 05 月	507.000 0
1996 年 01 月	369.000 0	1997 年 06 月	458.990 0
1996 年 02 月	403.000 0	1997 年 07 月	493.000 0
1996 年 03 月	436.000 0	1997 年 08 月	562.000 0
1996 年 04 月	447.000 0	1997 年 09 月	474.000 0
1996 年 05 月	483.000 0	1997 年 10 月	528.000 0
1996 年 06 月	439.000 0	1997 年 11 月	436.130 0
1996 年 07 月	514.000 0	1997 年 12 月	398.000 0
1996 年 08 月	550.000 0	1998 年 01 月	442.000 0
1996 年 09 月	489.000 0	1998 年 02 月	404.550 0
1996 年 10 月	534.000 0	1998 年 03 月	428.000 0

由上述内容可知，该序列有两个比较明显的有规律的波动，趋势（T）和季节变动（S）。因此，打算建立如下预测模型：

$$\hat{y}_t = f(t)s_i \tag{4.2.7}$$

式中，$f(t)$ 为模型的趋势部分；s_i 为相应的季节指数。

由于经过季节调整后的序列 AIRLN _ SA 体现出明显的非线性趋势，所以趋势函数形式采用二次曲线，并根据 AIRLN _ SA 数据建模。

$$f(t) = a + bt + ct^2 \tag{4.2.8}$$

构建季节模型，可以按照上面程序进行，也可以先对原序列建立趋势模型，得到估计的趋势值，再从原序列中去除趋势进行季节调整，得到季节指数（乘法模型）或季节增量（加法模型）。建立趋势模型，在 EViews10.0 中，需要新建立一个关于时间顺序编号的对象，点击工作文件框中 Object/New Object，在弹出的对话框中选择 Series，并在右侧 Name for object 下面输入变量序列名，如 t。双击打开 t，点击窗口 Edit+/−，使其处在可编辑状态，依次输入变量的数值，本例输入自然数 1，2……再点击 Edit+/−，使其处在非编辑状态，随后关闭窗口，工作文件框中生成新对象序列 t。对原序列建立模型（4.2.8）进行估计得到表 4－4 的估计结果。在估计结果窗口点击 Forecast，生成趋势模型的估计值 airlnf。观察趋势模型估计与实际序列的变化可以绘制曲线图，如图 4－7 所示。可以看出，模型基本反映了序列的变化趋势。

表 4-4　趋势模型参数估计

Dependent Variable: AIRLN
Method: Least Squares
Date: 01/27/19 Time: 10:50
Sample (adjusted): 1993M10 1998M03
Included observations: 54 after adjustments

Variable	Coefficient	Std. Error	t-Statistic	Prob.
C	241.4148	18.76592	12.86454	0.0000
T	11.80612	1.574171	7.499895	0.0000
T^2	-0.150216	0.027745	-5.414199	0.0000

R-squared	0.689727	Mean dependent var	415.9920
Adjusted R-squared	0.677560	S.D. dependent var	77.97103
S.E. of regression	44.27494	Akaike info criterion	10.47267
Sum squared resid	99973.80	Schwarz criterion	10.58317
Log likelihood	-279.7620	Hannan-Quinn criter.	10.51528
F-statistic	56.68573	Durbin-Watson stat	1.060742
Prob(F-statistic)	0.000000		

$$f(t)=241.414\,8+11.806\,12t-0.150\,216t^2$$

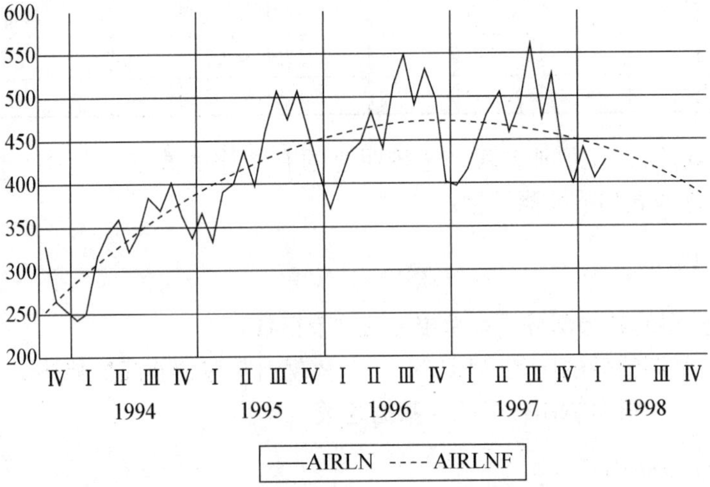

图 4-7　航空客运量 AIRLN 的趋势图

模型的季节部分 s_i 是在季节调整中计算的季节指数，可以用前面生成的 AIRLN_SF 序列，如果先建立趋势模型，需要在原序列中将趋势值去除，对去除趋势的序列进行季节调整。也可以在主窗口定义 genr F＝airln/airlnf，得到将趋势去除的 F 序列，双击 F，在弹出的序列值窗口中点击 Proc/Seasonal Adjustment/Moving Average Methods，弹出对话框如图 4-8 所示。在季节调整方法下面有两个选项，上面是选择乘法，下面是加法。再下面是计算的序列，上面是调整后生成的序列，下面是季节因子，需要输入你为季节因子的命名，如 s。如选用乘法模型，得到季节指数如表 4-5 所示。在预测过程中需要将样本期内某月的季节指数复制到预测期相同的月份，然后根据式（4.2.7）合并趋势和季节因素，得到相应的季节预测值 Y（见表 4-6）。图 4-9 是实际值与预测值曲线图。

当季节波动的幅度变化不大时，也可以采用加法模型，图 4－9 中选择调整方法的第二个选项，定义被调整序列时注意，不是原序列除以趋势值，而是减去趋势值，如 genr F=airln-airlnf。

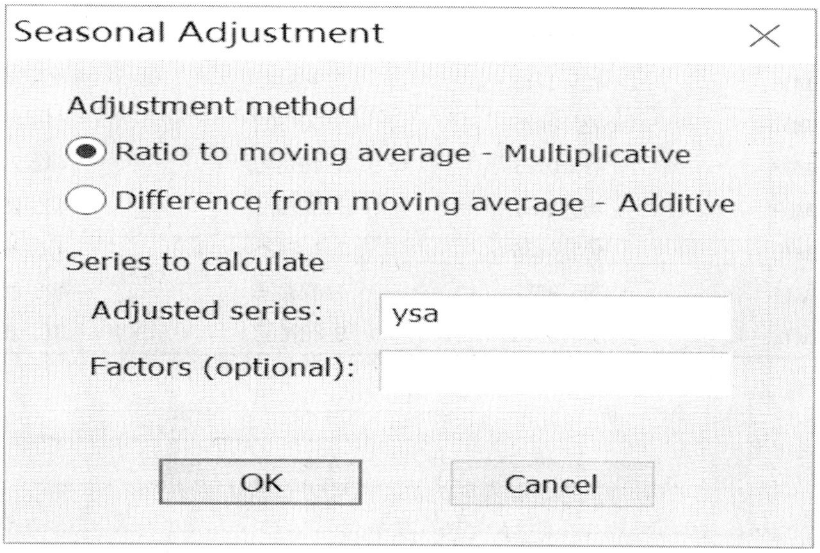

图 4－8　季节调整对话框

表 4－5　季节指数计算结果

Date: 01/27/19　Time: 11:32
Sample: 1993M10 1998M12
Included observations: 54
Ratio to Moving Average
Original Series: F
Adjusted Series: FSA

Scaling Factors:	
1	0.869834
2	0.868698
3	0.958882
4	1.016605
5	1.072468
6	0.958486
7	1.061908
8	1.161840
9	1.042271
10	1.130425
11	1.023536
12	0.887663

表 4-6　1998 年 4 月—1998 年 12 月民航客运量的预测

时间 obs	趋势预测值 F	季节指数 S	模型预测值 Y=F*S
1998M04	436.3474	1.016605	443.5931
1998M05	431.4795	1.072468	462.7482
1998M06	426.3112	0.958486	408.6133
1998M07	420.8425	1.061908	446.8959
1998M08	415.0733	1.161840	482.2488
1998M09	409.0037	1.042271	426.2928
1998M10	402.6336	1.130425	455.1473
1998M11	395.9632	1.023536	405.2826
1998M12	388.9923	0.887663	345.2939

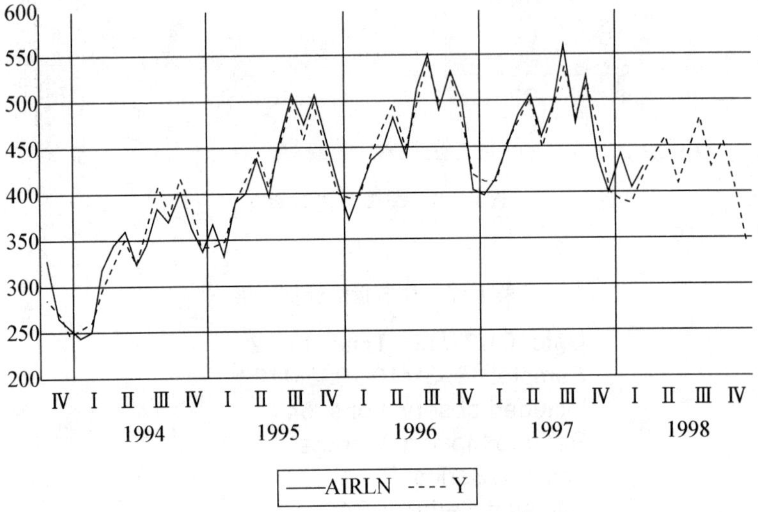

图 4-9　AIRLN 的预测效果图（Y 为预测值）

4.3　指数平滑法

4.3.1　引例

本章前两节介绍的方法适合于比较有规律的数据，有比较明显的趋势变动和季节波动的序列。实际问题中数据有时并不那么有规则。例如，深圳股市连续 130 周的周综合指数数据（序列名称 SHSTCK），其变动如图 4-10 所示。由图 4-10 看，数据有明显趋势，但没有季节变动。图中的虚线是直线趋势模型，人们不大可能沿着这条线进行短期预测。

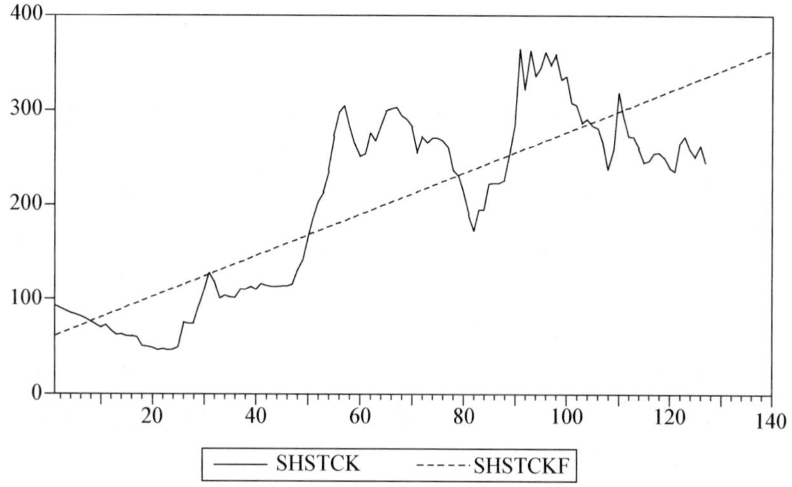

图 4－10　深股周综合指数动态图

其实，趋势可分为长期趋势和短期趋势。有时短期趋势经常改变。如果仔细观察 SHSTCK 序列的波动情况，会发现不同时期的短期趋势并不一样，有时向上有时朝下，如该序列在第 100 期后的基本趋势是向下发展。因此，如果有一种方法能够自动追踪数据的变化，不断调整对序列中所含短期趋势的估计，必然会收到较好的短期预测的效果。指数平滑法属于这类方法。

4.3.2　一次指数平滑

一次指数平滑又称单指数平滑（Single Exponential Smoothing）。其模型为：

$$\hat{y}_t = ay_t + (1-a)\hat{y}_{t-1} \tag{4.3.1}$$

式中，y_t 为实际值序列；$\hat{y}_t$ 为平滑值序列（Smoothed Series）；$\hat{y}_{t-1}$ 为上期平滑值；a 为平滑系数（Smoothing Parameter），也叫衰减因子（Damping Factor）。平滑系数的取值范围为：$0 \leqslant a \leqslant 1$。

由于　$\hat{y}_{t-1} = ay_{t-1} + (1-a)\hat{y}_{t-2}$

所以式（4.3.1）可以展开

$$\hat{y}_t = ay_t + (1-a)\hat{y}_{t-1} = ay_t + a(1-a)y_{t-1} + a(1-a)^2\hat{y}_{t-2}$$

同理，$\hat{y}_{t-2}$ 也可替换。于是，式（4.3.1）可以展开成

$$\begin{aligned}\hat{y}_t &= ay_t + (1-a)\hat{y}_{t-1} \\ &= ay_t + a(1-a)y_{t-1} + a(1-a)^2 y_{t-2} + \cdots + a(1-a)^{t-1}y_1 \\ &= a\sum_{i=0}^{t-1}(1-a)^i y_{t-i}\end{aligned} \tag{4.3.2}$$

$\hat{y}_t$ 是实际序列（y_t）历史数据的加权平均数，权数 a，$a(1-a)$，$a(1-a)^2$，…，$a(1-a)^{t-1}$ 是一指数衰减数列，因此该方法被称作指数平滑法。

一次指数平滑模型用于预测的公式为：

$$\hat{y}_{T+k}=\hat{y}_T, \quad 对于所有\ k\geqslant 1 \tag{4.3.3}$$

式中，T 为样本末期（最后一期）。

很明显，一次指数平滑的预测值是实际值序列的加权平均，因而适用于比较平稳的序列。由于权数呈指数衰减，越早的数据被赋予的权数值越小，因此预测值主要倚重近期样本数据，远期数据对它影响较小（甚至没有影响，这要看平滑系数取什么值）。

一次指数平滑预测最突出的优点是方法简单，甚至只要有样本末期的平滑值，就可以得到预测结果。如果获得新的观察值，根据式（4.3.1）可以很方便地更新预测值。

一次指数平滑法揭示所有指数平滑法的共同特点：能够追踪数据的变化。由于权数是指数衰减的，因此预测总是倚重最新的样本数据。如果在预测过程中添加最新的样本数据，按照本方法新数据会自动取代老数据的地位，老数据会逐渐被置于次要地位，甚至被淘汰。这样，预测值总是反映最新的数据结构。如果预测持续进行，同时数据又被持续更新，最新的预测总是反映最新数据所带来的信息。

一次指数平滑法有局限性。第一，预测值是常数，不能反映趋势变动、季节波动等有规律的变动，若研究对象存在这些变动不宜采用一次指数平滑法。第二，短期预测较灵敏但不适合中长期预测。第三，由于预测值是历史数据的均值，因此与实际序列的变化相比较预测值序列的变动有滞后现象。

指数平滑预测是否理想在很大程度上取决于平滑系数。EViews 提供两种确定平滑系数的方法：自动给定和人工确定。自动给定是系统按照预测误差平方和最小原则自动确定最佳系数值。如果系数值接近 1，说明该序列近似纯随机序列，这时最新的观察值就是最理想的预测值。出于预测的考虑，有时系统提供的系数不是很理想，需要用户自己来确定平滑系数，EViews 允许用户自定系数。平滑系数取什么值为好？Bowerman 和 O'Connel 建议取值范围控制在 0.1～0.3 之间为好。一般认为，序列变化较为平缓，平滑系数宜取得小些，如小于 0.1；变化较为剧烈，可取得大些，如 0.3～0.5。若平滑系数取大于 0.5 才能跟上序列变化，表明序列有很强的趋势，不能采用一次指数平滑法。

4.3.3 二次指数平滑

二次指数平滑（Double Smoothed）又称双重指数平滑（Double Exponential Smoothing）。二次指数平滑的计算公式为：

$$\begin{aligned}S_t&=ay_t+(1-a)S_{t-1}\\D_t&=aS_t+(1-a)D_{t-1}\end{aligned} \tag{4.3.4}$$

式中，S_t 为一次指数平滑序列；D_t 为二次指数平滑序列；a 为平滑系数（$0\leqslant a\leqslant 1$）。可以看出二次指数平滑序列是在一次指数平滑的基础上对数据进一步进行平滑所生成的。

二次指数平滑预测公式如下：

$$\begin{aligned}&\hat{y}_{T+k}=a_T+b_Tk, \quad 对于所有\ k\geqslant 1\\&a_T=2S_T-D_T\end{aligned} \tag{4.3.5}$$

$$b_T=\frac{a}{1-a}(S_T-D_T)$$

式中，T 为样本末期。

这个公式叫做 Brown 单参数指数平滑线性预测公式。它所产生的预测值是截距为 $2S_T-D_T$、斜率为 $a(S_T-D_T)/(1-a)$ 的线性趋势值。当数据存在线性趋势时，采用二次指数平滑预测方法比较好，但是要注意这种趋势预测实质上是一种“局部”趋势预测，因为按照二次指数平滑值构造的趋势模型的斜率和截距会随着数据的更新而不断变化（T 不同，S_T 和 D_T 不同，截距和斜率也不相同），也就是说该模型所反映的趋势总是最新数据的趋势。追踪数据的变化是指数平滑法的共同特点。

4.3.4　多参数指数平滑

1. Holter-Winter 非季节模型（Holter-Winter no seasonal）

这个模型有两个平滑系数 α 和 β（$0\leqslant\alpha$，$\beta\leqslant 1$）。

预测模型为：

$$\hat{y}_{t+k}=a_t+b_t k\text{，}\quad \text{对于所有 } k\geqslant 1$$

式中，

$$\begin{aligned}a_t&=\alpha y_t+(1-\alpha)(a_{t-1}-b_{t-1})\\ b_t&=\beta(a_t-a_{t-1})+(1-\beta)b_{t-1}\end{aligned}\tag{4.3.6}$$

如果 $t=T$（最后一期），预测模型为：

$$\hat{y}_{T+k}=a_T+b_T k\text{，}\quad \text{对于所有 } k\geqslant 1\tag{4.3.7}$$

式中，a_t 为截距；b_t 为斜率。可以看出它们都是通过平滑值计算得到。

这个模型与二次指数平滑类似，也用于线性趋势预测，也适于短期预测。

2. Holter-Winter 季节乘积模型（Holter-Winter Multiplicative）

这个模型有三个平滑系数 α，β 和 γ（$0\leqslant\alpha$，β，$\gamma\leqslant 1$）。

预测模型为：

$$\hat{y}_{t+k}=(a_t+b_t k)c_{t-s+k}\text{，}\quad \text{对于所有 } k\geqslant 1$$

式中，

$$\begin{aligned}a_t&=\alpha\frac{y_t}{c_{t-s}}+(1-\alpha)(a_{t-1}+b_{t-1})\\ b_t&=\beta(a_t-a_{t-1})+(1-\beta)b_{t-1}\\ c_t&=\gamma\frac{y_t}{a_t}+(1-\gamma)c_{t-s}\end{aligned}\tag{4.3.8}$$

式中，s 为季节周期长度，月度数据，周期为 12 个月，$s=12$；季度数据，周期为 4 个季度，$s=4$。

如果 $t=T$（最后一期），预测公式为：

$$\hat{y}_{T+k}=(a_T+b_Tk)c_{T-s+k},\quad \text{对于所有 } k\geqslant 1 \tag{4.3.9}$$

式中，a_t 为截距；b_t 为斜率；c_t 为季节因子（季节指数）。可以看出它们都是通过平滑得到的。式（4.3.9）与式（4.3.7）的主要不同是增加了季节项，因此适合既有趋势又有季节波动的数据。由于趋势项和季节项都由平滑值计算获得，故该方法与其他平滑法类似，主要反映近期数据的变化，适于短期预测。

4.3.5 操作方法

和季节调整的操作相似，指数平滑的操作也有两种方法：一是用命令 smooth：二是菜单方式。

如果是菜单方式，需要打开要平滑的序列。主窗口菜单路径为 Quick/Series Statistics/Exponential Smoothing；序列对象窗口菜单路径为 Proc/Exponential Smoothing。随后弹出指数平滑的设置窗口（见图 4－11）。在这个窗口里有一系列选项，包括：平滑方法（Smoothing method），平滑后生成的序列名称（Smoothed series），平滑系数（Smoothing parameters），预测范围（Estimation sample）和季节变动的周期（Cycle for seasonal）。特别要注意 Estimation sample 项，通过该项的设置，可确定预测期。

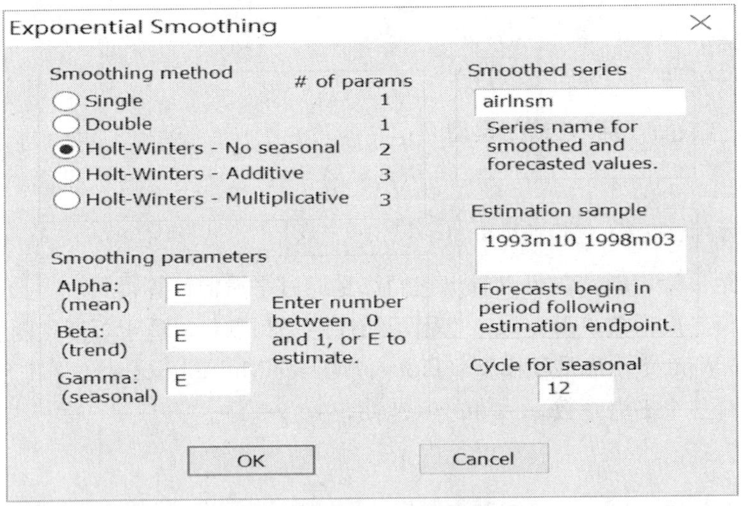

图 4－11　指数平滑设置窗口

平滑方法（Smoothing method）见表 4－7。

表 4－7　平滑方法及 smooth 命令参数

参数	方法	名称
s	Single	一次指数平滑
d	Double	二次指数平滑
n	Holter-Winter-No seasonal	Holter-Winter 无季节模型（线性平滑模型）
a	Holter-Winter-Additive	Holter-Winter 季节迭加模型
m	Holter-Winter-Multiplicative	Holter-Winter 季节乘积模型

平滑系数（Smoothing Parameter）包括 Alpha(α)，Beta(β) 和 Gamma(γ)。平滑系数可以由用户指定也可由系统自动确定。如果用户指定，可以在对话框左下部分将 E 改为需要的数。其中，选用 Single 或 Double 方法只需填写 Alpha 的数值；选用 Holt-Winters-No seasonal 方法要填写 Alpha 和 Beta；选用 Holt-Winters-Additive 和 Holt-Winters-Multiplicative 要填写全部参数。如果由系统自动确定，不需要填写任何数字。

平滑后的序列（Smoothed Series）可由用户命名，也可由系统指定。系统自动指定在原序列名（如 SHSTCK）后加 SM（如 SHSTCKSM）。

用命令 smooth 也可调用指数平滑过程，命令格式为：

smooth(method) series_name

或

series_name. **smooth**(method)

其中，method 是命令参数，指所要采用的平滑方法，具体取值见表 4－7。

例如

smooth(d) shstck

或

shstck. **smooth**(d)

表示对 shstck 序列进行二次指数平滑。

4.3.6　实例

例 4.5

对表 4－8 中我国消费品指数进行平滑预测。

表 4－8　我国 1990 年 1 月至 1997 年 12 月消费品指数

时间	消费品指数	时间	消费品指数	时间	消费品指数	时间	消费品指数
1990 年 1 月	1.024 7	1991 年 1 月	1.084 7	1992 年 1 月	1.143 2	1993 年 1 月	1.204 9
2 月	0.933 9	2 月	1.226 5	2 月	1.150 8	2 月	1.1
3 月	0.942 9	3 月	1.120 9	3 月	1.198 8	3 月	1.220 6
4 月	0.963 3	4 月	1.162 4	4 月	1.105	4 月	1.309 2
5 月	0.991 8	5 月	1.113 9	5 月	1.146 4	5 月	1.318
6 月	1.007 2	6 月	1.125	6 月	1.153	6 月	1.327
7 月	1.011	7 月	1.126	7 月	1.16	7 月	1.301
8 月	1.026 2	8 月	1.129	8 月	1.167	8 月	1.273
9 月	1.039 4	9 月	1.135	9 月	1.173	9 月	1.233
10 月	1.077 5	10 月	1.142	10 月	1.181	10 月	1.236
11 月	1.103 9	11 月	1.143	11 月	1.179	11 月	1.248
12 月	1.104 4	12 月	1.125	12 月	1.234	12 月	1.354

续表

时间	消费品指数	时间	消费品指数	时间	消费品指数	时间	消费品指数
1994 年 1 月	1.219 6	1995 年 1 月	1.343 9	1996 年 1 月	1.191 5	1997 年 1 月	1.198
2 月	1.302 7	2 月	1.282 8	2 月	1.281 4	2 月	1.124
3 月	1.239	3 月	1.313 3	3 月	1.213 1	3 月	1.143
4 月	1.243 4	4 月	1.323 2	4 月	1.197 6	4 月	1.136
5 月	1.261 4	5 月	1.306 3	5 月	1.197 4	5 月	1.130 3
6 月	1.273 8	6 月	1.279 9	6 月	1.199	6 月	1.13
7 月	1.298 5	7 月	1.297 3	7 月	1.163 3	7 月	1.13
8 月	1.339 9	8 月	1.273	8 月	1.170 6	8 月	1.118
9 月	1.364 4	9 月	1.257 7	9 月	1.186 5	9 月	1.099
10 月	1.373 9	10 月	1.258 9	10 月	1.181 7	10 月	1.115 9
11 月	1.41	11 月	1.245 5	11 月	1.176	11 月	1.108
12 月	1.365	12 月	1.236 7	12 月	1.201	12 月	1.089

在主窗口选择 Quick/Series Statistics/Exponential Smoothing，在图 4－11 的窗口选择 Double（二次指数平滑）或者输入命令：

smooth(d) shstck

输出表 4－9 所示的结果。

表 4－9　二次指数平滑结果

Date：01/26/19　Time：16：18（时间）
Sample：1990M01 1997M12（样本数据的范围）
Included observations：96（观察值数目）
Method：Double Exponential（平滑方法）
Original Series：Y（原序列名）
Forecast Series：YSM（平滑后的序列名）

Parameters：Alpha（平滑系数 α）	0.246 0
Sum of Squared Residuals（残差平方和）	0.164 365
Root Mean Squared Error（均方根误差）	0.041 378
End of Period Levels：（样本末期）Mean（截距 α_T）	1.094 469
Trend（斜率 b_T）	－0.005 968

用指数平滑法进行预测十分方便，只需在平滑之前将样本范围扩大到预测期，比如本例实际数据有 96 个（见表 4－9），样本范围若定为 1～108 期，其中 1～96 期是实际数据范围，97～108 期是预测期。扩大样本范围的方法在第 1 章已有介绍，这里不再赘述。表 4－10 列出模型的预测值。

表 4-10　消费品指数平滑值预测值（节选）

时间	实际值（*Y*）	预测值（*YSM*）
1997年01月	1.1980	1.176862
2月	1.1240	1.183885
3月	1.1430	1.152326
4月	1.1360	1.142018
5月	1.1303	1.132772
6月	1.1300	1.124907
7月	1.1300	1.120614
8月	1.1180	1.118741
9月	1.0990	1.112454
10月	1.1159	1.099868
11月	1.1080	1.100974
12月	1.1890	1.098619
1998年1月	NA	1.088501
2月		1.082533
3月		1.076564
4月		1.070596
5月		1.064628
6月		1.058660
7月		1.052692
8月		1.046723
9月		1.040755
10月		1.034787
11月		1.028819
12月		1.022851

表4-10中，*YSM* 序列在1～96期（样本数据范围）的取值是一步预测值（$k=1$），97～108期（预测期）是多步预测（$k=1,2,3,\cdots$）。预测期内使用的预测公式为：

$$\hat{y}_{T+k}=a_T+b_Tk=1.094469-0.005968k,\quad k=1,2,3,\cdots$$

式中，$T=96$（样本末期）。截距和斜率见表4-9。预测效果参见图4-12。

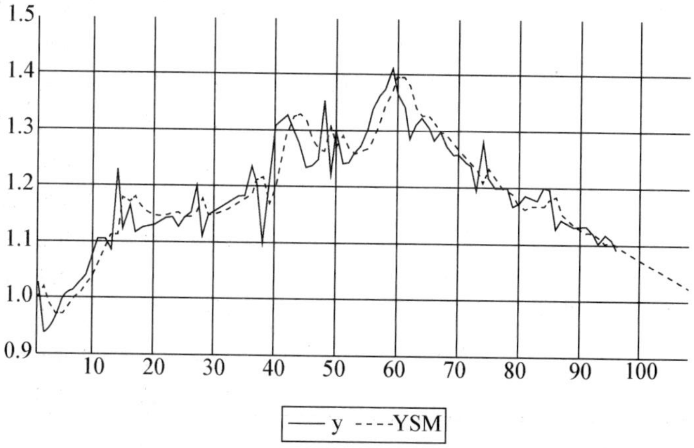

图 4-12　消费品指数实际值序列和平滑值序列

从图 4－12 中看二次指数平滑法预测的趋势与趋势线所显示的趋势完全不同，前者更像数据序列的自然延伸。要特别注意二次指数平滑线性趋势代表短期趋势（局部的趋势变动，趋势线代表长期趋势）。因此，此法适合短期趋势预测。

例 4.6

在例 4.4 中，已知民航客运量数据存在明显的趋势和季节变动，因此也可以考虑用 Holter-Winter 季节乘积模型进行短期预测。在图 4－11 所示的对话框中，选择 Holt-Winters Multiplicative，计算结果如表 4－11 所示。或输入命令：

smooth(m) airln

或

airln. **smooth**(m)

表 4－11　Holt-Winters Multiplicative 平滑结果

Date：01/27/19　Time：10：05
Sample：1993：10 1998：03
Included observations：54
Method：Holt-Winters Multiplicative Seasonal
Original Series：AIRLN
Forecast Series：AIRLNSM

Parameters：	Alpha（平滑系数 α）		0.279 9
	Beta（平滑系数 β）		0.180 0
	Gamma（平滑系数 γ）		0.000 0
Sum of Squared Residuals			18 692.89
Root Mean Squared Error			18.605 50
End of Period Levels：	Mean（截距 a_T）		463.219 8
	Trend（斜率 b_T）		－1.134 468
	Seasonals：	1997：04	1.016 958
	最后一年的	1997：05	1.071 665
	季节指数	1997：06	0.956 841
	（平滑值 c）	1997：07	1.060 195
		1997：08	1.159 994
		1997：09	1.039 910
		1997：10	1.136 893
		1997：11	0.995 951
		1997：12	0.878 331
		1998：01	0.852 473
		1998：02	0.856 560
		1998：03	0.974 227

此后，工作文件窗口内新增 airlnsm 序列。

本例的数据范围是 1993 年 10 月—1998 年 3 月，预测期是 1998 年 4 月—1998 年 12 月。预测结果如图4－13 所示。由图 4－13 直观可以看出预测效果不错。对于样本期内预测效果可以计算各种误差，特别是 *MAPE*，来评价效果。

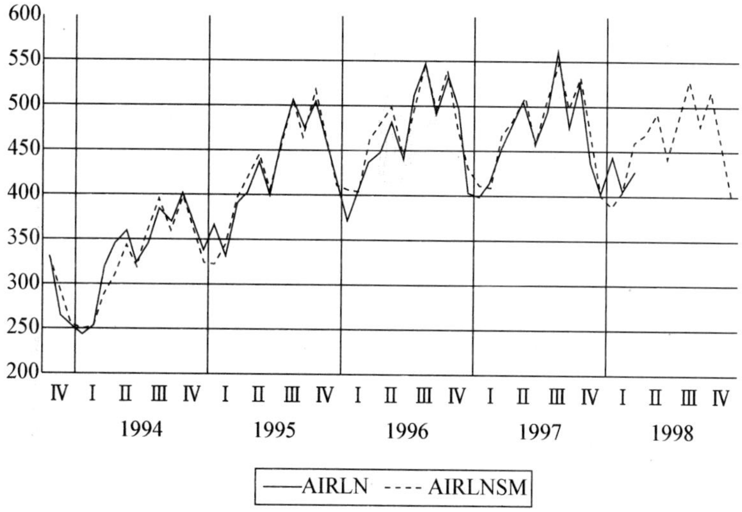

图 4－13　民航客运量的指数平滑预测

附录 4A　三和值法计算小程序

```
'三和值法计算程序（运算结果见参数向量 c 的前三个分量）
smpl 1974 2000
genr z=1/k                   '生成原序列 k 的倒数序列 z
!n=9
smpl 1974 1982
scalar z1=@sum(z)
smpl 1983 1991
scalar z2=@sum(z)
smpl 1992 2000
scalar z3=@sum (z)           '以上是分段求和过程
smpl 1974 2000
scalar b=((z3-z2)/(z2-z1))^(1/!n)
scalar a=(z2-z1)*(b-1)/((b^!n-1)^2)
scalar l=(z1-a*(b^!n-1)/(b-1))/!n
!l=1/l
!a=a/l
!b=log(b)*(-1)               '以上是参数 L，a，b 的计算过程
```

```
param 1 !l 2 !a 3 !b        ' 为参数向量 c 赋初值
delete z
delete z1
delete z2
delete z3
delete a
delete b
delete l
```

第 5 章

ARMA 模型应用

ARMA 模型是一类常用的随机时序模型，由 Box 和 Jenkins 创立，亦称 B-J 方法。它是一种精度较高的时序短期预测方法，其基本思想是：某些时间序列是依赖于时间 t 的一族随机变量，构成该时序的单个序列值虽然具有不确定性，但整个序列的变化却有一定的规律性，可以用相应的数学模型近似描述。通过对该数学模型的分析研究，能够更本质地认识时间序列的结构与特征，达到最小方差意义下的最优预测。

5.1 ARMA 模型概述

ARMA 模型有三种基本类型：自回归（Auto-regressive，AR）模型、移动平均（Moving Average，MA）模型以及自回归移动平均（Auto-regressive Moving Average，ARMA）模型。

5.1.1 自回归模型

如果时间序列 y_t 是它的前期值和随机项的线性函数，即可表示为：

$$y_t = \phi_1 y_{t-1} + \phi_2 y_{t-2} + \cdots + \phi_p y_{t-p} + u_t \tag{5.1.1}$$

则称该时间序列 y_t 是自回归序列，式（5.1.1）为 p 阶自回归模型，记为 $AR(p)$。实参数 ϕ_1，ϕ_2，…，ϕ_p 称为自回归系数，是模型的待估参数，随机项 u_t 是相互独立的白噪声序列，且服从均值为 0 方差为 σ_u^2 的正态分布。随机项 u_t 与滞后变量 y_{t-1}，y_{t-2}，…，y_{t-p} 不相关。不失一般性，在式（5.1.1）中假定序列 y_t 均值为 0。若 $E(y_t)=\mu\neq 0$，则令 $y'_t = y_t - \mu$，可将 y'_t 写成式（5.1.1）的形式。无特别说明，本章公式中的序列都存在 0 均值假定。

记 B^k 为 k 步滞后算子，即

$$B^k y_t = y_{t-k}$$

则模型（5.1.1）可表示为：

$$y_t = \phi_1 B y_t + \phi_2 B^2 y_t + \cdots + \phi_p B^p y_t + u_t \tag{5.1.2}$$

令

$$\phi(B) = 1 - \phi_1 B - \phi_2 B^2 - \cdots - \phi_p B^p$$

模型可简写为：

$$\phi(B) y_t = u_t \tag{5.1.3}$$

$AR(p)$ 过程平稳的条件是滞后多项式 $\phi(B)$ 的根均在单位圆外，即 $\phi(B)=0$ 的根大于 1。

5.1.2 移动平均模型

如果时间序列 y_t 是它的当期和前期的随机误差项的线性函数，即可表示为：

$$y_t = u_t - \theta_1 u_{t-1} - \theta_2 u_{t-2} - \cdots - \theta_q u_{t-q} \tag{5.1.4}$$

则称该时间序列 y_t 是移动平均序列，式（5.1.4）为 q 阶移动平均模型，记为 $MA(q)$。实参数 θ_1，θ_2，…，θ_q 为移动平均系数，是模型的待估参数。

引入滞后算子，并令

$$\theta(B) = 1 - \theta_1 B - \theta_2 B^2 - \cdots - \theta_q B^q$$

则模型（5.1.4）可简写为：

$$y_t = \theta(B) u_t \tag{5.1.5}$$

移动平均过程无条件平稳。但通常希望自回归过程与移动平均过程能相互表出，即过程为可逆过程。因此要求滞后多项式 $\theta(B)$ 的根都在单位圆外，经推导可得

$$(1 - \pi_1 B - \pi_2 B^2 - \cdots) y_t = (-\sum_{j=0}^{\infty} \pi_j B^j) y_t = u_t \tag{5.1.6}$$

式中，$\pi_0 = -1$，$B^0 = 1$，其他权重 π_j 可递推得到，这里不做介绍，推导过程请参考有关文献。称式（5.1.6）为 $MA(q)$ 模型的逆转形式，它等价于无穷阶的自回归过程。类似地，式（5.1.3）满足平稳条件时，可改写为：

$$y_t = (1 + \Psi_1 B + \Psi_2 B^2 + \cdots) u_t = (\sum_{i=0}^{\infty} \Psi_i B^i) u_t \tag{5.1.7}$$

式中，$\Psi_0 = 1$。称式（5.1.7）为 $AR(p)$ 模型的传递形式，它等价于无穷阶的移动平均过程。

5.1.3 自回归移动平均模型

如果时间序列 y_t 是它的当期和前期的随机误差项以及前期值的线性函数，即可表

示为：

$$y_t=\phi_1 y_{t-1}+\phi_2 y_{t-2}+\cdots+\phi_p y_{t-p}+u_t-\theta_1 u_{t-1}-\theta_2 u_{t-2}-\cdots-\theta_q u_{t-q} \tag{5.1.8}$$

则称该时间序列 y_t是自回归移动平均序列，式（5.1.8）为（p，q）阶的自回归移动平均模型，记为 $ARMA$（p，q）。ϕ_1，ϕ_2，…，ϕ_p为自回归系数，θ_1，θ_2，…，θ_q为移动平均系数，都是模型的待估参数。

显然，式（5.1.1）和式（5.1.4）都是式（5.1.8）的特殊情况，即对于 $ARMA(p$，$q)$，若阶数 $q=0$，则是自回归模型 $AR(p)$；若阶数 $p=0$，则成为移动平均模型 $MA(q)$。

引入滞后算子 B，模型（5.1.8）可简记为：

$$\phi(B)y_t=\theta(B)u_t \tag{5.1.9}$$

$ARMA(p$，$q)$ 过程的平稳条件是滞后多项式 $\phi(B)$ 的根均在单位圆外，可逆条件是 $\theta(B)$的根都在单位圆外。可以证明，满足以上条件时，$ARMA(p$，$q)$ 模型等价于无穷阶的自回归（AR）过程（式（5.1.6））或者是无穷阶的移动平均（MA）过程（式（5.1.7））。

以上是 B-J 方法的基本模型。

5.2　随机时间序列的特性分析

建立随机时间序列模型，首先应当考虑研究对象的性质，以判断它是否满足建模的条件。如果序列不符合建立 ARMA 模型的条件，应考虑对原序列做适当调整，进而分析新序列能否用 B-J 方法建模。

5.2.1　时序特性的研究工具

运用 B-J 方法研究时间序列，最重要的工具是自相关和偏自相关。

1. 自相关

构成时间序列的每个序列值 y_t，y_{t-1}，…，y_{t-k}之间的简单相关关系称为自相关。自相关程度由自相关系数 r_k度量，表示时间序列中相隔 k 期的观测值之间的相关程度。

$$r_k=\frac{\sum_{t=1}^{n-k}(y_t-\bar{y})(y_{t+k}-\bar{y})}{\sum_{t=1}^{n}(y_t-\bar{y})^2} \tag{5.2.1}$$

式中，n 为样本量；k 为滞后期；$\bar{y}$ 为样本数据的算术平均值。

与简单相关系数一样，自相关系数 r_k的取值范围是 $[-1,1]$，并且 $|r_k|$ 越接近 1，自相关程度越高。

2. 偏自相关

偏自相关是指对于时间序列 y_t，在给定 y_{t-1}，y_{t-2}，…，y_{t-k+1}的条件下，y_t与 y_{t-k}之间的条件相关关系。其相关程度用偏自相关系数 ϕ_{kk} 度量，有 $-1\leqslant\phi_{kk}\leqslant1$。

$$\phi_{kk}=\begin{cases} r_1, & k=1 \\ \dfrac{r_k-\sum_{j=1}^{k-1}\phi_{k-1,j}\cdot r_{k-j}}{1-\sum_{j=1}^{k-1}\phi_{k-1,j}\cdot r_j}, & k=2,3,\cdots \end{cases} \tag{5.2.2}$$

式中，r_k 为滞后 k 期的自相关系数。

$$\phi_{k,j}=\phi_{k-1,j}-\phi_{kk}\cdot\phi_{k-1,k-j},\quad j=1,2,\cdots,k-1 \tag{5.2.3}$$

在实际应用中，应该综合考察序列的自相关与偏自相关。将时间序列的自（偏自）相关系数绘制成图，并标出一定的随机区间，称为自（偏自）相关分析图。它是对时间序列进行自（偏自）相关分析的主要工具。

3. EViews 中自（偏自）相关分析的操作

EViews 软件可以同时给出时间序列的自相关和偏自相关数值及分析图。在主菜单选择 Quick/Series Statistics/Correlogram，在屏幕出现的对话框中输入欲分析的序列名称，如 GDP，点击 OK 按钮弹出如图 5－1 所示的相关图定义（Correlogram Specification）对话框。

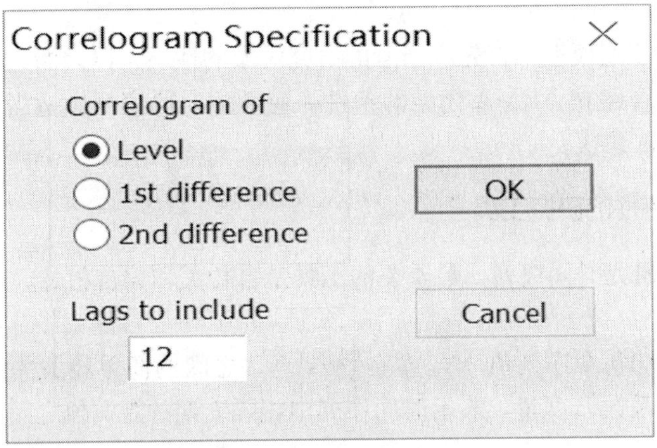

图 5－1　相关图定义对话框

对话框上侧要求用户选择是否对序列进行差分，默认项 Level 表示不差分，下面两项分别是对序列做一阶和二阶逐期差分。对话框下侧让用户定义所计算自相关系数的最大滞后阶数 k。一般 k 取［$n/10$］或［$n/4$］（n 为样本量，括号表示取整运算）。考察季节数据时，取季节周期长度的整数倍。如月度数据，季节周期为 12 个月，k 取 12，24 等；季度数据，k 可取 4，8 等。单击 OK 按钮得到计算结果，如图 5－2 所示。

图 5－2 由两部分组成。左半部分是序列的自相关和偏自相关分析图，右半部分包括五列数据。第一列的自然数表示滞后期 k，AC 为自相关系数 r_k，PAC 为偏自相关系数 ϕ_{kk}，最后两列是对序列进行独立性检验的 Q 统计量和相伴概率（将在 5.3 节介绍）。

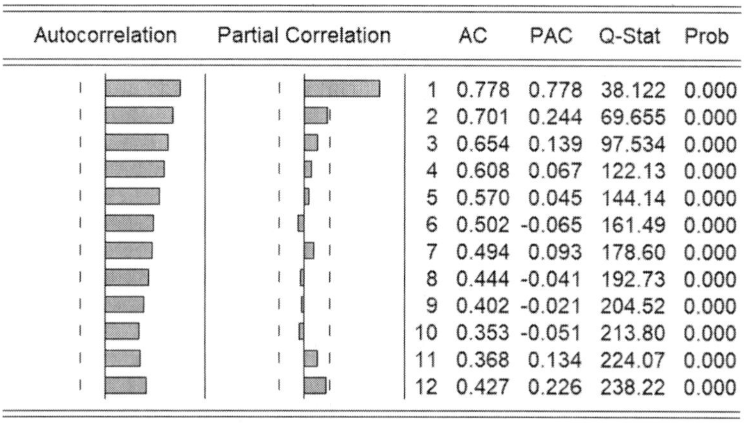

图 5－2　某时间序列自相关与偏自相关分析图

用户也可以采用键入命令方式绘制序列的自相关和偏自相关分析图。如对时间序列 P 操作，可以在主窗口命令行输入：

ident　p

回车后直接进入图 5－1 所示的相关图定义对话框，也可以在主窗口命令行只输入 ident，以后的操作与菜单方式完全相同。还有一种方法是先用鼠标双击工作文件窗口中相应的序列名称，如 P，打开待分析对象，然后在出现的序列对象窗口上方工具栏中选择 View/Correlogram，其他操作同上。

5.2.2　时间序列特性分析

要想为所研究的时间序列建立一个适当的模型，必须对该序列的特点有所了解。一般地，可以从时间序列的随机性、平稳性和季节性三方面考虑。

1. 时间序列的随机性

如果一个时间序列是纯随机序列，意味着序列没有任何规律性，序列诸项之间不存在相关，即序列为白噪声序列，其自相关系数应该与 0 没有显著差异。判断一个时间序列是不是纯随机序列最直观的方法是利用 EViews 提供的自相关分析图。自相关分析图中给出了显著性水平 $\alpha=0.05$ 时的置信带，自相关系数落入置信区间内表示与 0 无显著差异。如果几乎所有自相关系数都落入随机区间，可认为序列是纯随机的，如图 5－3 所示。

在 B-J 方法中，测定序列的随机性，多用于模型残差，以评价模型的优劣。

2. 时间序列的平稳性

若时间序列 y_t 满足：

（1）对任意时间 t，其均值恒为常数；

（2）对任意时间 t 和 s，其自相关系数只与时间间隔 t-s 有关，与 t 和 s 的起始点无关，那么，这个时间序列就称为平稳时间序列。直观地讲，平稳时间序列的各观测值围绕其均值上下波动，且该均值与时间 t 无关，振幅变化不剧烈。图 5－4 是一个平稳时间序列折线图，图 5－5 则是一个非平稳时间序列折线图。

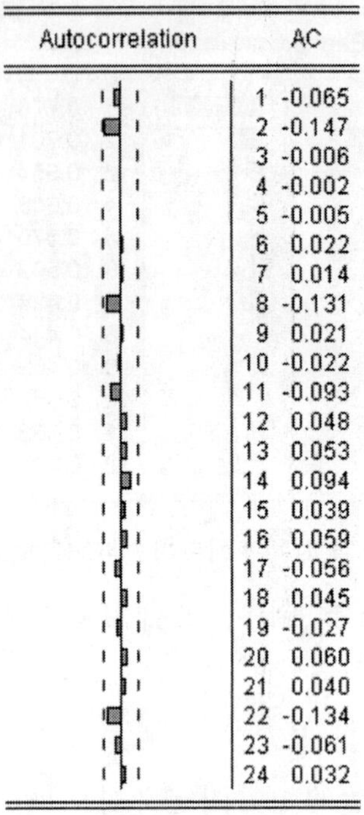

图 5-3 某纯随机序列的自相关图

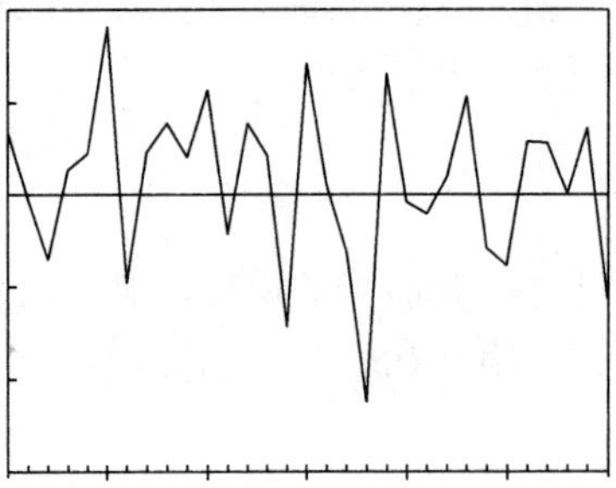

图 5-4 平稳时间序列折线图

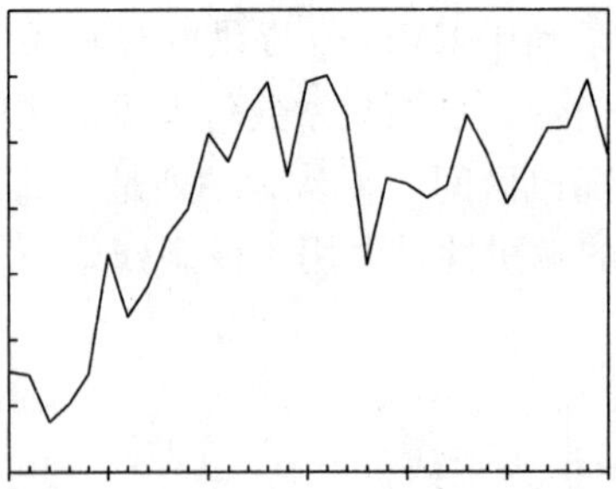

图 5-5 非平稳时间序列折线图

序列的平稳性可以用自相关分析图判断：如果序列的自相关系数很快地（滞后阶数 k 大于 2 或 3 时）趋于 0，即落入随机区间，时序是平稳的，反之是非平稳的，参见图 5-6 和图 5-7。

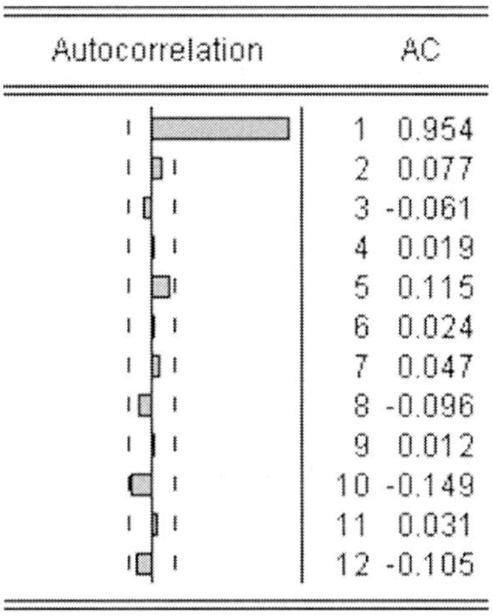

图 5－6　平稳序列自相关分析图

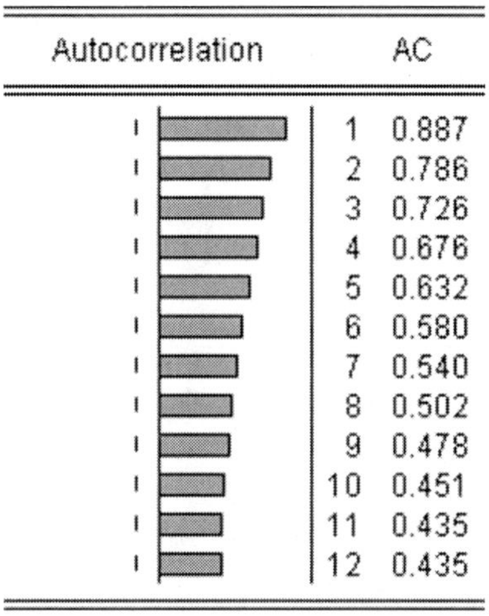

图 5－7　非平稳序列自相关分析图

需要注意的是，在 B-J 方法中，只有平稳的时间序列才能够直接建立 ARMA 模型，否则必须经过适当处理使序列满足平稳性要求。

在现实中，常见的时间序列多具有某种趋势（如图 5－5 所示），但很多序列通过差分可以平稳。如果原序列 y_t 非平稳，经过 d 阶逐期差分后平稳，则新序列 z_t 称为齐次（homogeneous）序列，记为：

$$z_t = \nabla^d y_t, \quad t > d \tag{5.2.4}$$

平稳序列 z_t 可以建立 $ARMA(p, q)$ 模型。原序列 y_t 可表示为 $ARIMA(p, d, q)$ 模型，记为：

$$\phi(B)(1-B)^d y_t = \theta(B) u_t \tag{5.2.5}$$

或

$$\phi(B)\nabla^d y_t = \theta(B) u_t \tag{5.2.6}$$

判断时间序列的趋势是否消除，只需考察经过 d 阶差分后序列的自相关分析图，自相关系数是否具有类似于图 5-6 的性质，即很快趋于 0。需要说明的是，差分方法并不是万能的，也存在很多时间序列不能通过差分而平稳。同时，差分方法的缺点明显，它虽然能消除某些序列的趋势而易于建模，但同时也消除了原序列的长期特征，会丢失某些信息。实际的经济时间序列差分阶数 d 一般不超过 2。

3. 时间序列的季节性

时间序列的季节性是指在某一固定的时间间隔上，序列重复出现某种特性。比如，地区降雨量、旅游收入和空调销售额等时间序列都具有明显的季节变化。一般地，月度资料的时间序列，其季节周期为 12 个月；季度资料的时间序列，季节周期为 4 个季度。判断时间序列季节性的标准为：月度数据，考察 $k=12$，24，36，…时的自相关系数是否与 0 有显著差异；季度数据，考察 $k=4$，8，12，…时的自相关系数是否与 0 有显著差异。若自相关系数与 0 无显著不同，说明各年中同一月（季）不相关，序列不存在季节性；反之存在季节性。

实际问题中常会遇到季节性和趋势性同时存在的情况，这时必须事先剔除序列趋势性，再用上述方法识别序列的季节性，否则季节性会被强趋势性掩盖，以至于判断错误。

例 5.1

用自相关分析图识别 1994 年 1 月—1998 年 12 月我国城镇居民人均可支配收入的月度时间序列 INC 的季节性。

为减小序列的波动，对 INC 作自然对数变换，记新序列为 linc，有关数据如表 5-1 所示，其折线图见图 5-8。

表 5-1　我国城镇居民人均可支配收入

时间	linc	时间	linc	时间	linc
1994 年 1 月	5.803 657 98	1995 年 1 月	6.129 420 51	1996 年 1 月	6.169 234 09
2 月	5.973 249 66	2 月	6.155 919 1	2 月	6.419 163 96
3 月	5.667 878 92	3 月	5.925 191 19	3 月	6.076 976 88
4 月	5.709 797 68	4 月	5.957 494 03	4 月	6.097 130 02
5 月	5.758 239 09	5 月	5.977 644 49	5 月	6.101 551 38
6 月	5.814 876 52	6 月	5.991 814 49	6 月	6.111 689 04
7 月	5.843 080 54	7 月	6.043 558 77	7 月	6.154 390 89
8 月	5.854 068 55	8 月	6.011 169 13	8 月	6.113 859 16
9 月	5.920 559 13	9 月	6.041 040 12	9 月	6.163 377 96
10 月	5.912 177 8	10 月	6.051 029 78	10 月	6.156 279 59
11 月	5.935 000 01	11 月	6.055 706 15	11 月	6.173 806 94
12 月	5.853 322 54	12 月	6.154 836 86	12 月	6.175 056 13

续表

时间	linc	时间	linc	时间	linc
1997 年 1 月	6.313 095 05	1998 年 1 月	6.469 761 81		
2 月	6.635 145 71	2 月	6.656 520 85		
3 月	6.217 942 53	3 月	6.293 271 39		
4 月	6.231 917 42	4 月	6.299 224 94		
5 月	6.242 028 69	5 月	6.332 053 3		
6 月	6.259 696 18	6 月	6.307 296 66		
7 月	6.273 216 57	7 月	6.331 946 59		
8 月	6.253 193 99	8 月	6.322 637 05		
9 月	6.306 548 97	9 月	6.341 610 72		
10 月	6.301 060 99	10 月	6.384 873 94		
11 月	6.291 569 14	11 月	6.346 460 58		
12 月	6.240 802 02	12 月	6.396 045 93		

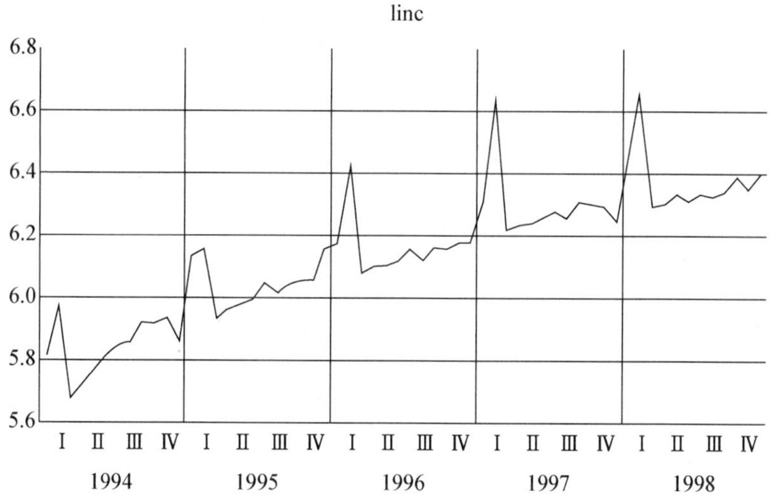

图 5－8　序列 linc 的折线图

从折线图看出，1994—1998 年，我国城镇居民人均可支配收入水平总体呈上升趋势，且每年 2 月的观测值都远大于相邻月份，表现出明显的季节波动。用 5.2 节介绍的方法绘制序列 linc 的自相关分析图，见图 5－9。

从图 5－9 可见，序列 linc 的自相关系数没有很快趋于 0，说明序列是非平稳的，正好与图 5－8 显示的上升趋势一致。这种情况下，由自相关分析图很难看出序列是否具有季节性，对原序列进行逐期差分，以消除趋势。在主窗口的命令行中输入一阶逐期差分命令：

series dlinc＝linc－linc(－1)

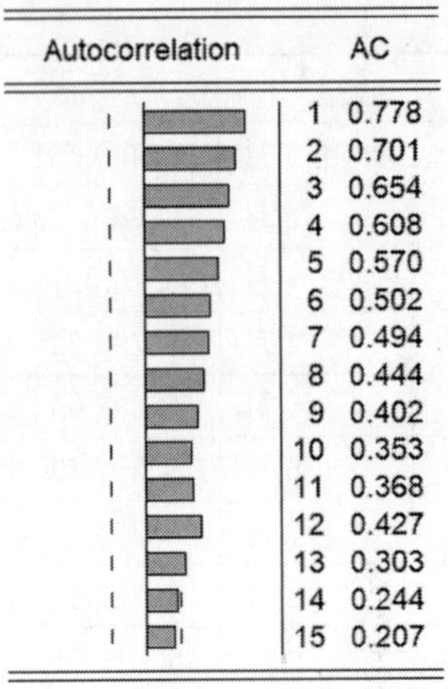

图 5-9　序列 linc 的自相关分析图

经过差分的新序列名称为 dlinc，括号里的－1 表示滞后一期。新序列的自相关分析图见图 5-10。

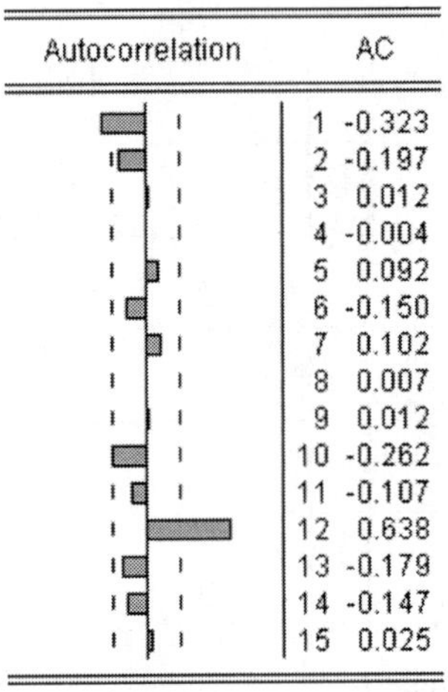

图 5-10　序列 dlinc 的自相关分析图

对比图 5-9 与图 5-10 可知，经过一阶逐期差分的序列 dlinc 趋势已基本消除，但滞后期 $k=12$ 时序列自相关系数是 0.638，大大超出了随机区间的范围，与 0 有显著差异，表明序列有周期为 12 个月的季节波动。图 5-9 因序列 linc 存在很强的趋势而没有显示出季节性，当趋势消除后，季节性才表现出来。

包含季节性的时间序列也不能直接建立 ARMA 模型，需要进行季节差分消除序列的季节性，差分步长应与季节周期一致。例 5.1 中序列 linc 经过一阶逐期差分得到序列 ∇inc_t(dlinc)，进行一阶季节差分可表示为：

$$\nabla_{12}\nabla inc_t=\nabla inc_t-\nabla inc_{t-12},\quad t>12 \tag{5.2.7}$$

一般地，如果序列 y_t 经过 D 阶周期长度为 s 的差分，季节性基本消除，新序列 w_t 可表示为：

$$w_t=\nabla_s^D y_t,\quad t>Ds \tag{5.2.8}$$

若序列在季节差分之前还进行了 d 阶的逐期差分才平稳，则可对原序列 y_t 建立 $ARIMA(p, d, q)(P, D, Q)^s$ 模型，记为：

$$\phi_p(B)\Phi_P(B^s)(1-B)^d(1-B^s)^D y_t=\theta_q(B)\Theta_Q(B^s)u_t \tag{5.2.9}$$

↑	↑	↑	↑	↑	↑
非季节 $AR(p)$	季节 $AR(P)$	d 阶逐期差分	D 阶季节差分	非季节 $MA(q)$	季节 $MA(Q)$

(5.2.10)

或写为

$$\phi_p(B)\Phi_P(B^s)\nabla^d\nabla_s^D y_t=\theta_q(B)\Theta_Q(B^s)u_t \tag{5.2.11}$$

式中，P 为季节自回归阶数；Q 为季节移动平均阶数，并且分别称 $\Phi_P(B^s)$ 和 $\Theta_Q(B^s)$ 为季节 P 阶自回归算子和 Q 阶移动平均算子。差分平稳序列 $\nabla^d\nabla_s^D y_t$ 建模时，阶数 P 和 Q 的取值可能为 0。

例 5.2

续例 5.1，用 EViews 软件绘制一阶逐期差分和一阶季节差分后的城镇居民人均收入序列 $\nabla_{12}\nabla INC_t$（记为 sdlinc）的自相关分析图。

为生成序列 sdlinc，在主窗口命令行输入：

series sdlinc＝dlinc－dlinc(－12)

括号里的－12 表示滞后 12 期。对序列 sdlinc 使用 ident 命令得到自相关分析图，见图 5－11。

对比图 5－11 与图 5－10 可知，$k=12$ 时的自相关系数已落入随机区间，表明季节性已基本消除，序列 $\nabla_{12}\nabla INC_t$ 是平稳序列，可以建立 ARMA 模型。

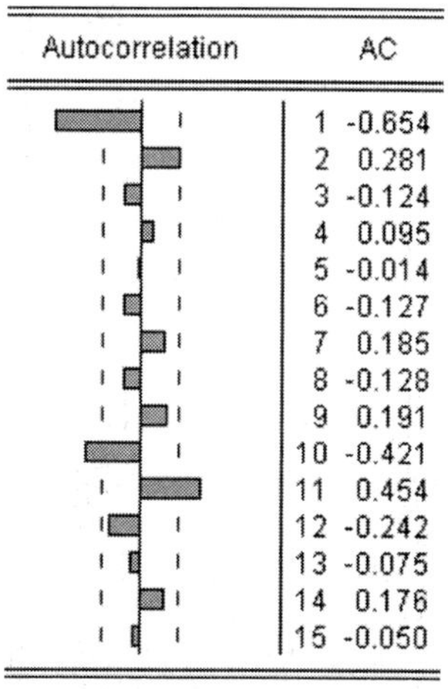

图 5－11　序列 sdlinc 的自相关分析图

5.3 模型的识别与建立

在需要对一个时间序列运用 B-J 方法建模时，应运用序列的自相关与偏自相关对序列适合的模型类型进行识别，确定适宜的阶数 d，D，p，q 以及 P，Q。

5.3.1 自相关函数和偏自相关函数

这部分的数学推导比较复杂，本书不给出严格的证明过程，有兴趣的读者可参考有关书目。

1. $MA(q)$ 的自相关与偏自相关函数

模型（5.1.4）

$$y_t = u_t - \theta_1 u_{t-1} - \theta_2 u_{t-2} - \cdots - \theta_q u_{t-q}$$

的样本自相关函数为：

$$\rho_k = \begin{cases} \dfrac{-\theta_k + \theta_1\theta_{k+1} + \cdots + \theta_{q-k}\theta_q}{1 + \theta_1^2 + \theta_2^2 + \cdots + \theta_q^2}, & 1 \leqslant k \leqslant q \\ 0, & k > q \end{cases} \tag{5.3.1}$$

$MA(q)$ 序列的自相关函数 ρ_k 在 $k>q$ 以后全部是 0，这种性质称为自相关函数的截尾性。这个特点对于利用样本自相关函数识别移动平均过程的阶数 q 非常重要。

$MA(q)$ 序列的偏自相关函数随着滞后期 k 的增加，呈现指数或者正弦波衰减，趋向于 0，这种特性称为偏自相关函数的拖尾性。

2. $AR(p)$ 序列的自相关与偏自相关函数

模型（5.1.1）

$$y_t = \phi_1 y_{t-1} + \phi_2 y_{t-2} + \cdots + \phi_p y_{t-p} + u_t$$

的偏自相关函数满足

$$\phi_{kj} = \begin{cases} \phi_j, & 1 \leqslant j \leqslant p \\ 0, & p+1 \leqslant j \leqslant k \end{cases} \tag{5.3.2}$$

也就是说，$AR(p)$ 序列的偏自相关函数 ϕ_{kj} 是 p 步截尾的，即当 $k>p$ 时，ϕ_{kj} 的值是 0。这个特点对识别自回归模型以及确定阶数 p 都很有用。

与 $MA(q)$ 序列相反，$AR(p)$ 序列的自相关函数呈指数或者正弦波衰减，具有拖尾性。

3. $ARMA(p, q)$ 序列的自相关与偏自相关函数

$ARMA(p, q)$ 的自相关函数和偏自相关函数比较复杂，可以证明它们均是拖尾的。

5.3.2 模型的识别

自相关函数和偏自相关函数是识别 ARMA 模型最主要的工具，在 EViews 中，通常利用样本的自相关和偏自相关分析图进行模型识别与定阶。

例 5.3

零均值序列 x_t 由计算机模拟产生，共有 131 个观测值，如表 5－2 所示。现对该序列进行模型识别。

按照上一节介绍的方法，绘制序列 x_t 的自相关分析图，如图 5－12 所示。

表 5－2　零均值序列 x_t

−0.821 16	−0.738 9	−0.995 6	0.914 473	0.623 538	0.311 734	0.163 395
−0.358 07	−0.194	0.350 616	0.035 3	0.045 545	−0.563 57	−0.441 73
−0.959 77	−0.454 11	0.671 55	−0.958 85	−0.818 78	0.414 93	−0.909 86
0.189 201	−0.730 31	−0.444 66	0.215 713	−0.644 54	−0.333 03	−0.399 66
0.950 577	0.876 419	−0.409 74	0.014 646	−0.513 59	−0.928 16	0.408 168
0.004 023	−0.069 95	0.308 801	−0.217 41	0.170 745	0.306 56	−0.977 75
0.606 599	0.430 047	−0.110 82	−0.234 48	−0.338 78	0.152 319	−0.256 02
−0.529 6	0.576 612	−0.038 94	−0.342 12	−0.767 49	−0.048 36	−0.300 95
−0.291 17	0.475 753	−0.992 84	0.898 597	−0.763	−0.271 26	0.945 167
−0.274 62	0.162 023	−0.077 61	−0.923 05	0.118 15	−0.480 92	−0.853 29
0.764 77	0.690 856	0.608 432	0.192 539	−0.289 47	−0.700 94	−0.727 1
0.542 817	−0.571 37	−0.038 69	−0.376 14	0.658 16	−0.170 08	
−0.855 15	−0.381 51	−0.053 06	−0.316 31	0.571 552	0.582 806	
0.236 439	−0.070 1	−0.848 18	−0.757 12	−0.092 26	−0.602 23	
0.553 87	−0.577 76	−0.476 73	−0.249 09	−0.451 52	0.876 922	
−0.274 82	0.301 795	−0.996 6	−0.799 47	−0.252 34	0.92	
−0.233 83	−0.284 07	−0.980 95	−0.226 01	0.431 006	0.473 003	
−0.526 37	−0.850 55	−0.524 69	0.544 78	0.204 393	0.554 907	
0.968 008	0.451 875	−0.908 48	0.933 571	0.583 636	−0.653 33	
−0.482 46	0.185 74	−0.310 06	0.933 667	−0.768 71	0.491 143	

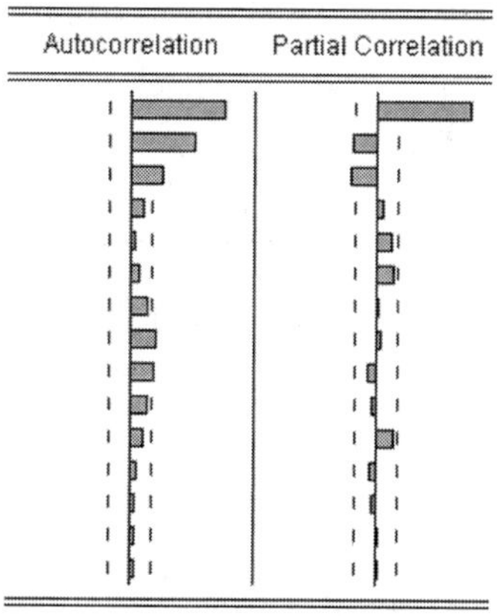

图 5－12　序列 x_t 自相关与偏自相关分析图

从自相关分析图可见，直到滞后期 $k=12$ 时，序列的样本自相关系数值才明显落入随机区间①，自相关函数表现为拖尾；在偏自相关分析图中，滞后一期和三期的偏自相关系数都明显不为 0，$k=2$ 时恰好在置信区间边缘，$k>3$ 以后的值都在置信区间以内，可以认为序列的偏自相关函数具有截尾性。因此，对序列 x_t，可建立 $AR(p)$ 模型。阶数 p 由显著不为 0 的偏自相关系数的数目决定，观察图 5-12，p 可以取 2，也可以取 3，故初选模型 $AR(2)$ 或 $AR(3)$。

例 5.4

序列 p_t 是某国 1960—1993 年 GNP 平减指数的季度时间序列，共 136 个观测值，见表 5-3。要求对平稳序列 $iilp_t=\nabla\log(p_t/p_{t-1})$ 进行模型识别。

表 5-3　某国 GNP 平减指数季度资料

年份	1 季度	2 季度	3 季度	4 季度	年份	1 季度	2 季度	3 季度	4 季度
1960	56.04	56.21	56.41	56.67	1977	78.27	78.53	79.28	80.13
1961	56.77	57.01	56.99	57.58	1978	81.15	82.14	82.84	83.99
1962	57.58	57.57	57.92	58.58	1979	84.97	86.10	87.49	88.62
1963	58.76	58.80	59.00	58.74	1980	89.89	91.07	91.79	93.03
1964	59.38	59.58	59.45	59.77	1981	94.40	95.70	96.52	97.39
1965	60.27	60.65	61.03	61.40	1982	98.72	99.42	100.25	101.54
1966	61.91	62.43	63.13	63.69	1983	102.95	104.75	106.53	108.74
1967	64.40	64.65	65.28	65.37	1984	110.72	113.48	116.42	119.79
1968	65.63	65.79	66.17	66.47	1985	122.88	124.44	126.68	128.99
1969	67.04	67.55	67.81	68.00	1986	130.12	131.30	132.89	134.99
1970	68.44	68.56	68.86	68.96	1987	136.80	139.01	141.03	143.24
1971	68.88	69.22	69.54	69.65	1988	145.12	148.89	152.02	155.38
1972	70.23	70.48	70.62	71.08	1989	158.60	161.85	165.12	168.05
1973	71.41	71.46	71.66	72.17	1990	171.94	176.46	180.24	185.13
1974	72.36	72.57	72.97	73.16	1991	190.01	193.03	197.70	201.69
1975	73.77	74.13	74.56	74.96	1992	203.98	206.77	208.53	210.27
1976	75.71	76.58	76.99	77.75	1993	212.87	214.25	215.89	218.21

将序列 p_t 命名为 p，对序列取自然对数后进行逐期差分，新序列命名为 $iilp$，在 EViews 主窗口命令行输入：

```
series ilp=log(p)-log(p(-1))
series iilp=ilp-ilp(-1)
```

① 在 EViews 输出的自相关图中，对于非白噪声序列，以样本自相关系数是否落入随机区间判定该自相关系数是否显著为 0 比较宽松（容易拒绝自相关系数为 0 的原假设），因为该置信带低估了样本自相关系数的标准误。但在实际建模中，这点误差往往不是至关重要的，因此本书仍采用上述方法。

按照5.2节介绍的方法绘制iilp的自相关分析图，如图5-13所示。

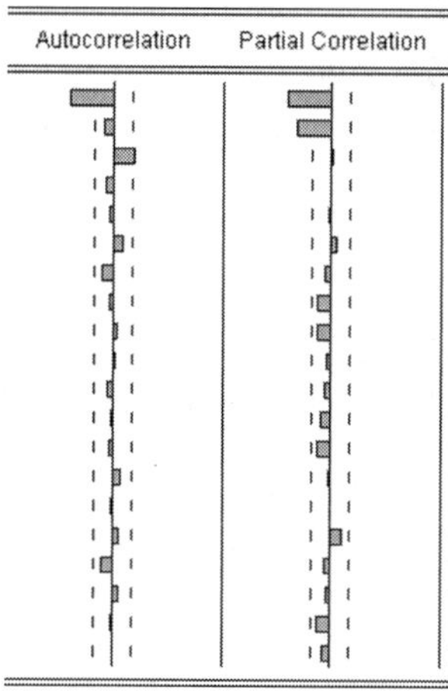

	AC	PAC	Q-Stat	Prob
1	-0.425	-0.425	24.695	0.000
2	-0.093	-0.333	25.878	0.000
3	0.200	0.009	31.454	0.000
4	-0.080	0.008	32.359	0.000
5	-0.034	-0.013	32.524	0.000
6	0.086	0.046	33.583	0.000
7	-0.101	-0.063	35.058	0.000
8	-0.038	-0.123	35.267	0.000
9	0.028	-0.120	35.381	0.000
10	0.015	-0.028	35.413	0.000
11	-0.061	-0.056	35.963	0.000
12	-0.017	-0.094	36.007	0.000
13	-0.025	-0.139	36.103	0.001
14	0.070	-0.016	36.840	0.001
15	-0.020	-0.004	36.903	0.001
16	0.062	0.100	37.502	0.002
17	-0.102	-0.062	39.121	0.002
18	0.046	-0.047	39.454	0.002
19	-0.018	-0.120	39.504	0.004
20	0.007	-0.074	39.513	0.006

图5-13　序列iilp自相关与偏自相关分析图

由图5-13可以看出，偏自相关系数在$k=2$后很快地趋于0，所以取$p=2$；自相关系数在$k=1$处显著不为0，$k=3$时似乎也与0有显著差异，可考虑取$q=1$或$q=2$。

在5.1节提到，本书讨论的ARMA模型形式都存在序列均值为0的假设，否则应做必要的转换。若序列y_t的样本平均数为$\bar{y}$，均值标准误为$s_{\bar{y}}$，则当$\bar{y}$落入$\pm 2s_{\bar{y}}$时，认为序列满足0均值假设。均值标准误采用式（5.3.3）近似计算。

$$s_{\bar{y}} \approx \left[\frac{\sigma_y^2}{n}(1+2\sum_{k=1}^{M}\hat{\rho}_k)\right]^{\frac{1}{2}} \tag{5.3.3}$$

式中，σ_y^2为序列样本方差；$\hat{\rho}_k$为样本自相关系数；k值为$1\sim M$表示前M个显著不为0的样本自相关系数；n为序列观测量。

在EViews中，可利用命令计算序列均值。本例，因为是对平稳序列*iilp*建模，所以检验该序列均值是否为0。首先生成一个标量对象，即在主窗口命令行输入：

scalar m=@mean(iilp)

式中，*m*为标量对象名；*@mean*()为序列均值函数。回车，工作文件窗口出现标量对象*m*。双击该对象，可在EViews主窗口左下方的状态栏看见结果。本例，序列iilp的均值是5.72×10^{-5}。计算均值标准误需要利用前*M*个显著不为0的样本自相关系数。由图5-13，*m*可取3，故三个样本自相关系数分别为−0.425、−0.093和0.200。根据式（5.3.3），在主窗口命令行输入：

scalar s=@stdev(iilp)*@sqrt((1+2*(−0.425−0.093+0.2))/@obs(iilp))

式中，函数*@stdev*( )为返回序列的样本标准差；*@sqrt*( )为算术平方根函数；*@obs*( )为返回序列的观测数目。双击标量*s*，可得序列*iilp*的均值标准误为2.41×10^{-4}，因此不能拒绝均值为0的原假设，不必对序列进行变换。

综上，序列*iilp*可以建立*ARMA*（2，1）或*ARMA*（2，2）模型。

5.3.3 模型的参数估计

确定模型的阶数后，应进行参数估计。EViews 中 ARMA 模型参数估计采用非线性方法，具体方法不做介绍。需注意的是，ARMA 模型的参数估计相对困难，应尽量避免使用高阶的移动平均模型或包含高阶移动平均项的 ARMA 模型。

例 5.5

续例 5.4。对序列 $iilp_t$ 建立 *ARMA*（2，1）和 *ARMA*（2，2）模型。

利用菜单操作建立 *ARMA*（2，1）模型。在主窗口选择 Quick/Estimate Equation，进入方程定义对话框，在其中输入：

iilp ar(1) ar(2) ma(1)

其中，*ar*(*i*)，*i*=1，2，…，代表模型中自回归部分；*ma*(*j*)，*j*=1，2，…，代表移动平均部分。为了能够直接预测原序列的值，也可以采用下面方式对原序列直接建模估计。在方程定义对话框中输入：

d(log(*p*),1)　ar(1)　ar(2)　ma(1)

其中，log(*p*) 为对原序列取对数；*d* 为进行差分；*d*(log（*p*），1）为对原序列 *p* 取对数后进行一阶差分。由上述分析知其已平稳，建立 *ARMA*(2，1）模型。点击对话框的 Options 按钮，可对最大迭代次数、收敛半径、参数估计初值等做调整，如图 5－14 所示。可以看到，对于 ARMA 模型默认的估计方法是 ML。下拉菜单中除了 ML，还有 GLS 和 CLS（Conditional Least Squares）。选用 ML 估计，如图 5－14 所示，优化方法为 OPG-BHHH，下拉菜单还提供了 BFGS，Kohn-Ansley，Newton-Raphson 方法；迭代方法除了 Marquardt，还有 Dogleg，Line Search 方法可选择。右侧 ARMA 系数初始值可以自动（Automatic）、EViews fixed、随机（Random），还可以自定义（User-specified）。设置完成后，单击确定得到输出结果，见表 5－4。

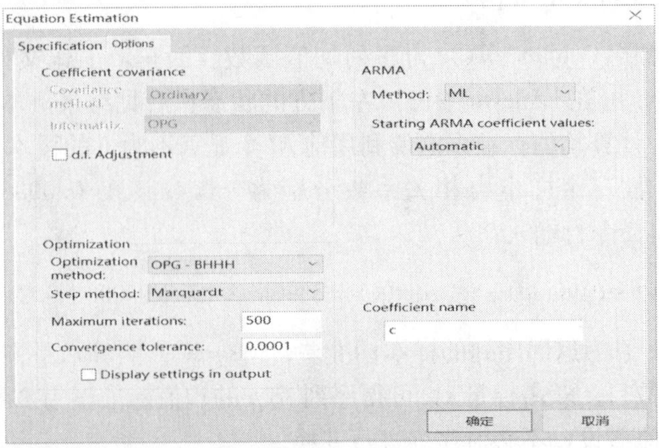

图 5－14　输出结果设置

表 5-4　*ARMA*(2，1) 模型参数估计与检验结果

Dependent Variable: D(LOG(GNP),1)
Method: ARMA Maximum Likelihood (OPG - BHHH)
Date: 03/05/19 Time: 10:18
Sample: 2 136
Included observations: 135
Convergence achieved after 12 iterations
Coefficient covariance computed using outer product of gradients

Variable	Coefficient	Std. Error	t-Statistic	Prob.
AR(1)	0.889729	0.162742	5.467111	0.0000
AR(2)	0.092342	0.155182	0.595058	0.5528
MA(1)	-0.467709	0.139949	-3.341989	0.0011
SIGMASQ	1.58E-05	1.82E-06	8.710814	0.0000

R-squared	0.683506	Mean dependent var	0.010070
Adjusted R-squared	0.676258	S.D. dependent var	0.007100
S.E. of regression	0.004040	Akaike info criterion	-8.138631
Sum squared resid	0.002138	Schwarz criterion	-8.052549
Log likelihood	553.3576	Hannan-Quinn criter.	-8.103650
Durbin-Watson stat	2.003863		

Inverted AR Roots	.98	-.09
Inverted MA Roots	.47	

表 5-4 上面两部分与普通最小二乘估计结果相同。在 ARMA 模型估计中，虽然选择 LS 估计，实际上如图 5-14 所示，软件采用的是 ML（OPG-BHHH）估计。在估计结果中，将误差方差（SIGMASQ）的估计作为估计系数之一显示；如果选用 CLS 估计将不会显示该结果。ARMA 模型的 CLS 系数估计通常与精确 ML 估计结果非常相似，只是误差方差的估计没有作为估计的系数输出。表的顶部展示了估计方法、优化和协方差计算的信息。请注意 ARMA 模型，对参数 t 检验显著性水平的要求并不像回归方程中那么严格，更多的是考虑模型的整体拟合效果。调整后的决定系数、赤池信息准则和施瓦茨准则都是选择模型的重要标准。表 5-4 最下方给出的是 AR，MA 滞后多项式

$$\phi(x^{-1})=0 \text{ 和 } \theta(x^{-1})=0$$

的倒数根，只有这些值在单位圆内时，过程才是平稳的。利用复数知识可知表 5-4 中三个根都在单位圆以内，符合要求。

ARMA(2，2) 模型建立可以采用命令方式，在主窗口命令行输入：

```
ls iilp ar(1) ar(2) ma(1) ma(2)
```

也可以输入原序列的形式：

```
ls  d(log(p),1) ar(1) ar(2) ma(1) ma(2)
```

采用默认设置直接得到计算结果，见表 5-5。

表 5-5 $ARMA(2, 2)$ 模型参数估计与检验结果

Variable	Coefficient	Std. Error	t-Statistic	Prob.
AR(1)	0.294142	0.785265	0.374577	0.7086
AR(2)	0.680617	0.771464	0.882241	0.3793
MA(1)	0.183378	0.781422	0.234672	0.8148
MA(2)	-0.404868	0.371595	-1.089540	0.2779
SIGMASQ	1.58E-05	1.81E-06	8.766974	0.0000
R-squared	0.683524	Mean dependent var		0.010070
Adjusted R-squared	0.673786	S.D. dependent var		0.007100
S.E. of regression	0.004055	Akaike info criterion		-8.124016
Sum squared resid	0.002138	Schwarz criterion		-8.016414
Log likelihood	553.3711	Hannan-Quinn criter.		-8.080290
Durbin-Watson stat	2.086798			
Inverted AR Roots	.99	-.69		
Inverted MA Roots	.55	-.73		

从表 5-5 可见，$ARMA(2, 2)$ 模型的滞后多项式倒数根也都落入单位圆内，满足过程平稳的基本要求，其调整后的 R^2 为 0.673 786，小于表 5-4 中 $ARMA(2, 1)$ 模型的 0.676 258，AIC 和 SC 值分别为 $-8.124\,0$ 和 $-8.016\,4$，大于表 5-4 中的 $-8.138\,6$ 和 $-8.052\,5$，可以认为 $ARMA(2, 1)$ 模型更合适。

5.3.4 模型检验

参数估计后，应该对 ARMA 模型的适合性进行检验，即对模型的残差序列 e_t 进行白噪声检验。若残差序列不是白噪声序列，意味着残差序列还存在有用信息没被提取，需要进一步改进模型。通常侧重于检验残差序列的随机性，即滞后期 $k \geqslant 1$，残差序列的样本自相关系数应近似为 0。

判断残差序列是否纯随机，可以采用 5.2.2 部分介绍的直观方法，但这一检验精度较差，常用的是残差序列的 χ^2 检验。检验的零假设是残差序列 e_t 相互独立。

残差序列的自相关函数：

$$r_k(e) = \frac{\sum_{t=k+1}^{n} e_t \cdot e_{t-k}}{\sum_{t=1}^{n} e_t^2}, \quad k = 1, 2, \cdots, m \tag{5.3.4}$$

式中，n 为计算 r_k 的序列观测量；m 为最大滞后期。若观测量较多，m 可取 $[n/10]$ 或 $[\sqrt{n}]$；若样本量较小，则 m 一般取 $[n/4]$。当 $n \to \infty$ 时

$$\sqrt{n}\, r_k(e) \sim N(0, 1)$$

检验统计量

$$Q = n(n+2)\sum_{k=1}^{m} \frac{r_k^2(e)}{n-k} \tag{5.3.5}$$

在零假设下，Q 服从 $\chi^2(m-p-q)$ 分布。给定置信度 $1-\alpha$（α 通常取 0.05 或 0.10），若

$$Q \leqslant \chi_{\alpha}^2(m-p-q)$$

则不能拒绝残差序列相互独立的原假设，检验通过；否则检验不能通过。

EViews 软件提供了多种对残差进行 χ^2 检验的方法。

1. 直接对系统默认对象 resid 操作

在第 1 章已经说明，对象 resid 存储的是当前模型或方程的残差序列值。由图 5-2 可知，只要绘制出时间序列的自相关和偏自相关分析图，软件会自动给出对该序列的 χ^2 检验结果。在模型参数估计完成后，采用 5.2.1 部分介绍的任意一种方法，直接对残差序列 resid 操作，可以得到相应的自相关分析图。

2. 方程输出窗口菜单操作

当用户建立一个模型或方程后，EViews 软件会将估计结果（Estimation Output）显示在左上角标有 Equation 字样的方程输出窗口中。该窗口功能键 View 下面提供了多项残差检验方法，χ^2 检验是其中之一。

单击 View 打开下拉菜单，选择 Residual Tests/Correlogram-Q-Statistics，在弹出的对话框中输入最大滞后期，点击 OK 按钮，生成残差序列的自相关分析图。图 5-15 是对某模型残差序列进行 χ^2 检验的输出结果。

Autocorrelation	Partial Correlation		AC	PAC	Q-Stat	Prob
		1	0.078	0.078	0.8206	0.365
		2	-0.025	-0.032	0.9073	0.635
		3	0.016	0.021	0.9418	0.815
		4	-0.020	-0.023	0.9941	0.911
		5	-0.082	-0.078	1.9247	0.859
		6	-0.157	-0.148	5.3621	0.498
		7	-0.058	-0.041	5.8362	0.559
		8	-0.048	-0.050	6.1664	0.629
		9	-0.021	-0.016	6.2293	0.717
		10	-0.112	-0.128	8.0283	0.626
		11	0.014	0.004	8.0581	0.708
		12	0.038	-0.006	8.2738	0.763
		13	-0.049	-0.075	8.6296	0.800
		14	0.122	0.110	10.853	0.698
		15	-0.018	-0.071	10.903	0.759

图 5-15　适合模型残差序列的自相关与偏自相关分析图

图 5-15 中最后两列用于 χ^2 检验，包括 Q 统计量和检验的相伴概率。该残差序列样本量 n 为 130，最大滞后期 m 可以取 $[130/10]$ 或 $[\sqrt{130}]$，这里取 13。从 $k=13$ 一行找到检验统计量 Q 值为 8.629 6，从 Prob 列读出拒绝原假设所犯第一类错误即 α 错误的概率为 0.800，这表明残差序列相互独立即为白噪声的概率很大①，故不能拒绝序列相互独立

① 严格讲，利用 EViews 输出的 Q 统计量及相伴概率只能得到拒绝原假设犯 α 错误的概率，而不知道接受残差为白噪声犯 β 错误的概率。然而，实际检验的目的在于接受原假设，故可对 Q 检验要求较高的相伴概率（如 0.90 或 0.80），以保证"取伪"的概率足够小。

的原假设，检验通过。

若利用自相关分析图直观判断：当 $m<16$ 时，残差序列的自相关系数都落入随机区间；自相关系数（AC）的绝对值几乎都小于 0.1，与 0 无明显差异，表明残差序列是纯随机的。

5.4 模型的预测

若模型经检验是合适的，可以用于做短期预测。

5.4.1 预测值的计算

B-J 方法采用 L 步预测，即根据已知 n 个时刻的序列观测值 y_1，y_2，…，y_n，对未来的 $n+L$ 个时刻的序列值做出估计，线性最小方差预测是常用的一种方法，其主要思想是使预测误差的方差达到最小。若 $\hat{Z}_n(L)$ 表示用模型做的 L 步平稳线性最小方差预测，那么预测误差为：

$$e_n(L)=y_{n+L}-\hat{Z}_n(L) \tag{5.4.1}$$

并使

$$E[e_n(L)]^2=E[y_{n+L}-\hat{Z}_n(L)]^2 \tag{5.4.2}$$

达到最小。

1. $AR(p)$ 序列的预测

模型（5.1.1）

$$y_t=\phi_1 y_{t-1}+\phi_2 y_{t-2}+\cdots+\phi_p y_{t-p}+u_t$$

的 L 步预测值为：

$$\hat{Z}_n(L)=\phi_1\hat{Z}_n(L-1)+\phi_2\hat{Z}_n(L-2)+\cdots+\phi_p\hat{Z}_n(L-p) \tag{5.4.3}$$

式中：$\hat{Z}_n(-j)=y_{n-j}$，$j\geqslant 0$

2. $MA(q)$ 序列的预测

对模型（5.1.4）

$$y_t=u_t-\theta_1 u_{t-1}-\theta_2 u_{t-2}-\cdots-\theta_q u_{t-q}$$

当 $L>q$ 时，由于

$$y_{n+L}=u_{n+L}-\theta_1 u_{n+L-1}-\theta_2 u_{n+L-2}-\cdots-\theta_q u_{n+L-q}$$

可见所有白噪声的时刻都大于 n，故与历史取值无关，从而

$$\hat{Z}_n(L)=0 \quad (L>q) \tag{5.4.4}$$

当 $L\leqslant q$ 时，各步预测值可写成矩阵形式

$$\begin{bmatrix}\hat{Z}_{n+1}(1)\\ \hat{Z}_{n+1}(2)\\ \vdots \\ \hat{Z}_{n+1}(q)\end{bmatrix}=\begin{bmatrix}\theta_1 & 1 & \cdots & 0\\ \theta_2 & 0 & \cdots & 0\\ \vdots & \vdots & & \vdots\\ \theta_{q-1} & 0 & \cdots & 1\\ \theta_q & 0 & \cdots & 0\end{bmatrix}\begin{bmatrix}\hat{Z}_n(1)\\ \hat{Z}_n(2)\\ \vdots\\ \hat{Z}_n(q)\end{bmatrix}-\begin{bmatrix}\theta_1\\ \theta_2\\ \vdots\\ \theta_q\end{bmatrix}y_{n+1},\quad L\leqslant q \tag{5.4.5}$$

递推时，初值 $\hat{Z}_0(1)$，$\hat{Z}_0(2)$，…，$\hat{Z}_0(L)$ 均取为0。

有关 $ARMA(p, q)$ 序列预测的理论问题较为复杂，有兴趣的读者请参看有关文献。

5.4.2　预测实例

运用例5.6说明EViews软件建立ARMA模型并进行短期预测的过程。

例5.6

表5-6是我国1990年1月至1997年12月工业总产值的月度资料（1990年不变价格），记作 IP_t，共有96个观测值，对序列 IP_t 建立ARMA模型。

表5-6　1990年1月至1997年12月我国工业总产值　　单位：亿元

月份	1990年	1991年	1992年	1993年	1994年	1995年	1996年	1997年
1	1 421.4	1 757.8	1 984.2	2 179.1	2 903.3	2 996.7	3 476.6	3 843.84
2	1 367.4	1 485.7	1 812.4	2 408.7	2 513.8	2 740.3	2 970.3	3 181.26
3	1 719.7	1 893.9	2 274.7	2 869.4	3 409	3 580.9	3 942.6	4 404.49
4	1 759.6	1 969.8	2 328.9	2 916.7	3 499.5	3 746.3	4 067.6	4 520.18
5	1 795.7	2 033.7	2 373.1	3 022.1	3 642.6	3 817.9	4 746.899	4 638.99
6	1 848.1	2 103	2 515.8	3 274.5	3 871.4	4 046.6	4 417.299	4 969.93
7	1 637.3	1 836.3	2 288	2 862.9	3 373	3 483.9	3 806.8	4 146.899
8	1 670.9	1 914.7	2 321	2 864.2	3 463.4	3 510.6	3 746.3	4 198.7
9	1 760.1	2 022.2	2 441.1	2 908	3 663.74	3 703.1	4 011.1	4 536.839
10	1 789.5	2 045.1	2 502.6	2 911.8	3 753.38	3 810.7	4 129.6	4 718.91
11	1 888.6	2 069.2	2 608.8	3 101.3	3 973.17	4 091	4 372.899	5 034.939
12	1 981.4	2 136	2 823.8	3 664.3	4 469.02	4 650.799	4 991.5	5 545.74

1. 时间序列特征分析

将表5-6中的数据绘制成折线图，如图5-16所示，序列具有明显的增长趋势，并包含周期为12个月的季节波动。

图5-17是序列自相关图，表明序列是非平稳的。

为消除趋势同时减小序列的波动，对原序列做一阶自然对数逐期差分，在主窗口命令行输入

```
series ilip=log (ip)-log (ip(-1))
```

差分后序列名为 *ilip*，其自相关与偏自相关分析图如图5-18所示。

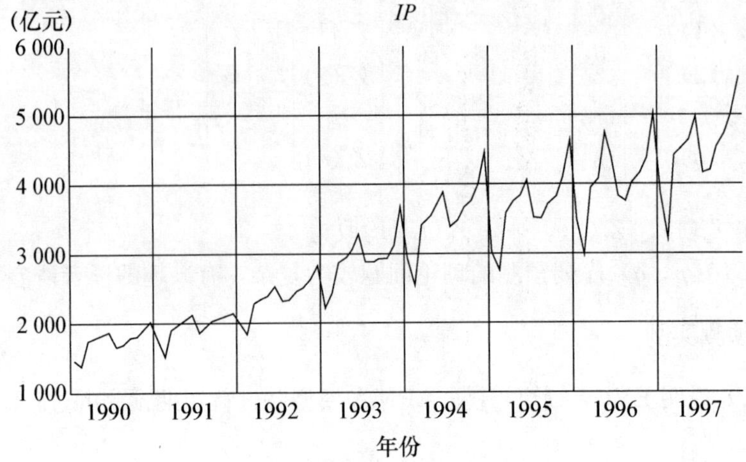

图 5－16　我国工业总产值折线图

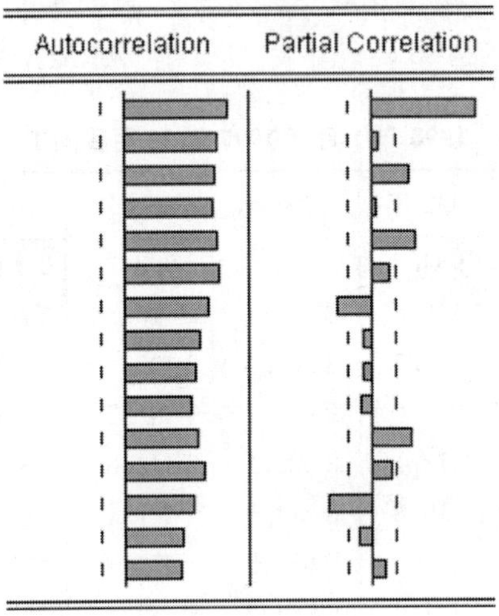

图 5－17　工业总产值序列自相关图

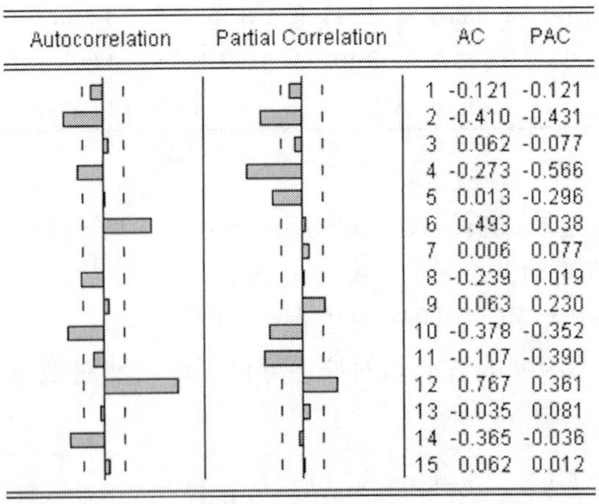

图 5－18　序列 *ilip* 自相关与偏自相关分析图

由图 5－18 可见，序列的趋势基本消除，但当 $k=12$ 时，样本的自相关系数和偏自相关系数显著不为 0，表明季节性存在。对序列 *ilip* 做季节差分，得到新序列 *silip*。在主窗口命令行输入

series silip＝ilip－ilip(－12)

为检验模型的预测效果，将 1997 年的 12 个观测值留出，作为评价预测精度的参照对象。建模的样本期从 1990 年 1 月至 1996 年 12 月，变更样本期，在主窗口命令行输入

smpl 1990:01　1996:12

绘制序列 silip 的自相关和偏自相关分析图，如图 5－19 所示。

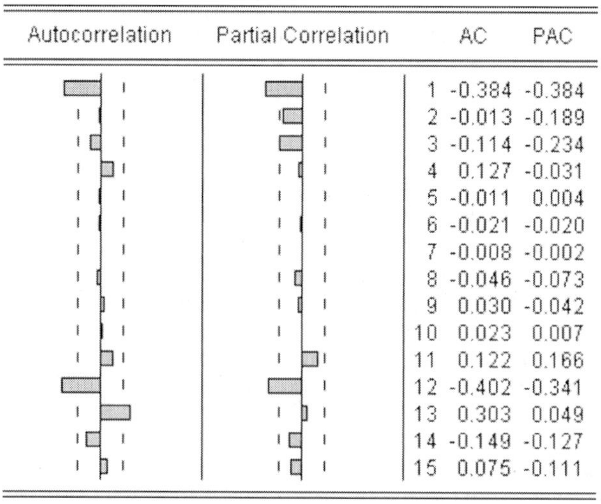

图 5－19　序列 *silip* 自相关与偏自相关分析图

由图 5－19 可见，序列 *silip* 的样本自相关与偏自相关系数很快地落入随机区间，故序列趋势已基本消除，但在 $k=12$ 时取值仍然较大，季节性依然比较明显。经试验，对序列进行二阶季节差分，发现序列季节性并没得到显著改善，故只做一阶季节差分即可。

对序列 *silip* 进行 0 均值检验，在主窗口命令行输入

scalar m＝@mean(silip)

及　**scalar** s＝@stdev(silip)＊@sqrt((1＋2＊(－.384))/@obs(silip))

得到该序列样本平均数为－0.002 0，均值标准误为 0.003 7，序列均值与 0 无显著差异，表明序列可以直接建立 ARMA 模型。

2. 模型识别

因为经过一阶逐期差分，序列趋势消除，故 $d=1$；经过一阶季节差分，季节性基本消除，故 $D=1$。所以选用 $ARIMA$ (p, d, q) $(P, D, Q)^s$ 模型。记取自然对数后的工业总产值序列为 *lip*。观察序列 *silip* 的偏自相关图，如图 5－18 所示，$p=2$ 或 $p=3$ 比较合适；自相关图显示 $q=1$。考虑到 AR 模型是线性方程估计，相对于 MA 和 ARMA 模型的非线性估计容易，且参数意义便于解释，故实际建模时常希望用高阶的 AR 模型替换相应的

MA 或 ARMA 模型。综合考虑，可供选择的（p，q）组合有：(3，1)，(4，0)，(2，1) 和 (3，0)。由于 $k=12$ 时，样本自相关和偏自相关系数都显著不为 0，所以，$P=Q=1$。

3. 模型建立

为方便直接对原序列 y 进行预测，EViews 提供了差分算子

$$d(y,n,s)=(1-B)^n(1-B^s)y$$

表示对序列 y 做 n 次一阶逐期差分和一次步长为 s 的季节差分后的新序列。本例可将序列 silip 记为 d(log (ip)，1，12) 或 $d$log(ip，1，12)。

采用菜单方式建立 $ARIMA(3,1,1)(1,1,1)^{12}$ 模型。在主菜单选择 Quick/Estimate Equation 打开方程定义对话框（如图 2-9 所示），输入

d(log(ip),1,12) ar(1) ar(2) ar(3) ma(1) sar(12) sma(12)

其中，sar(s) 和 sma(s) 分别表示季节自回归部分和季节移动平均部分的变量。单击确定屏幕出现方程估计结果，其主要内容见表 5-7。

表 5-7　模型参数估计与相关检验结果

Variable	Coefficient	Std. Error	t-Statistic	Prob.
AR(1)	-0.148618	0.638546	-0.232745	0.8167
AR(2)	-0.181021	0.331733	-0.545682	0.5872
AR(3)	-0.208870	0.238086	-0.877287	0.3836
SAR(12)	0.204245	0.262911	0.776860	0.4401
MA(1)	-0.360638	0.677070	-0.532646	0.5961
SMA(12)	-0.702378	0.339001	-2.071902	0.0423
SIGMASQ	0.002410	0.000392	6.156941	0.0000
R-squared	0.411852	Mean dependent var		-0.001996
Adjusted R-squared	0.356713	S.D. dependent var		0.064474
S.E. of regression	0.051712	Akaike info criterion		-2.916893
Sum squared resid	0.171143	Schwarz criterion		-2.693812
Log likelihood	110.5497	Hannan-Quinn criter.		-2.828181
Durbin-Watson stat	1.897189			
Inverted AR Roots	.88	.76+.44i	.76-.44i	.44-.76i
	.44+.76i	.19+.59i	.19-.59i	.00-.88i
	-.00+.88i	-.44+.76i	-.44-.76i	-.54
	-.76+.44i	-.76-.44i	-.88	
Inverted MA Roots	.97	.84+.49i	.84-.49i	.49+.84i
	.49-.84i	.36	.00+.97i	-.00-.97i
	-.49+.84i	-.49-.84i	-.84-.49i	-.84+.49i
	-.97			

表 5-7 中各滞后多项式的倒数根都在单位圆以内，说明过程既是平稳的，也是可逆的。其他项目需与另外三个模型的估计结果进行对比分析。表 5-7 显示模型残差检验的相伴概率为 0.985，可认为残差序列满足随机性假设。为检验模型的预测效果，现用 $ARIMA(3,1,1)(1,1,1)^{12}$ 模型对我国 1997 年工业总产值进行试预测。在方程结果输出窗口工具栏中点击 Forecast 按钮打开模型预测选项对话框，如图 2-12 所示，将预测样

本期改为 1997：01 1997：12，预测方法采用默认的动态（Dynamic）法，预测值序列命名为 IPF1，其他设置不变，单击 OK 按钮完成。图 5－20 是该模型预测值与实际观测值的对比折线图，预测精度 *MAPE* 为 2.37，见表 5－7。

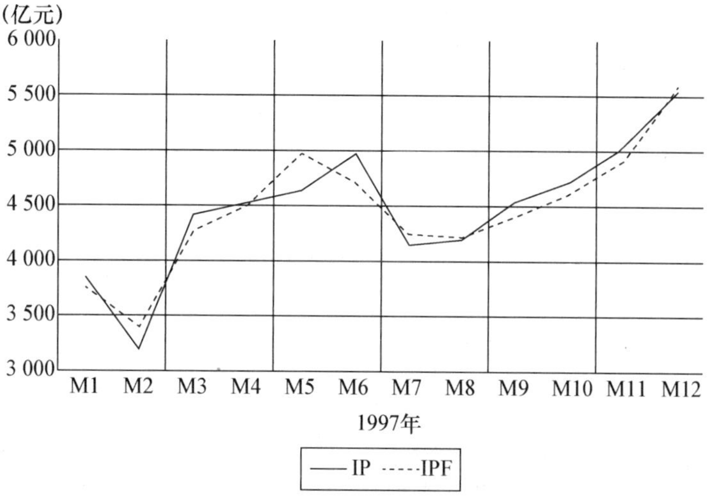

图 5－20　预测值与实际观测值对比图

用 ls 命令建立 *ARIMA*(4，1，0)（1，1，1）^{12}模型。在主窗口命令行输入

ls d(log (ip),1,12) ar(1) ar(2) ar(3) ar(4) sar(12) sma(12)

屏幕显示方程结果输出窗口。其他操作同上，预测值序列命名为 IPF2。

利用类似操作可建立 *ARIMA*(2，1，1)（1，1，1）^{12}和 *ARIMA*(3，1，0)（1，1，1）^{12}模型。计算结果显示 *ARIMA*(2，1，1)（1，1，1）^{12}拟合效果明显不如其他三个模型，故不予考虑；利用 *ARIMA*(3，1，0)（1，1，1）^{12}模型进行试预测，预测值序列命名为 IPF3。

4. 模型选择与评价

将三个模型的参数估计和相关检验结果汇总列入表 5－8 和表 5－9。

表 5－8　各模型参数估计结果

(p，q)	ϕ_1	ϕ_2	ϕ_3	ϕ_4	θ_1	Φ_1	Θ_1
(3，1)	−0.184 1	−0.221 1	−0.323 7	—	−0.010 4	−0.216 4	−0.881 8
(4，0)	−0.379 0	−0.291 8	−0.362 5	−0.007 9	—	−0.013 1	−0.884 7
(3，0)	−0.374 3	−0.273 6	−0.351 3	—	—	0.005 2	−0.880 5

表 5－9　各模型检验结果

(p，q)	Adjusted R^2	*AIC*	*SC*	p-Q	*MAPE*
(3，1)	0.527 2	−3.16	−2.94	0.985	2.37
(4，0)	0.537 4	−3.16	−2.94	0.989	2.66
(3，0)	0.532 1	−3.18	−3.00	0.980	2.41

经计算，三个模型都满足 ARMA 过程的平稳条件及可逆条件，模型设定合理。另外，

残差序列白噪声检验的相伴概率（p-Q）显示，各模型残差都满足独立性假设，模型拟合不错。比较表 5-9 中各个模型的检验结果，与前两个模型相比，第三个模型的 *AIC* 和 *SC* 值较小，试预测的 *MAPE* 值显示其预测精度较高，调整后的样本决定系数（Adjusted R^2）虽略逊于第二个模型，但优于第一个模型。预测模型的选择应力求简洁、有效，因而选择第三个即 *ARIMA*(3，1，0)(1，1，1)^{12}模型比较合适。其展开式为：

$$(1-0.005\,2B^{12})(1+0.374\,3B+0.273\,6B^2+0.351\,3B^3)(1-B)(1-B^{12})\log(\mathrm{ip}_t)$$
$$=(1+0.880\,4\mathrm{B}^{12})\mathrm{u}_t \tag{5.4.6}$$

5. 预测

利用 ARIMA(3，1，0)(1，1，1)^{12}模型对我国 1998 年工业总产值进行预测。首先扩展样本期

expand 1990:1 1998:12

然后在该方程结果输出窗口工具栏中选择 Forecast 按钮（或直接在命令行输入 forcst）打开模型预测选项对话框，将预测样本期改为 1998：01 1998：12，其他选择保持系统默认值，点击 OK 按钮，计算机将序列预测值存储在名为 IPF 的对象中。1998 年各月工业总产值预测值见表 5-10。

表 5-10 我国 1998 年工业总产值预测结果 单位：亿元

1998 年 1 月至 6 月	1 月	2 月	3 月	4 月	5 月	6 月
	4 277.955	3 801.483	5 062.936	5 193.718	5 408.571	5 647.650
1998 年 7 月至 12 月	7 月	8 月	9 月	10 月	11 月	12 月
	4 879.016	4 939.830	5 237.009	5 371.510	5 679.616	6 320.593

5.5 序列相关与 ARMA 模型

前四节所讲述的是单变量时间序列模型及其 EViews 的建模过程。实际上，ARMA 模型还可以用于处理某些模型残差序列的自相关问题。

5.5.1 序列相关理论与检验

第 2 章介绍了线性回归模型的残差序列相关问题。其实，只要是涉及时间序列的回归模型，残差序列自相关就很常见。

通常，关心的模型形式为：

$$y_t=\boldsymbol{X}_t'\boldsymbol{\beta}+u_t \tag{5.5.1}$$

$$u_t=\boldsymbol{z}'_{t-1}\boldsymbol{\gamma}+\varepsilon_t \tag{5.5.2}$$

式中，$\boldsymbol{X}_t'$为 t 时刻所观测的解释变量向量；u_t 为随机扰动项，称为非条件残差；ε_t 为改进的随机扰动项，称为一期提前（one-period-ahead）预测误差；$\boldsymbol{z}'_{t-1}$为前期已知变量向量，可包括 u 和 ε 的滞后项；$\boldsymbol{\beta}$ 和 $\boldsymbol{\gamma}$ 为参数向量。一般地，当非条件残差 u_t 存在自相关时，通

过式（5.5.2）能得到显著改善，使一期提前误差 ε_t 成为白噪声。

残差序列的自相关可通过多种检验进行判定。第 2 章已经讲述了检验一阶序列相关的 *D.W.* 检验，但是此检验局限性较大，还有两种更常用的检验方法。

1. 相关图与 *Q* 统计量

这是 5.3 节所介绍的残差序列独立性检验。当序列任意滞后期的自相关和偏自相关系数与 0 无显著差异，即 *Q* 统计量与 0 无显著差异时（相伴概率大于 0.05 或 0.10），残差序列诸项之间是独立的，否则存在自相关。

2. *LM* 检验

与 *D.W.* 检验不同，*LM* 检验（拉格朗日乘数法）可以对包含 ARMA 误差项的模型残差序列进行高阶的自相关检验，并允许存在因变量的滞后项。检验假设为：

H_0：残差序列不存在小(等)于 p 阶的自相关

H_1：存在 $ARMA(r,q)$ 形式的误差项

其中，$p=\max\{r, q\}$。

对式（5.5.1）中的非条件残差建立辅助回归方程：

$$u_t = \boldsymbol{x}'_t\boldsymbol{\gamma} + \alpha_1 u_{t-1} + \alpha_2 u_{t-2} + \cdots + \alpha_p u_{t-p} + \upsilon_t \tag{5.5.3}$$

Breusch-Godfrey 利用方程（5.5.3）的决定系数 R^2 构造了 *LM* 检验统计量：

$$LM = nR^2 \tag{5.5.4}$$

式中，n 为计算辅助回归时的样本数据个数。在零假设下，*LM* 统计量服从渐进的 $\chi^2(p)$ 分布。对于给定的显著性水平 α 和自由度 p，如果 $LM > \chi^2_\alpha\ (p)$，则拒绝 H_0，认为序列存在自相关，反之亦然。

运用 EViews 软件时，在方程结果输出窗口（如图 2-8 所示）的工具栏选择 View/Residual Tests/Serial Correlations LM Test，在显示的滞后期定义对话框中输入参数 p 值，单击 OK 按钮。软件会给出两种检验结果：第一行的 *F* 统计量在有限样本情况下的精确分布未知，其结果一般作为参考；第二行 Obs * R-squared 后的数值是 *LM* 统计量值及检验的相伴概率。表 5-11 是例 5.6 中模型 $ARIMA(3, 1, 0)(1, 1, 1)^{12}$ 的残差二阶自相关检验结果（$p=2$）。

表 5-11 模型残差二阶自相关检验结果

F-statistic	0.295541	Prob. F(2,49)	0.7454
Obs*R-squared	0.616003	Prob. Chi-Square(2)	0.7349

由于 *LM* 统计量取值为 0.62，检验相伴概率为 0.73，大于置信度 0.05，所以不能拒绝原假设，故残差序列不存在二阶自相关。

这一检验也可以在主窗口输入命令

auto(n)

表明对当前 Equation 窗口（激活状态）中模型的残差进行 n 阶自相关 LM 检验，这里 n 代表式（5.5.3）中的 p。

5.5.2 残差序列的 ARMA 模型

如果对某个线性回归模型残差序列进行 LM 检验，发现序列存在自相关，可以考虑对残差序列建立 ARMA 模型。与 5.1 节类似，在对非条件残差 u_t 建模时，模型（5.5.2）可采用三种基本形式：

1. $AR(p)$

$$u_t=\phi_1 u_{t-1}+\phi_2 u_{t-2}+\cdots+\phi_p u_{t-p}+\varepsilon_t \tag{5.5.5}$$

2. $MA(q)$

$$u_t=\varepsilon_t-\theta_1\varepsilon_{t-1}-\theta_2\varepsilon_{t-2}-\cdots-\theta_q\varepsilon_{t-q} \tag{5.5.6}$$

3. $ARMA(p,\ q)$

$$u_t=\phi_1 u_{t-1}+\phi_2 u_{t-2}+\cdots+\phi_p u_{t-p}+\varepsilon_t-\theta_1\varepsilon_{t-1}-\theta_2\varepsilon_{t-2}-\cdots-\theta_q\varepsilon_{t-q} \tag{5.5.7}$$

如果非条件残差包含季节性，应考虑引入季节自回归和移动平均项。模型的形式、定阶、参数估计、检验以及预测问题都可以利用前面介绍的方法，只是处理对象为序列 u_t。

这类模型在 EViews 的实现过程与前面讲的单变量 ARMA 模型非常相似。例如，建立 GDP 关于消费（CONS_t）和投资（INV_t）的线性回归模型：

$$\mathrm{GDP}_t=\alpha_1+\alpha_2\mathrm{CONS}_t+\alpha_3\mathrm{INV}_t+u_t \tag{5.5.8}$$

$$u_t=\phi_1 u_{t-1}+\phi_2 u_{t-2}+\varepsilon_t-\theta_1\varepsilon_{t-1} \tag{5.5.9}$$

应在方程定义对话框中输入

```
gdp c cons inv ar(1) ar(2) ma(1)
```

如果需要可以调整样本期，然后点击 OK 按钮即可。

对于非线性回归模型，只能够采用 $AR(p)$ 形式对非条件残差建模，并且不能包含季节自回归与移动平均项。例如建立 Cobb-Douglas 生产函数：

$$\frac{Y_t}{M_t}=\alpha\left(\frac{L_t}{M_t}\right)^{\beta}\left(\frac{K_t}{M_t}\right)^{1-\beta}+u_t \tag{5.5.10}$$

$$u_t=\phi_1 u_{t-1}+\phi_2 u_{t-2}+\varepsilon_t \tag{5.5.11}$$

应在方程定义对话框中输入

```
y/m=c(1)*(l/m)^c(2)*(k/m)^(1-c(2))+[ar(1)=c(3),ar(2)=c(4)]
```

至于采用 ls 和 nls 命令建立线性和非线性模型的输入格式与前几章完全相同。

第 6 章 动态时间序列模型基础

传统的时间序列模型，一般先从已知相关理论出发设定模型形式，再由样本数据估计模型中的参数。这种方法使建模过程对相关理论有很强的依赖性。20 世纪 70 年代末，以英国计量经济学家 Hendry 为代表，将理论和数据信息有效结合，提出了动态计量经济学模型的理论与方法，为时间序列模型带来了重要的发展。本章介绍动态计量方法中的几个模型及 EViews 应用。

6.1 分布滞后模型

Hendry 认为，模型的建立应该是从一个能够代表数据生成过程（data generation process，DGP）的自回归分布滞后（autoregressive distributed lag，ADL）模型逐步简化，最后得到包含变量之间长期稳定关系的简单模型。

6.1.1 几何分布滞后模型

经济变量之间的因果关系往往随着时间间隔的延伸而逐渐减弱。几何分布滞后（又称 Koyck 滞后）模型反映了变量的影响程度随滞后期的延长而按几何级数递减，模型为：

$$\begin{aligned} y_t &= \alpha + \beta x_t + \lambda\beta x_{t-1} + \lambda^2\beta x_{t-2} + \cdots + \varepsilon_t \\ &= \alpha + \beta\sum_{i=0}^{\infty} \lambda^i x_{t-i} + \varepsilon_t \end{aligned} \tag{6.1.1}$$

式中，$|\lambda|<1$。对式（6.1.1）取一期滞后，并两边同乘 λ 得

$$\lambda y_{t-1} = \lambda\alpha + \lambda\beta x_{t-1} + \lambda^2\beta x_{t-2} + \cdots + \lambda\varepsilon_{t-1} \tag{6.1.2}$$

式（6.1.1）减去式（6.1.2）可得

$$y_t - \lambda y_{t-1} = \alpha(1-\lambda) + \beta x_t + \varepsilon_t - \lambda \varepsilon_{t-1} \tag{6.1.3}$$

令 $u_t = \varepsilon_t - \lambda \varepsilon_{t-1}$，得到几何分布滞后模型的第二种表达形式：

$$y_t = \alpha(1-\lambda) + \beta x_t + \lambda y_{t-1} + u_t \tag{6.1.4}$$

由于几何分布滞后模型中的随机扰动项通常存在一阶负相关关系，因此参数估计变得比较复杂，可采用工具变量法和广义差分法相结合的估计方法，这里不作详细介绍。

6.1.2 多项式分布滞后模型

为解决几何分布滞后模型存在的问题，Almon 提出了多项式分布滞后（polynomial distributed lag，PDL）模型。对于方程右边只含有外生变量及其滞后项的分布滞后模型

$$y_t = \alpha + \sum_{i=0}^{p} \beta_i x_{t-i} + u_t \tag{6.1.5}$$

解释变量之间显然存在多重共线性，不能采用 OLS 估计。为此，将 β_i 分解为

$$\beta_i = \alpha_0 + \alpha_1(i-\bar{p}) + \alpha_2(i-\bar{p})^2 + \cdots + \alpha_q(i-\bar{p})^q, \quad q<p \tag{6.1.6}$$

其中，$i=0, 1, 2, \cdots, p$，并且

$$\bar{p} = \begin{cases} p/2, & p=2k \\ (p-1)/2, & p=2k-1 \end{cases} \quad (k \in N) \tag{6.1.7}$$

即将每个参数用一个多项式表示，式（6.1.5）可改写为多项式分布滞后模型

$$y_t = \alpha + \alpha_0 z_{0t} + \alpha_1 z_{1t} + \cdots + \alpha_q z_{qt} + \mu_t \tag{6.1.8}$$

式中：$z_{jt} = \sum_{i=0}^{p} (i-\bar{p})^j x_{t-i}, \quad j = 0,1,\cdots,q$ （6.1.9）

这样，式（6.1.8）实际上比式（6.1.5）少了 $p-q$ 个参数。另外，可以对模型施加约束条件。近端（near end）约束使 x 对 y 的一期前导作用为 0，即

$$\beta_{-1} = \alpha_0 + \alpha_1(-1-\bar{p}) + \cdots + \alpha_q(-1-\bar{p})^q = 0 \tag{6.1.10}$$

远端（far end）约束使大于滞后期 p 后 x 对 y 的作用为 0，即

$$\beta_{p+1} = \alpha_0 + \alpha_1(p+1-\bar{p}) + \cdots + \alpha_q(p+1-\bar{p})^q = 0 \tag{6.1.11}$$

应用时，可同时指定上述两种约束，或其中之一，也可以不含约束条件。

可见，一个 PDL 模型由三个因素确定：滞后期 p，多项式的次数 q，约束条件。

可以在 EViews 主窗口命令行键入如下命令建立 PDL 模型：

ls y x1 x2 **pdl**(series_name,lags,order,options)

其中，lags 代表滞后期 p；order 表示多项式次数 q；options 指定约束类型，有下面三个选项，即近端约束，远端约束，同时采用近端和远端两种约束。如果模型中没有约束条

件，则 options 缺省。

例 6.1

表 6-1 是某水库 1998—2000 年各旬的流量、降水量数据。试对其建立多项式分布滞后模型。

表 6-1　某水库各旬流量与降水量资料

序号	流量	降水量	序号	流量	降水量
1	534	23	40	430	8
2	404	2	41	373	19
3	345	18	42	229	26
4	301	6	43	527	9
5	316	67	44	346	3
6	1 088	27	45	249	1
7	638	4	46	211	2
8	477	0	47	160	1
9	399	2	48	168	0
10	412	16	49	199	7
11	370	0	50	133	7
12	346	0	51	143	1
13	208	1	52	202	4
14	202	1	53	220	20
15	212	4	54	381	5
16	211	1	55	342	5
17	206	2	56	286	15
18	209	12	57	255	8
19	309	7	58	481	15
20	242	4	59	725	41
21	537	3	60	932	23
22	377	17	61	1 370	39
23	422	4	62	635	5
24	574	51	63	926	47
25	676	8	64	514	30
26	546	67	65	578	28
27	1 287	13	66	264	81
28	696	27	67	5 789	137
29	790	40	68	1 782	35
30	5 840	144	69	2 293	41
31	2 100	53	70	1 230	31
32	2 180	64	71	937	57
33	1 180	16	72	1 340	18
34	864	8	73	4 838	93
35	570	26	74	5 296	67
36	735	41	75	1 014	1
37	1 050	39	76	552	15
38	561	4	77	430	10
39	343	24	78	241	9

先按通常的方法建立工作文件。由于表 6－1 中样本的时间间隔为旬，EViews 并没提供相应的时期度量，故在图 1－3 所示的工作文件结构类型项（Workfile structure type）对话框下选择非日期型或无序（Undated or Irregular）项。最大数据量输入 78，表明共计 78 个数据。数据已保存在 Excel 中，读入建立水库流量与降水量序列，名称分别为 vol 和 ra。假定降水量对水库流量滞后 3 个月的影响仍然显著，即滞后期 $p=9$。若采用 4 阶多项式（$q=4$）且不施加端点限制条件，则输入命令

ls vol c pdl (ra,9,4)

参数估计及相关检验结果见表 6－2。

表 6－2　无约束模型输出结果 Ⅰ

	Coefficient	Std. Error	t-Statistic	Prob.
C	-192.7441	134.1490	-1.436791	0.1557
PDL01	-2.201333	1.451790	-1.516289	0.1344
PDL02	1.465162	0.893758	1.639327	0.1061
PDL03	0.892365	0.452415	1.972449	0.0530
PDL04	-0.292249	0.069748	-4.190061	0.0001
PDL05	0.015706	0.024792	0.633503	0.5287
R-squared	0.746638	Mean dependent var		888.0580
Adjusted R-squared	0.726530	S.D. dependent var		1241.393
S.E. of regression	649.1779	Akaike info criterion		15.87223
Sum squared resid	26550210	Schwarz criterion		16.06650
Log likelihood	-541.5920	Hannan-Quinn criter.		15.94931
F-statistic	37.13130	Durbin-Watson stat		1.917450
Prob(F-statistic)	0.000000			

模型输出窗口的上半部分如表 6－2 所示，其格式与一般回归方程相同，只是这里 EViews 用 PDL01，PDL02，PDL03 等代表式（6.1.8）中的 z_{0t}，z_{1t}，z_{2t}等 $q+1$ 个变量。本例 $q=4$，所以除常数项外共有 5 个参数估计值。在模型输出窗口下方，给出了式（6.1.5）中各 β_i 的估计值及 t 统计量，并绘制出估计值的分布图，见表 6－3。

表 6－3　无约束模型输出结果 Ⅱ

Lag Distribution of RA

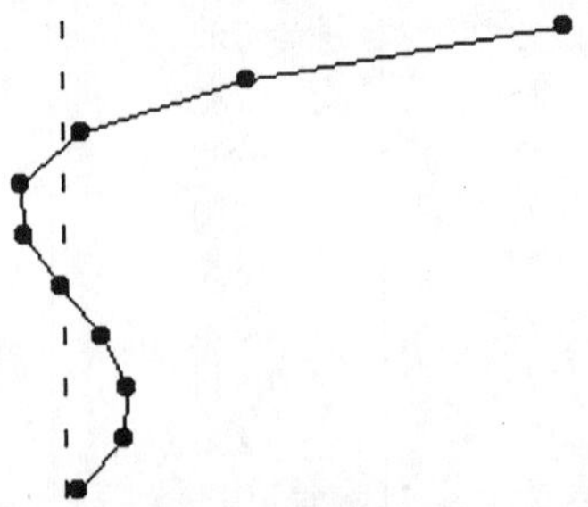

i	Coefficient	Std. Error	T-Statistic
0	28.9405	3.03629	9.53153
1	10.5974	1.65429	6.40599
2	1.02709	1.72358	0.59591
3	-2.46617	1.40254	-1.75836
4	-2.20133	1.45179	-1.51629
5	-0.12035	1.44141	-0.08349
6	2.21175	1.40857	1.57021
7	3.60689	1.77996	2.02639
8	3.25391	1.74281	1.86705
9	0.71862	3.16592	0.22699
Sum of Lags	45.5683	4.70545	9.68415

表 6-3 中最后一行的 Sum of Lags 是系数估计值的总和，在序列平稳的假设下，它反映了分布滞后变量（本例即降水量 ra）对因变量的长期作用大小。

若认为降水量对水库流量的作用在 3 个月之后几乎消失，则可利用远端限制条件，即输入命令

ls vol c pdl (ra,9,4,2)

参数估计及相关检验结果见表 6-4 与表 6-5。

表 6-4　远端约束模型输出结果Ⅰ

	Coefficient	Std. Error	t-Statistic	Prob.
C	-200.7567	131.3619	-1.528273	0.1314
PDL01	-2.050634	1.379835	-1.486144	0.1422
PDL02	1.498436	0.882829	1.697312	0.0945
PDL03	0.768564	0.289422	2.655509	0.0100
PDL04	-0.300631	0.065247	-4.607604	0.0000
R-squared	0.746124	Mean dependent var	888.0580	
Adjusted R-squared	0.730256	S.D. dependent var	1241.393	
S.E. of regression	644.7401	Akaike info criterion	15.84528	
Sum squared resid	26604146	Schwarz criterion	16.00717	
Log likelihood	-541.6620	Hannan-Quinn criter.	15.90950	
F-statistic	47.02283	Durbin-Watson stat	1.909227	
Prob(F-statistic)	0.000000			

将表 6-4 与表 6-2 比较发现，远端约束模型调整后的决定系数略高于无约束模型，*AIC* 和 *SC* 信息量略低于无约束模型，因此认为加入远端约束条件后的多项式分布滞后模型更优，但二者差异不大。表 6-5 与表 6-3 中系数估计值差异也不大，说明滞后期为 3 个月时降水量对水库流量的作用本身已衰减接近于 0。

表 6-5　远端约束模型输出结果Ⅱ

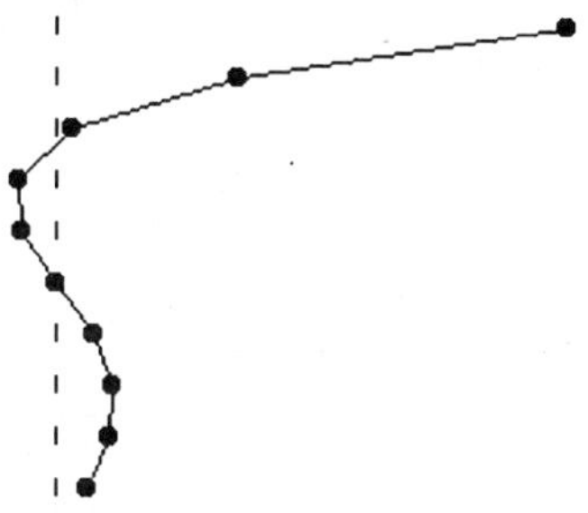

Lag Distribution of RA	i	Coefficient	Std. Error	T-Statistic
	0	29.4837	2.61141	11.2903
	1	10.3837	1.53211	6.77735
	2	0.80621	1.59820	0.50445
	3	-2.45647	1.39269	-1.76383
	4	-2.05063	1.37984	-1.48614
	5	-0.06086	1.42199	-0.04280
	6	1.98987	1.25602	1.58426
	7	3.14022	1.20276	2.61083
	8	2.99048	1.56880	1.90622
	9	1.70256	1.55725	1.09331
Sum of Lags		45.9287	4.56491	10.0612

另外，根据需要，可在命令中加入 ARMA 项，比如对某商品销售额（sale）、价格（price）和顾客流量（customer）建立如下模型

ls sale c price pdl (customer,10,3) ar (1) ma (1)

其中，变量 customer 的系数取决于无端点约束的次数为 3 的多项式。

PDL 模型也适用于两阶段最小二乘法，命令基本格式为：

tsls y x1 x2 **pdl**（series_name,lags,order,options）@ z1 z2

6.1.3 自回归分布滞后模型

1. 自回归分布滞后模型的基本问题

与上述两种分布滞后模型比较，Jorgenson（1966）提出的自回归分布滞后（Auto-regressive Distributed Lag，ADL）模型应用更加广泛。（p，q）阶自回归分布滞后模型的基本表达式为：

$$
\begin{aligned}
y_t = &\alpha + \phi_1 y_{t-1} + \phi_2 y_{t-2} + \cdots + \phi_p y_{t-p} + \sum_{i=0}^{\tau_i} \boldsymbol{\beta}'_i \boldsymbol{x}_{t-i} \\
&+ u_t - \theta_1 u_{t-1} - \theta_2 u_{t-2} - \cdots - \theta_q u_{t-q}
\end{aligned}
\tag{6.1.12}
$$

式中，$\boldsymbol{x}_{t-i}$ 为滞后 i 期的外生变量向量（维数与变量个数相同），且每个外生变量的最大滞后阶数为 τ_i；$\boldsymbol{\beta}_i$ 为参数向量。显然，ARMA 模型只是式（6.1.12）的一个特例。

如果模型（6.1.12）中不存在移动平均项，则可以采用 OLS 法估计各参数；若模型中有移动平均项，线性 OLS 估计将是非一致性估计，应采用非线性最小二乘估计。

2. “从一般到简单”的建模过程

在动态计量经济建模过程中，通常从一个结构比较复杂的 ADL 模型开始，经过一些对参数的线性或非线性条件约束，去掉一些变量，最终得到一个具有良好性质的表达简练的模型。这就是“从一般到简单”的建模过程，前后两个模型分别称为“一般模型”（general model）和“简单模型”（specific model）。

下面以一个实际的例子来说明动态建模方法。

例 6.2

表 6-6 中，序列 S_t 和 Z_t 分别表示 1992 年 1 月至 1998 年 12 月经居民消费价格指数调整的中国城镇居民月人均生活费支出和可支配收入时间序列，现以月人均生活费支出为因变量，建立自回归分布滞后模型。

表 6-6 中国城镇居民月人均生活费支出和可支配收入调整序列 单位：元

序列	年份	月度数据（1—12 月）					
S_t	1992	151.83	159.86	126.00	124.88	127.75	134.48
		145.05	138.31	144.24	143.86	149.12	139.93
	1993	265.93	196.96	200.19	199.48	200.75	208.50
		218.82	209.07	223.17	226.51	226.62	210.32
	1994	273.98	318.81	236.45	248.00	261.16	273.45
		278.10	277.15	292.71	289.36	296.50	277.60

续表

序列	年份	月度数据（1—12 月）					
S_t	1995	370.00	385.21	308.62	320.33	327.94	338.53
		361.09	356.30	371.32	378.72	383.58	427.78
	1996	438.37	561.29	396.82	405.27	410.06	415.38
		434.70	418.21	442.30	440.81	449.03	449.17
	1997	521.01	721.01	482.38	492.96	499.90	508.81
		516.24	509.98	538.46	537.09	534.12	511.23
	1998	643.40	778.62	537.16	545.79	567.99	555.79
		570.23	564.38	576.36	599.40	577.40	606.14
Z_t	1992	139.47	168.07	110.47	113.22	115.82	118.20
		118.03	124.45	147.70	135.14	135.20	128.03
	1993	221.74	186.49	185.92	185.26	187.62	192.11
		186.75	187.07	219.23	212.80	205.22	192.64
	1994	234.28	272.09	202.88	227.89	235.70	237.89
		239.71	252.52	286.75	270.00	274.37	250.01
	1995	307.10	353.55	263.37	281.22	299.73	308.18
		315.87	331.88	385.99	355.92	355.11	386.08
	1996	373.58	471.77	350.36	352.15	369.57	370.42
		376.90	387.44	454.93	403.77	410.10	400.48
	1997	419.39	528.09	390.04	405.63	426.81	422.00
		428.70	459.29	517.06	463.98	442.96	460.92
	1998	485.70	598.82	417.27	455.60	466.20	455.19
		458.57	475.40	591.42	494.57	496.69	516.16

首先对原序列进行自然对数变换，生成新序列命名为 *ls* 和 *lz*。以 *lz* 为因变量，利用普通最小二乘法在窗口输入命令，建立如下自回归分布滞后模型

ls lz c LZ（−1） **lz**（−2） **ls** **ls**（−1） **ls**（−2） **ls**（−3）

EViews 输出结果见表 6－7。

表 6－7　“一般模型”估计结果及相关检验

	Coefficient	Std. Error	t-Statistic	Prob.
C	0.160126	0.082991	1.929448	0.0575
LZ(-1)	0.402240	0.111323	3.613267	0.0005
LZ(-2)	-0.021053	0.109249	-0.192711	0.8477
LS	0.830592	0.051595	16.09839	0.0000
LS(-1)	-0.328889	0.110768	-2.969166	0.0040
LS(-2)	0.024996	0.109022	0.229274	0.8193
LS(-3)	0.052234	0.049271	1.060141	0.2925

R-squared	0.985127	Mean dependent var	5.699379
Adjusted R-squared	0.983921	S.D. dependent var	0.444226
S.E. of regression	0.056329	Akaike info criterion	-2.832750
Sum squared resid	0.234801	Schwarz criterion	-2.625822
Log likelihood	121.7264	Hannan-Quinn criter.	-2.749727
F-statistic	816.9015	Durbin-Watson stat	2.004710
Prob(F-statistic)	0.000000		

由表 6-7 可知，引入生活费支出二期滞后、可支配收入三期滞后的模型整体拟合效果很好。调整的 R^2 达 0.983 9，F 检验也高度显著。由于 $D.W.$ 检验失效，故采用 LM 检验代替。在方程结果输出窗口点击 View/Residual Tests/Serial Correlation LM Test，然后输入滞后期 1，点击 OK 按钮得到 χ^2 检验的相伴概率为 0.91，因此不能拒绝残差序列不存在自相关的零假设。综上，该模型可作为“一般模型”。

根据“一般模型”中各解释变量的系数 t 检验结果，逐步剔除不显著变量，最终得到“简单模型”的估计结果，见表 6-8。

表 6-8　“简单模型”估计结果及相关检验

	Coefficient	Std. Error	t-Statistic	Prob.
C	0.166854	0.083152	2.006606	0.0482
LZ(-1)	0.338467	0.105802	3.199062	0.0020
LS	0.885036	0.046870	18.88266	0.0000
LS(-1)	-0.265937	0.105913	-2.510912	0.0141

R-squared	0.983839	Mean dependent var	5.680468
Adjusted R-squared	0.983225	S.D. dependent var	0.456353
S.E. of regression	0.059105	Akaike info criterion	-2.772000
Sum squared resid	0.275981	Schwarz criterion	-2.655429
Log likelihood	119.0380	Hannan-Quinn criter.	-2.725168
F-statistic	1603.118	Durbin-Watson stat	1.932002
Prob(F-statistic)	0.000000		

经过简化的自回归分布滞后模型不仅各解释变量都高度显著，而且整体拟合效果相对于“一般模型”并没下降。模型调整后的 R^2 仍高达 0.983 2，对残差进行一阶 LM 检验的相伴概率为 0.94，符合要求。另外，根据 AIC 和 SC 的值，简化模型的表现也很不错。也可以利用参数的 Wald 检验验证模型约束的有效性。在“一般模型”的方程结果输出窗口中选择 View/Coefficient Tests/Wald-Coefficient Restrictions，然后在图 3-5 所示对话框中输入：

$$c(3)=c(6)=c(7)=0$$

结果得到 χ^2 检验的相伴概率为 0.63，因此不能拒绝解释变量 lz_{t-2}，ls_{t-2} 及 ls_{t-3} 的系数为 0 的原假设。综上，该简化模型可作为反映城镇居民月人均生活费支出和可支配收入关系的自回归分布滞后模型。

6.2　单位根检验

上一章介绍的 ARMA 模型主要是针对平稳时间序列的建模方法，但是很多的时间序列是非平稳的，这一节将介绍单位根过程及相关检验。

6.2.1　单位根过程

如果一个时间序列的均值或自协方差函数随时间而改变，那么这个序列就是非平稳时间序列。

随机过程 $\{y_t, t=1, 2, \cdots\}$，若

$$y_t=\rho y_{t-1}+\varepsilon_t \tag{6.2.1}$$

式中，$\rho=1$，ε_t 为一稳定过程，且 $E(\varepsilon_t)=0$，$\mathrm{Cov}(\varepsilon_t,\ \varepsilon_{t-s})=\mu_t<\infty$，这里 $s=0,\ 1,\ 2,\ \cdots$，则称该过程为单位根过程（unit root process）。特别地，若

$$y_t=y_{t-1}+\varepsilon_t \tag{6.2.2}$$

式中，ε_t 独立同分布，且 $E(\varepsilon_t)=0$，$D(\varepsilon_t)=\sigma^2<\infty$，则称 $\{y_t\}$ 为一随机游动（random walk）过程。可见，它只是单位根过程的一个特例。

单位根过程经过一阶差分成为平稳过程，即

$$y_t-y_{t-1}=(1-B)y_t=\varepsilon_t \tag{6.2.3}$$

这样的时间序列 y_t 称为一阶单整（integration）序列，记作 $I(1)$。一般地，如果非平稳时间序列 x_t 经过 d 次差分达到平稳，则称其为 d 阶单整序列，记作 $I(d)$。其中，d 表示单整阶数，是序列包含的单位根个数。

6.2.2　单位根检验

第 5 章利用序列的自相关分析图判断时间序列的平稳性，这种方法比较粗略。单位根检验是检验时序平稳性的一种正式的方法。

1. DF 检验

考虑一个 $AR(1)$ 过程

$$y_t=\rho y_{t-1}+\varepsilon_t \tag{6.2.4}$$

式中，ε_t 为白噪声。若参数 $|\rho|<1$，则序列 y 是平稳的。当 $|\rho|>1$ 时，序列是爆炸性（explosive）的，没有实际意义。因此，只需检验 $|\rho|$ 是否严格小于 1。

实际检验时，将式（6.2.4）写成

$$\nabla y_t=\gamma y_{t-1}+\varepsilon_t \tag{6.2.5}$$

式中，$\gamma=\rho-1$。检验假设为：

$$H_0:\gamma=0 \quad H_1:\gamma<0$$

在序列有单位根的零假设下，对参数 γ 估计值的显著性检验 t 统计量不服从常规的 t 分布，DF(Dickey & Fuller) 于 1979 年给出了模拟的临界值，故此检验称为 DF 检验。在 EViews 中给出的是由 MacKinnon 改进的单位根检验的临界值。

根据序列 y 的性质不同，DF 检验还有如下两种形式。

（1）包含常数项：

$$\nabla y_t=c+\gamma y_{t-1}+\varepsilon_t \tag{6.2.6}$$

（2）包含常数项和线性时间趋势项：

$$\nabla y_t=c+\delta t+\gamma y_{t-1}+\varepsilon_t \tag{6.2.7}$$

一般地，如果序列 y 在 0 均值上下波动，则应该选择不包含常数和时间趋势项的检验

方程，即式（6.2.5）；如果序列没有时间趋势，并且具有非 0 均值，则可选择式（6.2.6）作为检验方程；若序列随时间变化有上升或下降趋势，就应采用式（6.2.7）的形式。

2. ADF 检验

在 DF 检验中，对于式（6.2.5），常常因为序列存在高阶滞后相关而破坏了随机扰动项 ε_t 是白噪声的假设。ADF 检验对此做了改进。它假定序列 y 服从 $AR(p)$ 过程。检验方程为：

$$\nabla y_t = \gamma y_{t-1} + \xi_1 \nabla y_{t-1} + \xi_2 \nabla y_{t-2} + \cdots + \xi_{p-1} \nabla y_{t-p+1} + \varepsilon_t \tag{6.2.8}$$

ADF 检验假设与 DF 检验相同。在实际操作中，式（6.2.8）中的参数 p 视具体情况而定，一般选择能保证 ε_t 是白噪声的最小的 p 值。对比式（6.2.5），可见 DF 检验只是 ADF 检验的一个特例。

与 DF 检验一样，ADF 检验也有包含常数项和同时含有常数和线性时间趋势项两种形式，只需在式（6.2.8）右边加上 c 和 δt 即可。

例 6.3

对例 5.4 中某国 1960—1993 年的 GNP 平减指数的季度时间序列 p_t（见图 6-1，纵轴单位是%）进行单位根检验，并确定其是否单整。

（1）序列 p_t 的单位根检验。

首先对序列进行 DF 检验。EViews 中，在主菜单选择 Quick/Series Statistics/Unit Root Test，屏幕提示用户输入待检验序列名，这里输入 p，单击 OK 按钮进入单位根检验定义对话框，见图 6-2。

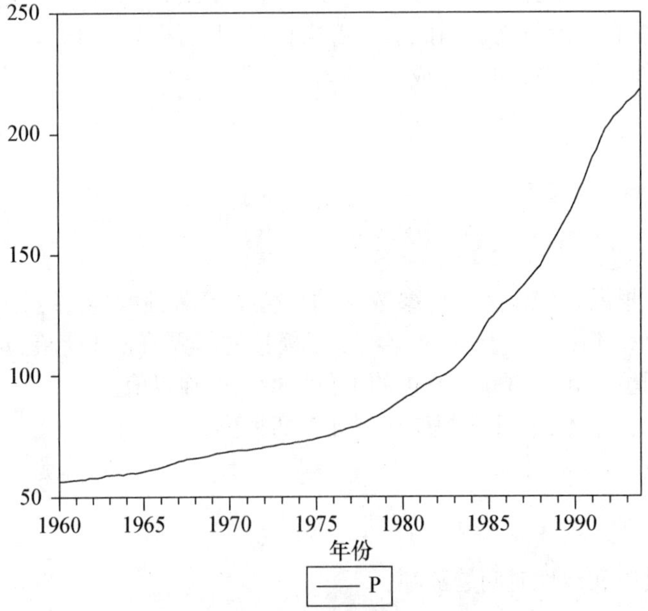

图 6-1 GNP 平减指数 p_t 时序图

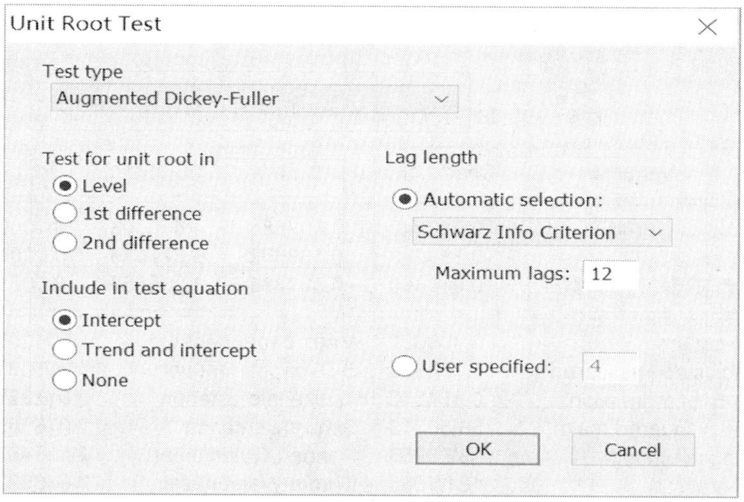

图 6-2　单位根检验定义对话框

对话框由四部分构成：检验类型（Test type)、对检验序列的选择（Test for unit root in)、对序列趋势类型的选择（Include in test equation）和滞后阶数的选择（Lag length)。检验类型（Test type）有下拉菜单，选项有六个：Augmented Dickey-Fuller，Dickey-Fuller GLS（ERS)，Phillips-Perron，Kwiatkowski-Phillips—Schmidt-Shin，Elliott-Rothenberg-stock Point-Optin，Ng-Perron。一般常用默认项 ADF 检验，也可以选择第三项 PP 检验。本例采用默认项。Test for unit root in 中可选择对原序列不差分、一阶差分或二阶差分做单位根检验，本例保持默认的 Level，即原序列不差分。从图 6-1 可见，序列 p_t 有明显的上升趋势，所以应采用式（6.2.7）作为检验方程，故在 Include in test equation 中选择 Trend and intercept，表示同时包含常数和趋势项。Lag length 下方的 Automatic selection 下面的选项与前面的检验类型（Test type）选择有关。选择不同的检验类型（Test type)，这里会有不同的显示。此处可以采用默认。Maximum lags 右侧空白处需要输入数值，代表 ADF 检验方程（6.2.8）中的滞后期 p。若仅考虑存在一阶自相关，将其值改为 0。点击 OK 按钮，出现检验结果输出窗口。

结果输出窗口见表 6-9，上方是 ADF 检验统计量的计算值和原假设成立的概率；下面是 1%、5%以及 10%的显著性水平下的临界值。

表 6-9　序列 p_t 的 DF 检验结果

		t-Statistic	Prob.*
Augmented Dickey-Fuller test statistic		4.830308	1.0000
Test critical values:	1% level	-4.027463	
	5% level	-3.443450	
	10% level	-3.146455	

*MacKinnon (1996) one-sided p-values.

从表 6-9 看，检验 t 统计量值是 4.830 308，比显著性水平为 10%的临界值还大，不能拒绝原假设，序列存在单位根，是非平稳的；从原假设成立的概率为 1 也可以得出这一结论。要知道该检验的效力，还可以看输出窗口下半部分的对辅助方程（6.2.7）的估计和检验结果，如表 6-10 所示。

表 6-10　DF 检验的辅助方程估计与检验结果

Variable	Coefficient	Std. Error	t-Statistic	Prob.
P(-1)	0.013942	0.002886	4.830308	0.0000
C	-0.884243	0.138652	-6.377419	0.0000
@TREND("1960Q1")	0.010460	0.003338	3.133857	0.0021

R-squared	0.709391	Mean dependent var	1.201259
Adjusted R-squared	0.704988	S.D. dependent var	1.205096
S.E. of regression	0.654548	Akaike info criterion	2.012227
Sum squared resid	56.55313	Schwarz criterion	2.076789
Log likelihood	-132.8253	Hannan-Quinn criter.	2.038463
F-statistic	161.1095	Durbin-Watson stat	0.639592
Prob(F-statistic)	0.000000		

表 6-10 中，变量名 P(−1)、C 和@TREND 分别表示式（6.2.7）中的 γ，c 和 δ。AIC 和 SC 是评价检验效果的有效准则。这里，二者的值都比较大，表明对序列 p_t 采用 DF 检验并不合适。再试用 ADF 检验。

在 EViews 中，ADF 检验与 DF 检验操作步骤完全相同。只需改变图 6-2 中 Lag length 下方的数值，找到使 *AIC* 和 *SC* 值达最小的方程（6.2.8）中的参数 p。经过试验，当滞后期 $p=3$ 时，检验方程的 *AIC* 和 *SC* 值最小，此时检验结果见表 6-11。

表 6-11　序列 p_t 的 ADF 检验结果

		t-Statistic	Prob.*
Augmented Dickey-Fuller test statistic		-1.263215	0.8923
Test critical values:	1% level	-4.029041	
	5% level	-3.444222	
	10% level	-3.146908	

*MacKinnon (1996) one-sided p-values.

由表 6-11 可知，检验 t 统计量值是−1.263 215，大于显著性水平为 10%的临界值，结果与 DF 检验结论一致，表明序列是非平稳的。但是，注意到 t 统计量值已经发生了明显的变化。

另外，ADF 检验的命令格式为：

uroot (lags,options) series_name

其中，lags 指 ADF 检验方程（6.2.8）中的参数 p，options 中的选项代表检验方程的不同形式。字母 c，t 和 n 分别表示含有常数项、同时包括常数和趋势项以及无常数和趋势项三种检验类型。因此，上面对序列 p_t 的 ADF 检验用命令形式表示为：

uroot (3,t)p

（2）序列 p_t 的单整检验。

为确定序列 p_t 是不是单整的，应对其差分序列进行单位根检验。分别记 p_t 的一阶和二阶差分序列为 ip_t 和 iip_t。一阶差分序列图和二阶差分序列图分别如图 6－3 和图 6－4 所示。

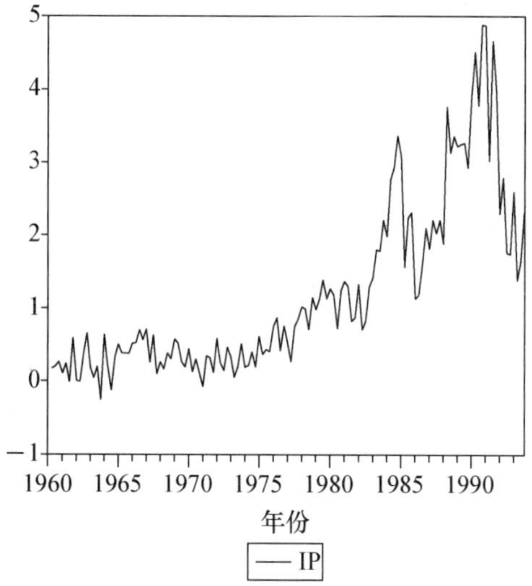

图 6－3　一阶差分序列图

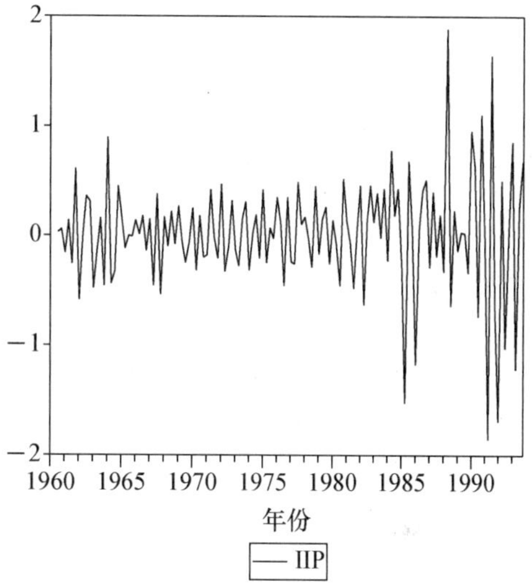

图 6－4　二阶差分序列图

从图 6－3 可见，经过一阶差分后，序列仍然有上升趋势，所以还是选择同时包含常数和线性时间趋势项的检验方程。在 EViews 中，既可以直接对序列 ip_t 进行单位根检验，也可以把图 6－2 中 Test for unit root in 的选项改为1st difference。经验证，采用 ADF 检验且滞后期 $p=3$ 比较合适。得到 t 统计量值是－2.83，大于显著性水平为 10%的临界值－3.15，说明序列仍是非平稳的。

再对 iip_t 做单位根检验。图 6－4 中，序列围绕 0 均值上下波动，因此采用无常数和趋势项的检验形式，故应将图 6－2 中 Include in test equation 的选项改为 None。同上面类似，既可以直接检验序列 iip_t，也可以把图 6－2 中 Test for unit root in 的选项改为2nd difference。经比较，最终选择无常数和趋势项的检验形式且滞后期 $p=0$，结果见表 6－12。

表 6－12　序列 iip_t 的 ADF 检验结果

Augmented Dickey-Fuller test statistic		-17.08573	0.0000
Test critical values:	1% level	-2.582465	
	5% level	-1.943247	
	10% level	-1.615122	

*MacKinnon (1996) one-sided p-values.

由于检验 t 统计量值是－17.08，小于显著性水平为 1%的临界值，所以至少可以在 99%的置信度下拒绝原假设，认为序列 iip_t 不存在单位根。

综上，非平稳序列 p_t 经过二阶差分平稳，所以是二阶单整序列，即 $I(2)$。

3. PP 检验

针对 DF 检验中序列可能存在高阶相关，Pillips 和 Perron 于 1988 年提出了一种非参数方法。PP 检验的检验方程如式（6.2.9）。

$$\nabla y_t = \alpha + \gamma y_{t-1} + \varepsilon_t \tag{6.2.9}$$

模型中可以没有常数项。该检验对方程中系数 γ 的显著性检验 t 统计量进行了修正，检验原假设与 ADF 检验相同，即序列存在单位根，$\gamma=0$。EViews 采用 Newey-West 异方差和自相关一致估计，检验统计量：

$$t_{pp} = \frac{\gamma_0^{1/2} t_\gamma}{\omega} - \frac{(\omega^2 - \gamma_0) T s_\gamma}{2\omega \hat{\sigma}} \tag{6.2.10}$$

式中：
$$\omega^2 = \gamma_0 + 2\sum_{j=1}^{q}\left(1 - \frac{j}{q+1}\right)\gamma_j \tag{6.2.11}$$

$$\gamma_j = \frac{1}{T}\sum_{t=j+1}^{T} \tilde{\varepsilon}_t \tilde{\varepsilon}_{t-j} \tag{6.2.12}$$

t_γ 和 s_γ 为系数 γ 的检验 t 统计量和标准误；$\hat{\sigma}$ 为检验方程的估计标准误；T 为时期总数；q 为截尾期。针对序列的不同性质，PP 检验也有含常数项、含常数和趋势项以及不含常数和趋势项三种检验类型。

例 6.4

续例 6.3，对序列 p_t 做单位根 PP 检验。

使用 EViews 进行 PP 检验的操作与 ADF 检验差别不大。在单位根检验定义对话框（见图 6－2）中，把 Test type 下面的选项改为 Pillips-Perron，系统会根据序列样本量自动在 Truncation lag 中给出推荐的式（6.2.11）中的 q 值，其他选项意义与 ADF 检验相同。本例选择包含常数和线性趋势项的检验方程，主要结果见表 6－13。

表 6－13　序列 p_t 的 PP 检验结果

		Adj. t-Stat	Prob.*
Phillips-Perron test statistic		2.033628	1.0000
Test critical values:	1% level	-4.027463	
	5% level	-3.443450	
	10% level	-3.146455	

*MacKinnon (1996) one-sided p-values.

从表 6－13 看到，PP 检验统计量值为 2.033 628，远大于各水平的临界值，所以序列 p_t 是非平稳的，与前面结论一致。

PP 检验的命令格式为：

uroot (lags, options, h) series_name

其中，lags 指式（6.2.11）中的参数 q，其他参数意义与 ADF 检验相同。对本例，可输入命令：

uroot(4, t, h)p

6.3　协整与误差修正模型

一些时间序列，虽然它们自身非平稳，但其某种线性组合却平稳。这个线性组合反映了变量之间长期稳定的比例关系，称为协整（cointegration）关系。误差修正模型（Error Correction Model，ECM）在协整理论出现之前产生，但是为便于读者理解，本节将其放在后一部分。

6.3.1　协整的定义与协整检验

1. 协整的定义

如果时间序列 y_{1t}，y_{2t}，…，y_{nt} 都是 d 阶单整，即 $I(d)$，存在一个向量 $\boldsymbol{\alpha}=(\alpha_1, \alpha_2, \cdots, \alpha_n)$，使得 $\boldsymbol{\alpha y}'_t \sim I(d-b)$，这里 $\boldsymbol{y}_t=(y_{1t}, y_{2t}, \cdots, y_{nt})$，$d \geqslant b \geqslant 0$。则称序列 y_{1t}，y_{2t}，…，y_{nt} 是 (d, b) 阶协整，记为 $\boldsymbol{y}_t \sim CI(d, b)$，$\boldsymbol{\alpha}$ 为协整向量。

这一节只涉及两个序列间的协整关系，至于多变量的协整理论将在多方程模型一章加以介绍。经证明，对于两个时间序列 x_t 和 y_t，只有在它们是同阶单整即 $I(d)$ 时，才可能有协整关系（这一点对多变量协整并不适用）。

2. 协整检验

为检验两变量 x_t 和 y_t 是否协整，Engle 和 Granger 于 1987 年提出了两步检验法，称为 EG 检验。对同是 d 阶单整的序列 x_t 和 y_t，用一个变量对另一个变量回归，即

$$y_t=\alpha+\beta x_t+\varepsilon_t \tag{6.3.1}$$

用 $\hat{\alpha}$ 和 $\hat{\beta}$ 表示回归系数的估计值，则模型残差估计值

$$\hat{\varepsilon}=y_t-\hat{\alpha}-\hat{\beta}x_t \tag{6.3.2}$$

若 $\hat{\varepsilon} \sim I(0)$，则 x_t 和 y_t 具有协整关系，且 $(1, -\hat{\beta})$ 为协整向量，式（6.3.1）为协整回归方程。

例 6.5

续例 6.2，序列 sa_t 和 za_t 分别代表以 X11 程序对表 6－6 中城镇居民月人均生活费支出和可支配收入时间序列进行季节调整后的序列。要求对经自然对数变换后的序列 lsa_t 和 lza_t 做协整检验。

从图 6－5 可见，经调整的城镇居民月人均可支配收入与生活费支出序列具有大致相同的增长和变化趋势，说明二者可能存在协整关系。现利用 EG 两步法对其进行检验。

第一步分别对序列 lsa 和 lza 进行单整检验。这里采用 6.2 节介绍的 ADF 检验方法，均采用不含常数和趋势项、滞后项为 0，具体操作不再赘述，检验结果见表 6－14 至表 6－17。

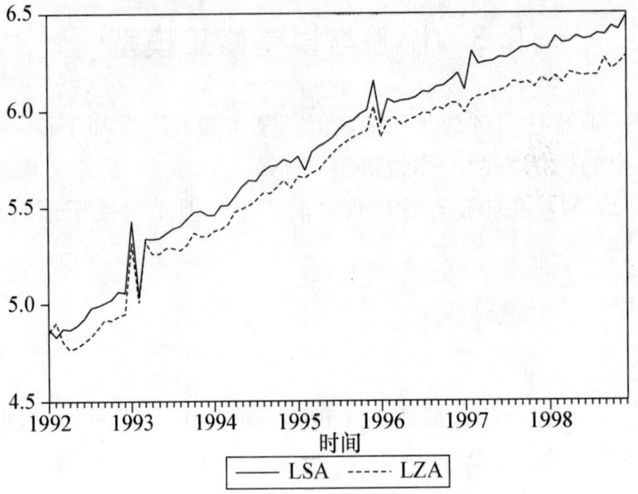

图 6 - 5　序列 *lsa* 和 *lza* 的折线图

表 6 - 14　序列 *lsa* 的 ADF 检验结果

		t-Statistic	Prob.*
Augmented Dickey-Fuller test statistic		2.003301	0.9888
Test critical values:	1% level	-2.593121	
	5% level	-1.944762	
	10% level	-1.614204	

*MacKinnon (1996) one-sided p-values.

表 6 - 15　序列 *ilsa* 的 ADF 检验结果

		t-Statistic	Prob.*
Augmented Dickey-Fuller test statistic		-18.17264	0.0000
Test critical values:	1% level	-2.593468	
	5% level	-1.944811	
	10% level	-1.614175	

*MacKinnon (1996) one-sided p-values.

表 6 - 16　序列 *lza* 的 ADF 检验结果

		t-Statistic	Prob.*
Augmented Dickey-Fuller test statistic		2.008691	0.9890
Test critical values:	1% level	-2.593121	
	5% level	-1.944762	
	10% level	-1.614204	

*MacKinnon (1996) one-sided p-values.

表 6－17　序列 *ilza* 的 ADF 检验结果

		t-Statistic	Prob.*
Augmented Dickey-Fuller test statistic		-16.94183	0.0000
Test critical values:	1% level	-2.593468	
	5% level	-1.944811	
	10% level	-1.614175	

*MacKinnon (1996) one-sided p-values.

将各序列的 ADF 检验统计量值与相应的临界值比较容易得出，原序列 *lsa* 及 *lza* 都是非平稳序列，一阶差分序列 *ilsa* 及 *ilza* 均平稳，由此判定 *lsa* 和 *lza* 为一阶单整序列，满足协整检验前提。

第二步用变量 *lza* 对 *lsa* 进行普通最小二乘回归，即输入命令

ls lza c laa

回车，得到回归模型的估计结果。为保留因变量的估计结果，可以使用 forcst 命令，将其命名为 lzaf。此时模型估计残差序列存储在默认序列对象 resid 中，最好新生成一个序列以保存结果，命令为

series e＝resid

回归方程估计残差序列 *e* 的取值如图 6－6 所示。

对序列 *e* 做单位根检验，ADF 检验结果见表 6－18。

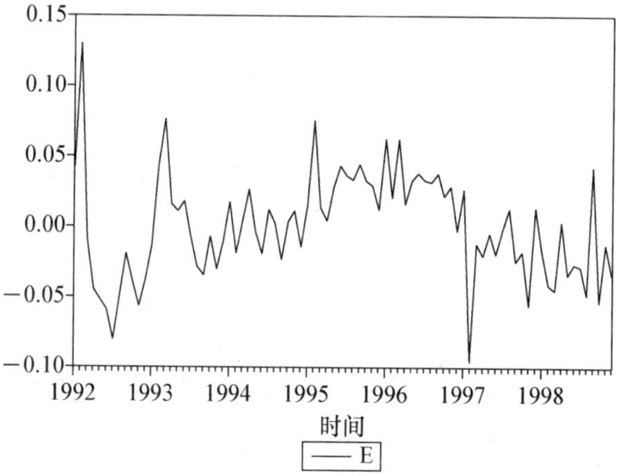

图 6－6　残差序列 e 的折线图

表 6－18　序列 e 的 ADF 检验结果

		t-Statistic	Prob.*
Augmented Dickey-Fuller test statistic		-5.584665	0.0000
Test critical values:	1% level	-2.593121	
	5% level	-1.944762	
	10% level	-1.614204	

*MacKinnon (1996) one-sided p-values.

由于检验统计量为−5.584 665，小于显著性水平 0.01 时的临界值−2.593 121，可认为估计残差序列 e 为平稳序列，进而得到序列 lsa 和 lza 具有协整关系。

6.3.2 误差修正模型

误差修正模型（ECM）的基本形式是由 Davidson，Hendry，Srba 和 Yeo 于 1978 年提出的，称为 DHSY 模型。模型为：

$$\nabla y_t = \beta_0 + \beta_1 \nabla x_t + \lambda ecm_{t-1} + \varepsilon_t \tag{6.3.3}$$

式中，ecm 为误差修正项。

模型的意义可以通过 $ADL(1, 1)$ 模型加以解释。$ADL(1, 1)$ 模型如

$$y_t = \beta_0 + \beta_1 x_t + \beta_2 y_{t-1} + \beta_3 x_{t-1} + \varepsilon_t \tag{6.3.4}$$

移项后，整理可得

$$\nabla y_t = \beta_0 + \beta_1 \nabla x_t - (1-\beta_2)\left[y_{t-1} - \frac{\beta_1+\beta_3}{1-\beta_2}x_{t-1}\right] + \varepsilon_t \tag{6.3.5}$$

可以看出式（6.3.5）即为误差修正模型的形式，其中 $y - \frac{\beta_1+\beta_3}{1-\beta_2}x$ 是误差修正项，即为式（6.3.3）中的 ecm。

模型（6.3.5）解释了因变量 y_t 的短期波动∇y_t 是如何被决定的。一方面，它受到自变量短期波动∇x_t 的影响；另一方面，则取决于 ecm。如果变量 y_t 和 x_t 间存在长期均衡关系，即 $\bar{y} = a\bar{x}$，式（6.3.5）中的 ecm 正好可以改写成这种形式：

$$\bar{y} = \frac{\beta_1+\beta_3}{1-\beta_2}\bar{x} \tag{6.3.6}$$

可见，ecm 反映了变量在短期波动中偏离它们长期均衡关系的程度，称为均衡误差。

一般地，式（6.3.4）中 $|\beta_2| < 1$，所以 $\lambda = -(1-\beta_2) < 0$。因此，当 $y_{t-1} > \frac{\beta_1+\beta_3}{1-\beta_2}x_{t-1}$，$ecm_{t-1}$ 为正，则 λecm_{t-1} 为负，使 ∇y_t 减少，反之亦然。这体现了均衡误差对 y_t 的控制。

对 ADL 模型（6.3.4），如果 y_t 和 x_t 都是 $I(1)$ 序列，则式（6.3.3）中∇y_t和 ∇x_t 都应该是平稳序列，即 $I(0)$。因此，只有 ecm_{t-1} 也是 $I(0)$，等式才能成立。故序列 y_t 和 x_t 是协整的，且$\frac{\beta_1+\beta_3}{1-\beta_2}$为协整系数。这就是协整与 ECM 的关系。

例 6.6

续例 6.5，以城镇居民月人均生活费支出的调整序列 lza_t 为因变量，建立关于城镇居民月人均生活费支出及可支配收入的误差修正模型。

例 6.5 已经证明序列 lsa 和 lza 之间存在协整关系，故可建立 ECM。先定义误差修正项，以 lza 为因变量，lsa 为自变量，进行最小二乘回归，得到回归系数为 0.930 7，则利用 GENR 定义：

ecm=lza(−1)−0.930 7 * lsa(−1)

直接输入以下命令建立误差修正模型：

ls ilza(−1) c ilsa(−1) ecm

方程估计结果见表 6-19。

表 6-19　ECM 估计及相关检验结果 I

	Coefficient	Std. Error	t-Statistic	Prob.
C	0.141807	0.026834	5.284550	0.0000
ILSA	0.802036	0.043648	18.37503	0.0000
ECM	-0.502197	0.095696	-5.247845	0.0000
R-squared	0.810805	Mean dependent var	0.017154	
Adjusted R-squared	0.806075	S.D. dependent var	0.073709	
S.E. of regression	0.032459	Akaike info criterion	-3.982182	
Sum squared resid	0.084289	Schwarz criterion	-3.894754	
Log likelihood	168.2605	Hannan-Quinn criter.	-3.947058	
F-statistic	171.4224	Durbin-Watson stat	2.186063	
Prob(F-statistic)	0.000000			

也可以利用差分表达式直接输入命令：

ls　d(lza)　c　d(lsa)　ecm

得到同表 6-19 的结果，只是 *ilsa* 换成 *d*(*lsa*)。这样表述的目的是预测较为方便。

也可以按照式（6.3.4）建立 ECM，即输入命令：

ls lza c lza(−1) lsa lsa(−1)

所得结果见表 6-20。

表 6-20　ECM 估计及相关检验结果 Ⅱ

	Coefficient	Std. Error	t-Statistic	Prob.
C	0.136325	0.050396	2.705084	0.0084
LZA(-1)	0.497296	0.096370	5.160276	0.0000
LSA	0.802896	0.044423	18.07396	0.0000
LSA(-1)	-0.334060	0.093254	-3.582264	0.0006
R-squared	0.994918	Mean dependent var	5.684448	
Adjusted R-squared	0.994725	S.D. dependent var	0.449674	
S.E. of regression	0.032661	Akaike info criterion	-3.958296	
Sum squared resid	0.084271	Schwarz criterion	-3.841725	
Log likelihood	168.2693	Hannan-Quinn criter.	-3.911464	
F-statistic	5154.939	Durbin-Watson stat	2.185376	
Prob(F-statistic)	0.000000			

表 6-19 与表 6-20 所对应的模型表达式分别为：

$$lza_t - lza_{t-1} = c(1) + c(2)(lsa_t - lsa_{t-1}) + c(3)(lza_{t-1} - c(4) - c(5)lsa_{t-1}) + u_t \tag{6.3.7}$$

$$lza_t = c(6) + c(7)lza_{t-1} + c(8)lsa_t + c(9)lsa_{t-1} + v_t \qquad (6.3.8)$$

容易验证：

$$c(6) = 0.136\,4 \approx 0.138\,4 = c(1) - c(3)c(4)$$
$$c(7) = 0.497\,2 \approx 0.497\,7 = 1 + c(3)$$
$$c(8) = 0.802\,9 \approx 0.802\,0 = c(2)$$
$$c(9) = -0.334\,0 \approx -0.333\,9 = -(c(2) + c(3)c(5))$$

其中，c(4) ＝0.272 0，c(5) ＝0.932 0，为方程 $lza_{t-1} = \alpha + \beta lsa_{t-1} + \varepsilon_{t-1}$ 的估计系数。因此，两种方法建立的误差修正模型是等价的。从表 6－20 可知，模型拟合程度高，效果不错。式（6.3.7）中 *ecm* 项的系数反映城镇居民收入、支出的短期波动偏离长期均衡关系的程度。实际预测时，使用式（6.3.8）会比较方便。

第 7 章 条件异方差模型

一些时间序列特别是金融时间序列，常常会出现某一特征的值成群出现的情况，如对股票收益率序列建模，其随机扰动项往往在较大幅度波动后面伴随着较大幅度的波动，在较小幅度波动后面紧接着较小幅度的波动，这种性质称为波动的集群性（Volatility Clustering）。在一般回归分析和时间序列分析中，要求随机扰动项是同方差，但这类序列随机扰动项的无条件方差是常量，条件方差是变化的量。这种情况下，需要使用条件异方差模型。

7.1 自回归条件异方差模型

在各种条件异方差模型中，Engle 于 1982 年提出的自回归条件异方差（Auto-regressive Conditional Heteroskedastic，ARCH）模型是最基础的。

7.1.1 ARCH 模型

对于通常的回归模型

$$y_t=\boldsymbol{x}'_t\boldsymbol{\beta}+\varepsilon_t \tag{7.1.1}$$

如果随机干扰项的平方 ε_t^2 服从 $AR(q)$ 过程，即

$$\varepsilon_t^2=\alpha_0+\alpha_1\varepsilon_{t-1}^2+\cdots+\alpha_q\varepsilon_{t-q}^2+\eta_t,\quad t=1,2,\cdots \tag{7.1.2}$$

式中，η_t 独立同分布，并满足 $E(\eta_t)=0$，$D(\eta_t)=\lambda^2$，则称模型（7.1.2）是自回归条件异方差模型，简记为 ARCH 模型。称序列 ε_t 服从 q 阶的 ARCH 过程，记作 $\varepsilon_t\sim ARCH(q)$。式（7.1.1）和式（7.1.2）构成的模型称为回归- ARCH 模型。

ARCH 模型通常用于对主体模型的随机扰动项进行建模，以更充分地提取残差中的

信息，使最终的模型残差项 η_t 成为白噪声。因此，对于 AR(p) 模型

$$y_t = \phi_1 y_{t-1} + \cdots \phi_p y_{t-p} + \varepsilon_t \tag{7.1.3}$$

如果 $\varepsilon_t \sim ARCH(q)$，则序列 y_t 可以用 $AR(p)$- $ARCH(q)$ 模型描述。其他情况类推。

为方便研究并与其他拓展形式相联系，$ARCH(q)$ 模型又可以表示为：

$$\varepsilon_t = \sqrt{h_t} \cdot \upsilon_t \tag{7.1.4}$$

$$h_t = \alpha_0 + \alpha_1 \varepsilon_{t-1}^2 + \cdots + \alpha_q \varepsilon_{t-q}^2$$

$$= \alpha_0 + \sum_{i=1}^{q} \alpha_i \varepsilon_{t-i}^2 \tag{7.1.5}$$

式中，υ_t 独立同分布，且 $E(\upsilon_t)=0$，$D(\upsilon_t)=1$；$\alpha_0>0$，$\alpha_i \geqslant 0$（$i=1$，2，$\cdots q$），且 $\sum_{i=1}^{q} \alpha_i < 1$（保证 ARCH 过程平稳）。有时候，式（7.1.5）等号右边还可以包括外生（先决）变量，但要注意应保证 h_t 值是非负的。

对于任意时刻 t，ε_t 的条件期望

$$E(\varepsilon_t | \varepsilon_{t-1}, \cdots) = \sqrt{h_t} \cdot E(\upsilon_t) = 0 \tag{7.1.6}$$

条件方差

$$E(\varepsilon_t^2 | \varepsilon_{t-1}^2, \cdots) = h_t \cdot E(\upsilon_t^2) = h_t \tag{7.1.7}$$

式（7.1.7）反映了序列条件方差随时间变化的性质。

7.1.2 ARCH 效应检验

序列是否存在 ARCH 效应，最常用的检验方法是拉格朗日乘数法，即 LM 检验。若模型随机扰动项 $\varepsilon_t \sim$ ARCH(q)，则可以建立辅助回归方程

$$h_t = \alpha_0 + \alpha_1 \varepsilon_{t-1}^2 + \cdots + \alpha_q \varepsilon_{t-q}^2 \tag{7.1.8}$$

检验序列是否存在 ARCH 效应，即检验式（7.1.8）中所有回归系数是否同时为 0。若所有回归系数同时为 0 的概率较大，则序列不存在 ARCH 效应；若所有回归系数同时为 0 的概率很小，或至少有一个系数显著不为 0，则序列存在 ARCH 效应。检验的原假设和备择假设为：

$$H_0: \alpha_1 = \alpha_2 = \cdots = \alpha_q = 0 \qquad H_1: \exists \alpha_i \neq 0 \qquad (1 \leqslant i \leqslant q)$$

检验统计量

$$LM = nR^2 \sim \chi^2(q) \tag{7.1.9}$$

式中，n 为计算辅助回归式（7.1.8）时的样本数据个数；R^2 为辅助回归式（7.1.8）的决定系数（采用最小二乘估计）。

给定显著性水平 α 和自由度 q，如果 $LM > \chi_\alpha^2(q)$，则拒绝 H_0，认为序列存在 ARCH 效应；如果 $LM \leqslant \chi_\alpha^2(q)$，则不能拒绝 H_0，说明序列不存在 ARCH 效应。

例 7.1

序列 s_t 和 x_t 分别代表 1951—1998 年我国商品零售物价指数和居民消费价格指数的时间序列，见表 7－1。

表 7－1　我国商品零售物价指数与居民消费价格指数

年份	s_t	x_t	年份	s_t	x_t
1951	1.122	1.125	1975	1.319	1.395
1952	1.118	1.155	1976	1.323	1.399
1953	1.156	1.214	1977	1.350	1.437
1954	1.183	1.231	1978	1.350	1.447
1955	1.195	1.235	1979	1.386	1.474
1956	1.195	1.224	1980	1.469	1.585
1957	1.213	1.266	1981	1.504	1.625
1958	1.216	1.252	1982	1.533	1.658
1959	1.227	1.256	1983	1.556	1.691
1960	1.265	1.288	1984	1.600	1.737
1961	1.470	1.496	1985	1.741	1.944
1962	1.526	1.553	1986	1.845	2.080
1963	1.436	1.461	1987	1.980	2.263
1964	1.383	1.407	1988	2.346	2.731
1965	1.346	1.390	1989	2.764	3.176
1966	1.342	1.373	1990	2.822	3.217
1967	1.332	1.364	1991	2.904	3.381
1968	1.333	1.365	1992	3.061	3.872
1969	1.318	1.378	1993	3.465	4.212
1970	1.315	1.378	1994	4.217	5.227
1971	1.305	1.377	1995	4.841	6.121
1972	1.302	1.379	1996	5.136	6.629
1973	1.310	1.380	1997	5.177	6.814
1974	1.317	1.389	1998	5.043	6.760

以商品零售物价指数序列（s_t）为因变量，为考察变量间的动态影响，故采用分布滞后模型（通过反复试验，选取了一个相对较好的模型形式），其形式为：

$$s_t = b_1 x_t + b_2 x_{t-1} + b_3 x_{t-2} + b_4 s_{t-1} + b_5 s_{t-3} + \varepsilon_t \tag{7.1.10}$$

在主窗口命令行输入

ls　s　x　x(−1)　x(−2)　s(−1)　s(−3)

参数估计及相关检验结果见表 7－2。

表 7-2　分布滞后模型估计与检验结果

	Coefficient	Std. Error	t-Statistic	Prob.
X	0.704335	0.041190	17.09951	0.0000
X(-1)	-0.510728	0.109225	-4.675927	0.0000
X(-2)	-0.269602	0.085182	-3.165003	0.0030
S(-1)	0.944533	0.073906	12.78017	0.0000
S(-3)	0.135365	0.058536	2.312497	0.0260

R-squared	0.998785	Mean dependent var	1.983578
Adjusted R-squared	0.998663	S.D. dependent var	1.178477
S.E. of regression	0.043084	Akaike info criterion	-3.346896
Sum squared resid	0.074249	Schwarz criterion	-3.146156
Log likelihood	80.30517	Hannan-Quinn criter.	-3.272062
Durbin-Watson stat	2.426084		

从表 7-2 可见，所有系数的显著性检验对于 95%的置信度均通过，且该模型的拟合优度达 0.998 8，整体效果似乎不错。但对残差作 $p=2$ 阶的序列自相关 *LM* 检验时，得到相伴概率为 0.00053，故存在自相关。进一步，对残差序列进行 ARCH 效应检验。

在方程结果输出窗口选择 View/Residual Tests/ARCH LM Test，屏幕提示用户指定 χ^2 检验阶数即 q 值，系统默认值为 1，点击 OK 按钮完成，结果见表 7-3。

表 7-3　ARCH 效应检验结果

F-statistic	5.799957	Prob. F(1,42)	0.0205
Obs*R-squared	5.338877	Prob. Chi-Square(1)	0.0209

软件给出了两种检验结果：第一行的 F 统计量在有限样本情况下不是精确分布，只能作为参考；第二行是 *LM* 统计量 Obs * R-squared 值以及检验的相伴概率。本例中，χ^2 检验的相伴概率 p 值为 0.0209，小于显著性水平 $\alpha=0.05$，拒绝原假设，残差序列存在 ARCH(1) 效应。在检验结果输出窗口下方同时给出了辅助回归方程（7.1.8）的参数估计和相关检验值。

对于 ARCH 效应检验，也可以在主窗口命令行键入

archtest(q, options)

其中，options 有一个备选参数 p，是将检验结果提交打印，一般省略表明不打印。当残差序列存在一阶 ARCH 效应时，有必要进行更高阶的检验。对本例，可在命令行输入

archtest(2)

回车，得到与表 7-3 类似的形式，*LM* 统计量值为 5.184 9，χ^2 检验 p 值为 0.074 8。若置信水平取 0.05，序列不存在 ARCH(2) 效应，但在 0.10 的水平下，认为序列存在 ARCH(2) 效应。重复此操作，当 $q \geqslant 3$ 时，检验都不显著，因此可以考虑对该分布滞后模型的残差项建立 ARCH(1) 或 ARCH(2) 模型。注意，检验 ARCH 效应是在主体模型建立之后进行的，所以未建立主体模型而直接进行 ARCH 效应检验系统会提示方程还未建立，若建立了多个方程则将打开的方程作为主体模型。

7.1.3　ARCH 模型的参数估计

EViews 软件估计 ARCH 模型参数时，采用极大似然估计。①

设样本量为 n，回归-ARCH 模型（如式（7.1.1）、式（7.1.4）和式（7.1.5）所示）参数估计的对数似然函数为：

$$\ln L(\boldsymbol{\beta},\boldsymbol{\alpha} \mid y,\boldsymbol{x}) = -\frac{1}{2}n\ln(2\pi) - \frac{1}{2}\sum_{t=1}^{n}\ln(h_t) - \frac{1}{2}\sum_{t=1}^{n}(\varepsilon_t^2/h_t) \tag{7.1.11}$$

使该函数达最大值的参数 $\boldsymbol{\beta}$ 和 $\boldsymbol{\alpha}$，就是参数 $\boldsymbol{\beta}$ 和 $\boldsymbol{\alpha}$ 的极大似然估计。

例 7.2

续例 7.1，对所得分布滞后模型的残差序列建立 ARCH 模型。

利用菜单操作方法建立 ARCH 模型。选择 Quick/Estimate Equation，在方程定义对话框中打开 Method 下拉菜单，点击 ARCH 项进入条件异方差模型定义对话框，如图 7-1 所示。

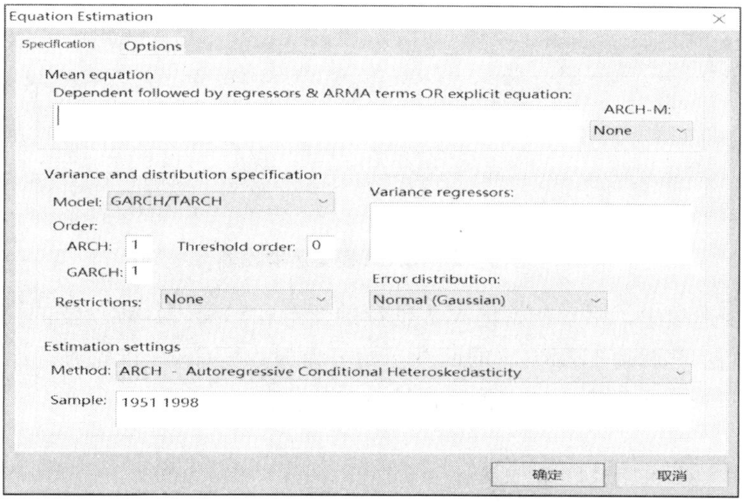

图 7-1　条件异方差模型定义对话框

用户在窗口上方的 Mean equation 框中输入主模型，或回归模型或 ARMA 模型（模型包含自回归和移动平均项的情况下输入）。本例，输入

s　x　x(−1)　x(−2)　s(−1)　s(−3)

由于模型中暂不包括 ARCH-M 项，故采用默认设置 None。在 Variance and distribution specification 下定义对残差序列建立模型及其相应的阶数，即在“ARCH:”后输入 ARCH(q) 模型的阶数 q，这里为 1，并将“GARCH:”后的 1 改为 0（意义在下一节讲述）。Threshold order 后面输入非对称项的个数（如果建立的是非对称模型），采用默认的对称形式。Va-

① 有兴趣的读者可参见参考文献 [11]。

riance regressors 框中输入方差模型中所希望包含的变量。Restrictions 仅用于限制 GARCH 模型（不包括 TARCH）的参数，只有在 GARCH/TARCH 选项中可以使用。Error 中规定方差模型中误差项的条件分布形式，有多种形式可供选择，本例采用默认值（正态/高斯）。

在图 7－2 的选项 Estimation Options 下，Optimization method（优化方法）有四个选项：BFGS，OPG-BHHH，Newton-Raphson，EViews Legacy。Step method（迭代方法）下面有三种方法：Marquardt，Dogleg，Line Search。再下面是最大迭代次数和收敛标准，也可以在下面小方框点选后，自己设置循环标准。

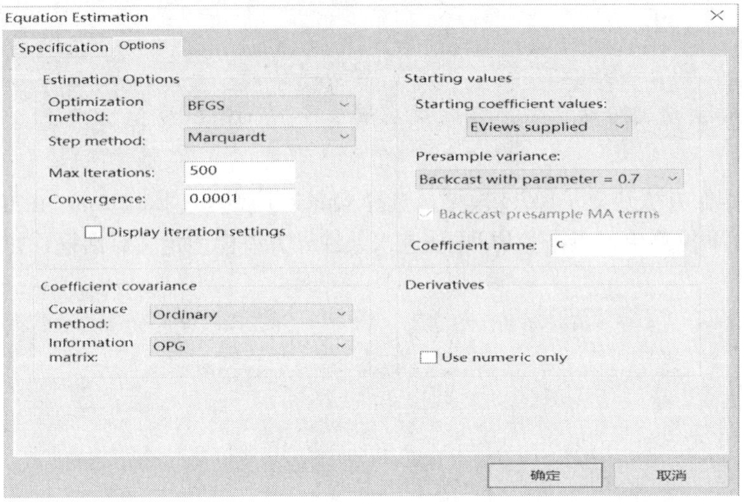

图 7－2　ARCH 模型选项设置

在 Options 选项中，用于初始化 MA 估计的新息和 GARCH 项所需的初始方差均采用回溯的方法进行。当计算 GARCH 的回溯初始方差时，EViews 首先通过计算均值方程的残差，然后通过指数平滑的方法来得到初始方差的估计：

$$\sigma_0^2=\varepsilon_0^2=\lambda^T\ \hat{\sigma}^2+(1-\lambda)\sum_{j=0}^{T}\lambda^{T-j-1}\ \hat{\varepsilon}_{T-j}^2 \tag{7.1.12}$$

式中，T 为平滑窗宽，由系统给定；λ 为平滑系数，系统默认值为 0.7，可以在 0.1，0.2，…，1 之中进行选择（注意：若设定 $\lambda=1$，则方差初始值就是无条件方差，我们的回溯过程并未执行）；$\hat{\varepsilon}$ 为均值方程的残差；$\hat{\sigma}^2$ 为无条件方差估计。$\hat{\sigma}^2$ 的表达式如式（7.1.13）所示

$$\hat{\sigma}^2=\frac{1}{T}\sum_{t=0}^{T}\hat{\varepsilon}_t^2 \tag{7.1.13}$$

Heteroskedas consistent covariance 表示使用 Bollerslev 和 Wooldridge 于 1992 年所提出的方法来计算准极大似然协方差和标准误差。该选项只有在误差分布为条件正态分布时才可用，在怀疑残差项不服从条件正态分布时，应选择其来得到协方差阵的一致估计，从而得到正确的残差值，但其并不改变参数的估计值。Derivatives 表示估计 ARCH 模型时求导数的算法，Iterative process 和 Optimization algorithm 是用极大似然法估计 ARCH 模

型时的迭代设置，可以均采用默认设置。

单击 OK 按钮完成 ARCH（1）模型的建模过程。输出结果见表 7-4。

表 7-4　ARCH(1) 模型的参数估计与检验结果

	Coefficient	Std. Error	z-Statistic	Prob.
X	0.713807	0.036121	19.76169	0.0000
X(-1)	-0.490033	0.073014	-6.711513	0.0000
X(-2)	-0.281737	0.048864	-5.765707	0.0000
S(-1)	0.897923	0.074631	12.03145	0.0000
S(-3)	0.159858	0.044889	3.561165	0.0004
Variance Equation				
C	0.000115	5.37E-05	2.133293	0.0329
RESID(-1)^2	1.643304	0.661654	2.483631	0.0130
R-squared	0.998757	Mean dependent var		1.983578
Adjusted R-squared	0.998560	S.D. dependent var		1.178477
S.E. of regression	0.044714	Akaike info criterion		-4.390098
Sum squared resid	0.075975	Schwarz criterion		-4.109062
Log likelihood	105.7772	Hannan-Quinn criter.		-4.285331
Durbin-Watson stat	2.376237			

表 7-4 第一部分给出了关于序列 s_t 和 x_t 的分布滞后模型，第二部分是残差序列 ARCH(1) 模型的参数估计值、估计标准误、显著性检验 z 统计量值和检验的相伴概率。在方差等式（Variance Equation）表中，C 表示式（7.1.5）中的常数项 α_0，RESID（−1）^2 表示系数 α_i（这里 $i=1$）。表的第三部分是一些检验结果，与通常回归模型的输出项目相同。本例，由于模型包含因变量的滞后项，所以 *D.W.* 检验失效。

模型建立也可以采用命令方式，命令的基本格式为：

arch$(p,0)y\ x1\ \ x2\ \ x3\ \ @\ v1\ \ v2$

其中，参数 p 代表式（7.1.5）中的最大滞后阶数 q；符号@之前是主模型，如式（7.1.1）的变量名；之后是纳入条件方差等式的外生变量名。本例，建立 ARCH（2）模型，在主窗口命令行中输入

arch(2,0) s x x(−1) x(−2) s(−1) s(−3)

回车，得到如表 7-5 所示的输出结果。

建立 ARCH 模型也可以只键入命令

arch

回车后屏幕出现如图 7-1 所示的条件异方差模型定义对话框，再进行相关的选择即可。本例计算 ARCH(2) 的参数估计结果见表 7-5。

与采用 OLS 估计的分布滞后模型比较，虽然新建立的两个分布滞后模型的参数估计值变化都不大，但 *LM* 检验表明新模型的残差都没有 ARCH 效应（两个新模型的 ARCH（1）效应检验的相伴概率分别为 0.21 和 0.47）。

表 7-5　ARCH(2) 模型参数估计与显著性检验结果*

	Coefficient	Std. Error	z-Statistic	Prob.
X	0.714416	0.029811	23.96502	0.0000
X(-1)	-0.515168	0.045437	-11.33795	0.0000
X(-2)	-0.270014	0.046958	-5.750056	0.0000
S(-1)	0.925898	0.029253	31.65169	0.0000
S(-3)	0.146173	0.028910	5.056199	0.0000
		Variance Equation		
C	0.000165	7.95E-05	2.071178	0.0383
RESID(-1)^2	1.108471	0.450167	2.462357	0.0138
RESID(-2)^2	-0.065144	0.220308	-0.295695	0.7675
R-squared	0.998764	Mean dependent var		1.983578
Adjusted R-squared	0.998531	S.D. dependent var		1.178477
S.E. of regression	0.045173	Akaike info criterion		-4.348308
Sum squared resid	0.075502	Schwarz criterion		-4.027123
Log likelihood	105.8369	Hannan-Quinn criter.		-4.228573
Durbin-Watson stat	2.407376			

*其他检验结果变化不大，故未列出。

根据表 7-4 和表 7-5，考虑所建立的两个模型。先看条件方差表达式（7.1.5）的参数估计结果，可知 ARCH(1) 模型的参数 $\alpha_1=1.6433>1$，不满足平稳条件，ARCH(2) 模型中，α_1的值大于 1，α_2的值为负，既不满足平稳条件，也不能保证方差为正的条件。再对残差序列进行独立性 Q 检验。经过调整，两个模型的样本量 n 都是 45，可以选取最大滞后阶数 $m=[\sqrt{45}]=6$。在模型估计结果输出窗口选择 View/Residual Tests/Correlogram-Q-statistics，给出滞后阶数 6，分别得到两个模型的检验结果，见表 7-6 和表 7-7。

从表 7-7 可知，ARCH(2) 模型残差独立性检验的相伴概率对应 Prob 下第 6 行为 0.962，ARCH (1) 模型为 0.871。这表明在 95%的置信度下，ARCH(2) 模型的残差独立性检验通过，但是模型的两个系数估计值均存在问题，运用该模型需慎重。

表 7-6　ARCH (1) 模型残差独立性检验结果

Autocorrelation	Partial Correlation		AC	PAC	Q-Stat	Prob
		1	0.029	0.029	0.0403	0.841
		2	0.107	0.106	0.5994	0.741
		3	0.114	0.110	1.2578	0.739
		4	-0.089	-0.107	1.6635	0.797
		5	0.038	0.019	1.7396	0.884
		6	0.117	0.129	2.4795	0.871

表 7-7　ARCH (2) 模型残差独立性检验结果

Autocorrelation	Partial Correlation		AC	PAC	Q-Stat	Prob
		1	0.033	0.033	0.0539	0.816
		2	0.063	0.062	0.2472	0.884
		3	0.023	0.019	0.2742	0.965
		4	-0.092	-0.097	0.7088	0.950
		5	0.021	0.025	0.7323	0.981
		6	0.117	0.129	1.4689	0.962

7.2 广义自回归条件异方差模型

当用 ARCH 模型描述某些时间序列，阶数 q 需取一个很大的值时，可以采用由 Bollerslev（1986）提出的广义（Generalized）自回归条件异方差模型即 GARCH 模型。

7.2.1 GARCH 模型的基本形式

与 ARCH 模型一样，GARCH 模型通常也用于对回归或自回归模型的随机扰动项进行建模。若式（7.1.5）可以写成下面形式：

$$
\begin{aligned}
h_t &= \alpha_0 + \alpha_1 \varepsilon_{t-1}^2 + \cdots + \alpha_q \varepsilon_{t-q}^2 + \theta_1 h_{t-1} + \cdots + \theta_p h_{t-p} \\
&= \alpha_0 + \sum_{i=1}^{q} \alpha_i \varepsilon_{t-i}^2 + \sum_{j=1}^{p} \theta_j h_{t-j}
\end{aligned}
\tag{7.2.1}
$$

则称序列服从 GARCH（p，q）过程。

引入滞后算子 B，式（7.2.1）可改写为：

$$
h_t = \alpha_0 + \alpha(B)\varepsilon_t^2 + \theta(B)h_t \tag{7.2.2}
$$

式中，$p \geqslant 0$，$q > 0$；$\alpha_0 > 0$，$\alpha_i \geqslant 0$（$i=1, \cdots, q$）；$\theta_j \geqslant 0$（$j=1, \cdots, p$）。为保证 GARCH（p，q）是宽平稳的，存在参数约束条件 $\alpha(B)+\theta(B)<1$。

实际应用中，GARCH 模型中的阶数 q 值远比 ARCH 模型中的 q 值要小。一般地，GARCH（1，1）模型就能够描述大量的金融时间序列数据。

7.2.2 模型建立

对某个模型的随机扰动项是否存在 GARCH 效应的判断，可以采用检验 ARCH 效应的 *LM* 检验。如果 *LM* 检验的辅助回归方程（7.1.8）的 q 值很大（如 $q>7$）时，检验依然显著，即残差序列存在高阶 ARCH(q) 效应，这时应该考虑采用 GARCH（p，q）模型。

有关 GARCH 模型参数估计和预测的理论问题，读者可参看有关文献，本书仅介绍 EViews 的实际应用。EViews 中 GARCH 模型参数估计仍采用极大似然法。

例 7.3

时间序列 y_t 是上海证券交易所 1998 年 1 月 5 日至 2003 年 3 月 14 日的交易日指数（收盘），共 1 252 个观测值（见二维码内容）。为减缓序列的波动程度，一般会对 y_t（EViews 中用 y 表示）进行自然对数处理，即在主窗口命令行输入

series ly=log(y)

例 7.3 数据

本例中后面的操作没有运用取对数后的序列，采用原序列进行分析。

股票价格指数序列常用一类特殊的单位根过程——随机游动（random walk）模型描述，形式为：

$$y_t = y_{t-1} + \varepsilon_t \tag{7.2.3}$$

在主窗口命令行输入

ls y y(−1)

建立随机游动模型。在对残差序列做 ARCH 效应的 LM 检验时，序列存在高阶 ARCH 效应，故序列存在 GARCH 效应。

建立 GARCH 模型。选择 Quick/Estimate Equation，进入条件异方差模型定义对话框（见图 7-1），在 Mean Equation 框中输入

y y(−1)

在 Order ARCH 和 GARCH 后面分别输入与式（7.2.1）中的 q 和 p 相对应的数值，如分别输入 1 和 1，表示估计 GARCH(1，1) 模型。我们可以对 GARCH 模型的系数进行限制：一种选择是 IGARCH，其限定所有的系数值之和为 1；另一种选择是 Variance Target，它将常数项限定为 GARCH 参数与无条件方差的函数，即

$$\alpha_0 = \hat{\sigma}^2 (1 - \sum_{i=1}^{p} \alpha_i - \sum_{j=1}^{q} \theta_j) \tag{7.2.4}$$

式中，$\hat{\sigma}^2$ 为残差项的无条件方差。根据 AIC 及 SC 准则，并配合残差独立性检验，通过比较可以得到较为适宜的模型。本例选择 GARCH(1，1) 模型，输出结果见表 7-8。

表 7-8 中以 RESID(−1) ^2 表示式（7.2.1）中的 α_i，这里，$i=1$；GARCH(−1) 表示 θ_j，这里 $j=1$，其他符号意义与前面相同。条件方差等式中，系数 $\alpha_1 + \theta_1 = 0.977\,1 < 1$，且两个参数分别为正值，满足参数约束条件。主模型中，变量 y_{t-1} 的系数估计值近似为 1，表明是单位根过程。模型的 AIC 和 SC 值都比较小，可以认为该模型较好地拟合了数据。

表 7-8　GARCH（1，1）模型参数估计与检验结果

	Coefficient	Std. Error	z-Statistic	Prob.
Y(-1)	1.000044	0.000302	3311.303	0.0000
Variance Equation				
C	16.01975	3.370819	4.752480	0.0000
RESID(-1)^2	0.113535	0.008002	14.18915	0.0000
GARCH(-1)	0.863593	0.008009	107.8225	0.0000
R-squared	0.994624	Mean dependent var	1603.843	
Adjusted R-squared	0.994611	S.D. dependent var	312.9506	
S.E. of regression	22.97386	Akaike info criterion	8.927061	
Sum squared resid	658164.3	Schwarz criterion	8.943469	
Log likelihood	-5579.876	Hannan-Quinn criter.	8.933229	
Durbin-Watson stat	1.972887			

与 ARCH 模型类似，建立 GARCH 模型也可采用命令方式，基本格式为：

arch(p,q)　y　x1　x2　*x*3　@ *v*1　*v*2

其中，参数 p 表示式（7.2.1）中随机扰动项平方 ε_t^2 的最大滞后阶数 q，q 则代表条件方差 h_t 最大滞后阶数 p 值，其他项目意义与前面相同。本例，可在主窗口命令行输入

arch(1　,1)　y　y(－1)

7.3　其他类型的条件异方差模型

利用 EViews 软件，还可以建立多种扩展的 ARCH 模型。

7.3.1　ARCH-M 模型

ARCH-M(ARCH-in-mean) 模型是在式（7.1.1）右边增加一项 h_t（或用标准差 $\sqrt{h_t}$ 代替，或者用 h_t 的对数值代替），表达式为：

$$y_t = \boldsymbol{x}'_t\boldsymbol{\beta} + \gamma h_t + \varepsilon_t \qquad (7.3.1)$$
$$\varepsilon_t = \sqrt{h_t} \cdot \upsilon_t$$

如果 h_t 的结构与式（7.1.5）相同，即

$$h_t = \alpha_0 + \sum_{i=1}^{q} \alpha_i \varepsilon_{t-i}^2 = \alpha_0 + \alpha(B)\varepsilon_{t-i}^2$$

模型称为 ARCH-M(q) 模型；如果 h_t 的结构与式（7.2.2）相同，即

$$h_t = \alpha_0 + \alpha(B)\varepsilon_t^2 + \theta(B)h_t$$

称为 GARCH-M(p，q) 模型。模型各个参数及限制条件与前面相同。

如果模型旨在解释一项金融资产（如股票或债券）的回报率，那么增加 h_t 的原因是每个投资者都期望资产回报率是与风险度紧密联系的，条件方差 h_t 代表了期望风险的大小。

例 7.4

续例 7.3，根据上海证券交易所 1998 年 1 月 5 日至 2003 年 3 月 14 日的交易日指数（收盘）建立 GARCH-M 模型。

EViews 中建立 GARCH-M 模型的方法与一般 *GARCH*(p，q) 的建模过程相同，只需在图 7－1 右上角的“ARCH-M:”框中进行相应的选择。选中 Std. Dev. 表示在回归模型中加入 $\sqrt{h_t}$，选 Variance 表明模型加入 h_t，如式（7.3.1），选 log（Var）表示取其对数值。本例采用引入标准差的模型，估计和检验结果见表 7－9。

表7-9 GARCH（1，1）-M模型参数估计与检验结果

	Coefficient	Std. Error	z-Statistic	Prob.
@SQRT(GARCH)	0.173160	0.076824	2.253985	0.0242
Y(-1)	0.998044	0.000870	1146.561	0.0000
		Variance Equation		
C	15.45273	3.396685	4.549354	0.0000
RESID(-1)^2	0.113072	0.008066	14.01765	0.0000
GARCH(-1)	0.865142	0.008094	106.8875	0.0000
R-squared	0.994649	Mean dependent var		1603.843
Adjusted R-squared	0.994632	S.D. dependent var		312.9506
S.E. of regression	22.92856	Akaike info criterion		8.925494
Sum squared resid	655045.8	Schwarz criterion		8.946005
Log likelihood	-5577.897	Hannan-Quinn criter.		8.933205
Durbin-Watson stat	1.978274			

表7-9所示结果输出窗口中，@SQRT（GARCH）后的系数0.173 160是主方程中$\sqrt{h_t}$的系数估计值（若引入h_t，则用GARCH表示其回归系数估计值）。将这个模型与例7-3中的GARCH(1，1）模型相比，不仅拟合优度更高，而且AIC值等也更小，可以认为GARCH-M(1，1）模型对GARCH(1，1）模型具有改进的作用。

7.3.2 非对称的ARCH模型

对于股票市场的研究发现，股价下跌和上涨相同幅度时，股价下跌过程往往会伴随着更剧烈的波动性。为解释这种现象，可以引入非对称的ARCH模型。

1. TARCH模型

TARCH(Threshold ARCH）模型最先由Zakoian(1990）提出，它具有如下形式的条件方差：

$$h_t = \alpha_0 + \sum_{i=1}^{q} \alpha_i \varepsilon_{t-i}^2 + \varphi \varepsilon_{t-1}^2 d_{t-1} + \sum_{j=1}^{p} \theta_j h_{t-j} \tag{7.3.2}$$

式中，d_t为一个名义变量

$$d_t = \begin{cases} 1, & \varepsilon_t < 0, \\ 0, & \text{其他} \end{cases} \tag{7.3.3}$$

由于引入d_t，股价上涨信息（$\varepsilon_t > 0$）和下跌信息（$\varepsilon_t < 0$）对条件方差的作用效果不同。上涨时$\varphi \varepsilon_{t-1}^2 d_{t-1} = 0$，其影响可用系数$\sum_{i=1}^{q} \alpha_i$代表，下跌时为$\sum_{i=1}^{q} \alpha_i + \varphi$。若$\varphi \neq 0$，则说明信息作用是非对称的。当$\varphi > 0$时，认为存在杠杆（leverage）效应。

用EViews估计TARCH模型时，在图7-1的Threshold order框中输入非对称项的个数，本例输入1，然后点击“确定”即可。输出结果中的（RESID（−1)^2）*（RESID(−1)<0）项代表杠杆效应系数φ的估计值，表7-10是对例7.3的数据建立TARCH模型的参数估计结果。

表 7-10　TARCH 模型参数估计与检验结果

	Coefficient	Std. Error	z-Statistic	Prob.
Y(-1)	0.999831	0.000332	3011.641	0.0000
Variance Equation				
C	15.17063	3.040888	4.988880	0.0000
RESID(-1)^2	0.073981	0.009708	7.620408	0.0000
RESID(-1)^2*(RESID(-1)<0)	0.067411	0.015762	4.276911	0.0000
GARCH(-1)	0.870759	0.007971	109.2346	0.0000

R-squared	0.994623	Mean dependent var	1603.843
Adjusted R-squared	0.994606	S.D. dependent var	312.9506
S.E. of regression	22.98463	Akaike info criterion	8.922390
Sum squared resid	658253.6	Schwarz criterion	8.942900
Log likelihood	-5575.955	Hannan-Quinn criter.	8.930100
Durbin-Watson stat	1.972198		

2. EGARCH 模型

EGARCH 模型，即指数（Exponential）GARCH 模型，由 Nelson 在 1991 年提出。模型的条件方差表达式为：

$$\log(h_t)=\alpha_0+\sum_{j=1}^{p}\theta_j\log(h_{t-j})+\sum_{i=1}^{q}\left(\alpha_i\left|\frac{\varepsilon_{t-i}}{\sqrt{h_{t-i}}}\right|+\varphi_i\frac{\varepsilon_{t-i}}{\sqrt{h_{t-i}}}\right) \tag{7.3.4}$$

模型中条件方差采用了自然对数形式，意味着 h_t 非负且杠杆效应是指数型的。若 $\varphi\neq 0$，说明信息作用非对称。当 $\varphi<0$ 时，杠杆效应显著。

同 TARCH 模型类似，使用 EViews 软件建立 EGARCH 模型时，只需在图 7-1 中 Model 框中选择 EGARCH 项即可。表 7-11 是对例 7.3 的数据建立 EGARCH 模型的参数估计结果。

表 7-11　EGARCH 模型参数估计与检验结果

LOG(GARCH) = C(2) + C(3)*ABS(RESID(-1)/@SQRT(GARCH(-1))) + C(4)*RESID(-1)/@SQRT(GARCH(-1)) + C(5)*LOG(GARCH(-1))

	Coefficient	Std. Error	z-Statistic	Prob.
Y(-1)	0.999650	0.000329	3040.003	0.0000
Variance Equation				
C(2)	0.026543	0.036505	0.727117	0.4672
C(3)	0.180445	0.011537	15.64119	0.0000
C(4)	-0.036935	0.009944	-3.714208	0.0002
C(5)	0.974286	0.005713	170.5479	0.0000

R-squared	0.994621	Mean dependent var	1603.843
Adjusted R-squared	0.994603	S.D. dependent var	312.9506
S.E. of regression	22.99010	Akaike info criterion	8.920585
Sum squared resid	658566.9	Schwarz criterion	8.941096
Log likelihood	-5574.826	Hannan-Quinn criter.	8.928296
Durbin-Watson stat	1.970903		

输出结果中，C(4) 表示杠杆效应系数 φ_i 的估计值（值为负，表明有杠杆效应），C(3)表示 α_i 的估计值，C(5) 代表 θ_j 的估计值。表 7-11 中，i 和 j 取值都等于 1。

7.3.3 PARCH 模型

GARCH 模型是对方差模拟（不是标准差），而不同冲击对于不同幂次的标准差影响不同，基于这个思想，PARCH 模型，即幂（Power）ARCH 模型对 GARCH 模型作了进一步扩展，对标准差的幂次进行模拟，这个幂并不需要我们事先给定，而是通过模型自身来决定。它的形式为：

$$(\sqrt{h_t})^{\delta} = \alpha_0 + \sum_{i=1}^{p} \alpha_i (|\varepsilon_{t-i}| - \varphi_i \varepsilon_{t-i})^{\delta} + \sum_{j=1}^{q} \beta_j (\sqrt{h_{t-j}})^{\delta} \qquad (7.3.5)$$

式中，$\delta>0$，$|\varphi_i|\leqslant 1$ 对于 $i=1, 2, \cdots, r$，$|\varphi_i|=0$ 对于所有的 $i>k$，$1\leqslant k\leqslant p$。如果对于所有的 i，$\varphi_i=0$，则模型是对称的；如果 $\varphi\neq 0$，则模型是非对称的。当 $\delta=2$，$\varphi_i=0$（对于所有 i）时，则 PARCH 模型就是先前所说的 GARCH 模型。

使用 EViews 软件建立 PARCH 模型时，只需在图 7-1 中 Model 框中选择 PARCH 项即可，如图 7-3 所示。

与图 7-1 的主要不同在于它可以对幂次进行设置，默认情况为 1。表 7-12 是对例 7.3 的数据建立 PARCH 模型的参数估计结果。

输出结果中，C(6) 表示 δ，C(3) 表示 α_i，C(4) 表示 φ_i，C(5) 表示 β_j，这里的 $i=1$，$j=1$。与例 7.3 中的结果相比不难发现，PARCH 的 *AIC*，*SC* 与 *HQ* 值较 GARCH 要低，因此，可以认为模型拟合得更好。

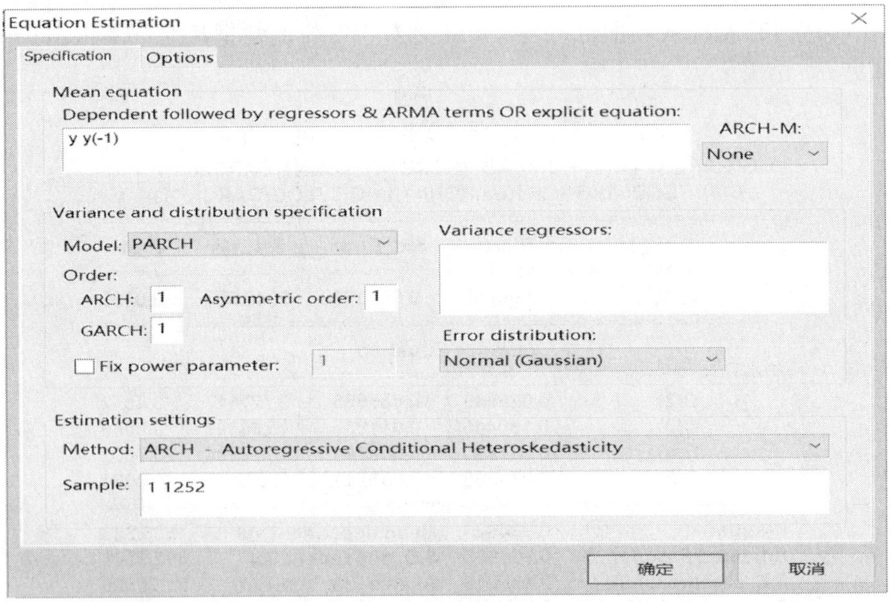

图 7-3　PARCH 模型定义框

表 7-12　PARCH 模型估计结果

@SQRT(GARCH)^C(6) = C(2) + C(3)*(ABS(RESID(-1)) - C(4)*RESID(-1))^C(6) + C(5)*@SQRT(GARCH(-1))^C(6)

	Coefficient	Std. Error	z-Statistic	Prob.
Y(-1)	0.999788	0.000330	3026.596	0.0000
Variance Equation				
C(2)	2.276730	1.604213	1.419219	0.1558
C(3)	0.103895	0.009300	11.17116	0.0000
C(4)	0.180955	0.050341	3.594570	0.0003
C(5)	0.893283	0.012996	68.73718	0.0000
C(6)	1.444082	0.181957	7.936378	0.0000

R-squared	0.994623	Mean dependent var	1603.843
Adjusted R-squared	0.994601	S.D. dependent var	312.9506
S.E. of regression	22.99481	Akaike info criterion	8.918538
Sum squared resid	658307.7	Schwarz criterion	8.943151
Log likelihood	-5572.546	Hannan-Quinn criter.	8.927791
Durbin-Watson stat	1.971952		

7.3.4　成分 ARCH 模型

GARCH(1，1) 模型的条件方差可写为：

$$h_t=\bar{\omega}+\alpha(\varepsilon_{t-1}^2-\bar{\omega})+\theta(h_{t-1}-\bar{\omega}) \tag{7.3.6}$$

式 (7.3.6) 表现条件方差与常数 $\bar{\omega}$ 的平均偏离程度。成分 (Component) ARCH 模型如式 (7.3.7)，反映条件方差对于一个变量 c_t 的平均偏离趋势：

$$h_t-c_t=\alpha(\varepsilon_{t-1}^2-c_{t-1})+\theta(h_{t-1}-c_{t-1}) \tag{7.3.7}$$

其中

$$c_t=\omega+\rho(c_{t-1}-\omega)+\sigma(\varepsilon_{t-1}^2-h_{t-1}) \tag{7.3.8}$$

式 (7.3.7) 描述短期 (Transitory) 成分 h_t-c_t，以 $\alpha+\theta$ 的势 (power，反映衰减速度) 趋于 0；式 (7.3.8) 描述长期 (Permanent) 成分 c_t，以 ρ 的势趋于 ω。一般地，$0.99<\rho<1$，以保证 c_t 的收敛速度足够慢。另外，可以在两式或任意一个中加入外生变量，来改变序列短期或长期波动水平。

将非对称的 TARCH 模型与成分 ARCH 模型相结合可以得到非对称的成分模型，如式 (7.3.9) 和式 (7.3.10)。

$$c_t=\omega+\rho(c_{t-1}-\omega)+\sigma(\varepsilon_{t-1}^2-h_{t-1})+\xi_1 z_{1t} \tag{7.3.9}$$

$$h_t-c_t=\alpha(\varepsilon_{t-1}^2-c_{t-1})+\varphi(\varepsilon_{t-1}^2-c_{t-1})d_{t-1}+\theta(h_{t-1}-c_{t-1})+\xi_2 z_{2t} \tag{7.3.10}$$

式中，z_{1t} 和 z_{2t} 都是外生变量；d_t 是名义变量。当 $\varphi>0$ 时，条件方差中存在短期杠杆效应。

EViews 中建立成分 ARCH 模型，可在图 7-1 所示条件异方差模型定义对话框中点选 Component ARCH(1，1)，得到如图 7-4 所示定义框。

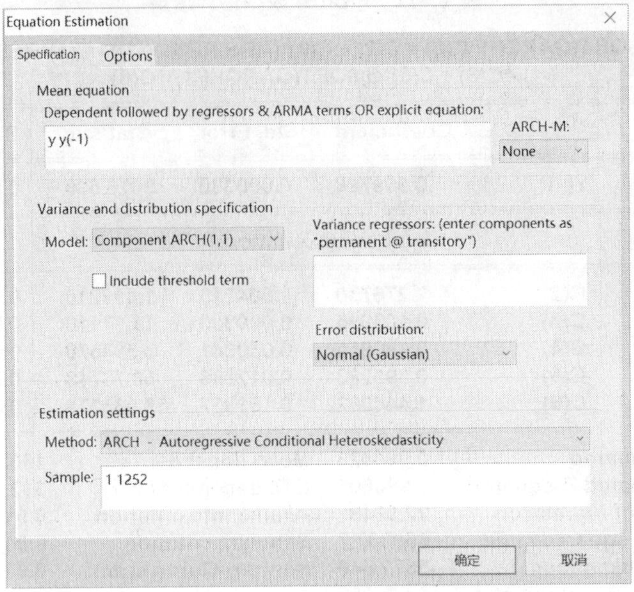

图 7－4　成分 ARCH 的定义框

若不选择包含非对称项（Include threshold term），则得到的成分 GARCH 模型对应式（7.3.7）和式（7.3.8）；若选择包含非对称项，则得到的成分 GARCH 模型对应式（7.3.9）和式（7.3.10）。如果条件方差表达式包含外生回归变量，需要在 Variance Regressors 框中输入变量名称，格式为：

变量名 1　@　变量名 2

符号@之前表示纳入长期效应方程（7.3.9）的回归变量名称（可有多个），之后是短期效应方程（7.3.10）中包含的外生变量名称。当然，也可以对误差项的条件分布进行设定。

表 7－13 是对例 7.3 的数据建立 Component ARCH(1，1）模型所得到的结果。

表 7－13　成分 ARCH 模型参数估计与检验结果

Q = C(2) + C(3)*(Q(-1) - C(2)) + C(4)*(RESID(-1)^2 - GARCH(-1))
GARCH = Q + C(5) * (RESID(-1)^2 - Q(-1)) + C(6)*(GARCH(-1) - Q(-1))

	Coefficient	Std. Error	z-Statistic	Prob.
Y(-1)	1.000068	0.000310	3231.004	0.0000
		Variance Equation		
C(2)	663.1117	141.6436	4.681550	0.0000
C(3)	0.983222	0.006140	160.1430	0.0000
C(4)	0.077352	0.014849	5.209146	0.0000
C(5)	0.102321	0.024285	4.213314	0.0000
C(6)	0.608776	0.084639	7.192611	0.0000

R-squared	0.994624	Mean dependent var	1603.843
Adjusted R-squared	0.994602	S.D. dependent var	312.9506
S.E. of regression	22.99245	Akaike info criterion	8.924755
Sum squared resid	658172.9	Schwarz criterion	8.949368
Log likelihood	-5576.434	Hannan-Quinn criter.	8.934007
Durbin-Watson stat	1.972906		

表7-13所示的参数估计输出结果中，顶部为所建立的模型形式，其中，C(2)，C(3)和C(4)后的数值分别代表式（7.3.8）中参数ω，ρ和σ的估计值，表示长期效应方程的系数估计值；C(5)和C(6)后的数值分别表示式（7.3.7）中参数α和θ的估计值，表示的是短期效应方程的系数估计值。

7.4　多变量ARCH模型

对于多个变量的时间序列模型系统，方程残差的平方常常随时间呈现显著的序列相关。这种情况下，需要使用多变量的条件异方差模型（Multivariate ARCH Model）进行分析。本节将单变量ARCH模型的思路扩展到多变量的情形（对多个时间序列的波动率及其互动进行建模），并对EViews中能够实现的多变量ARCH模型及其应用进行简要介绍。

7.4.1　模型形式

1. Diagonal VECH

多变量向量误差条件异方差模型VECH(p，q）的一般形式为：

$$\sum_t = A_0 + \sum_{i=1}^{p} A_i \otimes (\varepsilon_{t-i}\varepsilon'_{t-i}) + \sum_{j=1}^{q} B_j \otimes \sum_{t-j} \qquad (7.4.1)$$

式中，$A_i(i=0,1,\cdots,p)$和$B_j(j=1,2,\cdots,q)$均为$N\times N$的对称系数矩阵，算子$\otimes$为Hadamard乘积，表示矩阵的对应元素相乘。最一般的情形是不对系数矩阵再施加任何限制，每个矩阵都包含$N(N+1)/2$个参数，从而很难保证条件协方差阵是正定的（positive semidefinite，PSD)。EViews提供了一些限制系数矩阵的方法，尽可能地减少参数的个数，以将$\sum$限定为半正定的。通常情形下，EViews将A_0以外的所有系数矩阵限定为对角阵，得到的模型称作DVEC(p，q）模型（其中D表示Diagonal)。

也可以采用下述模型：

$$\sum_t = A_0A'_0 + \sum_{i=1}^{p} A_iA'_i \otimes (\varepsilon_{t-i}\varepsilon'_{t-i}) + \sum_{j=1}^{q} B_jB'_j \otimes \sum_{t-j} \qquad (7.4.2)$$

式中，$A_i(i=0,1,\cdots,p)$，$B_j(j=1,2,\cdots,q)$均为下三角阵，该模型也称为matrix-diagonal模型。其参数个数与未进行限制的模型（7.4.1）一样多，但可以通过限制相应矩阵系数$A_i(i=0,1,\cdots,p)$，$B_j(j=1,2,\cdots,q)$来保证条件协方差阵是半正定的。EViews中也是先对$A_i(i=0,1,\cdots,p)$，$B_j(j=1,2,\cdots,q)$进行估计，再通过$A_i=A_iA'_i$，$B_j=B_jB'_j$将其转换为我们所关心的系数矩阵。

2. Diagonal BEKK

较前一种模型而言，BEKK模型是一种更为广泛的模型，其模型形式为：

$$\sum_t = A_0A'_0 + \sum_{i=1}^{p} A_i(\varepsilon_{t-i}\varepsilon'_{t-i})A'_i + \sum_{j=1}^{q} B_j \sum_{t-j} B'_j \qquad (7.4.3)$$

式中，A_0 为一下三角阵，$A_i(i=1,\cdots,p)$ 和 $B_j(j=1,2,\cdots,q)$ 均为没有限制的方阵。可以证明 $\sum_t$ 是对称且为半正定的。最为常见的是 Diagonal BEKK 模型，即将 $A_i(i=1,\cdots,p)$ 和 $B_j(j=1,2,\cdots,q)$ 限定为对角阵，此时它与 DVEC 是等价的，因此，EViews 中 DVEC 的输出结果是以 Diagonal BEKK 的形式呈现出来的。

3. Conditional Constant Correlation

1990 年由 Bollerslev 所提出的 CCC(Conditional Constant Correlation) 方法将条件协方差阵的元素确定为如下形式：

$$h_{iit}=c_i+\sum_{l=1}^{p}\alpha_i\varepsilon_{it-1}^2+d_iI_{it-1}\varepsilon_{it-1}^2+\sum_{j=1}^{q}\beta_jh_{iit-1} \tag{7.4.4}$$

$$h_{ijt}=\rho_{ij}\sqrt{h_{iit}h_{jjt}} \tag{7.4.5}$$

式（7.4.4）与式（7.4.5）共称为 *CCC* 模型。$\mathrm{d_i}$ 为虚拟变量。此处，可以对常数项 $\mathrm{c_i}$ 施加如下限制：

$$\mathrm{c_i=h_0(1-a_i-b_i)} \tag{7.4.6}$$

式中，$\mathrm{h_0}$ 为无条件方差。也可以向方差模型中加入外生变量，例如

$$h_{iit}=c_i+\sum_{l=1}^{p}\alpha_i\varepsilon_{it-1}^2+d_iI_{it-1}\varepsilon_{it-1}^2+\sum_{j=1}^{q}\beta_jh_{iit-1}+e_ix_{1t}+gx_{2t} \tag{7.4.7}$$

式中，e_i 为个体系数（individual coefficients），即对变量 x_{1t} 来说，每一个个体（这里指 i）有不同的斜率；g 为共同系数（common coefficients），即对变量 x_{2t} 来说，所有的个体拥有共同的斜率。

7.4.2 参数估计及模型分析

多变量 ARCH 模型是采用极大似然的方法来联合估计均值和方差方程中的参数。要在 EViews 中实现多变量 ARCH 模型，与单变量的 ARCH 模型类似，需要确定均值和协方差模型以及分布的假定。通过下面的例子来进行说明。

例 7.5

对如数据表 7-14 的 1998 年 4 月 30 日至 2001 年 12 月 28 日的上证与深证的周指数 y_1 和 y_2 建立多变量 ARCH 模型并进行简单分析。

首先依据数据建立合适的均值模型。绘制两个序列的时序图，如图 7-5 所示，不难从图形中看出二者均表现为随机游走，模型可以设为：

$$y_1=c(1)\times y_1(-1)+\varepsilon_1 \tag{7.4.8}$$

$$y_2=c(2)\times y_2(-1)+\varepsilon_2 \tag{7.4.9}$$

据此建立一个 system 模型（所要建立的均值模型），如图 7-6 所示。

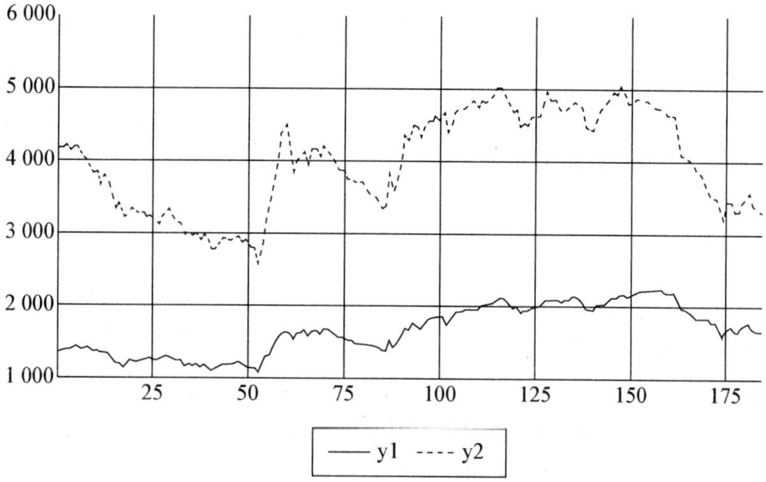

图 7－5　上证和深证周指数序列时序图

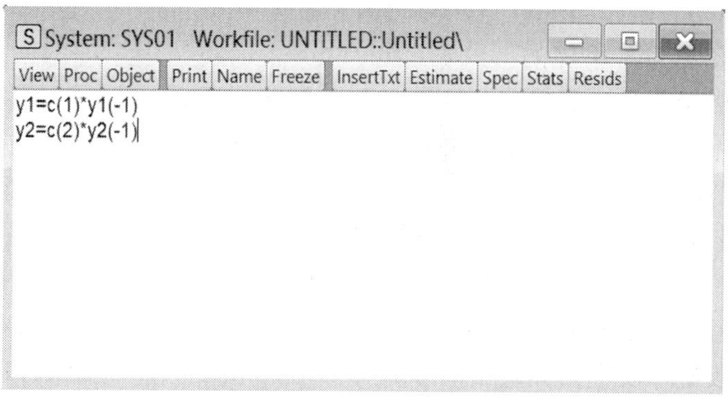

图 7－6　均值模型形式

接着设定方差模型，即对其采用系统 ARCH 估计，在图 7－6 的菜单栏中选择 Proc→Estimate…，然后在 Estimation method 中选择 ARCH，得到如图 7－7 所示对话框。

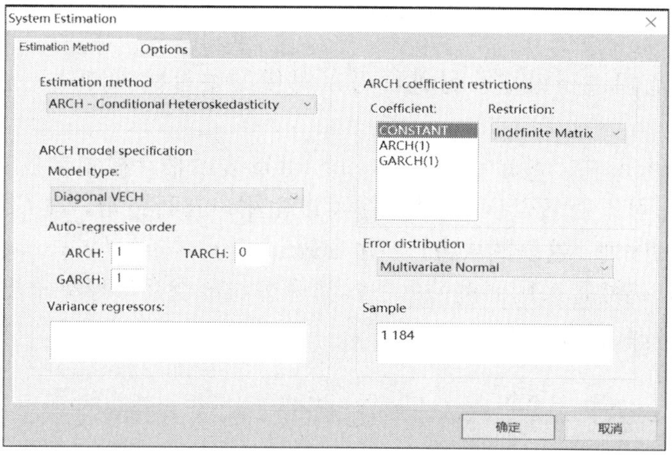

图 7－7　系统 ARCH 模型定义框

在左边的 ARCH model specification 中可以对模型的形式进行设定。在 Model type 中可以选择 Diagonal VECH，Conditional Constant Correlation 以及 Diagonal BEKK 三种形式的模型，然后在 Auto-regressive order 中规定 ARCH，GARCH 与 TARCH 项的阶数，其意义与单变量情形类似。另外，可以在 Variance regressors 中编辑想要引入的外生变量。此处采用图 7－7 中所示的默认形式，即协方差模型定义为：

$$\sum\nolimits_t = A_0 + A_1 \otimes \varepsilon_{t-1}\varepsilon'_{t-1} + B_1 \otimes \sum\nolimits_{t-1} \tag{7.4.10}$$

为了保证协方差阵是正定的，需要在 ARCH coefficient restrictions 中对多变量 ARCH 模型的各项系数进行约束。Coefficient 框中列出系统 ARCH 模型的所有项，具体包含哪些项与模型的设定有关，可以分为五大类：常数矩阵（CONSTANT）、ARCH 项、GARCH 项、TARCH 项和外生变量项。其中 ARCH 项、GARCH 项和 TARCH 项又根据其阶数分为很多项。Restriction 框中用来选择 Coefficient 框中所选中的系数项的约束形式，总的来说，可以选择的项有 Scalar，Diagonal，Rank One，Full Rank，Indefinite Matrix 以及 Variance Target。Scalar 表示对应的系数选项限定为一个标量，Diagonal 表示将选定的系数矩阵设定为对角阵的形式，Rank One 表示将选中矩阵的秩设为 1，Variance Target 只针对常数矩阵来进行设定，思想与单变量情形类同，此处不再赘述。这些设定均是为了减少待估计参数的个数以保证条件协方差是半正定的。Indefinite Matrix 表示将不对矩阵作任何限制，Full Rank 表示 $A_i = A_i A'_i$，$B_j = B_j B'_j$ 可以采用乔列斯基因子分解来得到，但其参数个数仍然与未限定情形一样多，因而不能通过减少参数个数来保证条件协方差的半正定性。如果还有外生变量，可以选择将其系数限定为个体的（individual）还是共同的（common）。综上所述，不同模型的不同项的约束可能会不同，需视具体情况而定。此处，将常数矩阵设定为标量（矩阵的所有元素相同），将 ARCH(1) 与 GARCH(1) 限定为 Rank One 的情形。

在 Error distribution 中可以假定误差项的分布，有正态分布和 t 分布两种。本例采用默认的正态分布，此时多元 GARCH 模型的对数似然贡献为：

$$l_t = -\frac{1}{2}n\log(2\pi) - \frac{1}{2}\log\left(\left|\sum\nolimits_t\right|\right) - \frac{1}{2}\varepsilon'_t \sum\nolimits_t^{-1} \varepsilon_t \tag{7.4.11}$$

可以对样本范围进行设定。另外，可以对模型估计的选项进行设置，如图 7－8 所示。

在 ARCH options 中，Starting coefficient value 表示估计模型参数时 EViews 中所采用的迭代初始值，可以由 EViews 提供，也可以由用户自行指定，在 Coefficient name 中输入包含初始值的序列，这里默认为 C。在 Starting(presample) covariance 中指明用于迭代的方差初始值，仍然是采用回溯的方法，其思想与单变量情形完全类似，表达式见式（7.4.12）和式（7.4.13）。

$$\sum\nolimits_0 = \varepsilon_0\varepsilon'_0 = \lambda^T \hat{\sum} + (1-\lambda)\sum_{j=0}^{T}\lambda^{T-j-1}\,\hat{\varepsilon}_{T-j}\,\hat{\varepsilon}'_{T-j} \tag{7.4.12}$$

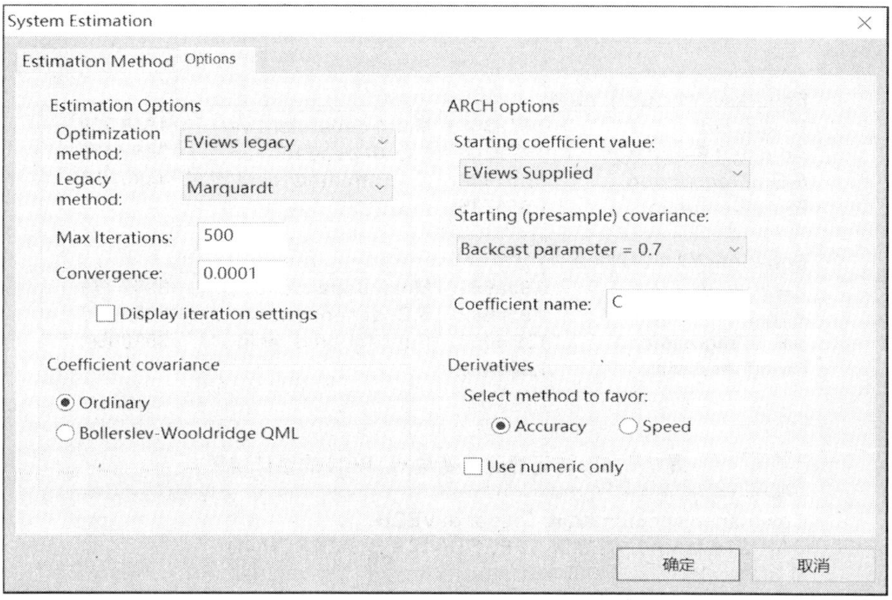

图 7－8　系统 ARCH 模型选项设置

式中，T 为平滑窗宽，由系统给定；λ 为平滑系数，系统默认值为 0.7，可以在 0.1，0.2，…，1 之中进行选择（注意：若设定 $\lambda=1$，则方差初始值就是无条件方差，我们的回溯过程并未执行）；$\hat{\varepsilon}$ 为均值方程的残差向量，$\hat{\Sigma}$ 为无条件协方差阵的估计，其表达式如式（7.4.13）所示。

$$\hat{\Sigma}=\frac{1}{T}\sum_{t=0}^{T}\hat{\varepsilon}_t\hat{\varepsilon}'_t \tag{7.4.13}$$

另外，可以对迭代过程的优化算法、求导算法进行选择，并可对迭代过程的控制进行设定。这里均采用默认设置。点击确定，得到估计结果如表 7－14 至表 7－16 所示。

表 7－14　模型参数估计结果

	Coefficient	Std. Error	z-Statistic	Prob.
C(1)	0.992429	0.001287	771.0341	0.0000
C(2)	0.988020	0.000628	1574.495	0.0000
	Variance Equation Coefficients			
C(3)	127.4425	54.13273	2.354259	0.0186
C(4)	0.537374	0.042482	12.64935	0.0000
C(5)	0.699895	0.038395	18.22873	0.0000
C(6)	0.841205	0.032634	25.77728	0.0000
C(7)	0.808436	0.025573	31.61279	0.0000
Log likelihood	-1970.699	Schwarz criterion		21.73696
Avg. log likelihood	-5.384423	Hannan-Quinn criter.		21.66396
Akaike info criterion	21.61420			

表 7-15　模型评价结果

Equation: Y1 = C(1)*Y1(-1)			
R-squared	0.979366	Mean dependent var	1648.230
Adjusted R-squared	0.979366	S.D. dependent var	345.4177
S.E. of regression	49.61808	Sum squared resid	448075.5
Prob(F-statistic)	1.655735		
Equation: Y2 = C(2)*Y2(-1)			
R-squared	0.958692	Mean dependent var	3982.779
Adjusted R-squared	0.958692	S.D. dependent var	685.9057
S.E. of regression	139.4053	Sum squared resid	3536960.
Prob(F-statistic)	1.569498		

表 7-16　转化后的多变量 GARCH 的估计结果

Covariance specification: Diagonal VECH
GARCH = M + A1.*RESID(-1)*RESID(-1)' + B1.*GARCH(-1)
M is a scalar
A1 is a rank one matrix
B1 is a rank one matrix

Tranformed Variance Coefficients

	Coefficient	Std. Error	z-Statistic	Prob.
M	127.4425	54.13273	2.354259	0.0186
A1(1,1)	0.288771	0.045658	6.324675	0.0000
A1(1,2)	0.376106	0.046293	8.124496	0.0000
A1(2,2)	0.489853	0.053745	9.114365	0.0000
B1(1,1)	0.707625	0.054903	12.88864	0.0000
B1(1,2)	0.680060	0.044312	15.34695	0.0000
B1(2,2)	0.653569	0.041348	15.80640	0.0000

从表 7-14 中可以得到均值方程与方差方程的系数。由于均值方程的估计系数都很接近 1，开始的随机游走假设可以认为是正确的。均值方程与方差方程的系数估计在 0.05 的置信水平下是显著的，并且从表 7-15 的结果中可以看到两个模型的 R^2 与修正的 R^2 均在 0.95 以上，表明得到的模型拟合很好。可以根据表 7-14 中所输出的 *AIC*，*SC* 及 *HQ* 值选择适宜的模型。表 7-16 是表 7-14 经过转换后得到的结果，很容易从结果中看出它们是不同的。表 7-16 的结果是真正想要的多变量 GARCH 模型的输出结果，从表中可以看到该多变量 GARCH 模型的具体形式以及不同项所对应系数的估计值。因为系数矩阵均为对称阵，所以估计结果中只给出了相应矩阵的上三角元素的估计值。

第 8 章 联立方程模型

单方程模型用于揭示单个被解释变量受多个解释变量影响形成的因果关系，适用于只有单一规律现象的研究。现实的社会经济现象往往错综复杂，规律之间相互依存、彼此影响，形成一个相对独立的系统，单靠一个方程描述不够，需要考虑用一组方程加以说明，即使用联立方程模型（Simultaneous Equation）。

8.1 模型的基本问题

8.1.1 联立方程模型概述

联立方程模型至少含有两个待估计方程，其一般形式为：

$$f(y_t, x_t, \beta)=\varepsilon_t, \quad t=1,2,\cdots,T \tag{8.1.1}$$

式中，y_t 为 t 时刻的内生变量向量；x_t 为 t 时刻的外生变量向量；β 为待估计的未知参数；ε_t 为 t 时刻可能存在序列相关的扰动向量；T 为样本量或预测的初始时刻。联立方程模型可能包含没有未知参数和扰动项的恒等方程，它们本身并不需要进行估计，但会作为一部分信息与其他方程一起参与整个模型的求解和分析。

现在来看一个简单的供给-需求模型的例子。

需求方程：$Q_t^D=\beta_0+\beta_1 P_t+\beta_2 y_t+v_t$ (8.1.2)

供给方程：$Q_t^S=\alpha_0+\alpha_1 P_t+\alpha_2 P_{t-1}+\varepsilon_t$ (8.1.3)

平衡方程：$Q_t^D=Q_t^S$ (8.1.4)

式中，Q_t^S 和 Q_t^D 分别为供给量与需求量；P_t 为价格；y_t 为收入。这个联立方程模型中，式（8.1.4）为恒等方程，不需要估计，但它与式（8.1.2）和式（8.1.3）一起确定了市场均衡状态下的价格和供给（需求）量。

在联立方程模型中，由模型内的方程所确定的变量称为内生（endogenous）变量，如供给-需求模型中的 Q_t^S，Q_t^D 和 P_t。确定当期内生变量时需要事先知道的变量称为先决（predetermined）变量，通常包括滞后内生变量和外生变量，如供给-需求模型中的 P_{t-1} 和 y_t，其中，变量 P_{t-1} 是内生变量 P_t 的一期滞后，为滞后内生变量；变量 y_t 完全由模型外部确定，为外生（exogenous）变量。

上述模型以经济理论为基础建立的联立方程模型称为结构式模型，其一般形式可记为：

$$\boldsymbol{BY}=\boldsymbol{AX}+\boldsymbol{\varepsilon} \tag{8.1.5}$$

式中，$\boldsymbol{Y}$ 为 $P\times N$ 维（P 为模型中内生变量总数，N 为观测量）内生变量矩阵；$\boldsymbol{X}$ 为 $Q\times N$ 维（Q 为模型中先决变量总数）先决变量矩阵；$\boldsymbol{\varepsilon}$ 为 $P\times N$ 维随机扰动项矩阵；$\boldsymbol{B}$ 和 $\boldsymbol{A}$ 分别为 $P\times P$ 维和 $P\times Q$ 维系数矩阵。模型假定

$$E(\boldsymbol{\varepsilon}_i)=0,\ E(\boldsymbol{\varepsilon}_i\boldsymbol{\varepsilon}'_i)=\Sigma,\quad i=1,2,\cdots,N$$
$$E(\boldsymbol{\varepsilon}_i\boldsymbol{\varepsilon}'_j)=0,\quad i,j=1,2,\cdots,N,i\neq j$$

式中，Σ 为 $P\times P$ 维随机扰动项间的协方差矩阵。

若 $\boldsymbol{B}$ 是非奇异矩阵，则式（8.1.5）可写为：

$$\mathbf{Y}=\mathbf{\Gamma X}+\mathbf{U} \tag{8.1.6}$$

式中，$\boldsymbol{\Gamma}=\boldsymbol{B}^{-1}\boldsymbol{A}$，$\boldsymbol{U}=\boldsymbol{B}^{-1}\boldsymbol{\varepsilon}$。式（8.1.6）称为联立方程模型的简化式模型（Reduced Form Solution）。

8.1.2 模型识别

由于简化式模型每个方程等号右边没有当期内生变量，可以由普通最小二乘估计得到一致估计量。用简化式模型参数 $\boldsymbol{\Gamma}$ 估计结构式模型参数 $\boldsymbol{B}$ 和 $\boldsymbol{A}$ 称为联立方程模型的识别。如果结构式参数可由简化式参数唯一确定，结构式模型恰好识别；如果由简化式模型估计得到结构式参数有多种可能取值，结构式模型过度识别；如果无法从简化式模型估计出所有结构式参数，结构式模型不可识别。需要注意，对于给定的一个结构式模型，可能存在有些方程可识别（包括恰好识别与过度识别），另一些方程不可识别的情况，也存在某一个方程中，有些参数可识别，另一些参数不可识别的情况。

$\boldsymbol{\Gamma}$ 中的 $P\times Q$ 个元素提供了简化式模型的有关信息，但目标是确定 $\boldsymbol{B}$ 的 $P\times P$ 个元素和 $\boldsymbol{A}$ 的 $P\times Q$ 个元素。因此，结构式模型要可识别，还需要有关结构式参数约束条件的信息。最普遍的形式是结构式参数的零约束条件，由此得到结构式参数识别的秩条件和阶条件。其中，秩条件为：

$$\text{rank}(\boldsymbol{C}) = p-1 \tag{8.1.7}$$

矩阵 $\boldsymbol{C}$ 是第 i 个方程中未包含变量在其他 $p-1$ 个方程中对应的系数所组成的矩阵。秩条件是模型可识别的一个充要条件，另一个更为常用的是阶条件。

对于结构式模型中任意一个方程，识别的阶条件为：

$$q^*\geqslant p-1 \tag{8.1.8}$$

式中，q^* 为该方程未包含的先决变量个数；p 为该方程包含的内生变量个数。对于一个可识别的结构式方程而言，取等号表示恰好可识别，取大于号表示过度识别。阶条件是很好的判断模型可否识别的经验法则，是一个识别的必要条件。考虑前面供给-需求模型的例子。对式（8.1.2），$q^*=1$，$p=2$，因此供给方程满足恰好可识别的必要条件。

需要注意的是，不能随意增加或减少变量来保证可识别，一定要确保这样做是符合经济意义的，即增加的变量必须要对相应的内生变量有影响，减少的变量也只能是对因变量没有太大影响的变量。

8.2　模型的估计

联立方程模型用于考察多个方程所组成的系统，这些方程中参数是同时决定的，因此联立方程模型的估计方法比单方程模型更复杂。

联立方程模型所研究的经济现象间彼此关联，即是说在每个方程的解释变量中至少有一个内生变量或方程间残差存在相关，这也是所谓的联立性条件。若某个方程不满足联立性条件，即当方程右端的解释变量都是外生变量，且方程间残差不存在相关时，则通过普通最小二乘法便可以得到有效和一致的参数估计。前面章节中对此已有详细介绍，此处便不再赘述。接下来我们所要讨论的是方程组满足联立性条件的估计问题。为求简洁，我们接下来所讨论的内容中将不涉及残差序列存在异方差的情形（若存在异方差，则可以采用加权等方式予以解决）。

联立方程模型的估计方法一般可分为单方程估计法和系统估计法，两种方法一般都要求模型是可识别的。由于这些估计方法的相关推导都比较复杂，下面将只介绍几种主要方法的基本原理，侧重于在计算机上的实现过程。

如果方程间的残差不存在同期相关，那么由单方程估计方法便可得到有效且一致的参数估计。单方程估计法逐一估计联立模型中的每一个方程，主要包括工具变量法（Instrumental Variables，IV）和两阶段最小二乘法（Two-stage Least Squares，TSLS）。

8.2.1　单方程估计法

1. 工具变量法

从供给-需求模型的例子可以看出，由于内生变量出现在方程的右边（解释变量存在测量误差），所以造成解释变量与随机扰动项相关，OLS 估计是有偏且不一致的，偏差和不一致的程度取决于该解释变量测量误差的方差。

工具变量法是解决这类问题的常用方法，尽管它不能保证参数估计的无偏性，但是它在大样本情形下能使得参数的估计成为一致的。引入的工具变量 Z 是与解释变量 X 高度相关，但与误差项不相关的一组变量，且这些变量间是线性独立的。从定义可知，工具变量一定是先决变量。考虑下面的供给-需求模型：

$$\text{需求方程：}Q_t^D=\beta_0+\beta_1 P_t+\beta_2 y_t+\beta_3 d_t+v_t \tag{8.2.1}$$

供给方程：$Q_t^S = \alpha_1 P_t + \alpha_2 f_t + \varepsilon_t$ (8.2.2)

平衡方程：$Q_t^D = Q_t^S$ (8.2.3)

式中，f_t为单位成本价格；d_t为银行存款金额。

若估计需求方程（8.2.1），注意到该方程是恰好可识别，因此可选择外生变量 f_t作为工具变量替代原方程右边的内生变量P_t，从而得到参数的一致估计。另外，由于工具变量数不能少于待估参数个数，该方程共有 4 个参数需要估计，故应在 f_t基础上再加上外生变量 y_t，d_t和常数 c 共同构成工具变量向量。

若估计供给方程（8.2.2），显然该方程是过度识别的。如果再使用工具变量法估计，则外生变量 y_t和d_t都可用于替代原方程包含的内生变量P_t得到一致估计，但二者结果不同，无论选择哪一种都有可能失去模型中的某些重要信息。

2. 两阶段最小二乘法

两阶段最小二乘法的应用很广泛。当方程为过度识别时，利用两阶段最小二乘法能够避免上述方法中的信息损失，可获得结构式参数的唯一估计值。其实施步骤如下。

第一阶段，用方程右端出现的内生变量对模型中所有的先决变量做回归，并计算内生变量的拟合值。因为该回归方程的解释变量都是先决变量，所以 OLS 估计是一致和有效的，而且在大样本情形下，计算得到的拟合值与误差项是相互独立的。这一步实际上是通过先决变量的组合构造了一个新的工具变量，从而解决了工具变量的选择问题。

第二阶段，将计算得到的内生变量拟合值替换第一个方程解释变量中的内生变量，用普通最小二乘法估计该方程的结构式模型，即可得到参数的一致估计。

$$\hat{\boldsymbol{\beta}}_{TSLS} = (\boldsymbol{X}'\boldsymbol{Z}(\boldsymbol{Z}'\boldsymbol{Z})^{-1}\boldsymbol{Z}'\boldsymbol{X})^{-1}\boldsymbol{X}'\boldsymbol{Z}(\boldsymbol{Z}'\boldsymbol{Z})^{-1}\boldsymbol{Z}'y \tag{8.2.4}$$

式中，$\boldsymbol{Z}$为工具变量矩阵；y 和 $\boldsymbol{X}$ 分别表示内生变量和先决变量矩阵。

这些系数协方差矩阵的估计为：

$$\hat{\Sigma}_{TSLS} = s^2 \left(\boldsymbol{X}'\boldsymbol{Z}(\boldsymbol{Z}'\boldsymbol{Z})^{-1}\boldsymbol{Z}'\boldsymbol{X}\right)^{-1} \tag{8.2.5}$$

式中，s^2 为残差方差的样本估计值。

不难看出，当方程恰好识别时，工具变量法与两阶段最小二乘法是等价的；当方程过度识别，且工具变量法中所选的工具变量为第一阶段中得到的拟合值时，工具变量法与两阶段最小二乘法仍然是等价的。

例 8.1

表 8-1 是美国各州和地方政府费用支出数据。其中，GOV 为政府开支，AID 为联邦政府的拨款额，INC 为各州收入，POP 为各州人口总数，PS 为小学与中学在校生人数。

表 8-1 美国各州和地方政府费用支出数据

OBS	GOV	AID	INC	POP	PS	OBS	GOV	AID	INC	POP	PS
1	704	191	376	1 026	251	26	2 938	736	2 019	5 221	1 161
2	526	95	331	774	168	27	1 512	411	941	2 688	624
3	411	108	170	460	107	28	3 197	842	1 872	4 733	1 090
4	5 166	1 101	2 797	5 796	1 203	29	4 771	838	3 269	7 347	1 514
5	699	178	437	969	190	30	2 063	598	1 201	3 306	714
6	2 546	447	1 668	3 080	665	31	2 446	713	1 510	4 072	892
7	22 750	4 408	9 689	18 367	3 524	32	2 104	680	1 224	3 521	784
8	5 911	1 036	3 953	7 349	1 513	33	1 427	575	719	2 256	526
9	8 840	1 619	5 411	11 905	2 362	34	1 014	400	672	2 008	462
10	6 867	1 201	4 902	10 722	2 422	35	2 691	733	1 333	3 738	846
11	3 457	544	2 307	5 286	1 221	36	1 767	500	1 010	2 633	607
12	8 935	1 754	5 804	11 244	2 349	37	7 246	1 636	4 740	11 604	2 738
13	7 799	1 325	4 490	9 013	2 197	38	587	180	292	716	178
14	3 757	525	1 937	4 526	995	39	512	136	280	755	185
15	3 528	632	1 684	3 877	910	40	368	128	148	346	86
16	2 108	326	1 245	2 884	647	41	1 920	433	1 087	2 364	575
17	3 156	717	2 045	4 747	1 030	42	823	298	378	1 076	285
18	475	127	262	634	142	43	1 523	294	839	1 963	485
19	521	133	256	680	162	44	821	221	422	1 127	306
20	1 052	205	680	1 528	330	45	543	96	278	533	131
21	1 551	299	1 029	2 268	475	46	3 070	629	1 573	3 418	791
22	571	97	298	571	134	47	1 766	439	948	2 185	471
23	3 392	546	2 031	4 048	921	48	20 052	4 082	10 383	20 411	4 501
24	3 037	624	2 095	4 765	1 069	49	698	185	170	325	85
25	1 250	452	651	1 795	410	50	940	165	420	816	182

资料来源：参考文献 [8]。

(1) 模型形式。

欲建立如下联立方程模型①：

$$GOV = \alpha_0 + \alpha_1 AID + \alpha_2 INC + \alpha_3 POP + \varepsilon \qquad (8.2.6)$$

$$AID = \beta_0 + \beta_1 GOV + \beta_2 PS + v \qquad (8.2.7)$$

试用工具变量法估计方程 (8.2.6)。

该方程恰好识别，通常可以采用工具变量法进行估计（因为参数估计方法是一致且有效的）。

① 本模型引自参考文献 [8]。

（2）单个方程估计。

单方程模型可以通过建立 *eq* 对象来进行估计。不过 EViews 提供了快捷方式，即在 EViews 的主菜单中选择 Quick/Estimate Equation 打开方程定义窗口，点开 Estimation settings 中的 Method 下拉菜单，选择 TSLS，屏幕出现两阶段最小二乘法定义框，如图8－1 所示。

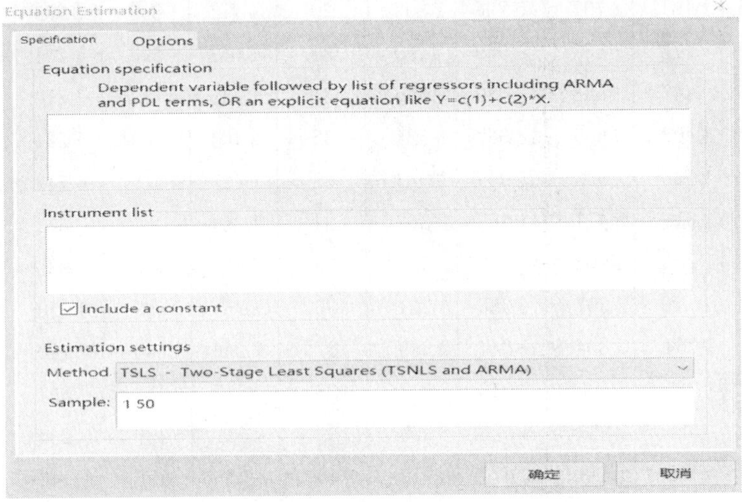

图 8－1　两阶段最小二乘法定义框

首先，在对话框上方 Equation specification 处的空白区域输入待估计方程的变量名，本例，输入

gov c aid inc pop

其次，需在 Instrument list 下的空白区域输入用于估计方程的工具变量名。本例，方程（8.2.6）为恰好识别，可将式（8.2.7）中的外生变量 PS 作为工具变量，代替原方程中的内生变量 AID。加上原方程（8.2.6）的外生变量，输入

ps inc pop

由于常数项 c 永远是一个合适的工具变量，所以 EViews 在估计时会自动把它加到工具变量中，即上面的输入法等价于

c ps inc pop

此时模型有 4 个待估参数及 4 个工具变量，符合要求。

工具变量法能很好地解决解释变量存在测量误差的问题，但它不能解决残差序列自身存在相关的问题。若残差序列存在 p 阶自相关，则应在 Equation specification 处的区域加入 $AR(p)$ 项；若残差序列存在 q 阶 MA 模式，则应在该区域中加入 $MA(q)$ 项。一旦加入 ARMA 项，EViews 就会自动将该模型转化为非线性最小二乘问题，并利用相应的工具变量来对模型进行估计。好在 EViews 提供了非常好的功能，让用户不必为增加 ARMA 项后工具变量的改变而操心，只需将 Instrument list 处下方的选项选中即可。由于本例中

并未涉及残差序列存在 ARMA 模式的情形，故而选与不选不会对估计结果造成影响。在 Sample 框中可以对样本范围进行设定。

此外，估计时还可以对图 8－2 所示的选项进行设置。

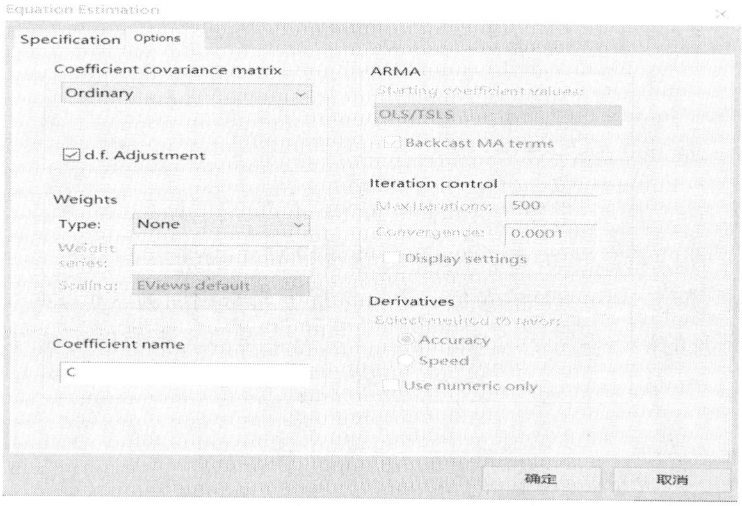

图 8－2　两阶段最小二乘法选项设置

OLS&TSLS options 处理 OLS 与 TSLS 估计中的异方差问题。当异方差形式未知时，可以通过怀特方法和 Newey-West 方法来修正参数估计的标准误，以消除异方差对估计的影响，但它们并不改变参数的点估计值，也不可能消除序列的异方差。需要特别指出的是 White 方法假定残差序列无自相关，Newey-West 方法在残差序列存在自相关时仍然适用。当异方差形式已知（已知权数）时，可以通过加权的方法来修正异方差问题，Weights 框中应填入权数序列名，一般情况下权数为误差项标准差倒数的倍数。当然，上述两种方法可以并用。Iteration control 用于迭代控制。一般来说，可以通过控制迭代的最大次数和收敛容忍度来确定迭代的停止条件。收敛容忍度条件既可以依据目标函数值的变化，也可以基于参数值的变化，EViews 采用后者。注意，只有进行非线性估计时，该项设置才是有效的。若选择 Display setting，则在结果中会追加显示有关迭代的信息，包括达到收敛精度的迭代次数、迭代的容忍度以及迭代的初始值等。另外，可以通过 Derivatives 框来选择导数的计算方法，有解析和数值两种方法。通常解析法会比数值法更快、更精确，因此，在默认情况下，EViews 一般会采用解析法，只有在必要时才采用数值法（有限差分法），例如 EViews 总是在计算 AR 系数的方差时采用解析法，在计算 MA 系数的方差时采用数值法。用户可以通过选项 Select method to favor 来控制数值法是倾向于精度还是速度。若选择 Use numeric only，则仅采用数值法。

当模型残差序列带有 ARMA 项时，EViews 会自动将该模型估计转为非线性最小二乘法，这时需要给出估计的初始值，可以通过 ARMA options 设定。初始值的选定没有固定的规则，一般是越接近真值越好。合理的初始值不仅能保证迭代收敛的正确性，还能加速迭代收敛的过程。大多数情况下，采用 EViews 的默认设置，即在没有 ARMA 项的情形下进行 OLS/TSLS 估计，并将得到的估计值作为非线性估计的初始值。需要注意的是，对于含有 ARMA（p，q）的模型需要追加所有变量的 $1\sim n(=\max(p, q))$ 阶滞后项。但有时为保证迭代过程的有效性，需要对非线性估计的初始值进行设定。EViews 提供的选择还有：将上述 OLS/TSLS 估计值乘以 0.8，0.5 或 0.3 作为初始值；将所有系数的初始值设为 0；选择 User Supplied，然后在系数向量 C 中输入待估计参数的初始值，既可以双击打开编辑，也可以通过 param 命令来进行设定。

考虑带有 $MA(q)$ 项的回归模型

$$\begin{aligned} y_t &= X'_t\beta + u_t \\ u_t &= \varepsilon_t + \theta_1\varepsilon_{t-1} + \theta_2\varepsilon_{t-2} + \cdots + \theta_q\varepsilon_{t-q} \end{aligned} \tag{8.2.8}$$

式中，$t=1, 2, \cdots, T$。假定预先对参数 (β, θ) 有一个估计 $(\hat{\beta}_0, \hat{\theta}_0)$，现在只需要知道估计样本每一期的新息（innovations）ε_t 就可以利用条件最小二乘（conditional least squares）来估计模型（8.2.8）的参数。通常情况下先采用回溯（backcast）的办法得到样本的前 q 个新息的初始值 $\{\hat{\varepsilon}_{-(q-1)}, \hat{\varepsilon}_{-(q-2)}, \cdots, \hat{\varepsilon}_0\}$。不妨假定超过样本期的 q 个新息为 0，即 $\bar{\varepsilon}_{T+1}=\bar{\varepsilon}_{T+2}=\cdots=\bar{\varepsilon}_{T+q}=0$，则通过式子

$$\bar{\varepsilon}_t = \hat{u}_t - \hat{\theta}_1\bar{\varepsilon}_{t+1} - \cdots - \hat{\theta}_q\bar{\varepsilon}_{t+q}, \quad t=T,\cdots,0,\cdots,-(q-1) \tag{8.2.9}$$

向后递推可以得到 $\{\bar{\varepsilon}_0, \cdots, \bar{\varepsilon}_{-(q-2)}, \bar{\varepsilon}_{-(q-1)}\}$，以此作为前 q 期新息的初始值。如果不采用回溯的办法，那么前 q 期新息的初始值将被设为 0。然后，通过式子

$$\hat{\varepsilon}_t = \hat{u}_t - \hat{\theta}_1\hat{\varepsilon}_{t-1} - \hat{\theta}_2\hat{\varepsilon}_{t-2} - \cdots - \hat{\theta}_q\hat{\varepsilon}_{t-q}, \mathrm{t}=1,2,\cdots,T \tag{8.2.10}$$

向前递推便可得到样本期内所有新息的初始值，并将其代入如下定义的残差平方和中。

$$SSR(\beta,\theta) = \sum_{t=q+1}^{T}(y_t - X'_t\beta - \theta_1\hat{\varepsilon}_{t-1} - \cdots - \theta_q\hat{\varepsilon}_{t-q})^2 \tag{8.2.11}$$

进一步，可求得使式（8.2.11）达到最小的参数 $(\hat{\beta}_1, \hat{\theta}_1)$。不断重复上述步骤，直至参数估计值收敛，并将最后得到的参数估计值记为 $(\hat{\beta}, \hat{\theta})$，作为参数 (β, θ) 的最终估计。如果回归模型中含有 $AR(p)$ 项，那么 EViews 在回溯之前会先对残差 $\hat{u}_t$ 进行差分以消除序列的自相关。

本例采用默认设置，点击确定可得到如表 8-2 所示的估计结果。

表 8-2　工具变量法估计结果

Variable	Coefficient	Std. Error	t-Statistic	Prob.
C	-89.24442	111.5530	-0.800018	0.4278
AID	4.499010	0.991700	4.536662	0.0000
INC	1.293942	0.547718	2.362424	0.0224
POP	-0.518393	0.145068	-3.573455	0.0008

R-squared	0.988795	Mean dependent var	3316.160
Adjusted R-squared	0.988064	S.D. dependent var	4360.422
S.E. of regression	476.3844	Sum squared resid	10439335
F-statistic	1327.326	Durbin-Watson stat	1.172603
Prob(F-statistic)	0.000000	Second-Stage SSR	27972538
J-statistic	1.86E-39	Instrument rank	4

可以看出除常数项不显著外，其他各项均显著，模型的拟合效果也不错，但 *D.W.* 统计量的值较低，表明残差序列还存在正的自相关。

上述过程也可直接输入命令，格式为

tsls formula @ z1…zk

待估方程可以是非线性的，如果是线性的，则可写成序列名列表的形式，@是用于待估方程与工具变量的分隔符，zl…zk 是工具变量。对本例也就是输入

tsls gov c aid inc pop @ ps inc pop

得到的结果与表 8-2 一样。

(3) 系统估计。

联立方程的单方程估计亦可通过 system 对象实现。在主菜单或工作文件窗口工具栏选择 Objects/New Object，亦可在工作文件区的空白处单击右键，选择 New Object，屏幕出现如图 8-3 所示对象定义对话框。

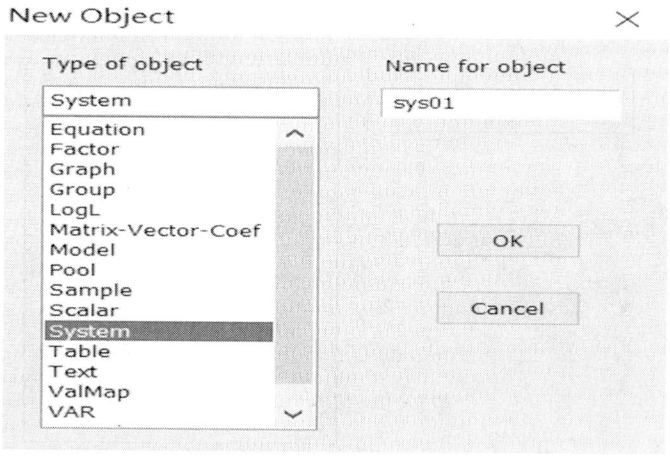

图 8-3　对象定义对话框

在左边对象类型（Type of object）中选择 System，并在右上方给其命名为 sys01，点击 OK 按钮出现系统对象定义框，如图 8-4 所示。

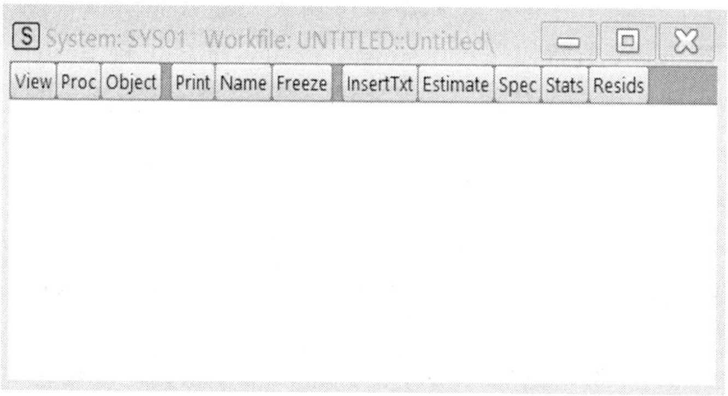

图 8-4　系统对象定义框

根据具体所采用的方法在文本框中输入待估计模型的形式，本例输入

gov=c(1)+c(2) * aid+c(3) * inc+c(4) * pop

此外，还要输入模型估计所需要的一些其他信息，比如指定工具变量。指定估计使用的工具变量名，即在关键词 inst 后输入各工具变量名，并用空格隔开。本例键入

inst *ps inc pop*

或者

inst *c ps inc pop*

也可以通过选择 System 工具栏中 Proc/Define System 简化一些方程的输入（如图 8－5 所示）。

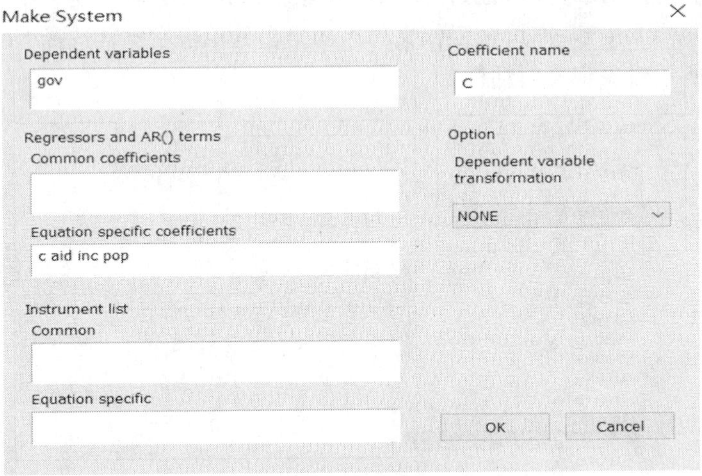

图 8－5　系统方程输入

图 8－5 中，左上方的 Dependent variables 框用来输入各因变量序列名，左中部的 Regressors and AR() terms 需要输入方程中所包含的回归解释变量名以及 AR() 项，左下方的 Instrument list 输入工具系统方程的工具变量序列，右上方的 Coefficient name 框用来输入系数向量的名称，右中部的 Option 选项框可以对因变量实施多种变换。本例，仅能通过其输入待估计方程，工具变量需要自行输入。输入完毕，在图 8－4 所示窗口工具栏中选择 Proc/Estimate 或直接选择 Estimate 按钮，屏幕出现 System 对象估计定义对话框，如图 8－6 所示。用户需从对话框左边列表中选择模型估计方法，这些估计方法从上至下依次为普通最小二乘法、加权最小二乘法、似无关回归法、两阶段最小二乘法、加权两阶段最小二乘法、三阶段最小二乘法、完全信息极大似然法、广义矩估计（截面数据）、广义矩估计（时间序列）以及 ARCH（自回归条件）异方差模型，本例选中 Two-Stage Least Squares。注意在 System 中只允许出现 AR 项，不允许含有 MA，SMA 和 SAR 项。

Estimation method 中被激活的选项等价于图 8－1 中工具变量列表中的选项，在 Sample 中输入用于估计的样本范围。

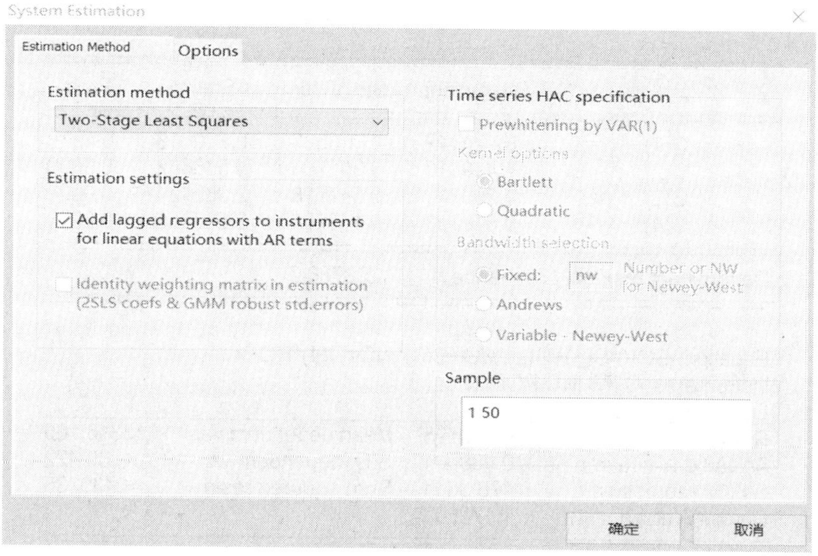

图 8－6　System 对象估计定义对话框

用户可以进一步在 Options 中设置计算方差的方法和优化控制条件。这里的优化控制（Optimization control）用来设定优化算法的最大迭代次数和收敛容忍度，可以证明在非线性估计中使用优化算法是很有用的。EViews 提供了两种只需求一阶导数的最优化算法：Marquardt 和 Gauss-Newton/BHHH（见图 8－7 中 Optimization method 选项框）。前者是后者的改进，也是 EViews 的默认选项。右下方是对最优化算法最大迭代次数及收敛容忍度的控制。注意，此时只能从系数向量 C 中输入迭代初始值。

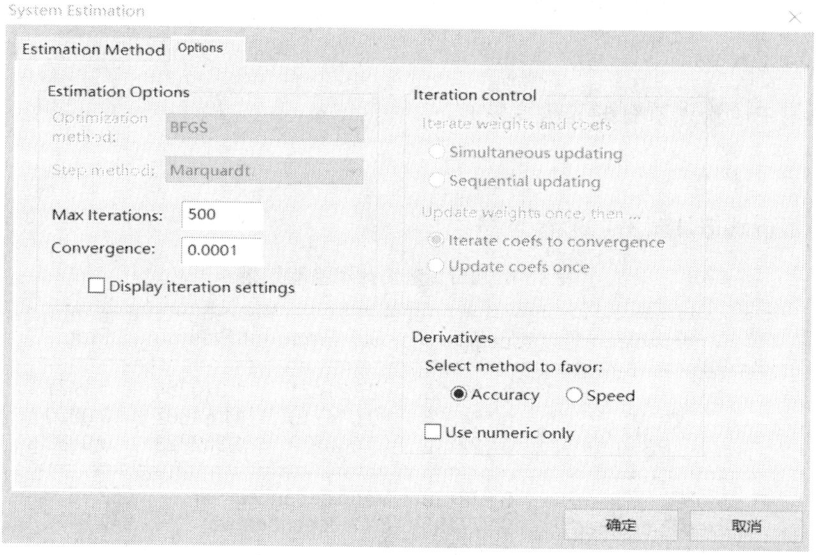

图 8－7　System 对象估计选项框

本例使用默认状态，点击确定，得到方程（8.2.6）的估计及相关检验结果，见表 8－3。

表 8-3　系统对象 TSLS 估计和检验结果

	Coefficient	Std. Error	t-Statistic	Prob.
C(1)	-89.24442	111.5530	-0.800018	0.4278
C(2)	4.499010	0.991700	4.536662	0.0000
C(3)	1.293942	0.547718	2.362424	0.0224
C(4)	-0.518393	0.145068	-3.573455	0.0008
Determinant residual covariance		208786.7		

Equation: GOV=C(1)+C(2)*AID+C(3)*INC+C(4)*POP
Instruments: C PS INC POP
Observations: 50

R-squared	0.988795	Mean dependent var	3316.160
Adjusted R-squared	0.988064	S.D. dependent var	4360.422
S.E. of regression	476.3844	Sum squared resid	10439335
Durbin-Watson stat	1.172603		

得到的估计结果较表 8-2 只是少了一些模型评价的指标，如 F 统计量及其相伴概率等，多了一个模型残差协方差矩阵的行列式值（208 786.7），其余估计结果一致。

例 8.2

续例 8-1。利用两阶段最小二乘法估计方程（8.2.7）。

该方程为过度识别，通常采用两阶段最小二乘法进行估计。

在图 8-1 上、下两个空白区域分别输入

aid c gov ps

及（工具变量中应输入所有的先决变量）

inc pop ps

点击确定得到估计结果，见表 8-4。

表 8-4　TSLS 法估计和检验结果

Variable	Coefficient	Std. Error	t-Statistic	Prob.
C	37.29039	27.21421	1.370254	0.1771
GOV	0.164065	0.014210	11.54567	0.0000
PS	0.122112	0.065570	1.862323	0.0688

R-squared	0.978126	Mean dependent var	692.7600
Adjusted R-squared	0.977195	S.D. dependent var	842.3426
S.E. of regression	127.2041	Sum squared resid	760501.6
F-statistic	1002.679	Durbin-Watson stat	1.041866
Prob(F-statistic)	0.000000	Second-Stage SSR	2319034.
J-statistic	3.319822	Instrument rank	4
Prob(J-statistic)	0.068449		

从表 8－4 中的结果可知，在 0.10 的显著性水平下，常数项不显著，其余变量的系数均显著，R^2 与修正的 R^2 均在 0.97 以上，说明模型拟合得很好，$D.W.$ 统计量的值表明残差序列存在正的自相关。

8.2.2 系统估计法

如果方程之间不独立，即联立方程误差项存在跨方程相关，那么由单方程估计法只能得到一致但非有效的估计。为了获得一致且渐进有效的估计量，可以采用系统估计法进行估计，即在估计时考虑方程之间的相关性，将方程组中的参数同时确定。最为常用的系统估计法有似无关回归法（SUR）、三阶段最小二乘法和广义矩估计法。EViews 还提供了完全信息极大似然法（FIML）。它是极大似然法（ML）的直接推广。由于该方法需要知道同期误差项的联合分布（条件太强），所以实际中很少使用，本书亦不做过多介绍。

为说明似无关回归法和三阶段最小二乘法（3SLS）的基本思想，首先回顾广义最小二乘估计（Generalized Least Square，GLS）。考虑一般多元回归模型

$$\boldsymbol{Y}=X\beta+\varepsilon \tag{8.2.12}$$

对残差假定

$$E(\varepsilon\varepsilon')=\sigma^2\boldsymbol{I} \tag{8.2.13}$$

当模型存在异方差或序列相关时，不妨设

$$E(\varepsilon\varepsilon')=\sigma^2\boldsymbol{\Omega}=V \tag{8.2.14}$$

式中，假定 σ^2 未知，$\boldsymbol{\Omega}$ 为已知的正定矩阵。广义最小二乘法的目的是充分利用矩阵 $\boldsymbol{\Omega}$ 的信息，以最有效的方式寻求参数 $\boldsymbol{\beta}$ 的估计及其方差与协方差矩阵。

若 $\hat{\boldsymbol{\Omega}}$ 是 $\boldsymbol{\Omega}$ 的一致估计，则可得到参数向量 $\boldsymbol{\beta}$ 的广义最小二乘估计

$$\hat{\boldsymbol{\beta}}=(\boldsymbol{X}'\hat{\boldsymbol{\Omega}}^{-1}\boldsymbol{X})^{-1}\boldsymbol{X}'\hat{\boldsymbol{\Omega}}^{-1}\boldsymbol{Y} \tag{8.2.15}$$

及其方差与协方差矩阵的无偏估计

$$\begin{aligned}\hat{\boldsymbol{\Sigma}}&=E[(\hat{\boldsymbol{\beta}}-\boldsymbol{\beta})(\hat{\boldsymbol{\beta}}-\boldsymbol{\beta})']=\frac{1}{N-k}(\hat{\varepsilon}'\hat{\boldsymbol{\Omega}}^{-1}\hat{\varepsilon})(\boldsymbol{X}'\hat{\boldsymbol{\Omega}}^{-1}\boldsymbol{X})^{-1}\\&=\frac{1}{N-k}(\hat{u}'\hat{u})(\boldsymbol{X}'\hat{\boldsymbol{\Omega}}^{-1}\boldsymbol{X})^{-1}\end{aligned} \tag{8.2.16}$$

式中，N－k 为自由度（N 为方程的个数，k 为系数向量 $\boldsymbol{\beta}$ 的维数）；$\hat{\varepsilon}$ 为普通最小二乘估计的残差；$\hat{u}$ 为广义最小二乘估计的残差。

1. 似无关回归法

似无关回归法也称 Zellner 方法。它假定方程右端只有先决变量，即内生滞后变量和外生变量，方程之间存在相关，这种相关完全通过残差项体现，但从形式上看方程之间似乎是不相关的。这是该方法称为“似无关”的原因。

考虑如下 N 个方程

$$\boldsymbol{Y}_i=\boldsymbol{X}_i\boldsymbol{\beta}_i+\boldsymbol{\varepsilon}_i,\ i=1,2,\cdots,N \tag{8.2.17}$$

写成矩阵形式为：

$$\begin{bmatrix} \boldsymbol{Y}_1 \\ \boldsymbol{Y}_2 \\ \vdots \\ \boldsymbol{Y}_N \end{bmatrix} = \begin{bmatrix} \boldsymbol{X}_1 & 0 & \cdots & 0 \\ 0 & \boldsymbol{X}_2 & \cdots & 0 \\ \vdots & \vdots & & \vdots \\ 0 & 0 & \cdots & \boldsymbol{X}_N \end{bmatrix} \begin{bmatrix} \boldsymbol{\beta}_1 \\ \boldsymbol{\beta}_2 \\ \vdots \\ \beta_N \end{bmatrix} + \begin{bmatrix} \boldsymbol{\varepsilon}_1 \\ \boldsymbol{\varepsilon}_2 \\ \vdots \\ \boldsymbol{\varepsilon}_N \end{bmatrix} \tag{8.2.18}$$

亦即 $\boldsymbol{Y}=\boldsymbol{X\beta}+\boldsymbol{\varepsilon}$。其中 $\boldsymbol{X}_i$ 为 $N\times k_i$ 维矩阵；$\boldsymbol{\beta}_i$ 为 k_i 维向量。根据似无关回归法的假设，可知式（8.2.14）误差项的方差和协方差矩阵为：

$$\mathbf{V}=E(\boldsymbol{\varepsilon\varepsilon}')=\begin{bmatrix} \sigma_{11}I_T & \sigma_{12}I_T & \cdots & \sigma_{1N}I_T \\ \sigma_{21}I_T & \sigma_{22}I_T & \cdots & \sigma_{2N}I_T \\ \vdots & \vdots & & \vdots \\ \sigma_{N1}I_T & \sigma_{N2}I_T\cdots & \sigma_{NN}I_T & \end{bmatrix} \tag{8.2.19}$$

对方程（8.2.17）进行 OLS 估计，可由相应的残差值得到 $\mathbf{V}$ 的一致估计 $\hat{\mathbf{V}}$：

$$\hat{\sigma}_{ii}=\frac{\hat{\boldsymbol{\varepsilon}}_i\hat{\boldsymbol{\varepsilon}}_i'}{N-k_i},\ \hat{\sigma}_{ij}=\frac{\hat{\boldsymbol{\varepsilon}}_i\hat{\boldsymbol{\varepsilon}}_j'}{\sqrt{(\mathbf{N}-\boldsymbol{k}_i)(\mathbf{N}-\boldsymbol{k}_j)}} \tag{8.2.20}$$

式中，$\hat{\boldsymbol{\varepsilon}}_i=\boldsymbol{Y}_i-\boldsymbol{X}_i\hat{\boldsymbol{\beta}}_i$。由式（8.2.21）和式（8.2.22）得到参数向量 $\boldsymbol{\beta}$ 的广义最小二乘估计为：

$$\hat{\boldsymbol{\beta}}=(\boldsymbol{X}'\hat{\mathbf{V}}^{-1}\boldsymbol{X})^{-1}\boldsymbol{X}'\hat{\mathbf{V}}^{-1}\boldsymbol{Y} \tag{8.2.21}$$

其方差与协方差矩阵为：

$$\hat{\boldsymbol{\Sigma}}=E[(\hat{\boldsymbol{\beta}}-\boldsymbol{\beta})(\hat{\boldsymbol{\beta}}-\boldsymbol{\beta})']=(\boldsymbol{X}'\hat{\mathbf{V}}^{-1}\boldsymbol{X})^{-1} \tag{8.2.22}$$

例 8.3

续例 8.1。利用似无关回归法估计模型（8.2.6）和模型（8.2.7）。

在 EViews 中，可以利用系统对象实现似无关回归法。按照前述方法建立系统对象 sys02，然后在图 8-4 所示窗口中输入待估模型，即

gov=c(1)+c(2)*aid+c(3)*inc+c(4)*pop

以及

aid=c(5)+c(6)*gov+c(7)*ps

模型输入完毕。先在图 8-4 所示窗口工具栏中点击 Estimate 按钮，之后在图 8-6 所示的系统对象估计定义对话框中选择 Seemly Unrelated Regression，进一步可以对估计样本范围和图 8-8 所示选项进行设置。

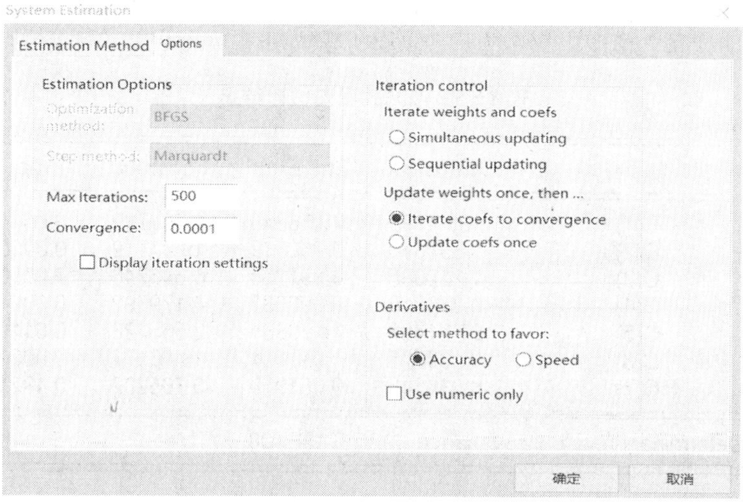

图 8-8　似无关回归选项设置

这里仅对其中的迭代控制进行说明，在似无关回归法与三阶段最小二乘法中，它主要是针对 GLS 加权矩阵（weighting matrix）$\boldsymbol{\Omega}$ 的计算问题。默认情况下（Update weights once），EViews 使用未加权矩阵（单位阵）进行第一阶段的估计，此时，可先由 OLS（如果有工具变量则采用 TSLS）估计得到待估计系数的初始值，经反复迭代直至收敛，得到系数的参数估计值，进一步通过相应的残差可以得到加权矩阵的一致估计。第二阶段，可以利用估计出来的加权矩阵得到系数的新估计：若选择 Iterate coefs to convergence，则 EViews 将会反复迭代直至系数估计收敛；若选择 Update coefs once，则 EViews 在第二阶段中只进行一次系数更新。一般来说，当模型为非线性时，两种方法的估计结果是不一样的，此时，更多地采用前者，当模型为线性时，两种方法的估计结果一致。若选择 Iterate weights and coefs-Sequential updating，则 EViews 将把上一次的系数估计值作为新的初始值，不断重复两个阶段的工作，直至加权矩阵和系数估计值同时收敛。此外，我们还可以选择 Iterate weights and coefs-Simultaneous updating，每次重复时加权矩阵与系数估计均更新一次，直至加权矩阵和系数估计值均收敛。注意，这四种方法都是渐进有效的。本例使用默认设定，定义完毕，点击确定，得到如表 8-5 所示结果。

将该结果与单个方程的 OLS 估计结果相比较，单个方程的拟合度差别不大，但是，当方程与方程之间存在关联时，似无关回归能考虑到系统的因素，整合更多有用的信息，会比单个方程的估计更为有效，这一点可以从系数估计的标准误得到体现，因为似无关回归估计得到的各系数的标准误差明显比估计单个方程时要小。不过，有一点需要注意，似无关回归法对于模型（8.2.6）与模型（8.2.7）是适用的，这是由于在模型（8.2.6）与模型（8.2.7）的右端均含有内生变量，所以这两个模型采用下面介绍的两种系统估计方法更为恰当。

2. 三阶段最小二乘法

如果联立方程残差之间不仅存在跨方程相关，还存在方程内的相关，即方程右端含有内生变量，由似无关估计不能得到参数的一致估计。此时，可以采用三阶段最小二乘法

(3SLS) 得到参数的一致且有效的估计。它结合了两阶段最小二乘法与似无关回归法的思想，但分三步估计联立模型中每个方程。具体步骤如下。

表 8-5　似无关回归估计结果

	Coefficient	Std. Error	t-Statistic	Prob.
C(1)	-138.4193	78.56745	-1.761789	0.0814
C(2)	3.832910	0.200979	19.07119	0.0000
C(3)	1.252086	0.191253	6.546746	0.0000
C(4)	-0.376318	0.090033	-4.179792	0.0001
C(5)	63.61408	24.79861	2.565228	0.0119
C(6)	0.199775	0.011061	18.06177	0.0000
C(7)	-0.036545	0.051819	-0.705232	0.4824
Determinant residual covariance		5.13E+08		

Equation: GOV=C(1)+C(2)*AID+C(3)*INC+C(4)*POP
Observations: 50

R-squared	0.991623	Mean dependent var	3316.160
Adjusted R-squared	0.991076	S.D. dependent var	4360.422
S.E. of regression	411.9080	Sum squared resid	7804737.
Durbin-Watson stat	1.324683		

Equation: AID=C(5)+C(6)*GOV+C(7)*PS
Observations: 50

R-squared	0.979202	Mean dependent var	692.7600
Adjusted R-squared	0.978317	S.D. dependent var	842.3427
S.E. of regression	124.0362	Sum squared resid	723094.0
Durbin-Watson stat	0.816468		

第一阶段，先估计联立模型的简化形式（通常可以通过内生变量对所有先决变量进行回归来实现），计算内生变量的拟合值代入方程中，进而得到所有方程的两阶段最小二乘估计；

第二阶段，由每个方程的残差值估计出方程间残差的方差与协方差矩阵；

第三阶段，由广义最小二乘法得到参数的估计值和方差与协方差矩阵。

若所有方程间残差的协方差都为 0，则第三阶段将不会改变第一阶段的估计值（此时单方程估计法比系统估计法更加有效）。

例 8.4

续例 8.3。利用三阶段最小二乘法法估计模型（8.2.6）和模型（8.2.7）。

在 EViews 中，可以利用系统对象实现三阶段最小二乘法。按照前述方法建立系统对象 sys03，然后在图 8-4 所示窗口中输入待估模型，即

gov=c(1)+c(2) * aid+c(3) * inc+c(4) * pop

以及

aid＝c(5)＋c(6) * gov＋c(7) * ps

同时键入工具变量指定命令

inst inc pop ps

也可以对每个方程采用不同的工具变量，建立系统对象 sys04，然后在图 8－4 中输入

gov＝c(1)＋c(2) * aid＋c(3) * inc＋c(4) * pop @ inc pop ps

以及

aid＝c(5)＋c(6) * gov＋c(7) * ps @ inc ps

表示用工具变量 *ps*，*inc* 和 *pop* 估计第一个方程，估计第二个方程时不用变量 *pop*。

与 TSLS 估计类似，无论是否写明，常数 c 都默认为工具变量。另外，每个方程本身包含的外生变量应作为工具变量，并且工具变量总数不少于待估参数个数。

模型输入完毕，先在图 8－4 所示窗口工具栏中点击 Estimate 按钮，之后在图 8－6 所示的系统对象估计定义对话框中选择 Three-Stage Least Squares，其他项目使用默认设定，定义完毕，点击确定。采用相同和不同工具变量的 3SLS 的参数估计及相关检验结果分别见表 8－6 和表 8－7。

表 8－6　采用相同工具变量的 3SLS 估计结果

	Coefficient	Std. Error	t-Statistic	Prob.
C(1)	-185.1087	94.05550	-1.968079	0.0520
C(2)	5.861353	0.615854	9.517436	0.0000
C(3)	0.408181	0.232046	1.759051	0.0819
C(4)	-0.320248	0.090798	-3.527040	0.0007
C(5)	37.29039	26.38516	1.413310	0.1609
C(6)	0.164065	0.013777	11.90845	0.0000
C(7)	0.122112	0.063572	1.920840	0.0578
Determinant residual covariance		95616596		

Equation: GOV=C(1)+C(2)*AID+C(3)*INC+C(4)*POP
Instruments: INC POP PS C
Observations: 50

R-squared	0.974436	Mean dependent var	3316.160
Adjusted R-squared	0.972769	S.D. dependent var	4360.422
S.E. of regression	719.5532	Sum squared resid	23816812
Durbin-Watson stat	1.035151		

Equation: AID=C(5)+C(6)*GOV+C(7)*PS
Instruments: INC POP PS C
Observations: 50

R-squared	0.978126	Mean dependent var	692.7600
Adjusted R-squared	0.977195	S.D. dependent var	842.3427
S.E. of regression	127.2041	Sum squared resid	760501.6
Durbin-Watson stat	1.041866		

将表 8-6 中参数估计值 C(1)～C(4) 的标准误同表 8-3 中的对应值比较，或将 C(5)～C(7)的估计标准误同表 8-4 中的对应值比较，均发现三阶段最小二乘法的估计标准误小于两阶段最小二乘法的，但模型的拟合效果并没有变差，这些都是三阶段最小二乘法有效性的体现。

3. 广义矩估计法（GMM）

GMM 估计不需要知道扰动项的具体分布，所得到的估计量是稳健的，也是更符合实际的。它假定随机扰动项与一组工具变量不相关，其估计过程就是选择使得工具变量组与随机扰动的相关性尽可能为 0 的参数估计，该相关性也被定义为所谓的准则函数。通过在准则函数中选择适当的加权矩阵，可以使得在未知异方差和自相关形式的情况下，GMM 估计也依然是稳健的。

假定有一组待估参数 θ 应满足的理论矩条件为：

$$E(\boldsymbol{Z}\boldsymbol{u}(\boldsymbol{y},\boldsymbol{\theta},\boldsymbol{X}))=0 \tag{8.2.23}$$

与 $\boldsymbol{Z}$ 为一组工具变量，$\boldsymbol{u}(\boldsymbol{y},\boldsymbol{\theta},\boldsymbol{X})$ 表示一个回归方程的残差。

表 8-7　采用不同工具变量的 3SLS 估计结果

	Coefficient	Std. Error	t-Statistic	Prob.
C(1)	-89.24442	106.9979	-0.834076	0.4064
C(2)	4.499010	0.951206	4.729798	0.0000
C(3)	1.293942	0.525353	2.462997	0.0156
C(4)	-0.518393	0.139144	-3.725585	0.0003
C(5)	36.32170	26.51094	1.370065	0.1740
C(6)	0.162686	0.013860	11.73796	0.0000
C(7)	0.128185	0.063945	2.004602	0.0479
Determinant residual covariance		6.20E+08		

Equation: GOV=C(1)+C(2)*AID+C(3)*INC+C(4)*POP
Instruments: INC POP PS C
Observations: 50

R-squared	0.988795	Mean dependent var	3316.160
Adjusted R-squared	0.988064	S.D. dependent var	4360.422
S.E. of regression	476.3844	Sum squared resid	10439335
Durbin-Watson stat	1.172603		

Equation: AID=C(5)+C(6)*GOV+C(7)*PS
Instruments: INC PS C
Observations: 50

R-squared	0.977925	Mean dependent var	692.7600
Adjusted R-squared	0.976986	S.D. dependent var	842.3427
S.E. of regression	127.7861	Sum squared resid	767477.1
Durbin-Watson stat	1.054941		

矩估计就是用样本矩估计条件去取代理论矩估计条件，即

$$\frac{\sum_{i=1}^{T}\boldsymbol{Z}\boldsymbol{u}(y_t,\boldsymbol{\theta},\boldsymbol{X})}{T}=0 \tag{8.2.24}$$

例如，最小二乘估计等价于矩估计量

$$\boldsymbol{X}'(\boldsymbol{y}-\boldsymbol{X\theta})=0 \tag{8.2.25}$$

前面所述的各种方法均可视作广义矩估计方法的特例。

在运用广义矩估计时，需要工具变量 $\boldsymbol{Z}$ 的个数至少要与待估计参数向量 $\boldsymbol{\theta}$ 的维数一样。然而，当模型过度识别时，亦即样本矩条件的个数大于参数向量维数时，上述矩条件不是对任何一个参数都满足。此时，参数的矩估计可以通过最小化下面的准则函数得到：

$$\sum_{i=1}^{T}[\boldsymbol{Z}'\boldsymbol{u}(\boldsymbol{y}_t,\boldsymbol{\theta},\boldsymbol{X})]'\boldsymbol{A}[\boldsymbol{Z}'\boldsymbol{u}(\boldsymbol{y}_t,\boldsymbol{\theta},\boldsymbol{X})] \tag{8.2.26}$$

它用来衡量样本矩与0的“距离”。其中，$\boldsymbol{A}$ 是一个加权矩阵。若 $\boldsymbol{A}$ 是正定的，通过该方法可以得到参数 $\boldsymbol{\theta}$ 的一致估计。可以证明：$\boldsymbol{A}$ 等于样本矩协方差矩阵 $\boldsymbol{\Omega}$ 的逆是得到参数 $\boldsymbol{\theta}$（渐进）有效估计的必要但不充分条件。直观上也很好理解：对于越不精确的条件，赋予的权重越小。

广义矩估计应用的一个重要问题是加权矩阵 $\boldsymbol{A}$ 的选取。最佳的选择是 $\boldsymbol{A}=\hat{\boldsymbol{\Omega}}$，这也是 *EViews* 中所采用的，其中 $\hat{\boldsymbol{\Omega}}$ 是样本矩方差与协方差矩阵的估计。在估计 $\boldsymbol{\Omega}$ 时，EViews 将具有一致性的 TSLS 估计作为参数 $\boldsymbol{\theta}$ 的初始估计。

EViews 提供了 Cross Section 和 Time Series 两种矩估计方法，二者的不同之处在于估计 $\boldsymbol{\Omega}$ 的方法不同：若选择 Cross Section，则采用的是 White 异方差一致协方差矩阵进行估计；若选择 Time Series，则利用异方差和自相关一致（HAC）协方差矩阵进行估计，它是在 Cross Section 的基础上进一步考虑自相关的情形，估计之前必须要指定核函数（Kernel）与带宽（Bandwidth），也可以选择在估计之前对样本矩进行加权预处理以“吸收”其中的相关性。

例 8.5

承例 8.3，用广义矩估计法估计模型（8.2.6）和模型（8.2.7）。

因为数据为截面数据，采用 GMM-Cross Section 方法进行估计。

在 EViews 中，可以利用系统对象实现似无关回归法。按照前述方法建立系统对象 sys05，然后在图 8-4 所示窗口中输入待估模型，即

gov=c(1)+c(2) * aid+c(3) * inc+c(4) * pop

以及　aid=c(5)+c(6) * gov+c(7) * ps

同时键入工具变量指定命令

inst inc pop ps

模型输入完毕。在图 8-4 所示窗口工具栏中点击 Estimate 按钮，之后在图 8-6 所示的 System 对象估计定义对话框中选择 GMM-Cross Section（White cov.），进一步可以对估计设定等选项进行设置，如图 8-9 所示。

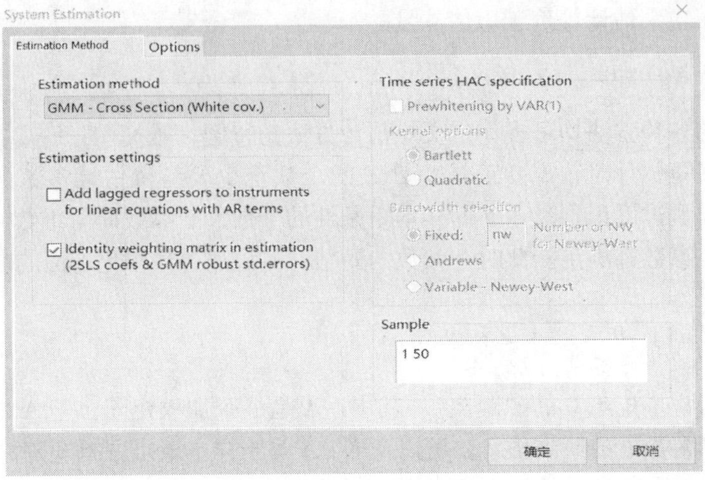

图 8-9　GMM 选项设置

在估计设置选项中，由于没有内生变量滞后项，在第一个复选框 Estimation method 下采用图中默认方式，不用选。第二个复选框只用于 GMM 法，若选择，则表示 GMM 估计中的加权矩阵将使用单位阵，并根据估计出的系数和所选择的 GMM 方法（截面或者时序）计算系数的协方差矩阵，这是一种较为稳健的方法；如果不选择，那么 EViews 将采用前面提到的 GMM 权重估计，进而计算估计系数及其相应的协方差矩阵。本例采用后者，其余选项均为默认，设置完毕，点击确定，得到的估计结果如表 8-8 所示。

表 8-8　GMM 估计结果

	Coefficient	Std. Error	t-Statistic	Prob.
C(1)	19.91002	73.17006	0.272106	0.7861
C(2)	3.462689	0.401884	8.616131	0.0000
C(3)	2.173567	0.352133	6.172571	0.0000
C(4)	-0.762553	0.155754	-4.895870	0.0000
C(5)	54.59216	22.43574	2.433268	0.0169
C(6)	0.206582	0.012861	16.06239	0.0000
C(7)	-0.074330	0.067384	-1.103085	0.2728

Determinant residual covariance	1.57E+09
J-statistic	0.453338

Equation: GOV = C(1) + C(2)*AID + C(3)*INC + C(4)*POP
Instruments: AID INC PS C
Observations: 50

R-squared	0.992255	Mean dependent var	3316.160
Adjusted R-squared	0.991750	S.D. dependent var	4360.422
S.E. of regression	396.0463	Sum squared resid	7215223.
Durbin-Watson stat	1.937844		

Equation: AID =C(5)+C(6)*GOV+C(7)*PS
Instruments: AID INC PS C
Observations: 50

R-squared	0.977778	Mean dependent var	692.7600
Adjusted R-squared	0.976833	S.D. dependent var	842.3426
S.E. of regression	128.2119	Sum squared resid	772599.7
Durbin-Watson stat	0.836974		

可以看到模型系数估计的标准差、方程的拟合程度等较 3SLS 差别不大，这在某种程度上说明广义矩估计的稳健性。

8.3　联立方程模型的模拟

建立模型的目的之一是预测，很多时候需要通过模拟检测所建立模型的预测能力。EViews 提供了模拟的功能。

例 8.6

续例 8.5，对模型（8.2.6）和模型（8.2.7）进行模拟和评价。

在 sys05 的工具栏中，选择 proc→Make Model，出现如图 8－10 所示的对话框。

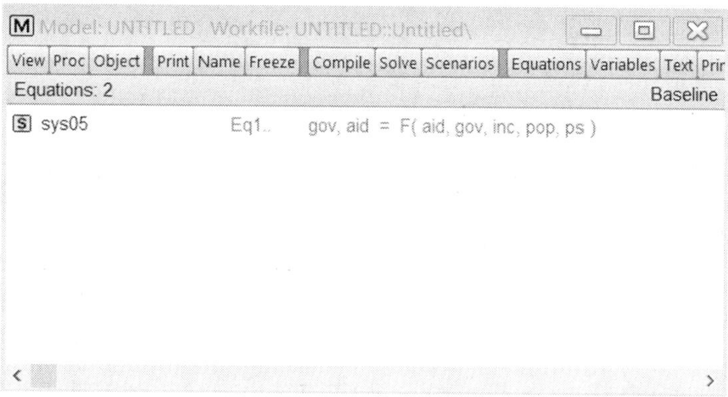

图 8－10　Model 对象的对话框

也可以先建立 Model 对象，命名为 model01，然后通过“右键→insert”建立方程或者完成连接（link）。例如输入“:sys05”表示将系统对象 sys05 连接到 model01 中。可以通过 View→Variable 来查看模型中变量的情况，如图 8－11 所示。

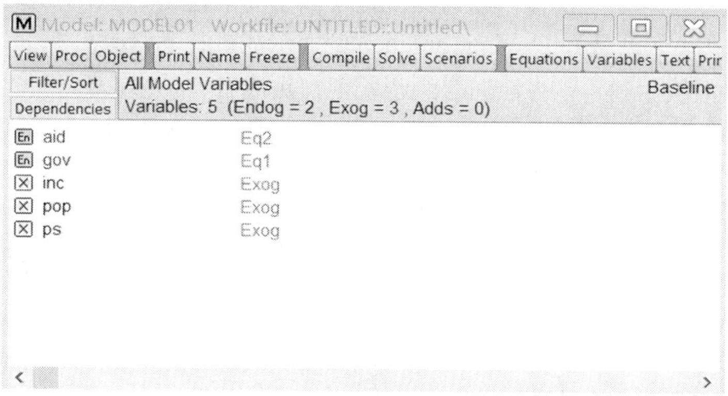

图 8－11　模型中的变量

很容易从图 8－11 看出模型中的因变量（En）和自变量（X）及其相应属性，通过双击可以选择想要打开的变量名所对应的序列。

下面介绍如何利用所建立的模型进行模拟和预测。选择 Proc→Solve Model，或者选择 View→Solve Option，或者直接点击图 8－11 中工具栏上的 Solve 按钮，便出现如图 8－12 所示的对话框。

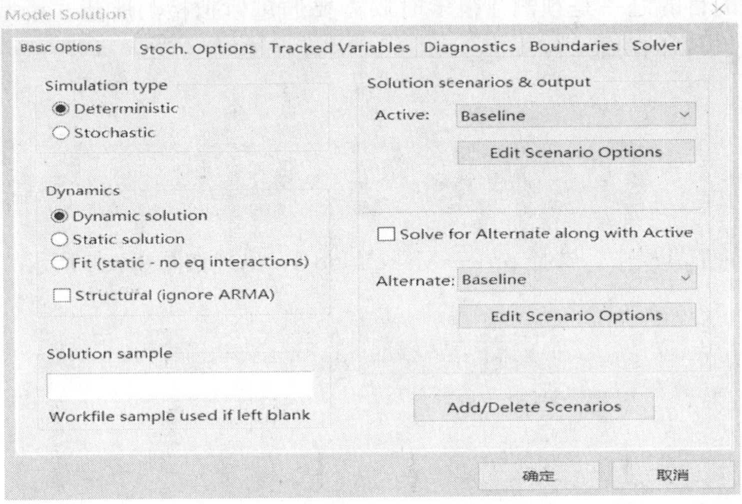

图 8－12　模型求解设置

在绝大多数情形下，只需对基本选项进行设置，其他的选项通常可以采用默认方式。

在基本选项中，左上方的 Simulation type 框用于设置模拟类型，选择模拟是确定型（Deterministic）还是随机型（Stochastic），如果是确定型，那么所要估计的方程不带有误差项，系数值是固定的，为其点估计值，且所有的外生变量均为已知的常量，通过求解方程（组）即可得到内生变量的模拟结果。随机型模拟则相反，模型中将会包含根据误差项分布随机模拟得到的残差，可以选择系数和外生变量也是随机变化的，预测时会产生每一期内生变量的分布，并计算所有不同结果的均值及其相应的标准差和置信区间等。一般情形下，应该优先考虑确定型模拟，因为随机型模拟会非常耗时。

左中部为动态栏，若选择 Dynamic solution 则表示在进行预测时只有"Solution sample"之前的内生变量值被用到，该方法通常用于长期预测或者评估多步预测的历史实现；若选择 Static solution 则在每次预测时都要用到直至前一期的内生变量值，该方法通常用于进一步向前预测，以检查历史数据对于整个模型的拟合度；若选择 Fit，则预测将使用直至当期的内生变量值，即在预测某个内生变量时，其余所有的内生变量将采用实际值，该方法通常用于考察单个方程的拟合程度而不考虑方程间的相互约束，它仅适用于所有时期的所有内生变量值已知的情形。Structural 选项表示模拟时是否忽略方程中出现的 ARMA 项。

左下部的 Solution sample 框用于设定预测样本的范围，若不填，则将预测样本默认为全样本。要注意，此处并不能解决有缺失样本的情形。

右上部分 Solution scenarios & output 用于选择模拟的情景和设定输出序列，通过点击 Edit Scenario Options 按钮，可以快速地对所选情景进行检查和设置，如果选择确定模拟，那么输出的序列为通过求解方程得到的内生变量序列，默认情形下，Baseline 情景输出的序列名为“内生变量名 _ 0”，此处的内生变量指的是模拟时所跟踪的内生变量（下同），如果采用随机模拟，那么 EViews 将采用因变量模拟结果的均值作为因变量的估计值，并可以选择输出因变量的标准差及置信区间的上下界。Solve for Alternate along with Active 主要是用于随机模拟，此时，两个情景必须同时求解以保证二者采用的是同一组随机波动。只要选择了 Solve for Alternate along with Active，EViews 将会自动生成一个包含两种情景离差的序列，这是很有必要的，因为在求解非线性模型时，由两种情景得到的均值的差不一定等于差的均值。Add/Delete Scenarios 按钮用于添加或者删除情景。

对于随机模拟，通常还需要在 Stochastic Options 标签中进行设置，如图 8-13 所示。

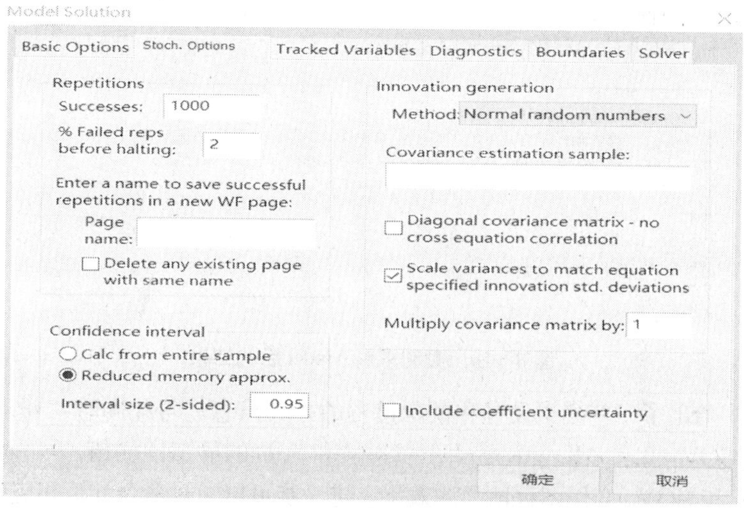

图 8-13 随机模拟选项设置

在图 8-13 中，Repetitions 框中的 Successes 表示成功迭代的次数，%Failed reps before halting 表示迭代失败的次数，只要达到了所设定的成功迭代的次数或者失败迭代的次数，模型就会停止求解，默认的 EViews 成功迭代次数为 1 000 次，失败迭代次数为 2 次。另外，如果在 Enter a name to save successful repetitions in a new WF page 框输入一个工作文件页面的名字，那么对于随机模拟的每一次成功迭代，EViews 将把所跟踪的内生变量值复制到同名页面（具有面板结构），如果选中 Delete any existing page with same name，则任何存在的同名页面将被覆盖，否则，所生成的结果将会附加到所存在的同名页面中。

Confidence interval 框用于设定置信区间选项，若选择 Calc from entire sample 选项，则 EViews 将使用样本分位数作为潜在分布的分位数估计，若选择 Reduced memory approx 选项，EViews 将使用 Jain 和 Chlamtac（1985）所提出的更新算法，总的来说，它将使用相对少得多的内存，也是 EViews 的默认方法。Interval size（2-sided）用于设定置信区间的置信度，亦即规定了置信区间的上下界。

Innovation generation 框用于确定随机方程新息的产生方式，可以在 Method 框中选择正态随机数（Normal random numbers）和 Bootstrap 两种方式。Include coefficient uncertainty 用于确定在随机模拟时，连接方程的估计系数是否也随机变化。注意，在非线性模型或者带有多项分布滞后项（PDL）的线性模型中，系数的随机变化将被忽略。

此外，还可以在 Solver 标签中设置与非线性方程求解有关的选项，在 Tracked Variables 标签中检查和修改模型所跟踪的内生变量（如图 8－11 所示，跟踪变量以蓝色显示），以及在 Diagnostics 标签中控制迭代过程中间结果的显示（仅用于确定型模拟）。

本例中，在图 8－12 的 Dynamics 框中选择 Static solution 方法，其他采用默认方式，点击确定，得到如图 8－14 所示结果。

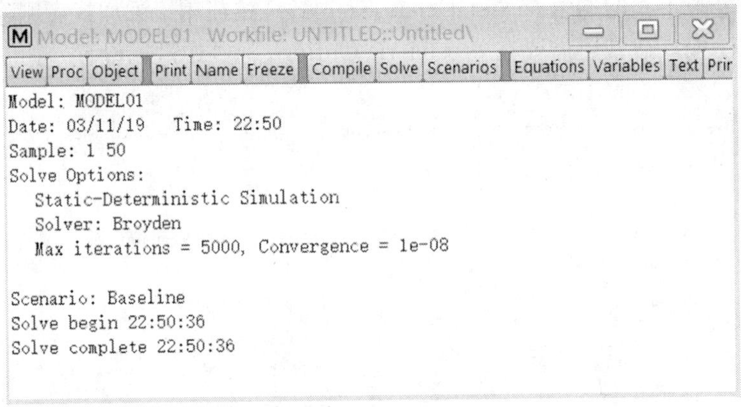

图 8－14　顺利求解 Model 后的结果

图 8－14 中给出了一些模拟设置和模拟过程的相关信息。与此同时，Workfile 中将出现两个新的序列 GOV _ 0 和 AID _ 0，分别为 GOV 和 AID 的静态预测值。可以通过对 AID 和 AID _ 0，GOV 和 GOV _ 0 作图评估预测效果，进一步可以通过命令计算相应的 *MAPE* 等指标。选择 model01 工具栏中的 Proc→Make Graph，得到如图 8－15 所示的对话框。

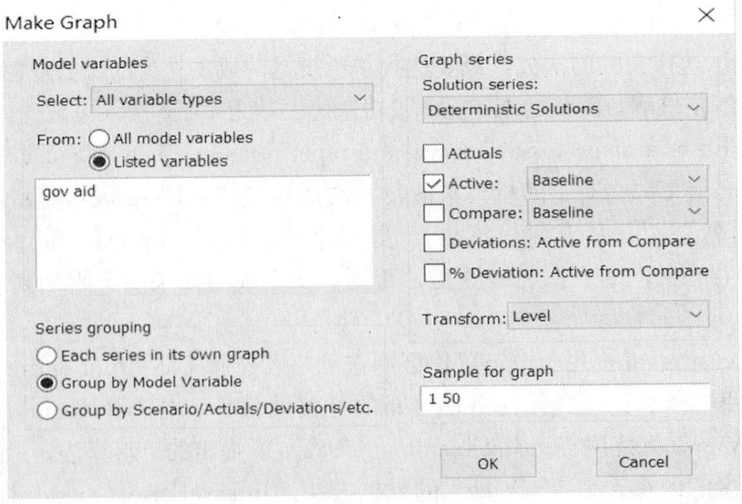

图 8－15　Model 作图设置

图 8－15 中，Model variables 框用于选择需要输出的变量，具体可以在 Select 框中选

择需要输出的变量类型，包括内生变量、跟踪的内生变量、外生变量和附加因子（add factor）等，通常采用默认的所有变量类型（All variable types），其中，附加因子是一类特殊的外生变量，通常用于提供可能未知影响因素的信息，使得历史数据与未来预测之间有更为平滑的过渡，实现良好的预测效果，并不需要重新估计模型。All model variables 表示输出模型中满足所选变量类型的所有变量，如果只想输出其中的一些，如本例仅关注内生变量，只需在 Listed variables 列表中输入相应的内生变量名 gov 和 aid。在 Series grouping 中选择输出序列的显示方式，有单个序列显示与按变量分组显示等，本例采用默认的按变量分组显示（Group by Model Variable）。在 Graph series 框中，Solution series 用于选择想要查看的求解结果，具体可以从确定型模拟和随机型模拟中得到；下面的选项用于选择显示实际序列、分析情景以及不同情景之间的离差等；通过 Transform 框可以实施对数据的多种变换，本例中，勾选 Active，表明图中包含所预测序列，其余为默认设置，点击 OK 按钮，便可得到如图 8 - 16 所示的预测图。

图 8 - 16 为静态模拟的结果，可以看出模型的拟合效果不错。若在图 8 - 12 的 Dynamics 框中选择动态模拟（Dynamic solution），并将 Solution sample 设为“45 50”，点击 OK 按钮，将按第二种方式作图，将图 8 - 15 中的 Sample for graph 也改为“45 50”，便可以得到如图 8 - 17 所示结果。

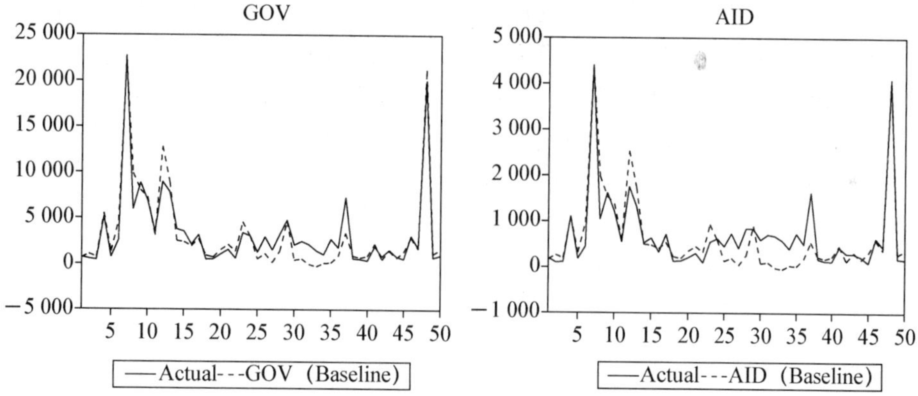

图 8 - 16　model01 的静态预测图

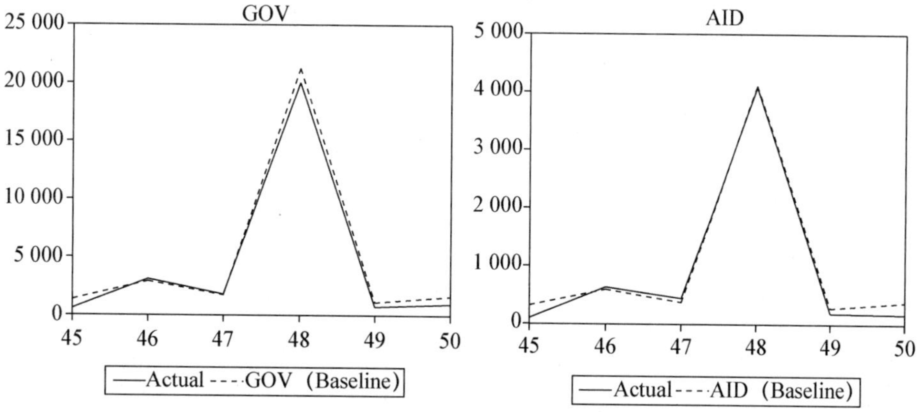

图 8 - 17　model01 的动态预测图

从图 8－17 可知，模型的动态预测效果不错，该模型可以用于动态预测。此外，EViews 还允许根据内生变量的值对影响因素进行控制，在图 8－10 中选择 Proc→Solve Control for Target，得到如图 8－18 所示的对话框。

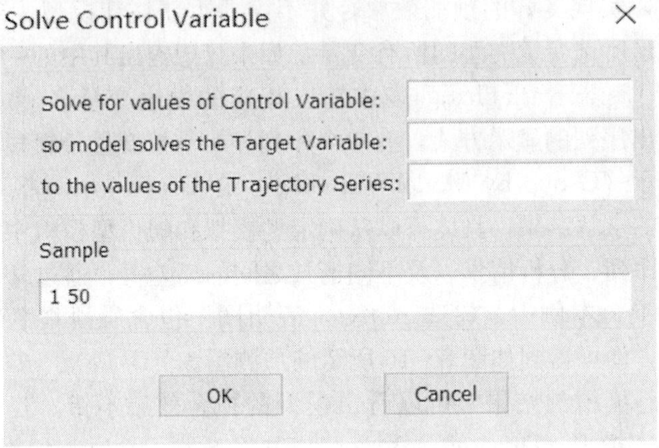

图 8－18　控制求解设置

在图 8－18 中，只需在 Control Variable 框中输入想要控制的外生变量名，在 Target Variable 框中输入锁定目标，即内生变量名，在 Trajectory Series 框中输入包含锁定目标值的序列名，设置好样本范围，即可点击 OK 按钮进行求解。

此外，在进行模拟时，还可以进一步对附加因子等进行设置。

第 9 章

向量自回归模型

9.1 非结构化的向量自回归模型

结构（Structural）模型建立通常以相应的经济理论为依据，试图利用模型描述变量之间的结构关系。然而，实际中的许多问题往往并不关注现象之间的结构，而是需要了解它们之间的动态变化规律，即通过数据反映变量之间的动态变化，向量自回归模型是非结构化的多方程模型。

9.1.1 模型的形式

向量自回归（Vector Auto-Regression，VAR）模型通常用于多变量时间序列系统的预测和描述随机扰动对变量系统的动态影响。实际上是向量自回归移动平均（VARMA）模型的简化，后者因参数过多带来很多问题而少有应用。最一般的 VAR(P) 模型如式(9.1.1)。

$$\boldsymbol{y}_t=\boldsymbol{A}_1\boldsymbol{y}_{t-1}+\cdots+\boldsymbol{A}_p\boldsymbol{y}_{t-p}+\boldsymbol{B}_1\boldsymbol{x}_t+\cdots+\boldsymbol{B}_r\boldsymbol{x}_{t-r}+\boldsymbol{\varepsilon}_t \tag{9.1.1}$$

式中，$\boldsymbol{y}_t$ 为 m 维内生变量向量；$\boldsymbol{x}_t$ 为 d 维外生变量向量；$\boldsymbol{A}_1\sim\boldsymbol{A}_p$ 和 $\boldsymbol{B}_1\sim\boldsymbol{B}_r$ 为待估计的参数矩阵，内生变量和外生变量分别有 p 和 r 阶滞后期。ε_t 为随机扰动项，同期之间可以相关，但不能有自相关、不能与模型右边的变量相关。VAR 模型要求序列是平稳的，因此应先检验序列的平稳性。

9.1.2 Granger 因果检验

由于 VAR 模型是非结构化的，且模型形式已被确定为线性形式，需要确定哪些变量间有相互作用、反映变量彼此之间相互影响的最大可能滞后阶数。经济时间序列常出现伪相关问题，即经济意义表明几乎没有联系的序列却可能计算出较大的相关系数，如计算全体高等院校年招收本科生人数与北京市家庭计算机拥有量序列得到较大的正相关系数。

格兰杰因果检验是一种用于考察序列 x 是不是序列 y 产生原因的方法。如果序列 x 是 y 的格兰杰成因（Granger Cause），必须满足两个条件：第一，x 应该有助于预测 y，即先估计当前的 y 值被其自身滞后期取值所能解释的程度，然后引入序列 x 的滞后值应当显著提高 y 被解释的程度；第二，y 不应当有助于预测 x，其原因是如果 y 也有助于预测 x，则很可能存在另外一些因素，它们既是引起 x 变化的原因，也是引起 y 变化的原因。

一般地，在 VAR 模型中还应该考虑问题的另一方面，即序列 y 是不是 x 的格兰杰成因。只有在 x 与 y 互为因果时，采用 VAR 模型才是有效的。

对于单变量的格兰杰因果检验，EViews 计算如下的双变量回归：

$$y_t=\alpha_0+\alpha_1 y_{t-1}+\cdots+\alpha_k y_{t-k}+\beta_1 x_{t-1}+\cdots+\beta_k x_{t-k} \tag{9.1.2}$$

$$x_t=\alpha_0+\alpha_1 x_{t-1}+\cdots+\alpha_k x_{t-k}+\beta_1 y_{t-1}+\cdots+\beta_k y_{t-k} \tag{9.1.3}$$

式中，k 为最大滞后阶数，通常可以取稍大一些。检验的原假设是序列 $x(y)$ 不是序列 $y(x)$的格兰杰成因，即

$$\beta_1=\beta_2=\cdots=\beta_k=0$$

EViews 会计算出相应的 F 统计量及相伴概率。

对于多变量情形（VAR），EViews 将进行成对的格兰杰因果检验（Pairwise Granger Causality Tests）。它是检验某个内生变量对于目标变量来说是否可以看作外生的。具体来说，对于 VAR 模型中的每一个方程，所输出的卡方统计量（Wald 检验）及其相伴概率表示对出现在方程右端的内生变量，其所有滞后的联合显著性。EViews 还同时给出了方程右端所出现的所有内生滞后变量的联合显著性。通过 EViews 还可以对每一期滞后内生变量做滞后排除检验，也是通过卡方统计量（Wald 检验）及其相伴概率表示每一期滞后内生变量对所有当期内生变量的联合显著性。

9.1.3 滞后阶数的确定

滞后阶数的确定与前面所说的格兰杰因果检验和平稳性检验是密切相关的。在 VAR 模型中，EViews 提供了最为常用的 *LR* 检验统计量、最终预测误差（*FPE*）、*AIC*、*SC* 和 *HQ* 的结果。

1. *LR* 检验统计量

似然比（Likelihood Ratio，LR）检验涉及两类模型，无约束模型或无限制模型与有约束模型或有限制模型。无约束模型（Unrestricted Model）是指没有任何限制的模型；约束模型（Restricted Model）是指在零假设约束下的模型。似然比统计量是指无约束模型和约束模型的极大似然值之差的 2 倍，即

$$LR=2(\hat{l}_u-\hat{l}_r)\sim\chi^2(k) \tag{9.1.4}$$

式中，$\hat{l}_u$ 和 $\hat{l}_r$ 分别表示某观测样本条件下的无约束模型和约束模型的极大似然估计；k 为正整数，表示卡方分布的自由度，等于约束条件的个数。如果无约束模型和约束模型残差的极大似然之差越大，就越有证据证明约束模型不充分。

2. 最终预测误差（FPE）

最终预测误差准则（Final Prediction Error（FPE）Criterion）是把使式（9.1.5）为最小值的 n 作为VAR模型的最佳阶数：

$$FPE(n)=\hat{\sigma}_n^2\frac{(T+n)}{(T-n)} \tag{9.1.5}$$

式中，$\hat{\sigma}_n^2$ 为滞后 n 期时残差的方差估计（通常为极大似然估计，即 $\hat{\sigma}_n^2=\frac{1}{n}\sum_{i=1}^{n}\varepsilon_i^2$）；$T$ 为样本量；n 为待估参数的个数。最终预测误差准则的优点在于它平衡了选择低滞后阶数造成偏离性的风险和选择高滞后阶数造成方差增大的风险。

3. 信息准则

模型（9.1.1）中内生变量有 p 阶滞后，称其为一个VAR（p）模型。在实际应用中，通常希望滞后期 p 和 r 足够大，从而完整地反映所构造模型的动态特征。滞后期越长，模型中待估计的参数就越多，自由度就越少，因此，应在滞后期与自由度之间寻求一种均衡。一般根据 AIC、SC 和 HQ 信息量取值最小的准则确定模型的阶数，计算式见式（9.1.6），式（9.1.7）和式（9.1.8）。

$$AIC=-2l/n+2k/n \tag{9.1.6}$$

$$SC=-2l/n+k\log n/n \tag{9.1.7}$$

$$HQ=-2l/n+2k\log(\log(n))/n \tag{9.1.8}$$

式中，$k=m(rd+pm)$，为估计参数个数；n 为观测值数目，且

$$l=-\frac{mn}{2}(1+\log 2\pi)-\frac{n}{2}\log\left[\det\left(\sum_t\hat{\varepsilon}_t\hat{\varepsilon}'_t/n\right)\right] \tag{9.1.9}$$

9.1.4 模型估计与EViews实现

EViews软件是通过建立VAR对象来实现对估计向量自回归模型的估计的。VAR模型并不关注参数的检验，主要是研究序列之间的动态变化规律。

例9.1

表9-1中序列y1、y2和y3分别表示我国1952—1988年工业部门、交通运输部门和商业部门的产出指数序列，试建立VAR模型。

表9-1　我国三部门产出指数序列

单位：%

年份	y1	y2	y3	年份	y1	y2	y3
1952	100.0	100.0	100.0	1956	219.1	164.0	146.6
1953	133.6	120.0	133.0	1957	244.5	176.0	146.6
1954	159.1	136.0	136.4	1958	383.5	270.8	155.9
1955	169.1	140.0	137.5	1959	501.5	256.5	170.3

续表

年份	y1	y2	y3	年份	y1	y2	y3
1960	542.4	383.6	164.1	1975	1297.3	444.9	220.6
1961	315.9	221.1	130.1	1976	1249.2	426.4	214.8
1962	267.4	171.5	117.7	1977	1434.0	491.3	242.0
1963	300.7	176.0	120.8	1978	1679.2	546.9	296.4
1964	374.9	198.6	123.9	1979	1814.7	560.8	316.8
1965	477.7	261.7	128.0	1980	2012.7	584.0	318.8
1966	598.5	297.8	155.9	1981	2046.8	607.2	379.4
1967	504.3	239.2	164.1	1982	2170.1	681.3	397.5
1968	458.6	225.6	151.8	1983	2383.7	755.5	449.1
1969	622.3	284.3	179.6	1984	2738.8	852.8	499.5
1970	863.0	343.0	199.2	1985	3275.2	1024.3	593.7
1971	979.0	370.8	201.2	1986	3590.6	1140.2	636.3
1972	1043.2	389.3	208.0	1987	4058.8	1269.9	715.0
1973	1134.3	412.5	234.5	1988	4765.0	1413.6	760.8
1974	1128.9	394.0	220.6				

为避免数据剧烈波动，先对各序列进行对数化处理，新序列分别记为 $ly1$、$ly2$ 和 $ly3$，如图 9－1 所示。易见，各序列有着大体一致的趋势。

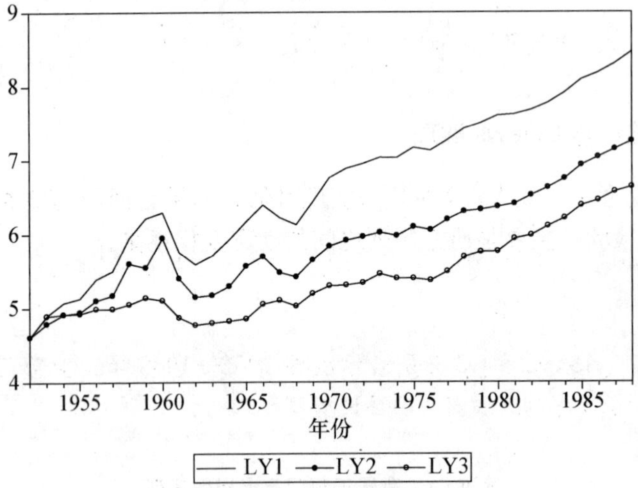

图 9－1　三部门产出序列图

1. Granger 因果检验

在工作文件中，点住三个序列名，双击打开，在显示的数据框中依次点选 View/Granger Causality Test，滞后阶数选择 2，结果如表 9－2 所示。

表 9－2　Granger 因果检验结果

Null Hypothesis:	Obs	F-Statistic	Prob.
LY2 does not Granger Cause LY1	35	2.44188	0.1041
LY1 does not Granger Cause LY2		8.69474	0.0011
LY3 does not Granger Cause LY1	35	0.76905	0.4724
LY1 does not Granger Cause LY3		0.94236	0.4009
LY3 does not Granger Cause LY2	35	3.94752	0.0301
LY2 does not Granger Cause LY3		0.18863	0.8291

由表 9－2 的结果可知三个部门的产出是相互影响、相互制约的，可以考虑建立向量自回归模型。

2. 确定最大滞后阶数

最大滞后阶数的确定，可以在对序列进行 VAR 估计结果窗口，即在图 9－3 点击确定后的窗口，选择 View→Lag Structure→Lag Length Criteria，在出现的对话框中输入所要考察的最大滞后阶数（如输入 5），点击 OK 按钮，得到如表 9－3 所示结果。

表 9－3　滞后阶数判断结果

Lag	LogL	LR	FPE	AIC	SC	HQ
0	7.064639	NA	0.000156	-0.254040	-0.116627	-0.208491
1	101.5372	165.3270	7.48e-07	-5.596077	-5.046426*	-5.413883*
2	109.7874	12.89096	7.98e-07	-5.549215	-4.587326	-5.230376
3	123.8096	19.28049*	6.09e-07*	-5.863101*	-4.488974	-5.407617
4	128.2657	5.291578	8.80e-07	-5.579105	-3.792740	-4.986976
5	139.9642	11.69855	8.61e-07	-5.747765	-3.549161	-5.018990

* indicates lag order selected by the criterion
LR: sequential modified LR test statistic (each test at 5% level)
FPE: Final prediction error
AIC: Akaike information criterion
SC: Schwarz information criterion
HQ: Hannan-Quinn information criterion

表 9－3 中给出了 0～5 阶的 VAR 模型的 *LR*，*FPE*，*AIC*，*SC* 和 *HQ* 的值，并以“*”标记出依据相应准则所选择出来的滞后阶数。可以看到，有超过一半的准则选出来的滞后阶数为 3 阶，可以将 VAR 模型的滞后阶数定义为 3 阶。

3. 平稳性检验

平稳性检验可以对每一个序列分别进行单位根检验，也可以按以下步骤进行检验。通过 View→Lag Structure→AR Roots Table 和 View→Lag Structure→AR Roots Graph 可以分别得到表 9－4 和图 9－2。

表 9-4　VAR 平稳性检验结果（Table 形式）

VAR Stability Condition Check

Roots of Characteristic Polynomial
Endogenous variables: LY1 LY2 LY3
Exogenous variables: C
Lag specification: 1 5
Date: 02/04/19 Time: 10:33

Root	Modulus
0.982898 - 0.128452i	0.991256
0.982898 + 0.128452i	0.991256
0.463837 - 0.754352i	0.885546
0.463837 + 0.754352i	0.885546
0.115315 - 0.823468i	0.831503
0.115315 + 0.823468i	0.831503
-0.369138 - 0.720203i	0.809294
-0.369138 + 0.720203i	0.809294
-0.798163	0.798163
-0.625628 - 0.412079i	0.749146
-0.625628 + 0.412079i	0.749146
0.700704	0.700704
0.259939 - 0.629224i	0.680802
0.259939 + 0.629224i	0.680802
0.518054	0.518054

No root lies outside the unit circle.
VAR satisfies the stability condition.

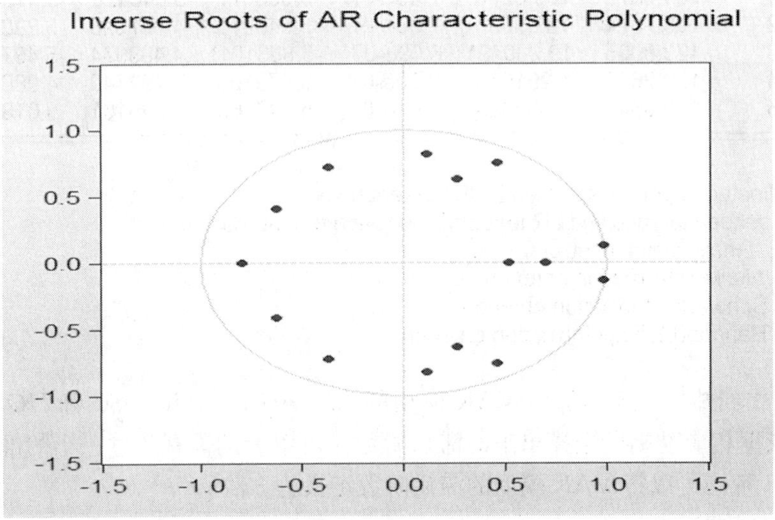

图 9-2　VAR 平稳性检验结果（Graph 形式）

由图 9-2 所示结果可知 AR 特征多项式根的倒数都在单位圆内，表明 VAR 满足平稳性条件。无特征根在单位圆外，表明序列是非平稳的（本例只是为说明操作）。

4. VAR参数估计

如果序列是平稳的，可以建立VAR模型，模型阶数确定或已初选，可以在工作文件框中，选择New Object/VAR，或者在主菜单选择Quick/Estimate VAR，或者在主窗口命令行输入var，回车后屏幕出现如图9-3所示的模型定义对话框。

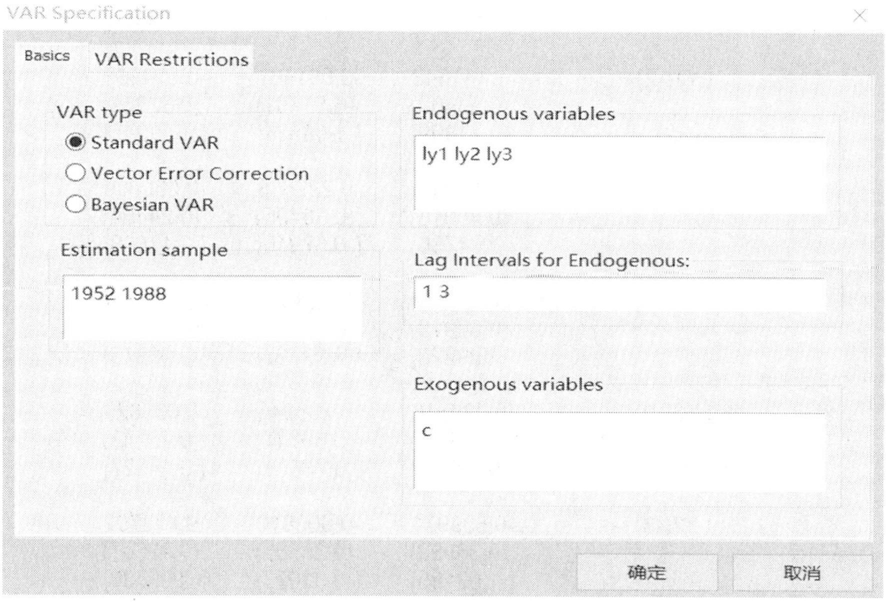

图9-3 VAR模型定义对话框

对话框左上方是模型的三种类型，分别是标准向量自回归模型（Standard VAR）、向量误差修正模型（Vector Error Correct）和贝叶斯向量自回归模型（Bayesian VAR），这里使用系统默认的标准VAR模型。左下方的Estimation sample框中用于填写估计样本范围，在右上方的Endogenous variables框中输入因变量，在Lag Intervals for Endogenous框中填写变量滞后区间（Lag intervals），它代表出现在模型（9.1.1）右边的内生变量的滞后期数，必须配对书写，比如

1 2 5 8 10 10

表示模型包括一阶和二阶、五～八阶以及十阶滞后项。本例将常数项作为外生变量，在图9-3所示对话框中的变量滞后区间填入“1 3”，点击确定完成。得到的输出结果如表9-5所示，包括三大部分：模型的参数估计结果、估计系数标准差（系数估计值下面的圆括号内）以及t检验统计量值（系数估计值下面的方括号内）。

本例有三个变量，分别有三个方程。从表9-5中的t统计量值（每个参数估计值下面第二个括号内的值）可以发现，每个方程都仅有约1/3的滞后项是显著的。由于参数是否显著不为零不是VAR模型最关注的，所以在建立VAR模型时可以保留各个滞后变量。将参数估计结果写成矩阵形式：

表 9-5　VAR 模型参数估计值

	LY1	LY2	LY3
LY1(-1)	1.965633 (0.34498) [5.69785]	1.298876 (0.33110) [3.92292]	0.282432 (0.21082) [1.33969]
LY1(-2)	-1.141648 (0.53900) [-2.11809]	-0.561461 (0.51731) [-1.08534]	-0.524863 (0.32939) [-1.59345]
LY1(-3)	0.659189 (0.40015) [1.64736]	-0.222538 (0.38405) [-0.57945]	0.530809 (0.24454) [2.17068]
LY2(-1)	-0.934509 (0.32310) [-2.89228]	-0.628667 (0.31011) [-2.02727]	-0.131054 (0.19745) [-0.66373]
LY2(-2)	0.220516 (0.37871) [0.58229]	0.285946 (0.36347) [0.78671]	0.033620 (0.23143) [0.14527]
LY2(-3)	-0.599971 (0.36993) [-1.62185]	-0.003810 (0.35505) [-0.01073]	-0.473702 (0.22607) [-2.09539]
LY3(-1)	-0.198620 (0.40865) [-0.48604]	-0.072603 (0.39221) [-0.18512]	0.893113 (0.24973) [3.57636]
LY3(-2)	0.555857 (0.54178) [1.02599]	0.242735 (0.51998) [0.46681]	0.233654 (0.33109) [0.70572]
LY3(-3)	0.365544 (0.40269) [0.90775]	0.629084 (0.38649) [1.62767]	0.081824 (0.24609) [0.33250]
C	0.723074 (0.51336) [1.40851]	0.236063 (0.49271) [0.47911]	0.369810 (0.31372) [1.17879]

$$\boldsymbol{LY}_t=\begin{bmatrix}1.97 & -0.93 & -0.20\\ 1.30 & -0.63 & -0.07\\ 0.28 & -0.13 & 0.89\end{bmatrix}*\boldsymbol{LY}_{t-1}+\begin{bmatrix}-1.14 & 0.22 & 0.56\\ -0.56 & 0.29 & 0.24\\ -0.52 & 0.03 & 0.23\end{bmatrix}*\boldsymbol{LY}_{t-2}$$

$$+\begin{bmatrix}0.66 & -0.60 & 0.37\\ -0.22 & -0.004 & 0.63\\ 0.53 & -0.47 & 0.08\end{bmatrix}*\boldsymbol{LY}_{t-3}+\begin{bmatrix}0.72\\ 0.24\\ 0.37\end{bmatrix} \tag{9.1.10}$$

式中，$\boldsymbol{LY}=(ly1\quad ly2\quad ly3)'$。输出窗口的第二部分是各子方程的相关检验结果，如表 9－6 所示，其项目与以前相同。

表 9－6　VAR 模型各方程检验结果

R-squared	0.985772	0.971317	0.985030
Adj. R-squared	0.980437	0.960560	0.979416
Sum sq. resids	0.401687	0.370017	0.150012
S.E. equation	0.129371	0.124167	0.079060
F-statistic	184.7624	90.30266	175.4682
Log likelihood	27.20963	28.60573	43.95389
Akaike AIC	-1.012331	-1.094455	-1.997288
Schwarz SC	-0.563402	-0.645525	-1.548358
Mean dependent	6.812551	5.966912	5.447182
S.D. dependent	0.924955	0.625229	0.551057

值得关注的是窗口的最后一部分，其结果是针对 VAR 系统整体而言的各种检验评价值，其中包括决定性残差协方差、对数似然函数值和 *AIC* 与 *SC* 信息量，见表 9－7。

表 9－7　VAR 模型整体检验结果

Determinant resid covariance (dof adj.)	2.73E-07
Determinant resid covariance	9.60E-08
Log likelihood	129.9676
Akaike information criterion	-5.880446
Schwarz criterion	-4.533658
Number of coefficients	30

模型建立后，在输出结果窗口工具栏中选择 Name 按钮，输入名称（如 var01）后可将结果保存为一个 VAR 对象。利用它可进行一些特殊的分析，如下面要介绍的脉冲响应函数和方差分解。如果需要调用 VAR 模型的系数，可以使用二维数组 C。例如 var01. c（2，3）代表名为 var01 的 VAR 系统中第二个方程第三个变量的系数。

9.1.5　模型预测

若希望利用建立的 VAR 模型进行预测，则在模型结果输出窗口中选择 Proc/Make Model，屏幕出现模型对象定义窗口，将其命名为 MODEL01，如图 9－4 所示。

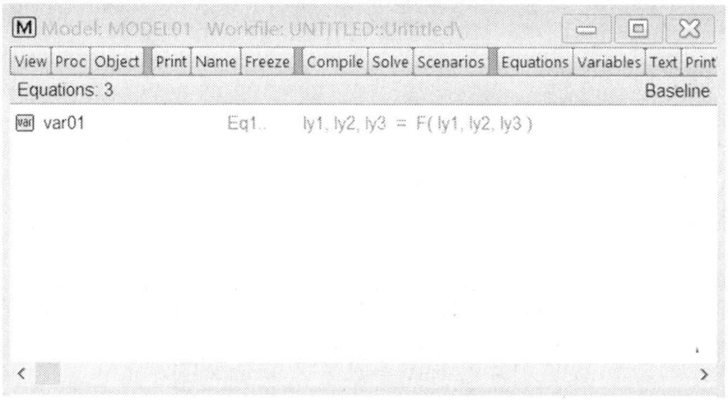

图 9－4　模型对象定义窗口

模型对象定义窗口中显示的是式（9.1.3）表示的 VAR 模型表达式。位于窗口第一行的命令

assign **@all** f

表示将 VAR 模型中各内生变量的预测值存入以原序列名加上后缀字符“f”构成的新序列中，在本例中，即产生 *ly1f*，*ly2f* 和 *ly3f* 三个预测值序列。其中，后缀字符也可自定义，如命令

assign @all _pr

则生成预测序列 *ly1 _ pr* 等。在工具栏中选择 Solve 按钮，屏幕出现如图 9－5 所示对话框。

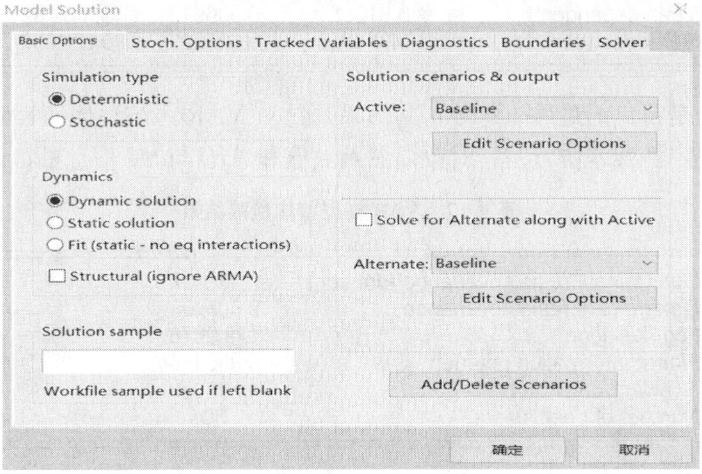

图 9－5　模型解决方案对话框

关于各选项的详细说明请参见第 8 章（联立方程模型）。图 9－6 和图 9－7 分别是利用动态（外推的样本期为“1980 1988”）和静态方法计算出的样本期内商业部门的产出指数（*ly3*）模拟值与实际值的比较。

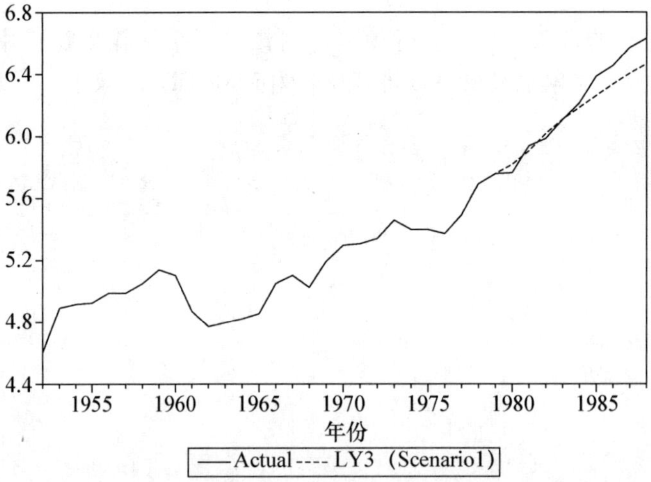

图 9－6　动态模拟结果（样本期为“1980 1988”）

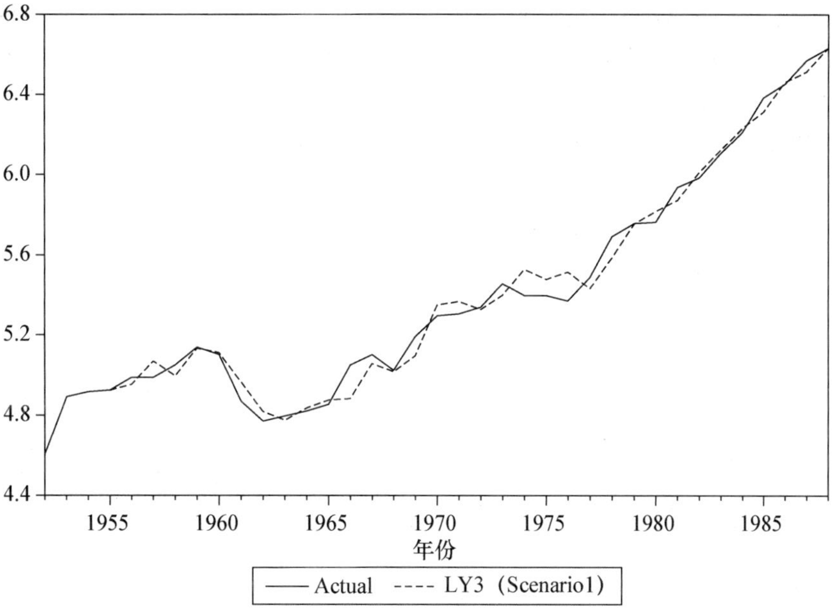

图 9-7　静态模拟结果

9.1.6　脉冲响应函数

对于 VAR 模型，感兴趣的一个重要方面是系统的动态特征，即每个内生变量的变动或冲击对它自己及所有其他内生变量产生的影响。这可以通过脉冲响应函数（Impulse Response Function，IRF）加以刻画。第 i 个内生变量的一个冲击不仅直接影响到第 i 个变量，而且通过 VAR 模型的动态结构传递给其他的内生变量，脉冲相应函数试图刻画这些影响的轨迹，显示任意一个变量的扰动是如何通过模型影响所有其他变量，最终又反馈到本身的过程。

考虑下面的两变量 VAR（1）模型：

$$P_t=\alpha_{11}P_{t-1}+\alpha_{12}M_{t-1}+\varepsilon_{1,t} \tag{9.1.11}$$

$$M_t=\alpha_{21}P_{t-1}+\alpha_{22}M_{t-1}+\varepsilon_{2,t} \tag{9.1.12}$$

式中，P 和 M 分别为产量和货币流通额。模型中随机扰动项称为新息（Innovation），因为在预测时实际受到了误差项的动态影响。

上述 VAR(1) 模型中，如果 $\varepsilon_{1,t}$ 发生变化，不仅当前的 P 值立即改变，而且会通过当前的 P 值影响到变量 P 和 M 今后的取值。如果新息是相关的（在介绍式（9.1.1）时已经说明，ε_t 中同时期的元素可以彼此相关），它们将包含一个不与某特定变量相联系的共同成分。通常将共同成分的效应归属于 VAR 系统中第一个出现（依照方程顺序）的变量。这里，$\varepsilon_{1,t}$ 和 $\varepsilon_{2,t}$ 的共同成分都归于 $\varepsilon_{1,t}$。因此，改变 VAR 模型中的方程顺序可能会导致脉冲响应的很大不同。

例 9.2

续例 9.1，对所建立的 VAR 模型进行脉冲响应分析。

EViews 对每个新息与内生变量形成的对子（如 $\varepsilon_{1,t}$ 与 $ly1$，$\varepsilon_{2,t}$ 与 $ly3$ 等）都计算出一个脉冲响应函数。例 9-1 中的 VAR 模型包含 3 个变量，则有 9 个脉冲响应函数。

得到脉冲响应函数的方法是：在工作文件窗口双击打开已保存的 VAR 对象（如例 9.1 中建立的对象 var01），在新出现窗口工具栏中选择 Impulse 按钮，或者在 VAR 对象工具栏中选择 View→Impulse Responses，屏幕出现脉冲响应函数对话框，如图 9-8 所示。

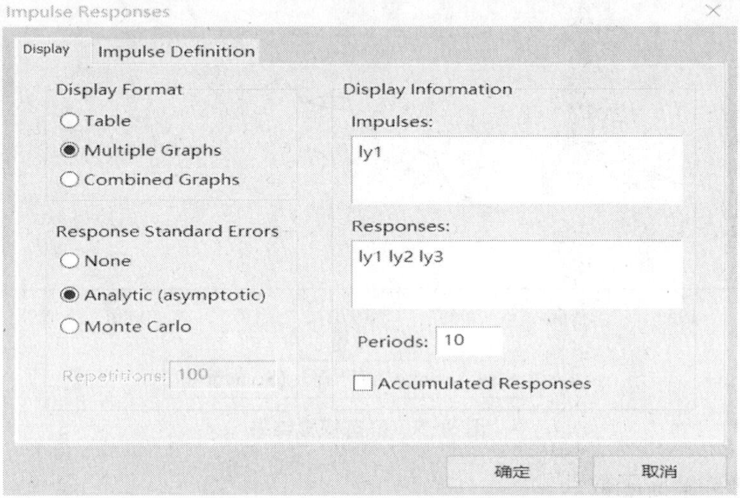

图 9-8　脉冲响应函数定义对话框之一

图 9-8 所示对话框右边有两个空白区域。用户在 Impulses 下面填写产生新息影响的方程因变量名（如 $ly2$，表示 VAR 系统中以 $ly2$ 为因变量的子方程产生一个标准差扰动，亦可直接输入“2”，表示建立 VAR 模型时的变量次序）；在 Responses 下面输入欲计算脉冲响应函数的变量名或次序。这两处输入顺序的不同只会改变结果的显示顺序。对话框右下部分要求用户定义响应函数的追踪期数（默认值是 10），以及选择是否要显示累积响应。对话框左边由两部分组成。上面一部分选择结果的显示模式，包括：表（Table），表示显示响应函数的系数值（输出结果中括号内是估计标准误）；组图（Multiple Graphs），表示绘制每个脉冲响应函数图；合成图（Combined Graphs），表示将来自同一新息的脉冲响应函数图合并显示。对话框左下方是关于计算响应函数标准误的选项（当选择合成图时，该选项不可用，即选择 None），包括不计算（None）、渐进解析法（Analytic asymptotic）和蒙特卡洛法（Monte Carlo），其中渐进解析法为默认选项。当选择蒙特卡洛法时，还需指定迭代次数。

点击“脉冲定义”（Impulse Definition），可以对分解方法（Decomposition Method）进行设置，如图 9-9 所示。可以将脉冲设置为残差的一个单位冲击（Residual-one unit）或残差的一个标准偏差（Residual-one std. deviation），也可以通过用残差协方差矩阵的 Cholesky 因子的逆来正交化脉冲，选择该选项时变量之间是有次序的，并将 VAR 系统中所有共同成分效应归因于第一个出现的变量。采用 Cholesky 方法可以有两种选择：dof. adjusted（默认选项）和 no dof adjustment，这两者的差异在于前者在估计残差协方差矩阵（用于推导 Cholesky 因子）时进行了小样本的自由度修正。Generalized Impulses 是一种不需要知道 VAR 的变量次序便能得到一组正交新息的方法。Structural Decomposition 直接使用由结构因子矩阵估计得到的正交变换，该方法只有在进行结构 VAR 模型估计后才可用。另外，用户也可以自己来定义脉冲，在 User Specified 中填入包含脉冲的矩阵（或向量）的名称，如果一个 VAR 模型有 k 个内生变量，那么脉冲矩阵必须有 k 行，矩阵的每一列代表一个脉冲向量。

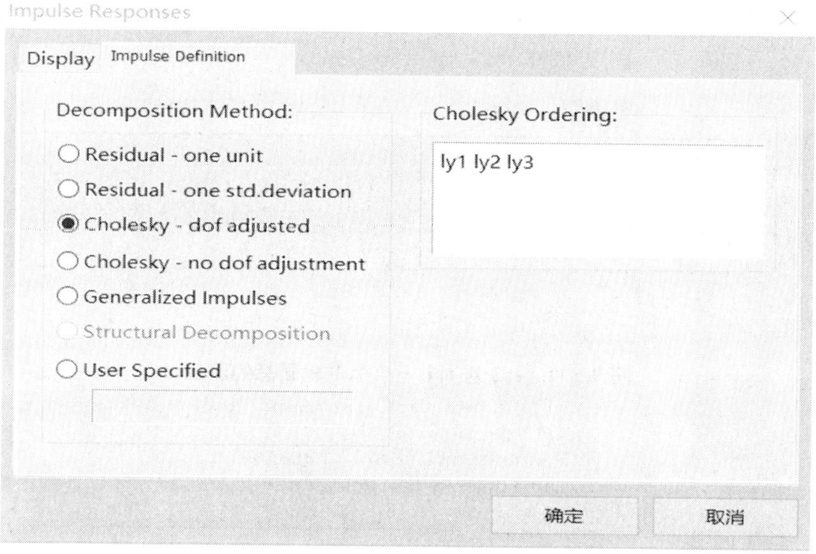

图 9－9　脉冲响应函数定义对话框之二

本例采用默认设置，单击 OK 按钮，所得脉冲响应结果如图 9－10～图 9－12 所示。

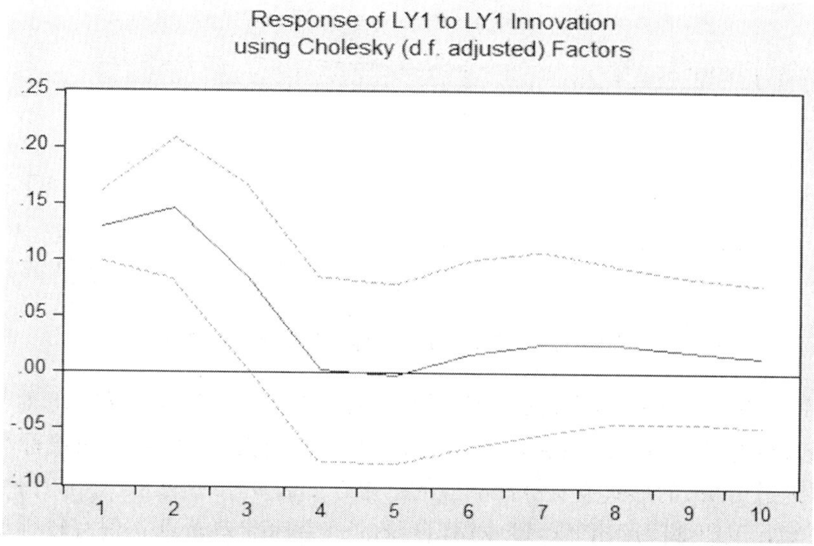

图 9－10　*ly*1 对 *ly*1 一个标准差新息的响应

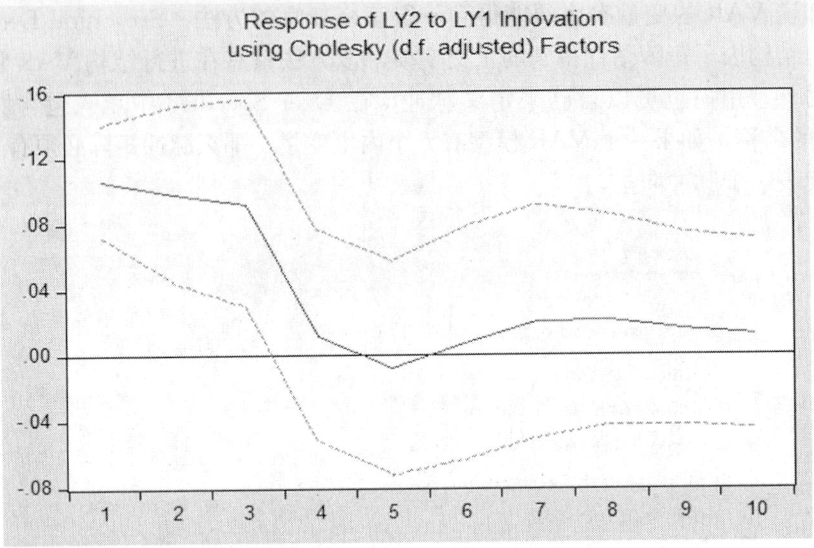

图 9-11　*ly*2 对 *ly*1 一个标准差新息的响应

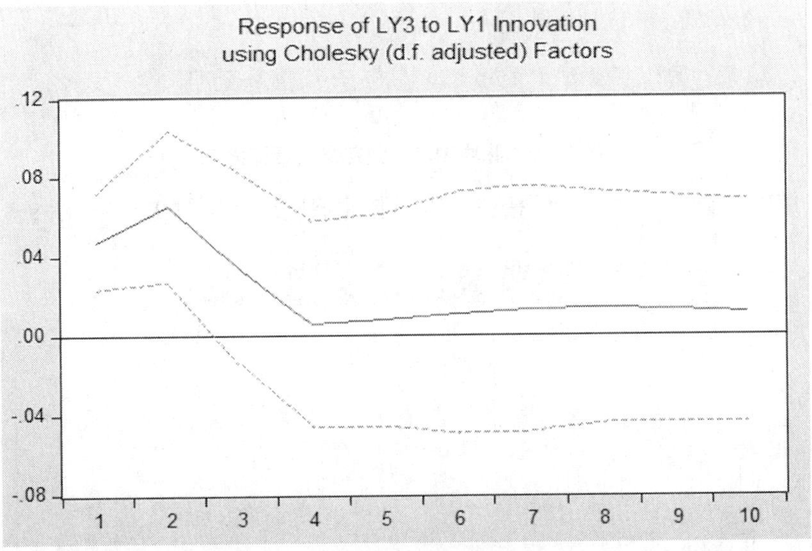

图 9-12　*ly*3 对 *ly*1 一个标准差新息的响应

图 9-10～图 9-12 中实线表示随着预测期数的增加，*ly*1，*ly*2 和 *ly*3 对于 *ly*1 的一个标准差新息的脉冲响应，虚线表示在相应脉冲响应图像两侧加或减两倍标准差的置信带。还可以通过 table 的形式查看脉冲响应的结果，如表 9-8 所示。

分析可知，工业部门产出（*ly*1）对其自身的一个标准差新息立刻有较强反映，产出增加了约 0.13，但影响的时间不长，到第 4 期就已经回到原来的水平。该序列的新息对其他方程在第一期都没有反映，交通运输部门产出（*ly*2）的影响到第二期比较明显，是负向的，且持续期较长；商业部门产出（*ly*3）的影响到第 4 期显著下降，随着时间推移影响逐渐消失。同样可考察其他两个变量一个标准差新息的影响情况。

表 9-8 对 *ly*1 的脉冲响应结果（table 形式）

Period	LY1	LY2	LY3
1	0.129371	0.106038	0.047714
	(0.01569)	(0.01697)	(0.01226)
2	0.145726	0.097911	0.065256
	(0.03169)	(0.02684)	(0.01920)
3	0.084194	0.092256	0.033419
	(0.04015)	(0.03171)	(0.02402)
4	0.003241	0.011773	0.005933
	(0.04089)	(0.03212)	(0.02600)
5	-0.001838	-0.008153	0.007703
	(0.03974)	(0.03269)	(0.02694)
6	0.017035	0.007101	0.011234
	(0.04173)	(0.03543)	(0.03036)
7	0.026442	0.020384	0.013033
	(0.04071)	(0.03541)	(0.03112)
8	0.025196	0.021063	0.013876
	(0.03490)	(0.03202)	(0.02923)
9	0.019714	0.015873	0.013199
	(0.03232)	(0.02934)	(0.02843)
10	0.014854	0.012151	0.011448
	(0.03171)	(0.02884)	(0.02813)

Cholesky Ordering: LY1 LY2 LY3
Standard Errors: Analytic

9.1.7 方差分解

利用 VAR 模型，还可以进行方差分解研究模型的动态特征。其主要思想是，把系统中每个内生变量（共 m 个）的波动（k 步预测均方误差）按其成因分解为与各方程新息相关联的 m 个组成部分，从而了解各新息对模型内生变量的相对重要性。

例 9.3

续例 9.2，对所建立的 VAR 模型进行方差分解。

EViews 中方差分解操作使用与脉冲响应函数类似的定义对话框，如图 9-13 所示，各选项的含义与脉冲响应函数也基本一致，不同的是在 Decompositions of 框中输入欲进行方差分解的序列名（本例输入 $ly2$ 和 $ly3$）。另外，本例还改变了系统中方程的顺序，即 $ly2$，$ly1$，$ly3$。

表 9-9 和图 9-14 给出了对内生变量进行方差分解的输出结果。

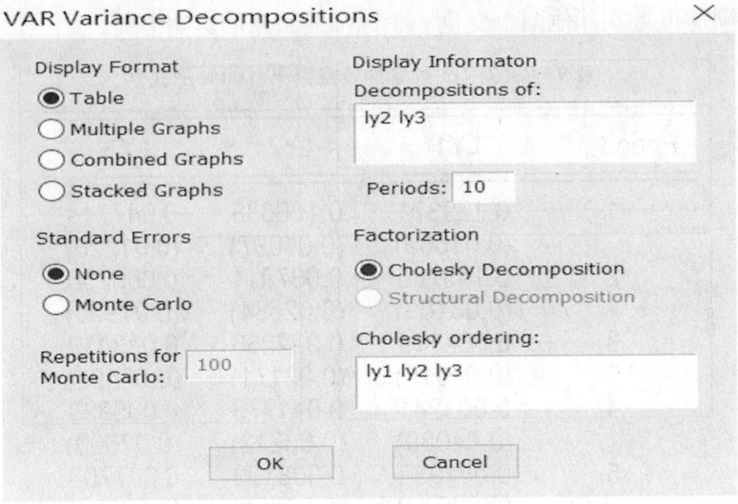

图 9-13　方差分解定义对话框

表 9-9　对 *ly*2 和 *ly*3 进行方差分解的输出结果（table）

Variance Decomposition of LY2:

Period	S.E.	LY1	LY2	LY3
1	0.129371	72.93073	27.06927	0.000000
2	0.204863	77.95254	21.97037	0.077092
3	0.230670	80.61140	19.31926	0.069338
4	0.248694	71.40838	19.81706	8.774564
5	0.272418	58.95558	17.84788	23.19655
6	0.294168	48.45208	15.17955	36.36838
7	0.310017	42.80869	13.92737	43.26395
8	0.322947	39.45948	13.99509	46.54544
9	0.334573	36.72734	14.87212	48.40054
10	0.344789	34.41092	15.92093	49.66815

Variance Decomposition of LY3:

Period	S.E.	LY1	LY2	LY3
1	0.124167	36.42321	1.051660	62.52513
2	0.163469	47.95373	0.493373	51.55290
3	0.190785	41.09982	0.809249	58.09093
4	0.203185	30.00875	2.299951	67.69130
5	0.223868	22.16728	2.450764	75.38195
6	0.247154	17.68310	2.441904	79.87500
7	0.264780	15.26658	2.950673	81.78275
8	0.277819	13.76224	3.977209	82.26055
9	0.289156	12.68602	5.273109	82.04087
10	0.299447	11.85014	6.713668	81.43619

Cholesky Ordering: LY1 LY2 LY3

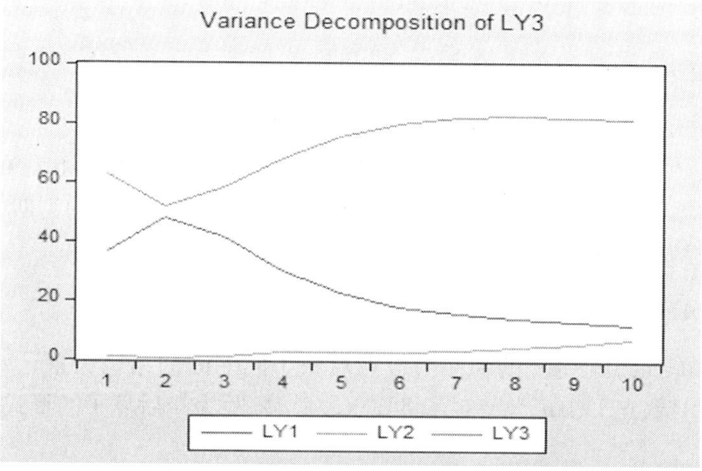

图 9－14　对 *ly*3 进行方差分解的输出结果（Combined Graphs）

表 9－9 包括 5 列。第一列是预测期，S. E. 中数据为变量 *ly*1 的各期预测标准误。后三列均是百分数，分别代表以 *ly*1，*ly*2 和 *ly*3 为因变量的方程新息对各期预测误差的贡献度，显然每行结果相加是 100。由于 *ly*2 是模型出现的第一个内生变量，根据算法要求，第一步预测误差全部来自该方程的新息，这就是方差分解结果随 VAR 模型中方程顺序设定不同而改变的原因。由输出结果可见，从第 7 期开始，方差分解结果基本稳定，来自第三个方程新息的影响占 *ly*2 预测误差的近一半，因此对该变量最重要。从图 9－14 知，第三个方程的新息对于内生变量 *ly*3 最重要，其对预测误差的贡献度达 80%。

9.2　结构化的向量自回归模型

9.2.1　模型形式

若变量之间不仅存在滞后影响，还存在同期影响关系，则建立 VAR 模型不太合适，因为 VAR 模型实际上把当期关系隐含到了随机扰动项之中，这种情况下需要进行结构分析。结构化向量自回归模型（Structural VAR，SVAR）加入变量间的同期影响关系。一般的 k 元 p 阶 VAR 模型如式（9.2.1）。

$$\boldsymbol{y}_t = \boldsymbol{A}_1 \boldsymbol{y}_{t-1} + \cdots + \boldsymbol{A}_p \boldsymbol{y}_{t-p} + \boldsymbol{\varepsilon}_t \tag{9.2.1}$$

式（9.2.1）还可写为：

$$\boldsymbol{A}(\boldsymbol{L}) \boldsymbol{y}_t = \boldsymbol{\varepsilon}_t \tag{9.2.2}$$

式中，$\boldsymbol{A}(\boldsymbol{L}) = \boldsymbol{I} - \boldsymbol{A}_1 \boldsymbol{L} - \boldsymbol{A}_2 \boldsymbol{L}^2 - \boldsymbol{A}_p \boldsymbol{L}^p$ 是滞后算子 $\boldsymbol{L}$ 的参数矩阵多项式；$\boldsymbol{\varepsilon}_t$ 为 k 维新息向量。

假定模型满足平稳性条件，则根据 Wold 定理可以将式（9.2.2）表示为移动平均形式：

$$\boldsymbol{y}_t=\boldsymbol{C}(\boldsymbol{L})\boldsymbol{\varepsilon}_t \tag{9.2.3}$$

式中，$\boldsymbol{C}(\boldsymbol{L})=\boldsymbol{A}(L)^{-1}=\boldsymbol{C}_0+\boldsymbol{C}_1\boldsymbol{L}+\boldsymbol{C}_2\boldsymbol{L}^2+\cdots$，$\boldsymbol{C}_0=\boldsymbol{I}_k$。

VAR 模型（9.2.1）和模型（9.2.2）并没有给出变量之间当期相关关系的确切形式，这些当期相关关系隐藏在 Σ 矩阵的相关结构之中。为了明确变量间的当期关系，需将模型（9.2.1）转变成结构形式：

$$\boldsymbol{A}_0\boldsymbol{y}_t=\boldsymbol{A}_1\boldsymbol{y}_{t-1}+\cdots+\boldsymbol{A}_p\boldsymbol{y}_{t-p}+\boldsymbol{u}_t \tag{9.2.4}$$

式中，$\boldsymbol{A}_0$ 为对角线元素全为 1 的 k 阶方阵，反映了同期间的结构关系；$\boldsymbol{u}_t$ 为 k 维不可观测的结构新息，且假定 $\mathrm{E}(\boldsymbol{u}_t\boldsymbol{u}'_t)=\boldsymbol{I}_k$。将式（9.2.4）写为滞后算子的形式：

$$\boldsymbol{A}^*(\boldsymbol{L})\boldsymbol{y}_t=\boldsymbol{u}_t \tag{9.2.5}$$

式中，$\boldsymbol{A}^*(\boldsymbol{L})=\boldsymbol{A}_0-\boldsymbol{A}_1\boldsymbol{L}-\boldsymbol{A}_2\boldsymbol{L}^2-\boldsymbol{A}_p\boldsymbol{L}^p$。如果矩阵多项式 $\boldsymbol{A}^*(\boldsymbol{L})$ 可逆，则式（9.2.5）可以写为：

$$\boldsymbol{y}_t=\boldsymbol{D}(\boldsymbol{L})\boldsymbol{u}_t \tag{9.2.6}$$

式中，$\boldsymbol{D}(\boldsymbol{L})=\boldsymbol{A}^*(\boldsymbol{L})^{-1}=\boldsymbol{D}_0+\boldsymbol{D}_1\boldsymbol{L}+\boldsymbol{D}_2\boldsymbol{L}^2+\cdots$，$\boldsymbol{D}_0=\boldsymbol{A}_0^{-1}$。

由式（9.2.3）与式（9.2.6）可以得到

$$\boldsymbol{C}(\boldsymbol{L})\boldsymbol{\varepsilon}_t=\boldsymbol{D}(\boldsymbol{L})\boldsymbol{u}_t \tag{9.2.7}$$

其对于任意的 t 均是成立的，该式称为典型的 SVAR 模型。

9.2.2 模型的识别与估计

SVAR 模型的识别问题即能否从模型简化式的参数估计得到相应结构式的参数估计。由于简化式（9.2.1）利用极大似然法估计的参数个数少于相应的 SVAR 模型，要使 SVAR 模型能够识别也就是参数都能有正确的估计，需要另外施加约束条件。这些约束条件可以是同期（短期）的，也可以是长期的。

由式（9.2.7）及 $\boldsymbol{C}_0=\boldsymbol{I}_k$ 可知 $\boldsymbol{\varepsilon}_t=\boldsymbol{D}_0\boldsymbol{u}_t$，进而有

$$\boldsymbol{C}(\boldsymbol{L})\boldsymbol{D}_0\boldsymbol{u}_t=\boldsymbol{D}(\boldsymbol{L})\boldsymbol{u}_t \tag{9.2.8}$$

亦即

$$\boldsymbol{C}_i\boldsymbol{D}_0=\boldsymbol{D}_i,\quad i=0,1,2,\cdots \tag{9.2.9}$$

1. 短期约束

由 $\boldsymbol{\varepsilon}_t=\boldsymbol{D}_0\boldsymbol{u}_t$ 可知，

$$\Sigma=E(\boldsymbol{\varepsilon}_t\boldsymbol{\varepsilon}'_t)=\boldsymbol{D}_0\boldsymbol{D}'_0 \tag{9.2.10}$$

因而可以通过直接对 $\boldsymbol{D}_0$ 施加约束（同期/短期）来识别 SVAR 模型。由于 $\boldsymbol{D}_0=\boldsymbol{A}_0^{-1}$，所以可以通过对 A_0 施加约束来识别模型，此时不仅要满足施加约束条件的个数，更多地

还应考虑到实际的经济意义。

考虑更为一般的情形，设同期关系模型为：

$$\boldsymbol{A\varepsilon}_t=\boldsymbol{Bu}_t \tag{9.2.11}$$

对式（9.2.11）两端取期望可以得：

$$\boldsymbol{A\Sigma A}'=\boldsymbol{BB}' \tag{9.2.12}$$

为了能够识别结构模型（即识别 Σ），需要对估计参数施加 $2k^2$ 个约束（k 为变量个数），注意到式（9.2.12）左右两端为对称的，相当于施加了 $k(k+1)/2$ 个约束，故而只需矩阵 $\boldsymbol{A}$ 和 $\boldsymbol{B}$ 再施加 $k(3k-1)/2$ 个约束即可识别 Σ。特别地，对于式（9.2.10）的情形，我们有 $\boldsymbol{A}=\boldsymbol{A}_0$，$\boldsymbol{B}=\boldsymbol{I}_k$，已经满足识别模型的最低要求，可以再根据实际经济意义对模型施加额外的约束。通常情形下，大多采用 0 约束排除法。

2. 长期约束

对式（9.2.7）及式（9.2.11），可知

$$\boldsymbol{D}(\boldsymbol{L})=\boldsymbol{C}(\boldsymbol{L})\boldsymbol{A}^{-1}\boldsymbol{B} \tag{9.2.13}$$

由式（9.2.6）可知

$$\boldsymbol{D}_i=\frac{\partial y_{t+i}}{\partial u_t},\quad i=1,2,\cdots \tag{9.2.14}$$

式（9.2.14）也称为脉冲响应函数。最常见的长期约束为对 $\boldsymbol{D}=\sum_{i=0}^{\infty}\boldsymbol{D}_i$ 的第 i 行第 j 列元素施加约束，该元素表示第 i 个变量对第 j 个变量的结构冲击的累积响应。一般情形仍采用 0 约束形式，即 $\boldsymbol{D}_{ij}=0$ 表示第 i 个变量对第 j 个变量的结构冲击的长期（累积）响应为 0。若不进行长期约束，则 $\boldsymbol{D}$ 中的各元素默认为 NA。

长期约束和短期约束是从两个不同的角度对模型进行限制，是我们应该同时考虑的。

例 9.4

承例 9.3。假定随机干扰项存在同期的相互影响，估计 SVAR 模型。

在建立 SVAR 模型之前，应该事先生成短期约束或长期约束矩阵（本例中不采用长期约束），以方便后面的操作。通常采用短期约束形式，以 3 阶为例，形式如下。

$$\boldsymbol{A}=\begin{bmatrix}1&0&0\\ \text{NA}&1&0\\ \text{NA}&\text{NA}&1\end{bmatrix},\ \boldsymbol{B}=\begin{bmatrix}\text{NA}&0&0\\ 0&\text{NA}&0\\ 0&0&\text{NA}\end{bmatrix}$$

这实际上是一种通过 Cholesky 分解建立的递归形式的短期约束，可以通过矩阵对象存放相应的数值。在工作文件窗口依次点选 Object/New Object，显示对话框如图 9－15 所示。在对话框中点选 Matrix-Vector-Coef，并在右上角将矩阵的命名输入，如 a，点击 OK 按钮后，显示对话框如图 9－16 所示。左侧定义矩阵的类型，通常选 Matrix；右侧需

要定义矩阵的行和列，如本例 3 个变量，定义 3 行和 3 列，点击 OK 按钮得到图 9－17。通过点击 Edit 使文件处于编辑状态，可以对矩阵 **A** 施加约束，如在矩阵对角线上输入 1，凡需要估计的非约束元素均定义为缺失值，输入“NA”。图 9－17 是本例对矩阵 **A** 的定义结果。类似地定义矩阵 ***B***，为主对角线上均是缺失值“NA”的矩阵。因子结构即相应矩阵命名完成，可以进行 SVAR 参数估计。

在 VAR 对象的工具栏中选择 Proc→Estimate Structural Factorization，可得到如图 9－18 所示对话框。

图 9－18 中，可以对约束矩阵 ***A***，***B***，***S***，***F*** 进行设置，也可以通过文本的方式描述短期约束和长期约束的形式。通过 Optimization Control 标签可以对迭代控制选项进行设置，如图 9－19 所示。

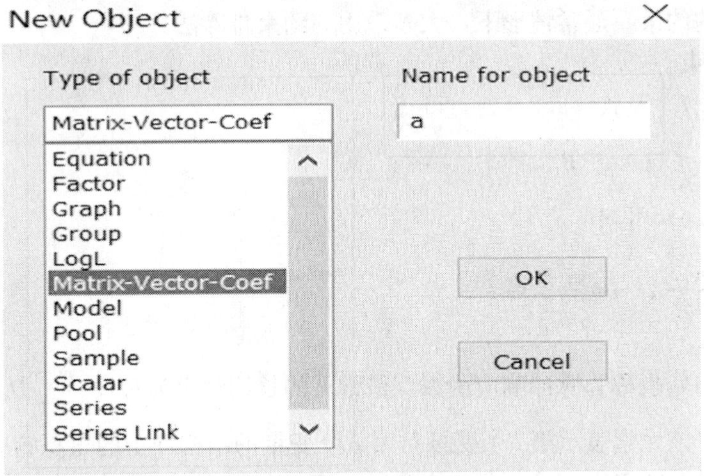

图 9－15　建立矩阵对象

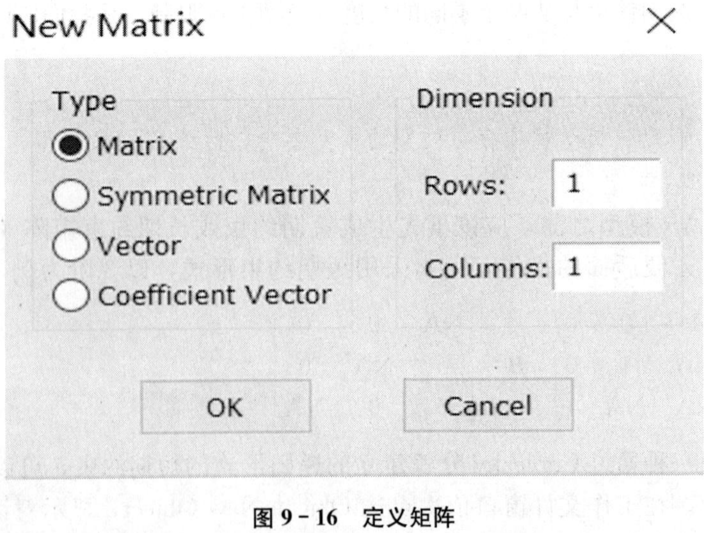

图 9－16　定义矩阵

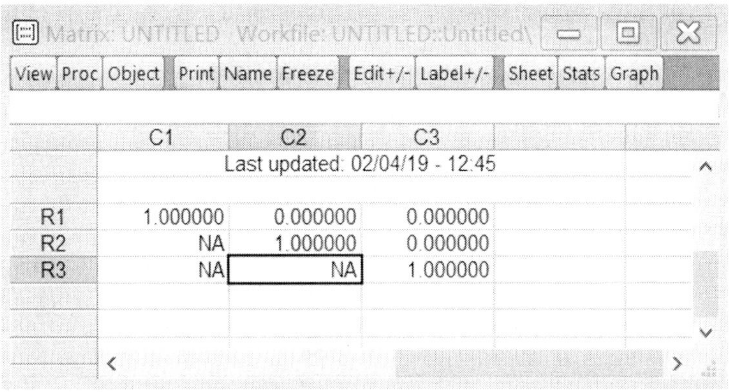

图 9 - 17　矩阵设置

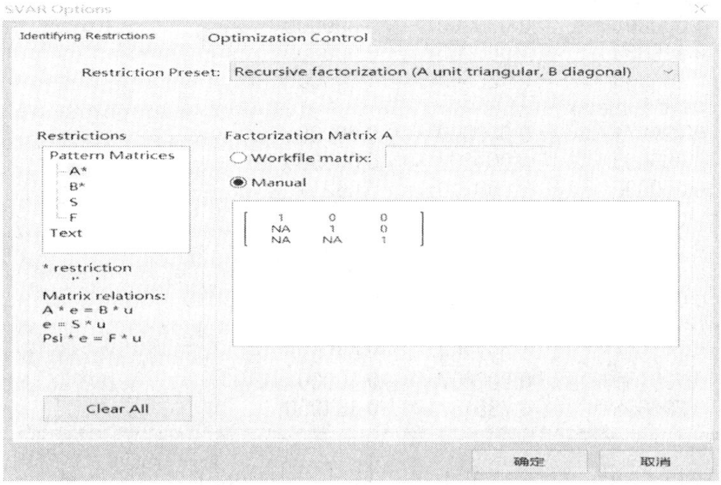

图 9 - 18　SVAR 模型估计定义框

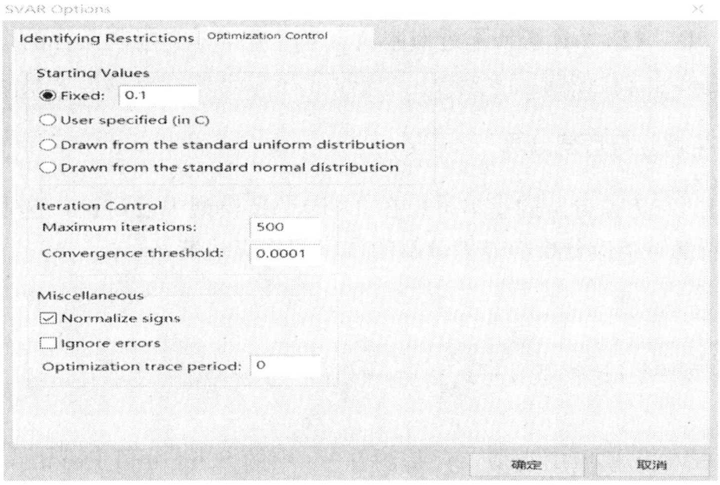

图 9 - 19　对迭代代控制选项进行设置

这里采用系统默认设置，点击确定，便可得到如表 9-10 所示估计结果。

表 9-10　SVAR 模型估计结果

	Coefficient	Std. Error	z-Statistic	Prob.
C(1)	-0.819638	0.085638	-9.570980	0.0000
C(2)	-0.265948	0.159283	-1.669662	0.0950
C(3)	-0.125502	0.165959	-0.756223	0.4495
C(4)	0.129371	0.015689	8.246210	0.0000
C(5)	0.064602	0.007834	8.246210	0.0000
C(6)	0.062515	0.007581	8.246210	0.0000
Log likelihood	112.2039			
Estimated A matrix:				
1.000000	0.000000	0.000000		
-0.819638	1.000000	0.000000		
-0.265948	-0.125502	1.000000		
Estimated B matrix:				
0.129371	0.000000	0.000000		
0.000000	0.064602	0.000000		
0.000000	0.000000	0.062515		
Estimated S matrix:				
0.129371	0.000000	0.000000		
0.106038	0.064602	0.000000		
0.047714	0.008108	0.062515		
Estimated F matrix:				
0.494964	-1.093964	-0.548615		
0.438156	-0.806657	-0.100001		
0.286665	-0.735137	0.184950		

对于过度识别的模型，输出结果中还包括过度识别的 LR 检验结果

$$LR=2(l_u-l_r)=T(\mathrm{tr}(\boldsymbol{P})-\log|\boldsymbol{P}|-k) \tag{9.2.15}$$

式中，$\boldsymbol{P}=\boldsymbol{A}'\boldsymbol{B}^{-T}\boldsymbol{B}^{-1}\boldsymbol{A}\boldsymbol{\Sigma}$。$LR$ 统计量近似服从 $\chi^2(q-k)$，q 为限制条件的个数，其他符号均与本节前面的符号含义相同。

9.2.3　脉冲响应与方差分解

脉冲响应分析与方差分解的基本思想在介绍 VAR 模型中已讨论，这里不再重复，仅给出 SVAR 进行脉冲响应分析与方差分解的操作和相应结果。

例 9.5

承例 9.1，对 SVAR 模型数据进行脉冲响应和方差分解分析。

整个过程与 VAR 模型中类似，只是图 9-9 中的 Structural Decomposition 被激活，如图 9-20 所示。

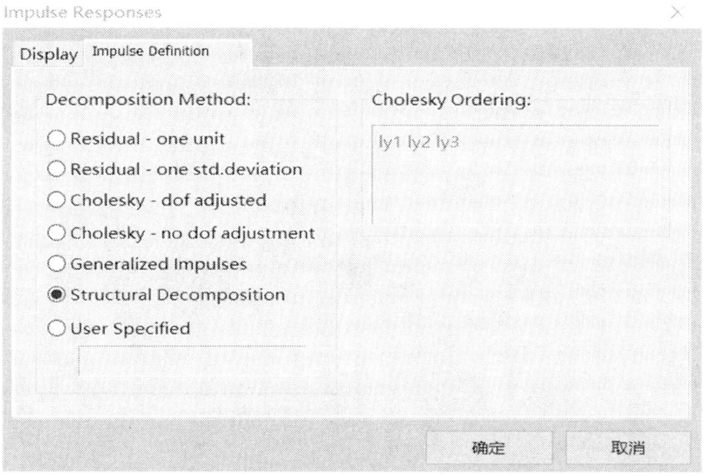

图9-20　SVAR脉冲响应分析定义框

点击确定，可得到如图9-21所示结果。

图9-21显示了SVAR模型中$ly1$，$ly2$和$ly3$分别对$ly1$的一个标准差的冲击的脉冲响应。SVAR模型方差分解的操作同脉冲响应分析一样，此时Structural Decomposition被激活，输出方式可以是图也可以是表。如果选择组图，如图9-22所示。

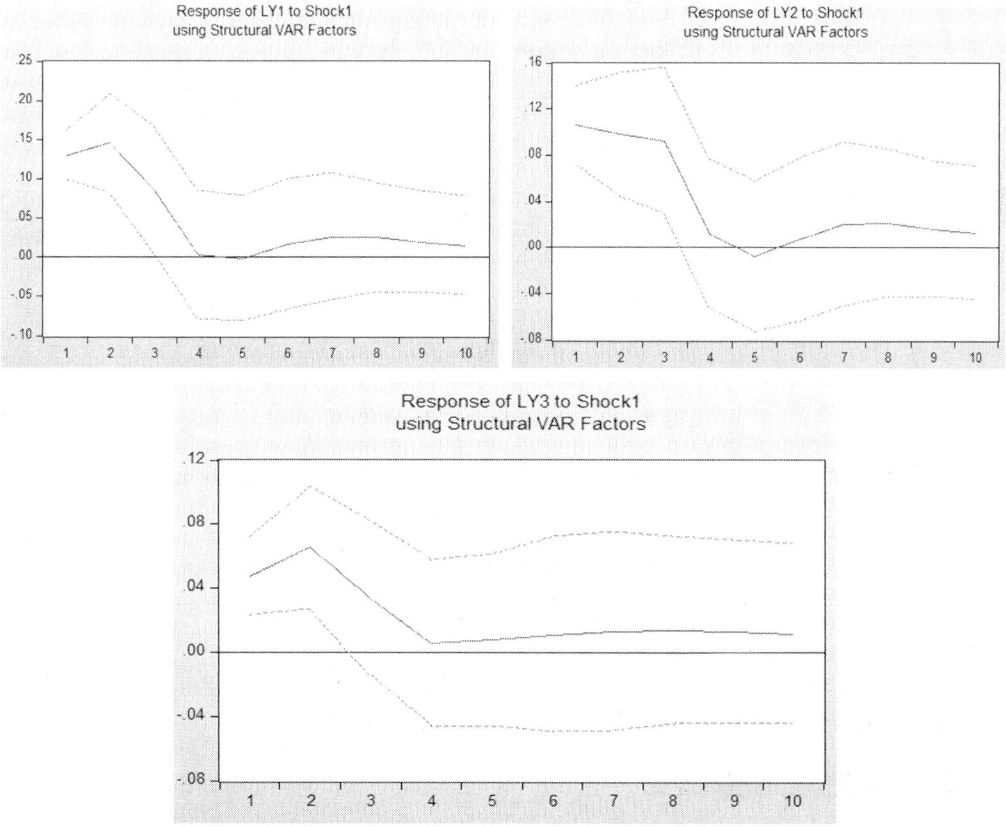

图9-21　进行方差分解的输出结果

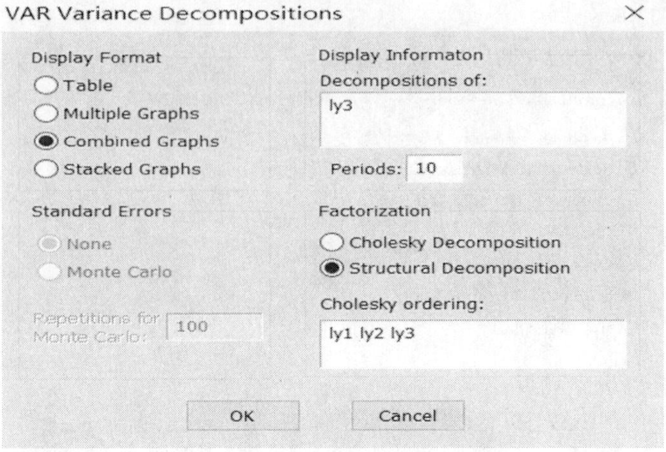

图 9－22　SVAR 模型方差分解定义框

这里只简单分析 $ly3$ 的一个冲击造成的影响。点击 OK 按钮，得到如图 9－23 所示的结果。

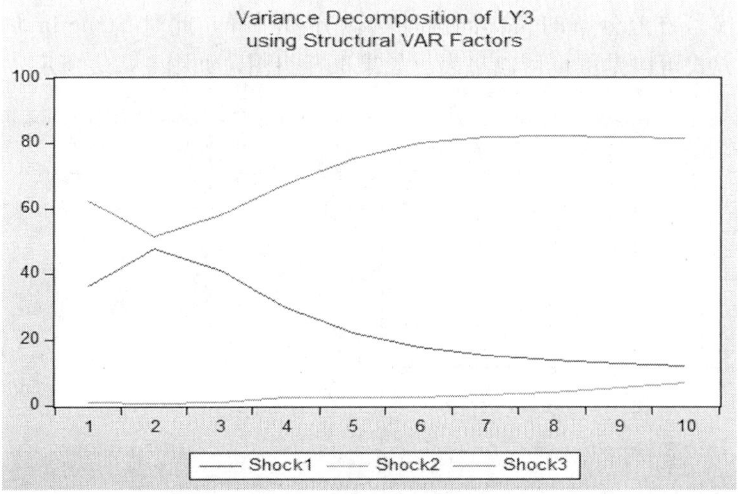

图 9－23　SVAR 模型方差分析结果

如果需要从 SVAR 状态回到原来的 VAR 状态，只要对 VAR 模型重新估计即可。

9.3　向量误差修正模型

第 6 章介绍的误差修正模型是针对一个方程而言的，这里将把它推广到一个 VAR 系统中。事实上，向量误差修正（Vector Error Correction，VEC）模型是包含协整约束条件的 VAR 模型，应用于具有协整关系的非平稳时间序列建模。

9.3.1　多重协整的基本理论

研究一组非平稳时间序列时，通常会关心它们是否具有协整关系，如果有，则需进一步确认这种长期均衡关系的形式。

对 p 阶 VAR 模型（9.1.1）

$$\boldsymbol{y}_t=\boldsymbol{A}_1\boldsymbol{y}_{t-1}+\cdots+\boldsymbol{A}_p\boldsymbol{y}_{t-p}+\boldsymbol{B}\boldsymbol{x}_t+\boldsymbol{\varepsilon}_t$$

式中，$\boldsymbol{y}_t$ 为 m 维非平稳 $I(1)$ 序列；$\boldsymbol{x}_t$ 为 $\boldsymbol{d}$ 维确定性变量；$\boldsymbol{\varepsilon}_t$ 为新息向量。经过变形，可将其改写为：

$$\nabla\boldsymbol{y}_t=\sum_{i=1}^{p-1}\boldsymbol{\Gamma}_i\nabla\boldsymbol{y}_{t-i}+\boldsymbol{\Pi}\boldsymbol{y}_{t-1}+\boldsymbol{B}\boldsymbol{x}_t+\boldsymbol{\varepsilon}_t \tag{9.3.1}$$

式中：

$$\boldsymbol{\Pi}=\sum_{i=1}^{p}\boldsymbol{A}_i-\boldsymbol{I}_m \quad \boldsymbol{\Gamma}_i=-\sum_{j=i+1}^{p}\boldsymbol{A}_j$$

由于经过一阶差分的内生变量向量中各序列都是平稳的，所以只有构成 $\boldsymbol{\Pi}\boldsymbol{y}_{t-1}$ 的各变量都是 $\boldsymbol{I}(0)$ 时，才能保证新息是平稳过程。因此可得 $0<R(\boldsymbol{\Pi})=r<m$，此时，存在两个 $m\times r$ 阶矩阵 $\boldsymbol{\alpha}$ 和 $\boldsymbol{\beta}$，使得

$$\boldsymbol{\Pi}=\boldsymbol{\alpha}\boldsymbol{\beta}' \tag{9.3.2}$$

式中，两个分解矩阵的秩都是 r。将式（9.3.2）代入式（9.3.1）后不难看出，$\boldsymbol{\beta}'\boldsymbol{y}_{t-1}$ 中每行都是一个 $\boldsymbol{I}(0)$ 组合变量，即每一行都是使得变量 $\boldsymbol{y}_{1,t-1}$，$\boldsymbol{y}_{2,t-1}$，…，$\boldsymbol{y}_{m,t-1}$ 具有协整关系的一种线性组合形式。因此，矩阵 $\boldsymbol{\beta}$ 决定了协整关系的个数与形式，它的秩 r 就是线性无关的协整向量的个数，它的每一行构成一个协整向量。另外，矩阵 $\boldsymbol{\alpha}$ 称为调整参数矩阵。

9.3.2　Johansen 协整检验

与时间序列可能出现均值非零、包含确定性趋势或随机趋势一样，协整方程也可以包含截距和确定性趋势。方程可能会有以下情况：

（1）序列 $\boldsymbol{y}$ 没有确定性趋势且协整方程无截距；

$$H_2(r):\boldsymbol{\Pi}\boldsymbol{y}_{t-1}+\boldsymbol{B}\boldsymbol{x}_t=\boldsymbol{\alpha}\boldsymbol{\beta}'\boldsymbol{y}_{t-1} \tag{9.3.3}$$

（2）序列 $\boldsymbol{y}$ 没有确定性趋势且协整方程有截距；

$$H_1^*(r):\boldsymbol{\Pi}\boldsymbol{y}_{t-1}+\boldsymbol{B}\boldsymbol{x}_t=\boldsymbol{\alpha}(\boldsymbol{\beta}'\boldsymbol{y}_{t-1}+\boldsymbol{\rho}_0) \tag{9.3.4}$$

（3）序列 $\boldsymbol{y}$ 有线性趋势但协整方程只有截距；

$$H_1(r):\boldsymbol{\Pi}\boldsymbol{y}_{t-1}+\boldsymbol{B}\boldsymbol{x}_t=\boldsymbol{\alpha}(\boldsymbol{\beta}'\boldsymbol{y}_{t-1}+\boldsymbol{\rho}_0)+\boldsymbol{\alpha}^*\boldsymbol{\gamma}_0 \tag{9.3.5}$$

（4）序列 $\boldsymbol{y}$ 和协整方程都有线性趋势；

$$H^*(r):\boldsymbol{\Pi}\boldsymbol{y}_{t-1}+\boldsymbol{B}\boldsymbol{x}_t=\boldsymbol{\alpha}(\boldsymbol{\beta}'\boldsymbol{y}_{t-1}+\boldsymbol{\rho}_0+\boldsymbol{\rho}_1 t)+\boldsymbol{\alpha}^*\boldsymbol{\gamma}_0 \tag{9.3.6}$$

（5）序列 $\boldsymbol{y}$ 有二次趋势且协整方程有线性趋势；

$$H(r):\boldsymbol{\Pi}\boldsymbol{y}_{t-1}+\boldsymbol{B}\boldsymbol{x}_t=\boldsymbol{\alpha}(\boldsymbol{\beta}'\boldsymbol{y}_{t-1}+\boldsymbol{\rho}_0+\boldsymbol{\rho}_1 t)+\boldsymbol{\alpha}^*(\boldsymbol{\gamma}_0+\boldsymbol{\gamma}_1 t) \tag{9.3.7}$$

式中，$\boldsymbol{\alpha}^*$ 是 $m\times(m-r)$ 阶矩阵，并且满足

$$\boldsymbol{\alpha}'\boldsymbol{\alpha}^*=0 \quad 且 \quad \text{rank}(|\boldsymbol{\alpha}|\boldsymbol{\alpha}^*|)=m$$

对上述五种情况，EViews 采用由 Johansen（1995）提出的关于系数矩阵 $\boldsymbol{\Pi}$ 的协整似然比（LR）检验方法，且对于给定的秩 r，上述五种情况的检验严格递减。

协整似然比检验法主要有迹检验法和最大特征值检验法两种。

迹检验法的假设为：

H_0：至多有 r 个协整关系　　　　H_1：有 m 个协整关系(满秩)

检验统计量为：

$$LR_{tr}(r|m)=-T\sum_{i=r+1}^{m}\log(1-\lambda_i) \tag{9.3.8}$$

式中，λ_i 为大小排第 i 的特征值；T 为观测期总数。这不是独立的一个检验，而是对应于 r 的不同取值的一系列检验。EViews 从检验不存在任何协整关系的零假设开始，接着是最多一个协整关系，直到最多 $m-1$ 个协整关系，共进行 m 次检验，备择假设是不变的。

最大特征根检验法的假设为：

H_{0r}：有 r 个协整关系　　　　H_{1r}：至少有 $r+1$ 个协整关系

检验统计量为：

$$\begin{aligned}LR_{\max}(r|r+1)&=-T\log(1-\lambda_{r+1})\\&=LR_{tr}(r|m)-LR(r+1|m)\end{aligned} \qquad r=0,1,\cdots,m-1 \tag{9.3.9}$$

检验从下往上进行，先检验 H_{00}，若接受，则表明不存在协整关系，若拒绝，则继续往上检验 H_{01}，…，直到接受 H_{0r}，表明共有 r 个协整关系。

需要注意，两种检验的结果可能会不一致，这就需要根据其对具体问题的解释能力来进行选择。一般来说，Johansen 协整检验对于 $m=10$ 的序列都是有效的。

例 9.6

承例 9.1，对取对数后的各部门产出指数序列 $ly1$，$ly2$ 和 $ly3$ 做协整检验。

由于讨论序列协整性的前提是各序列都是非平稳时间序列，因此第一步应该分别对三个序列做单位根检验。这里采用 PP 检验。根据序列的形态，对各序列都采用同时包含截距和趋势项的检验，最大滞后期也使用 EViews 根据样本量自动推荐的 q 值，这里取值为 3。结果，序列 $ly1$，$ly2$ 和 $ly3$ 的 PP 统计量值分别为 -3.05，-2.60 和 -0.75，对应 95％置信水平的临界值为 -3.54，因此均不能拒绝序列存在单位根的零假设，它们都是非平稳的。进一步对经过一阶逐期差分后的序列做单位根检验，所得 PP 统计量值分别为 -4.01，-5.97 和 -5.94，因此，至少可在 95％的置信度下拒绝原假设。综上可知，三个对数化的产出序列都是 $\boldsymbol{I}(1)$ 序列，满足进行协整检验的条件。

双击打开例 9.1 中定义的 var01 对象，在窗口工具栏中选择 View→Cointegration Test，屏幕出现如图 9－24 所示的对话框。

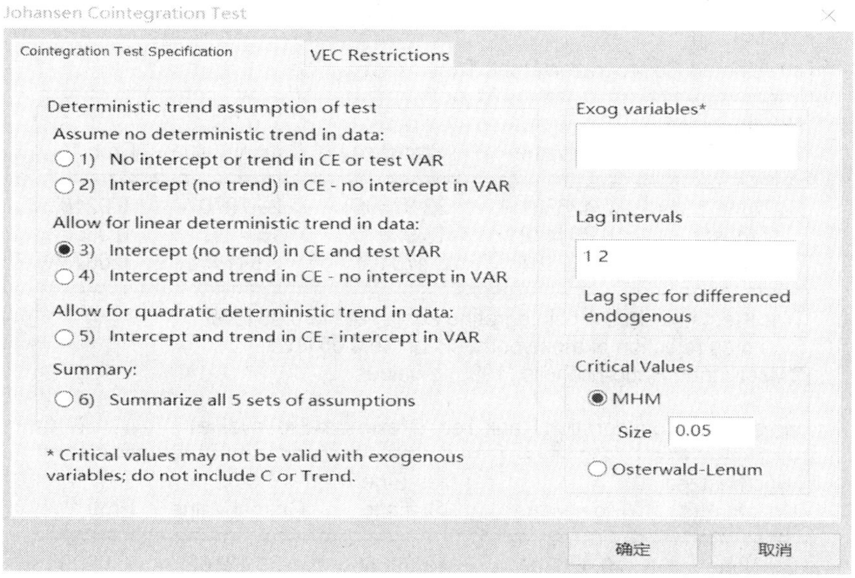

图 9－24　Johansen 协整检验定义对话框

协整检验对话框由四部分组成。左边一个很大的部分供用户选择检验的基本形式，即上文介绍的式（9.3.3）～式（9.3.7）五个表达式之一。除此以外，用户也可以通过选择第六个选项让计算机对五个假设情况都进行检验，此时 EViews 输出结果是简明扼要的，详细结果只有在具体确定某个假设情况时才会给出。这里，采用第三种形式，即观测序列有线性确定性趋势并且协整方程（CE）仅有截距。右上部的一个空白区域等待用户输入 VAR 系统中的外生变量名称，如季节名义变量等，而不包括常数和线性趋势，本例中无外生变量。对话框右中部的空行处输入 VAR 模型（9.3.1）右边的滞后阶数 $p-1$，并采用给出起止点的配对输入法。如输入“1 2”，则意味着等式右边包括 Δy_{t-1} 和 Δy_{t-2} 两项。由于在例 9.1 中已经根据相应准则判断出该 VAR 模型的最大滞后期 p 取值 3 比较合适，因此，这里输入“1 2”是可行的。对话框的右下方用来设置计算临界值（Critical Values）的方法，此处采用默认形式。定义完成后点击确定得到结果，见表 9－11～表9－13。

表 9－11 给出了无约束情形下的协整秩检验，共有五列。第一列表示假设的协整关系的个数，EViews 依次列出了 3 个检验的原假设，对能够拒绝原假设的检验用“*”标记，且“*”表示置信水平是 95%，这是我们最关心的。第二列表示是式（9.3.3）～式（9.3.7）中矩阵 $\boldsymbol{\Pi}$ 的特征值 λ_i。第三列是迹检验统计量或最大特征值统计量的值。第四列是 5%显著性水平下的临界值（采用 Osterwald-Lenum 于 1992 年给出的迹统计量临界值）。最后一列表示根据 MacKinnon-Haug-Michelis（1999）提出的临界值所得到的 p 值。对此例，只有第一个原假设被拒绝，表 9－11 下方第一行说明了检验的结果：迹检验表明在 0.05 显著性水平下有 1 个协整关系，最大特征值检验表明在 0.05 显著性水平下没有协整关系，故可认为有且仅有 1 个协整关系。

输出的另外一部分见表 9－12 与表 9－13，给出了无限制情形下的协整关系 $\boldsymbol{\beta}$ 和调整参数 $\boldsymbol{\alpha}$。限制是指对 $\boldsymbol{\beta}$ 所组成矩阵的转置矩阵和 $\boldsymbol{\alpha}$ 所组成矩阵中的元素所强加的。

表 9－11　Johansen 协整检验结果之一

Unrestricted Cointegration Rank Test (Trace)

Hypothesized No. of CE(s)	Eigenvalue	Trace Statistic	0.05 Critical Value	Prob.**
None *	0.426381	32.81696	29.79707	0.0218
At most 1	0.264478	13.92010	15.49471	0.0852
At most 2	0.097187	3.476161	3.841466	0.0623

Trace test indicates 1 cointegrating eqn(s) at the 0.05 level
* denotes rejection of the hypothesis at the 0.05 level
**MacKinnon-Haug-Michelis (1999) p-values

Unrestricted Cointegration Rank Test (Maximum Eigenvalue)

Hypothesized No. of CE(s)	Eigenvalue	Max-Eigen Statistic	0.05 Critical Value	Prob.**
None	0.426381	18.89686	21.13162	0.0999
At most 1	0.264478	10.44394	14.26460	0.1844
At most 2	0.097187	3.476161	3.841466	0.0623

Max-eigenvalue test indicates no cointegration at the 0.05 level
* denotes rejection of the hypothesis at the 0.05 level
**MacKinnon-Haug-Michelis (1999) p-values

表 9－12　Johansen 协整检验结果之二

Unrestricted Cointegrating Coefficients (normalized by b'*S11*b=I):

LY1	LY2	LY3
5.556908	-14.26411	8.646466
0.152585	4.772027	-3.970225
-6.735307	10.72414	0.678988

Unrestricted Adjustment Coefficients (alpha):

D(LY1)	0.069292	-0.033766	-0.015333
D(LY2)	0.088289	-0.009678	-0.003822
D(LY3)	0.030263	0.010357	-0.017613

如图 9－25 所示，本例中的协整关系为：

$$\boldsymbol{B}(r,1)\times ly1+\boldsymbol{B}(r,2)\times ly2+\boldsymbol{B}(r,3)\times ly3$$

限定（$\boldsymbol{B}(r,1)$，$\boldsymbol{B}(r,2)$，$\boldsymbol{B}(r,3)$）表示对第 r 个协整关系进行约束，对协整向量所做的约束必须都是线性的（更精确地说是仿射的），比如令 $\boldsymbol{B}(1,1)=1$，$\boldsymbol{B}(2,1)=1$ 等是合法的，$\boldsymbol{B}(1,1)\times\boldsymbol{B}(2,1)=1$ 是不合法的。

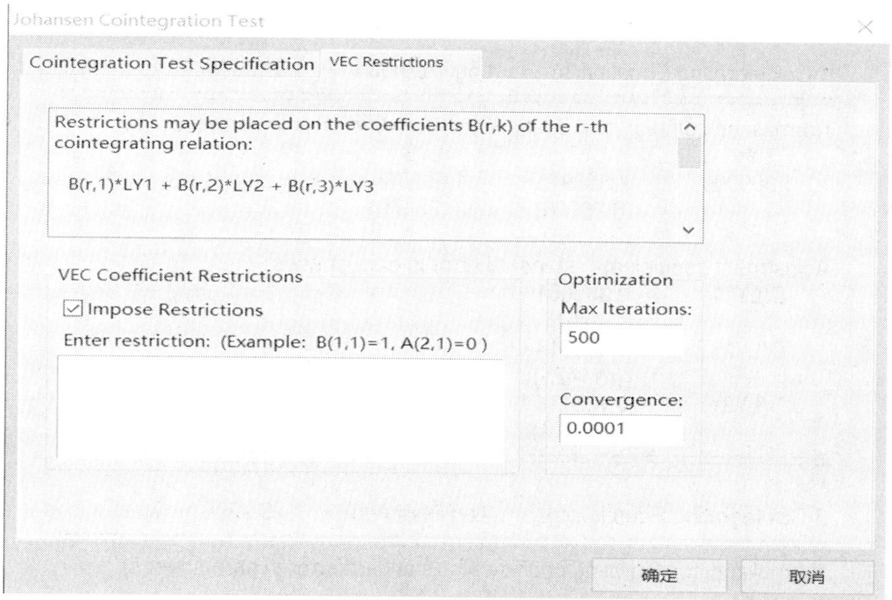

图 9 - 25　协整关系或调整参数的限定

假定有多个协整方程，则在第 k 个 VEC 方程中，第 r 个协整关系的调整系数为 $\boldsymbol{A}(k, r)$，目前能够实现的对调整系数 $\boldsymbol{A}(k, r)$ 的限制为线性齐次约束，即所施加的约束形式必须为 $\boldsymbol{A}\alpha=0$，其中 $\boldsymbol{A}$ 表示 $k\times r$ 矩阵，因此，$\boldsymbol{A}(1, 1)=\boldsymbol{A}(2, 1)$ 与 $\boldsymbol{A}(2, 1)=0$ 均是合法的，$\boldsymbol{A}(1, 1)=1$ 是不合法的。另外，$\boldsymbol{\beta}$ 与 $\boldsymbol{\alpha}$ 的约束必须是相互独立的，即类似于 $\boldsymbol{A}(1, 1)=\boldsymbol{B}(1, 1)$的约束均是不合法的。对于 $\boldsymbol{\beta}$ 与 $\boldsymbol{\alpha}$ 的约束必须要依赖于具体的分析目的与考虑实际经济意义。还可以对采用强制约束后 EViews 所进行的优化迭代过程的最大次数和收敛精度进行设置。本例中采用默认设置，不对系数强加约束。

无限制值不等于无条件，如果不强加一些任意的正则化条件，协整关系 $\boldsymbol{\beta}$ 是不可识别的。表 9 - 12 给出了在正则化条件 $\boldsymbol{\beta}'\boldsymbol{S}_{11}\boldsymbol{\beta}=\boldsymbol{I}_k$ 下的 $\boldsymbol{\beta}$ 和 $\boldsymbol{\alpha}$ 的未进行标准化的估计结果，每一行表示一个协整向量及其相对应的调整参数。

表 9 - 13 给出了经过了标准化（normalization）的协整系数的估计值. 并且对可能存在的 $m-1$ 个协整关系都列出了协整关系，但一般只关心前 r 个协整关系，因为它们已经被似然比检验所证实。本例 $r=1$，因此只考虑仅有 1 个协整关系假定下的经过标准化的协整系数，见表 9 - 13 的上半部分。

表 9 - 13 中，最上面一行是对数似然函数值，变量 $ly1$ 的系数为 1，这是因为它是 VAR 模型第一个方程的因变量。因此，可以根据需要调整各方程的出现顺序而使所希望的变量前的系数为 1，但这并没有实质的不同。表 9 - 13 中所列协整系数估计值下面括号内是渐进标准误。

9.3.3　向量误差修正模型

向量误差修正（VEC）模型是对诸变量施加了协整约束条件的向量自回归模型。VEC 模型只能用于有协整关系的序列建模。

表 9-13　Johansen 协整检验结果之三

1 Cointegrating Equation(s):	Log likelihood	123.0075
Normalized cointegrating coefficients (standard error in parentheses)		
LY1	LY2	LY3
1.000000	-2.566915	1.555985
	(0.26906)	(0.33479)
Adjustment coefficients (standard error in parentheses)		
D(LY1)	0.385051	
	(0.12516)	
D(LY2)	0.490614	
	(0.11425)	
D(LY3)	0.168171	
	(0.07574)	

2 Cointegrating Equation(s):	Log likelihood	128.2295
Normalized cointegrating coefficients (standard error in parentheses)		
LY1	LY2	LY3
1.000000	0.000000	-0.535668
		(0.48476)
0.000000	1.000000	-0.814851
		(0.18397)
Adjustment coefficients (standard error in parentheses)		
D(LY1)	0.379899	-1.149526
	(0.11967)	(0.32380)
D(LY2)	0.489138	-1.305546
	(0.11381)	(0.30793)
D(LY3)	0.169751	-0.382255
	(0.07492)	(0.20271)

例 9.7

承例 9.6，对各对数化后的产出指数序列 $ly1$，$ly2$ 和 $ly3$ 建立 VEC 模型。

例 9.6 表明 3 个序列是协整的，并且通过检验的只有 1 个协整关系。打开对象 var01，在观测窗口工具栏中选择 Estimate 进入图 9-3 所示的 VAR 模型定义对话框。然后选择对话框左上角的向量误差修正选项（Vector Error Correction），屏幕出现如图 9-26 所示的向量误差修正模型定义对话框。

该对话框 Basics 部分功能与图 9-13 一致，关键要求用户按照配对区间指定滞后期。但必须注意的是，这里的滞后期同协整检验中一样，都是指一阶差分变量的滞后期，因此，对无约束 VAR 模型中 $p=3$，此处应输入“1 2”。另外，VEC 中所输入的外生变量名称不包括常数和趋势项。接下来一部分是让用户选择模型的基本假设，即在 Cointegration 和 VEC Restrictions 中进行设置，这与协整检验所讲内容是相同的，如图 9-25 和图 9-27 所示。

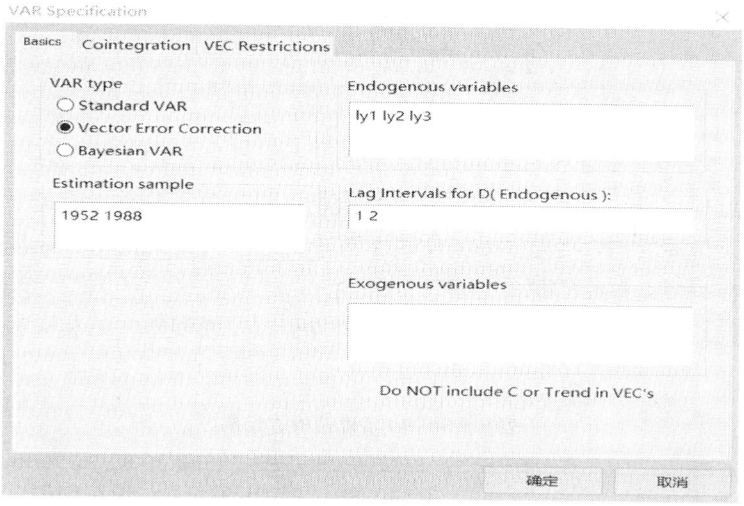

图 9－26　VEC 模型定义对话框

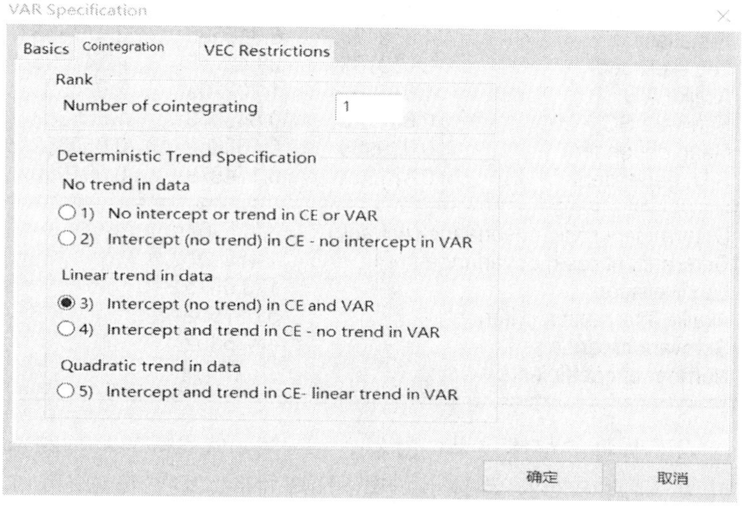

图 9－27　VEC 模型定义对话框

如图 9－27 所示，此例仍然使用序列有线性趋势且协整方程仅有截距的形式。然后，根据协整检验结果，在对话框上方的空白处填写协整方程的数目，这里应该是 1。VEC Restrictions 中仍采用默认设置，单击确定完成。

输出结果由四个主要部分构成。第一部分是协整方程的参数估计值，与表 9－5 类似，只是各变量名都写成了滞后一期的形式，这与误差修正模型中误差修正项比因变量滞后一期是一致的。第二部分是 VEC 模型的参数估计值，其中 CointEq1 对应数值代表协整方程即误差修正项的系数估计值。同时，EViews 还在各参数估计值下面分别给出了相应的标准差以及 t 检验统计量值（与表 9－5 类似）。将本例估计结果写成矩阵形式，得

$$\nabla \boldsymbol{LY}_t=\begin{bmatrix}0.85 & -0.04 & -1.11\\ 0.89 & -0.40 & -0.93\\ 0.06 & 0.32 & -0.27\end{bmatrix}\times \nabla \boldsymbol{LY}_{t-1}+\begin{bmatrix}-0.46 & 0.36 & -0.37\\ 0.27 & -0.06 & -0.63\\ -0.46 & 0.38 & -0.12\end{bmatrix}\times \nabla \boldsymbol{LY}_{t-2}$$

$$+\begin{bmatrix}0.39\\0.49\\0.17\end{bmatrix}\times vecm_{t-1}+\begin{bmatrix}0.12\\0.06\\0.06\end{bmatrix} \tag{9.3.10}$$

其中，$\boldsymbol{LY}=[ly1\quad ly2\quad ly3]'$，$vecm_t=[1\quad -2.57\quad 1.56]\times\boldsymbol{LY}_t+0.03$。对序列 $vecm$ 做单位根检验，发现它已经是平稳序列，并且取值在 0 附近上下波动，验证了协整关系是正确的。与第 6 章讲述类似，变量 $vecm_t$ 反映了三个时间序列之间的某种长期均衡关系，是向量误差修正模型中最核心的部分。

输出窗口的最后两部分分别是对系统中单个方程以及模型整体的相关检验结果，见表 9-14。

表 9-14　VEC 模型检验结果

R-squared	0.540298	0.629715	0.400161
Adj. R-squared	0.416532	0.530023	0.238666
Sum sq. resids	0.448446	0.373698	0.164206
S.E. equation	0.131331	0.119887	0.079471
F-statistic	4.365488	6.316590	2.477856
Log likelihood	25.33768	28.43746	42.41695
Akaike AIC	-1.019863	-1.202203	-2.024526
Schwarz SC	-0.660720	-0.843060	-1.665383
Mean dependent	0.099986	0.068860	0.050552
S.D. dependent	0.171933	0.174878	0.091080
Determinant resid covariance (dof adj.)		3.23E-07	
Determinant resid covariance		1.45E-07	
Log likelihood		123.0075	
Akaike information criterion		-5.647502	
Schwarz criterion		-4.435392	
Number of coefficients		27	

通常更关心 VEC 模型的整体效果，由表 9-14 知，式（9.3.10）的 AIC 和 SC 值分别为$-5.647\,502$ 和$-4.435\,392$，都较小。需要注意的是，VEC 模型不能实现结构分解。

第10章 状态空间模型

10.1 状态空间模型基本问题

状态空间模型（state space model）是在分析经济现象随时间变化的规律中，除了包含可观测的变量外，还加入不可观测变量的模型。这些不可观测的时间变量统称为状态变量，包括理性预期、长期收入、测量误差及不可观测的循环要素与趋势等。它可以分析状态随时间变化的规律，还可以验证所选状态是否反映观测变量的真实情况。状态空间模型是在状态给定情况下建立的模型，状态向量的选择通常需要建模前考虑。它既要能描述系统变化过程的所有信息，又要包含尽可能少的元素。

状态空间模型主要应用于多变量时间序列。许多时间序列模型均能改写为状态空间模型的形式，如经典线性回归模型和 ARMA 模型等。

本节简要介绍状态空间模型的一些基本概念，且仅限于线性状态空间模型。

状态空间模型形式

线性状态空间模型一般包含两个方程：状态方程（转移方程）和信号方程（量测方程）。式（10.1.1）称为状态（state）方程或转移（transition）方程，式（10.1.2）称为信号（signal）方程或量测（observation）方程。

$$\boldsymbol{x}_t = F_t \boldsymbol{x}_{t-1} + \boldsymbol{d}_t + \boldsymbol{w}_t \tag{10.1.1}$$

$$\boldsymbol{y}_t = \boldsymbol{H}_t \boldsymbol{x}_t + \boldsymbol{c}_t + \boldsymbol{v}_t \tag{10.1.2}$$

式中，$\boldsymbol{x}_t$ 为 $p\times 1$ 维状态向量（允许包括不可观测变量）；$\boldsymbol{y}_t$ 为 $q\times 1$ 维观测向量；$\boldsymbol{d}_t$ 为 $p\times 1$ 维向量，仅影响确定性的状态向量期望值；$\boldsymbol{c}_t$ 为 $q\times 1$ 维向量，仅影响确定性的可观测变量值。它们可以包含先决变量（或输入变量）的线性组合或非线性组合等。$p\times p$

维矩阵 $\boldsymbol{F}_t$ 称为状态转移矩阵，$q\times p$ 维矩阵 $\boldsymbol{H}_t$ 称为载荷阵。$p\times 1$ 维向量 $\boldsymbol{w}_t$ 称为状态噪声，$q\times 1$ 维向量 $\boldsymbol{v}_t$ 称为观测噪声，它们之间相互独立，均服从 0 均值的高斯分布，且 $\mathrm{Var}\left(\begin{bmatrix}\boldsymbol{v}_t\\ \boldsymbol{w}_t\end{bmatrix}\right)=\begin{bmatrix}\boldsymbol{R}_t & \boldsymbol{G}_t\\ \boldsymbol{G}'_t & \boldsymbol{Q}_t\end{bmatrix}$，其中，$\boldsymbol{Q}_t$ 为关于 $\boldsymbol{w}_t$ 的 $p\times p$ 维对称方差矩阵，$\boldsymbol{R}_t$ 为关于 $\boldsymbol{v}_t$ 的 $q\times q$ 维对称方差矩阵，$\boldsymbol{G}_t$ 为关于向量 $\boldsymbol{v}_t$ 和 $\boldsymbol{w}_t$ 的 $p\times q$ 维协方差矩阵（当 $\boldsymbol{v}_t$ 和 $\boldsymbol{w}_t$ 独立时，$\boldsymbol{G}_t$ 应为 0）。假定在初始状态的选择，输入变量 $\boldsymbol{u}_t$ 确定的情况下，系统矩阵和系统向量集 $\{\boldsymbol{F}_t，\boldsymbol{H}_t，\boldsymbol{d}_t，\boldsymbol{c}_t，\boldsymbol{Q}_t，\boldsymbol{R}_t，\boldsymbol{G}_t\}$ 依赖于不可观测的参数向量 $\boldsymbol{\theta}$，状态空间模型的一个主要任务就是要估计这些参数。为保证对参数向量 $\boldsymbol{\theta}$ 的估计是有效的，还需假定初始状态向量服从均值与方差均已知的正态分布 $\boldsymbol{N}(\boldsymbol{\mu}_0，\Sigma_0)$，且与扰动项（状态噪声和观测噪声）之间相互独立。

注意，此处仅假定不可观测的状态向量随时间变化时具有一阶向量自回归（VAR）的形式，亦即一阶马尔可夫（Markov）过程。

式（10.1.3）～式（10.1.5）经常用来描述经济增长，称为线性增长模型。

$$\boldsymbol{X}_t=\boldsymbol{\mu}_t+\boldsymbol{v}_t \tag{10.1.3}$$

$$\boldsymbol{\mu}_t=\boldsymbol{\mu}_{t-1}+\boldsymbol{\beta}_{t-1}+\boldsymbol{w}_{1t} \tag{10.1.4}$$

$$\boldsymbol{\beta}_t=\boldsymbol{\beta}_{t-1}+\boldsymbol{w}_{2t} \tag{10.1.5}$$

式中，$\boldsymbol{\mu}_t$ 为局部水平，描述的是 $\boldsymbol{X}_t$ 在某一时点局部的均值；$\boldsymbol{\beta}_t$ 为趋势项，它描述 $\boldsymbol{X}_t$ 的增长速度；$\boldsymbol{v}_t$，$\boldsymbol{w}_{1t}$ 和 $\boldsymbol{w}_{2t}$ 是均值为 0 的高斯扰动项。如果式（10.1.5）中的扰动项为 0，则 β_t 为常数，继而 $\boldsymbol{\mu}_t$ 在线性增长的基础上有一个随机扰动。

将式（10.1.3）～式（10.1.4）写成矩阵的形式为：

$$\boldsymbol{X}_t=(1,0)\begin{bmatrix}\boldsymbol{\mu}_t\\ \boldsymbol{\beta}_t\end{bmatrix}+\boldsymbol{v}_t \tag{10.1.6}$$

$$\begin{bmatrix}\boldsymbol{\mu}_t\\ \boldsymbol{\beta}_t\end{bmatrix}=\begin{bmatrix}1 & 1\\ 0 & 1\end{bmatrix}\begin{bmatrix}\boldsymbol{\mu}_{t-1}\\ \boldsymbol{\beta}_{t-1}\end{bmatrix}+\begin{bmatrix}\boldsymbol{w}_{1t}\\ \boldsymbol{w}_{2t}\end{bmatrix} \tag{10.1.7}$$

根据状态向量定义的不同，一个特定问题可以表示成不同的状态空间模型形式。状态向量元素的选择应该具有实际含义，并以最少的元素描述系统变化的有关信息。简言之，状态向量是由系统本身的结构所确定的，即对于一个特定的时间序列模型，状态向量可由时间序列模型本身的结构确定。

例如，有 $AR(p)$ 模型

$$y_t=\varphi_1 y_{t-1}+\varphi_2 y_{t-2}+\cdots+\varphi_p y_{t-p}+u_t,\quad t=1,2,\cdots,T \tag{10.1.8}$$

式中，u_t 服从均值为 0，方差为 σ_u^2 的正态分布，且 u_t 与滞后变量 y_{t-1}，y_{t-2}，…，y_{t-p} 不相关。$AR(p)$ 模型两种可能的状态空间形式为：

$$y_t=(1,0,\cdots,0)\boldsymbol{\alpha}_t \tag{10.1.9}$$

$$\boldsymbol{\alpha}_t=\begin{pmatrix} y_t \\ \varphi_2 y_{t-1}+\cdots+\varphi_p y_{t-p+1} \\ \varphi_3 y_{t-1}+\cdots+\varphi_p y_{t-p+2} \\ \vdots \\ \varphi_p y_{t-1} \end{pmatrix}=\begin{pmatrix} \varphi_1 & 1 & 0 & \cdots & 0 \\ \varphi_2 & 0 & 1 & \cdots & 0 \\ \vdots & \vdots & \vdots & & \vdots \\ \varphi_{p-1} & 0 & 0 & \cdots & 1 \\ \varphi_p & 0 & 0 & \cdots & 0 \end{pmatrix}\boldsymbol{\alpha}_{t-1}+\begin{pmatrix} 1 \\ 0 \\ 0 \\ \vdots \\ 0 \end{pmatrix}u_t \tag{10.1.10}$$

或者

$$\boldsymbol{\alpha}_t=\begin{pmatrix} y_t \\ y_{t-1} \\ y_{t-2} \\ \vdots \\ y_{t-p} \end{pmatrix}=\begin{pmatrix} \varphi_1 & \varphi_2 & \cdots & \varphi_{p-1} & \varphi_p \\ 1 & 0 & \cdots & 0 & 0 \\ 0 & 1 & \vdots & 0 & 0 \\ 0 & 0 & \cdots & 1 & 0 \\ 0 & 0 & \cdots & 0 & 0 \end{pmatrix}\boldsymbol{\alpha}_{t-1}+\begin{pmatrix} 1 \\ 0 \\ 0 \\ \vdots \\ 0 \end{pmatrix}u_t \tag{10.1.11}$$

下面以一个具体实例说明状态空间模型的建立。

例 10.1

现有美国强生公司 1960 年第一季度至 1980 年第四季度（共 84 个数据）的每股收益数据，其时序图如图 10－1 所示。

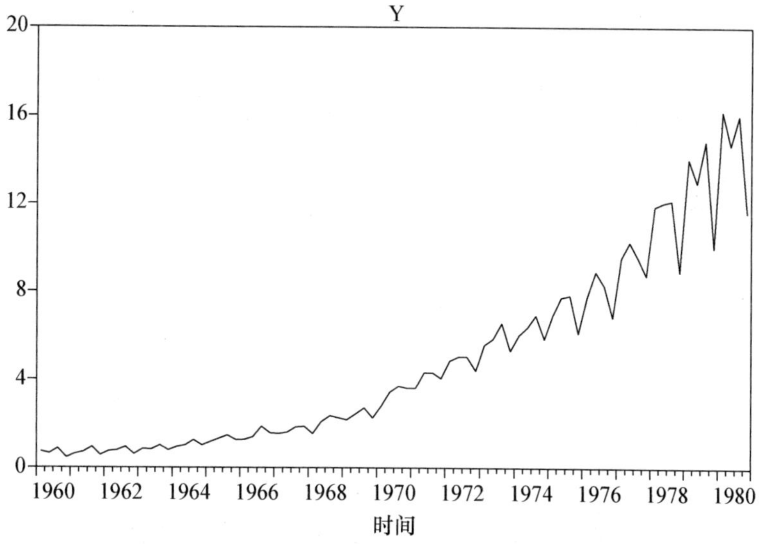

图 10－1　强生公司每股收益图

由图 10－1 可以看出，这是一个既含有增长趋势，又含有季节成分（每四个季度/每年循环一次）的时间序列，而且季节成分的幅度随着时间逐步增大，无论是对该序列取对数，还是取 n 次根，似乎都不能使该序列平稳。不妨假定该序列可以由不可观测的趋势成分、季节成分及高斯白噪声叠加而成，如式（10.1.12）。

$$y_t = T_t + S_t \tag{10.1.12}$$

式中，T_t 为趋势成分；S_t 为季节成分。

也可以假定趋势是按指数形式增长的，如式（10.1.13）。

$$T_t = \phi T_{t-1} + w_{1t} \tag{10.1.13}$$

式中，系数 ϕ 为转移参数，这里 $\phi>1$，表明趋势是增长的；w_{1t} 为状态噪声。同时假定季节成分满足式（10.1.14）。

$$S_t + S_{t-1} + S_{t-2} + S_{t-3} = w_{2t} \tag{10.1.14}$$

式中，w_{2t} 为状态噪声。

将式（10.1.12）～式（10.1.14）表示为状态空间模型的形式，即

信号方程：

$$\boldsymbol{y}_t = (1 \quad 1 \quad 0 \quad 0)\begin{pmatrix} T_t \\ S_t \\ S_{t-1} \\ S_{t-2} \end{pmatrix} \tag{10.1.15}$$

状态方程：

$$\begin{pmatrix} T_t \\ S_t \\ S_{t-1} \\ S_{t-2} \end{pmatrix} = \begin{pmatrix} \varphi & 0 & 0 & 0 \\ 0 & -1 & -1 & -1 \\ 0 & 1 & 0 & 0 \\ 0 & 0 & 1 & 0 \end{pmatrix}\begin{pmatrix} T_{t-1} \\ S_{t-1} \\ S_{t-2} \\ S_{t-3} \end{pmatrix} + \begin{pmatrix} w_{1t} \\ w_{2t} \\ 0 \\ 0 \end{pmatrix} \tag{10.1.16}$$

设定

$$\boldsymbol{Q} = \begin{pmatrix} q_{11} & 0 & 0 & 0 \\ 0 & q_{22} & 0 & 0 \\ 0 & 0 & 0 & 0 \\ 0 & 0 & 0 & 0 \end{pmatrix} \tag{10.1.17}$$

其中，q_{11} 为趋势成分 w_{1t} 的方差；q_{22} 为季节成分 w_{2t} 的方差。

EViews 通过 SSpace 对象实现状态空间模型的建立、参数估计以及预测等。先建立一个新的工作区文件，导入将要进行分析的数据，在工作区视窗的工具栏中选择 Object→New Object，出现如图 10-2 所示对话框。

在图 10-2 中，选择生成的对象类型为 SSpace（状态空间），并将其命名为 ss1，点击 OK 按钮出现如图 10-3 所示的文本输入区域。

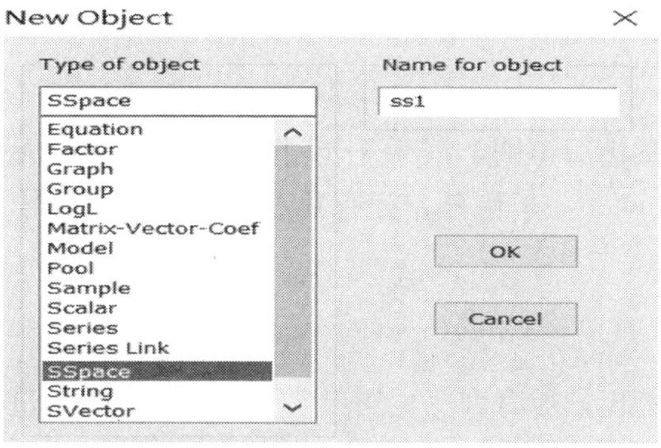

图 10－2　生成新的 Space 对象

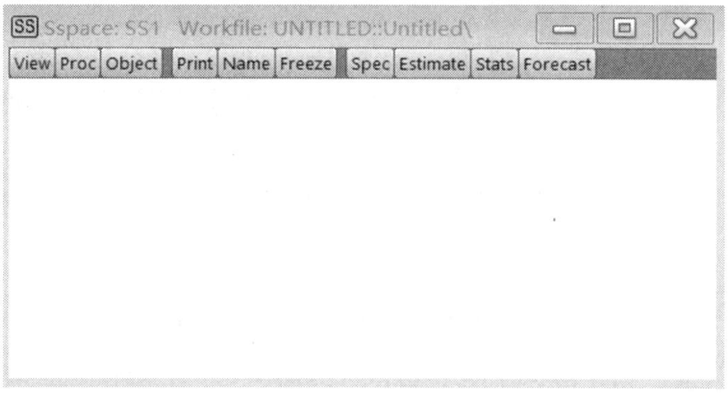

图 10－3　状态空间定义框（文本形式）

在图 10－3 所示的文本框中，可以通过@state 和@signal 语句描述所要建立的状态方程和信号方程。

（1）状态方程。

每一个状态方程必须以@state 开头，方程左边只能包含唯一的因变量名，不可以出现诸如 exp(sv1）之类的表达式形式。状态方程中不可以包含信号方程的因变量及其超前或滞后项。状态方程中允许包含外生变量和未知参数，也可以是这些元素的非线性形式，例如

@state sv1 ＝ c(1)＋exp(c(3) * x/z)＋c(2) * sv1(－1)＋[var ＝ exp(c(3))]

状态方程只能表示为一期滞后状态变量的线性形式，然而，这并不是一种限制，因为状态变量的高阶滞后可以通过定义新的状态变量来实现，例如

@state sv1 ＝ c(1) * sv1(－1)＋c(2) * sv2(－1)＋[var ＝ exp(c(3))]
@state sv2 ＝ sv1(－1)

例 10.1 中的状态方程可以描述为：

@state sv1 ＝ c(1) * sv1(－1)＋[var ＝ c(2)]
@state sv2 ＝ －sv2(－1)－sv3(－1)－ sv4(－1)＋[var ＝ c(3)]
@state sv3 ＝ sv2(－1)

```
@state sv4 = sv3(-1)
```

（2）信号方程。

如果不对方程的类型进行声明，EViews将把所列方程默认为信号方程，其中隐含了方程类型声明语句@signal。关于信号方程有几点需要注意：信号方程的因变量可以是表达式，例如

```
log(y)=c(1)+c(2)*x+sv1+c(3)*sv2
```

信号方程的右端不能出现所有因变量的当期或超前项，因变量的滞后项一律被视作先决变量，例如

```
y=sv1+sv2*x+y(1)+c(1)+[var=exp(c(2))]
```

是不正确的。另外，信号方程的因变量只能与当期状态变量存在线性关系，同样，这并不是限制；与状态方程一样，信号方程中允许包含外生变量和未知参数，也可以是这些元素的非线性形式。

例10.1中的信号方程可以写为：

```
@signal  y=sv1+sv2
```

另外，可以利用状态变量定义带有随机系数的方程，例如

```
@signal  y=sv1*sv2+[var=exp(c(2))]
@state  sv2=c(1)+[var=exp(c(3))]
```

（3）误差项。

在equation和system对象中，EViews总是会自动在每个方程的末尾加上误差项，在状态空间模型中，若要在信号方程或状态方程中加入误差项，则需要在方程的末尾进行说明，最简单的方式就是用误差方差的表达式来定义误差项。表达式由关键字“var”和一个赋值语句组成，整个表达式用一个方框号括起来，例如

```
@signal y=c(1)+sv1+sv2+[var=1]
@state sv1=c(1)*sv1(-1)+c(2)*sv2(-1)+[var=exp(c(3))]
```

均为有效的，指定的方差可以是一个已知的常数，也可以是包含待估计未知参数的表达式。也可以在方差中使用一个序列表达式来建立时变模型，例如

```
@state sv1=c(1)+c(2)*sv1(-1)+[var=exp(c(3)*x)]
```

方差表达式中不可以包含状态变量或信号变量（状态方程或信号方程中的因变量）。

这种直接指定方差的方法不允许不同方程之间的误差项存在相关，EViews将误差项之间的协方差默认为0。如若不然，则需要采用命名误差的方法来定义误差项的名字，例如

```
y=c(1)+sv1*x+e1
@state sv1=sv1(-1)+e2+c(2)*e1
```

```
@ename e1
@ename e2
```

由于 e1 在两个方程中均出现，所以通常来说，两个方程的误差项是相关的。如果每个方程之中只有唯一的命名误差，则可以直接用表达式的方法直接声明误差项，表达式由关键字 ename、等号和误差名字所组成，然后用一个方框号括起来，例如

```
y=c(1)+sv1 * x+[ename=e1]
@state sv1=sv1(-1)+[ename=e2]
```

定义命名误差之后，利用定义好的误差名字定义误差方差与误差之间的协方差，从而得到误差向量的协方差形式，定义的关键字为@evar，如：

```
@evar cov(e1,e2)=c(2)
@evar var(e1)=exp(c(3))
@evar var(e2)=exp(c(4)) * z
```

此外，也可以直接在方程中定义误差的名字及其方差，例如

```
@state sv1=sv1(-1)+[ename=e1, var=exp(c(1))]
@state sv2=sv2(-1)+[ename=e2, var=exp(c(2))]
@evar cov(e1,e2)=c(3)
```

如果定义误差名字之后没有用“var”或“evar”定义方差或协方差，那么缺省的方差值将默认为 NA，缺省的协方差值默认为 0。

由式（10.1.9）～式（10.1.11）可知，若在给定初始状态的情形下，系统矩阵将依赖于参数向量 $\boldsymbol{\theta}=(\varphi_1, \varphi_2, \cdots, \varphi_p)'$。由式（10.1.15）～式（10.1.18）亦可知其系统矩阵依赖于参数向量 $\boldsymbol{\theta}=(\varphi, r_{11}, q_{11}, q_{22})'$。这些状态空间模型参数的估计，需要利用卡尔曼滤波算法以及相应的初始条件。

10.2　状态空间模型估计

状态空间模型的重要问题之一是用时间序列 y_t 的观测值估计状态 $\boldsymbol{x}_t$。考虑用观测值 $\boldsymbol{Y}_j=\{y_1, y_2, \cdots, y_j\}$求时刻 t 的状态 x_t 的问题，有以下几种情况。

若 $j<t$，表示利用到目前为止的观测数据估计未来状态，称之为预测。

若 $j=t$，表示估计观测终点的状态，即估计现在状态，称之为滤波。

若 $j>t$，表示利用到目前为止的观测数据估计过去状态，称之为平滑。

10.2.1　状态估计的几种情况

1. 滤波

卡尔曼滤波是在时刻 t 基于所有可得到的信息估计状态向量的最理想的递推算法。其主要作用在于：当扰动项和初始状态向量服从正态分布时，能够通过预测误差分解计算似然函数，从而可以对模型中的所有未知参数进行估计，当得到新的观测值时，可以利用卡

尔曼滤波连续地修正状态向量的估计，无须再用所有的数据重新对状态向量进行估计。

要解决这些状态估计问题，只需要求出在给定观测值 $\boldsymbol{Y}_j$ 时状态 $\boldsymbol{x}_t$ 的条件分布 $p(\boldsymbol{x}_t|\boldsymbol{Y}_j)$即可。由于扰动项 $\boldsymbol{v}_t$，$\boldsymbol{w}_t$ 及初始状态 $\boldsymbol{x}_0$ 均服从正态分布，且式（10.1.1）和式（10.1.2）关于随机因素都是线性的，所以状态估计问题实质上是求条件分布的均值和协方差问题。令状态 $\boldsymbol{x}_t$ 的条件均值向量及协方差矩阵为：

$$\boldsymbol{x}_{t|j}=E(\boldsymbol{x}_t|\boldsymbol{Y}_j) \tag{10.2.1}$$

$$\boldsymbol{V}_{t|j}=E[(\boldsymbol{x}_t-\boldsymbol{x}_{t|j})(\boldsymbol{x}_t-\boldsymbol{x}_{t|j})'] \tag{10.2.2}$$

用卡尔曼滤波处理的正是 $j=t-1$（一步预测）和 $j=t$（滤波）这两种情况。

（1）一步预测。

$$\boldsymbol{x}_{t|t-1}=\boldsymbol{F}_t\boldsymbol{x}_{t-1|t-1}+\boldsymbol{d}_t \tag{10.2.3}$$

$$\boldsymbol{V}_{t|t-1}=\boldsymbol{F}_t\boldsymbol{V}_{t-1|t-1}\boldsymbol{F}'_t+\boldsymbol{Q}_t \tag{10.2.4}$$

在高斯假定之下，不难证明 $\boldsymbol{x}_{t|t-1}$是 $\boldsymbol{x}_t$ 的最小均方误差估计，$\boldsymbol{V}_{t|t-1}$则为 $\boldsymbol{x}_{t|t-1}$的均方误差（mean square error，MSE）。若正态假定不能满足，则 $\boldsymbol{x}_{t|t-1}$依然是 x_t 的最小均方线性估计。式（10.2.3）与式（10.2.4）称为预测方程（prediction equations）。

若给定一步向前状态条件均值，可以得到观测变量 y_t 的一步向前估计：

$$\boldsymbol{y}_{t|t-1}=E(\boldsymbol{y}_t|\boldsymbol{x}_{t|t-1})=\boldsymbol{H}_t\boldsymbol{x}_{t|t-1}+\boldsymbol{c}_t \tag{10.2.5}$$

亦可证明，它同样是 y_t 在给定条件均值下的一个最小均方误差估计。此时，观测变量的一步向前预测误差为：

$$\boldsymbol{w}_{t|t-1}=\boldsymbol{y}_t-\boldsymbol{y}_{t|t-1} \tag{10.2.6}$$

其方差为：

$$\boldsymbol{P}_{t|t-1}=\mathrm{Var}(\boldsymbol{w}_{t|t-1})=\boldsymbol{H}_t\boldsymbol{V}_{t|t-1}\boldsymbol{H}'_t+\boldsymbol{R}_t \tag{10.2.7}$$

（2）一次滤波。

一旦得到新的观测值 y_t，就可以修正状态向量的估计。

$$\boldsymbol{x}_{t|t}=\boldsymbol{x}_{t|t-1}+\boldsymbol{V}_{t|t-1}\boldsymbol{H}'_t\boldsymbol{P}_{t|t-1}^{-1}(\boldsymbol{y}_t-\boldsymbol{H}_t x_{t|t-1}-\boldsymbol{c}_t) \tag{10.2.8}$$

$$\boldsymbol{V}_{t|t}=\boldsymbol{V}_{t|t-1}-\boldsymbol{V}_{t|t-1}\boldsymbol{H}'_t\boldsymbol{P}_{t|t-1}^{-1}\boldsymbol{H}_t\boldsymbol{V}_{t|t-1} \tag{10.2.9}$$

经过新信息的修正，发现状态估计的方差变小了。式（10.2.8）与式（10.2.9）称为更新方程（updating equations）。卡尔曼滤波就是这样一步预测，一次滤波不断重复下去的迭代算法，它基于得到的新信息不断更新一步向前状态均值估计及其方差。

2. 固定区间平滑

滤波只用了到 t 时刻为止的观测值估计状态 x_t，平滑则是用所有观测值来对状态进行估计，即用到该时刻之前和之后的信息一起修正状态的估计。一般来说，通过平滑可以得到比滤波精度更高的状态估计。

对于 $t=1，2，\cdots，T$，令 $\boldsymbol{K}_t=\boldsymbol{V}_{t|t}\boldsymbol{F}'_{t+1}\boldsymbol{V}_{t+1|t}^{-1}$，则

$$\boldsymbol{x}_{t|T}=\boldsymbol{x}_{t|t}+\boldsymbol{K}_t(\boldsymbol{x}_{t+1|T}-\boldsymbol{x}_{t+1|t}) \tag{10.2.10}$$

$$V_{t|T}=V_{t|t}+K_t(V_{t+1|T}-V_{t+1|t})K'_t \tag{10.2.11}$$

式中，$t<T$。

为了进行平滑，首先要用滤波计算出 $\{x_{t|t-1}, x_{t|t}, V_{t|t-1}, V_{t|t}\}$ $(t=1, 2, \cdots, T)$，然后根据式（10.2.10）与式（10.2.11），由 $x_{T|T}$和 $V_{T|T}$出发，从后向前逐步递推，直至求得 $x_{t|T}$和 $V_{t|T}$。

3. 预测

（1）长期预测。

考虑用时间序列 $Y_t=\{y_1, y_2, \cdots, y_t\}$来估计 n 期后的状态 x_{t+n} $(n>1)$，称之为状态的长期预测问题。

由于还未观测到 y_{t-1}，所以在形式上有 $Y_{t+1}=Y_t$，显然有 $x_{t+1|t+1}=x_{t+1|t}$与 $V_{t+1|t+1}=V_{t+1|t}$成立，所以这实际上在第二次预测之前省略了滤波，只进行了一次预测。一般地，要想预测 n 期后的状态 x_{t+n}及其方差 V_{t+n}，只能通过反复进行一期预测得到。可以证明，在 Y_t的条件下，$x_{t+n|t}$是 x_{t+n}的 MSE 估计，$V_{t+n|t}$则为该状态估计的均方误差。

亦可考虑时间序列的 n 步向前预测问题，如式（10.2.12）和式（10.2.13）所示。

$$y_{t+n|t}=E(y_{t+n}|Y_t)=H_{t+n}x_{t+n|t}+c_{t+n} \tag{10.2.12}$$

相应的协方差矩阵为：

$$P_{t+n|t}=\mathrm{Cov}(y_{t+n}|Y_t)=H_{t+n}P_{t+n|t}H'_{t+n}+R_{t+n} \tag{10.2.13}$$

需要注意的是，$P_{t+n|t}$可能会低估预测的变动，这是因为它不能反映出参数向量 θ 估计随时间的变动情况。

（2）动态预测与平滑预测。

动态预测与 n 步向前预测不同的是，它将预测出预测区间内所有的预测值。如果预测原点为时刻 t，想得到时刻 $t+h$ 的动态预测值，那么将计算出 $t+1$ 时刻的一步向前预测，$t+2$ 时刻的两步向前预测，直至 $t+h$ 时刻的 h 步向前预测。

平滑预测是指利用超过预测样本范围的所有可得信号数据来进行平滑预测，这需要先对预测起点的状态进行初始化。具体细节请读者参阅相关文献。

4. 修正的卡尔曼滤波

当信号方程和状态方程的干扰项存在同期相关（不同期仍然不存在相关）时，矩阵 G_t 不为 0，卡尔曼滤波的预测方程不会发生改变，只是更新方程变为如下形式：

$$P_{t|t-1}=H_tV_{t|t-1}H'_t+H_tG_t+G'_tH'_t+R_t \tag{10.2.14}$$

$$x_{t|t}=x_{t|t-1}+(V_{t|t-1}H'_t+G_t)P_{t|t-1}^{-1}(y_t-H_tx_{t|t-1}-c_t) \tag{10.2.15}$$

$$V_{t|t}=V_{t|t-1}-(V_{t|t-1}H'_t+G_t)P_{t|t-1}^{-1}H_tV_{t|t-1} \tag{10.2.16}$$

更一般的情形，若噪声和状态向量不满足高斯分布，则必须用卡尔曼滤波计算状态向量的条件分布。感兴趣的读者可以查看相关文献。

10.2.2　初始条件

估计状态空间模型需要有初始条件，包括参数的初始值和初始状态向量。EViews 中有两种方式设定初始条件：一是系统默认；二是用户自行给出。将使用相应系数向量中的当前值来初始化所有的待估计参数，也可以自行定义，所采用的语句为@param。如果未用@param 初始化参数，要尤其注意参数的初始值是否与你所要设定的一致。建议最好每次都对参数进行@param 初始化，以免发生一些不必要的错误。

卡尔曼滤波、平滑及预测均需要事先提供有关状态和方差矩阵一步向前预测的初始值 $\boldsymbol{x}_{1|0}$和 $\boldsymbol{V}_{1|0}$，对于一些平稳模型，状态很稳定，允许使用系统矩阵去求解 $\boldsymbol{x}_{1|0}$和 $\boldsymbol{V}_{1|0}$的值，对于其他情形，必须预先估计 $\boldsymbol{x}_{1|0}$，以及这些估计的不确定性度量 $\boldsymbol{V}_{1|0}$。但是，在很多时候，没有任何关于初始条件的信息，此时，EViews 将把初始值视为扩散的，然后将 $\boldsymbol{x}_{1|0}$设为 0，将 $\boldsymbol{V}_{1|0}$设置为一个任意的大数，以反映关于该 $\boldsymbol{x}_{1|0}$值的不确定性。

如果对 $\boldsymbol{x}_{1|0}$和 $\boldsymbol{V}_{1|0}$的值有事先了解，可以先创建包含合适初始值的向量和矩阵，然后通过@mprior 和@vprior 语句将向量和矩阵中的值分别赋给 $\boldsymbol{x}_{1|0}$和 $\boldsymbol{V}_{1|0}$，注意，此处的 m 代表均值，v 代表方差。

在例 10－1 中，可以将系统参数初始化为：

@param c(1) 1.03 c(2) 0.01 c(3) 0.10

在工作区视窗的工具栏中选择 Object→New Object，然后在图 10－2 中选择Matrix-Vector-Coef，创建包含初始值的向量 v 和矩阵 m，通过下面的语句将其分别赋给 $x_{1|0}$ 和 $V_{1|0}$。

@mprior v

@vprior m

至此，例 10－1 中的状态空间模型建立完成，如图 10－4 所示，接下来可以对模型中参数进行估计，并对模型进行适当分析。

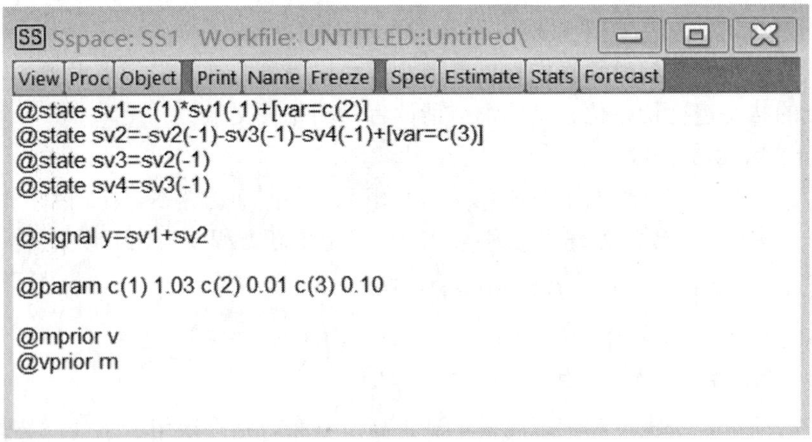

图 10－4　对例 10.1 建立的模型

EViews 同时提供了自动定义的工具，选择 Proc→Define State Space，可以得到如图 10－5 所示对话框。

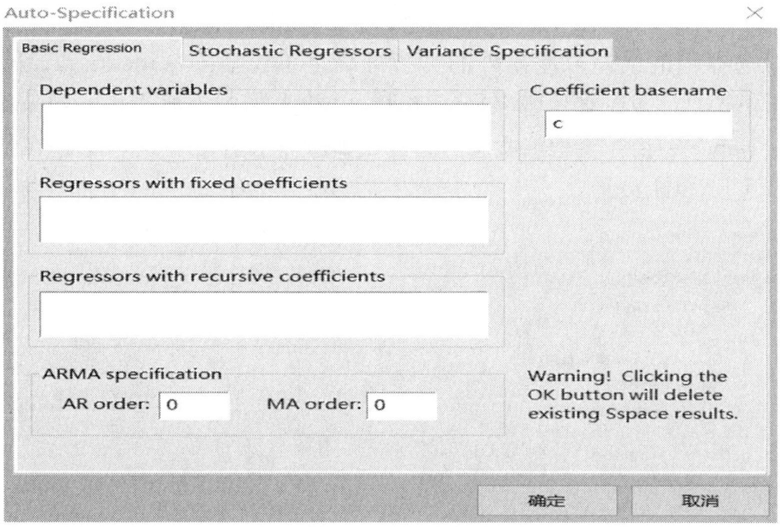

图 10-5　自动定义对话框（Basic）

在 Basic Regression 标签下，可以在 Dependent variables 中输入因变量名，在 Regrssors with fixed coefficients 中输入拥有固定系数的回归量，在 Regrssors with recursive coefficients 中输入带有递归系数的回归量，可以在 Coeffcient basename 中规定含有待估计参数的序列名，在对话框底部的 ARMA specification 定义框中，可以定义误差的 ARMA 结构。

如图 10-6 所示，在 Stochastic Regressors 标签中，可以在基本回归模型的基础上添加带有随机系数的回归量。分别在 Constant mean（plus noise）coefficients，AR(1) coefficients，Random walk coefficients 和 Random walk（with drift）coefficients 中输入带有固定均值系数、AR(1) 系数、随机游走系数和带有飘移的随机游走系数。

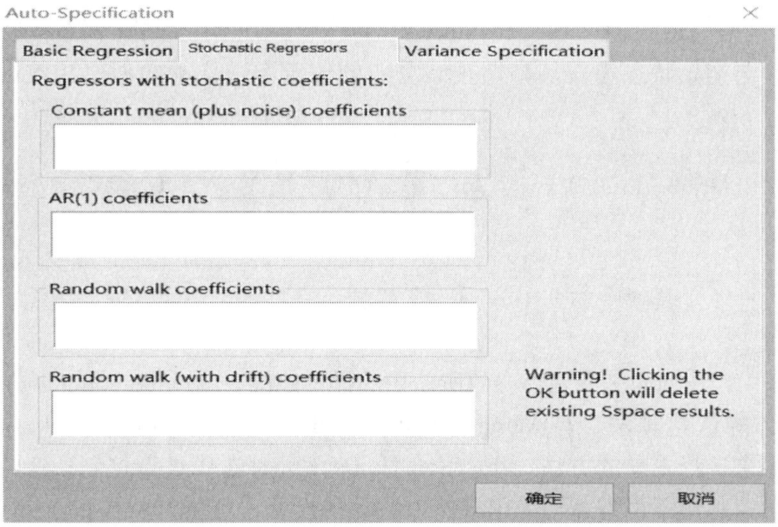

图 10-6　自动定义对话框（Stochastic）

如图 10－7 所示，可以在 Variance Specification 标签下定义状态空间模型的方差结构，信号方程和状态方程的误差方差矩阵的类型可以是单位矩阵（Identify）、同方差对角阵（Common Diagonal）、普通对角阵（Diagonal）以及无限制矩阵（Unrestricted）。在 Signal/state covariance 中信号方程或状态方程的误差项是否存在相关，不存在则选择 None，若存在则选择 Unrestricted。

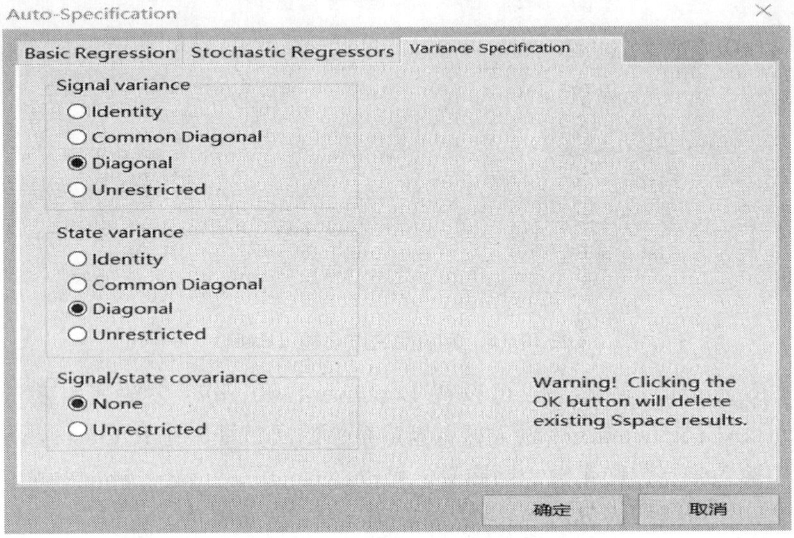

图 10－7　自动定义对话框（Variance）

需要指出，用对话框定义的方式不是万能的，可以利用它进行一些基本的描述，然后在其基础上修改文本框中的模型以达到要求。

10.2.3　状态空间模型参数估计及分析

EViews 中采用最大似然法（Maximum Likelihood，ML）估计状态空间模型的未知参数。在噪声与初始状态均服从高斯正态分布的假定下，样本的似然函数可以写为如下形式：

$$\ln L(\theta)=-\frac{nT}{2}\ln(2\pi)-\frac{1}{2}\sum_{t}\ln\left|P_{t|t-1}^{-1}(\theta)\right|-\frac{1}{2}\sum_{t}w_{t|t-1}'(\theta)P_{t|t-1}^{-1}(\theta)w_{t|t-1}(\theta) \tag{10.2.17}$$

点击图 10－4 工具栏中的 Estimate，或者 Proc→Estimate，出现如图 10－8 所示的参数估计对话框。

图 10－8 中，Sample 表示估计参数所使用的样本范围，Optimization algorithm 框中选择极大似然估计的优化算法，有 Marquardt 和 BHHH（Berndt-Hall-Hall-Hausman）两种。Derivatives 用来选择求导的方法，Iteration Control 可对迭代进行控制。这些在前面的章节中已介绍过，这里不再赘述。采用软件中的默认设置，点击 OK 按钮，得到如表 10－1 所示估计结果。

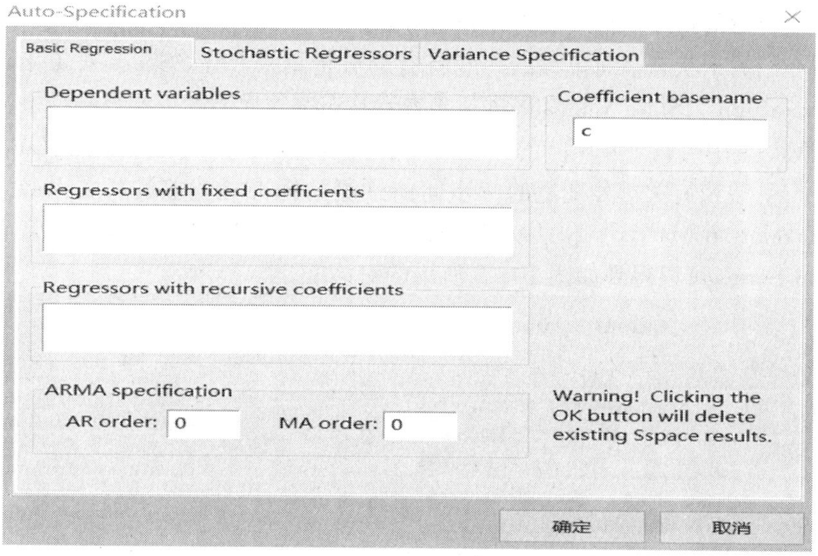

图 10-8　参数估计设置

表 10-1　状态空间模型估计结果

	Coefficient	Std. Error	z-Statistic	Prob.
C(1)	1.035116	0.001847	560.4243	0.0000
C(2)	0.020163	0.005990	3.366410	0.0008
C(3)	0.052093	0.006806	7.654319	0.0000
	Final State	**Root MSE**	**z-Statistic**	**Prob.**
SV1	15.82925	0.199075	79.51391	0.0000
SV2	2.233609	0.305721	7.306038	0.0000
SV3	-3.682255	0.134793	-27.31794	0.0000
SV4	1.208110	0.095377	12.66671	0.0000
Log likelihood	-46.01737	Akaike info criterion		1.167080
Parameters	3	Schwarz criterion		1.253895
Diffuse priors	0	Hannan-Quinn criter.		1.201979

从表 10-1 的输出结果中，可以得到模型参数和各状态变量的估计结果。在模型参数的估计结果（位于顶部）中，EViews 不仅显示了模型的参数估计值，还给出了相应的估计标准差，z 统计量和 p 值，估计结果显然在 5%的置信水平下是显著的。例 10.1 中，得到 ϕ 的估计值为 1.0351，表明该公司的每股收益每年以 5%的速度增长。状态变量误差的方差为 $\hat{q}_{11}=0.02$，$\hat{q}_{22}=0.05$，均很小，说明对于状态变量的设定是合适的。

在输出结果的中部，EViews 给出了最终的状态变量的一步向前预测值 $\boldsymbol{x}_{T|T+1}$ 及其相应的协方差 $\boldsymbol{V}_{T|T+1}$ 对角元素（方差）的平方根 Root MSE。

在输出结果的底部给出了关于该模型整体的一些信息：最大对数似然值（Log likelihood），估计参数的个数（Parameters），既不能求解而用户又未初始化的初始的状态方差个数（Diffuse priors），以及与模型选择有关的信息准则结果（AIC，SC 和 HQ）。在选择初始参数时需要对信息准则给予较为充分的考虑。

下面将介绍关于状态空间模型的一些特有的分析结果。在 SSpace 对象工具栏中，可以通过 View→Signal/State Views 来进一步查看状态空间模型的一些分析结果。

Signal Views 中可以查看实际的信号变量表（Actual Signal Table）及其图形（Actual Signal Graph），以及有关信号变量的一步向前预测的标准化残差的相关系数矩阵（Std. Residual Correlation Matrix）和协方差矩阵（Std. Residual Covariance Matrix）。选择 Graph signal Series 可以得到如图 10 - 9 所示的对话框。

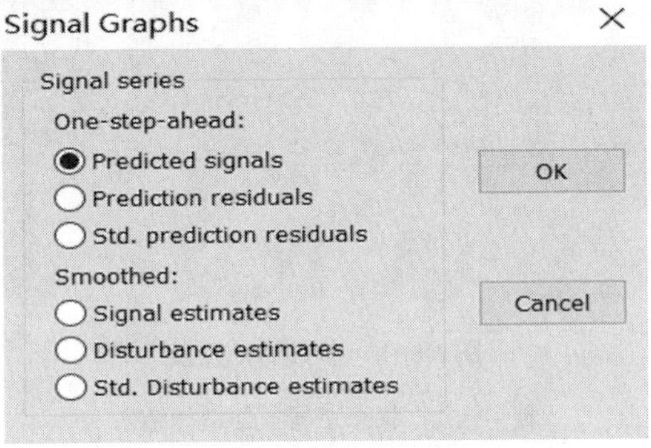

图 10 - 9　信号变量图形输出选择

可以在图 10 - 9 中 One-step-ahead 下选择输出信号变量一步向前预测图（Predicted signals），及其相应的预测残差图（Prediction residuals）和标准化残差图（Std. prediction residuals）。在 Smoothed 中选择输出信号变量的平滑预测图（Signal estimates），及其相应的残差预测图（Disturbance estimates）和标准化残差预测图（Std. Disturbance estimates）。现在仅给出例 10.1 中信号变量的一步向前预测图（如图 10 - 10 所示）和平滑预测图（如图 10 - 11 所示）。

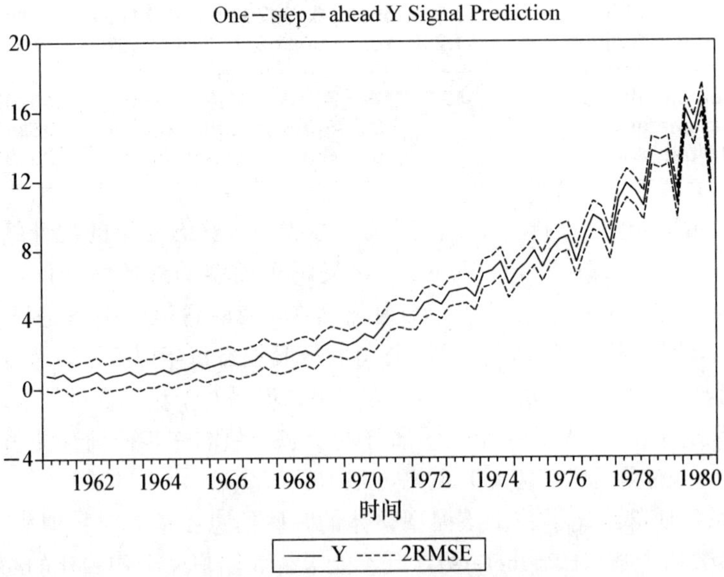

图 10 - 10　信号变量的一步向前预测图

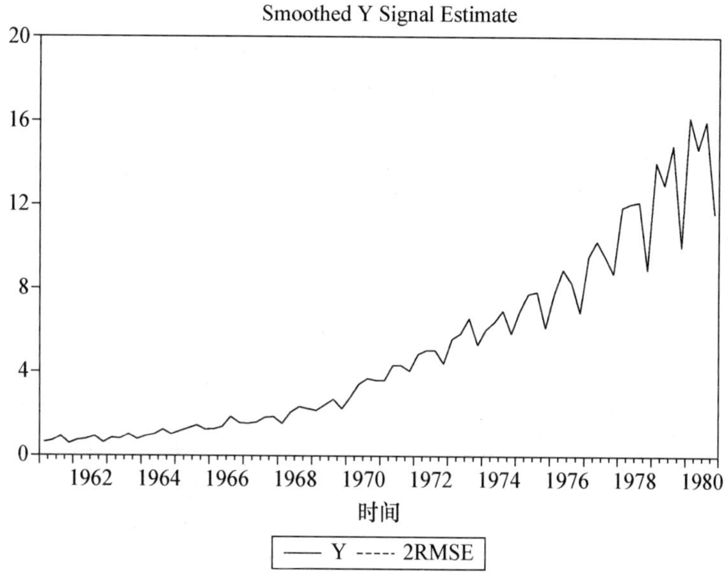

图 10－11　信号变量的平滑预测图

图 10－10 和图 10－11 中的 2RMSE 表示预测和平滑预测值的 2 倍根号均方标准差带，需要注意的是，在图 10－11 中，因为平滑估计的根号均方标准差为 0，所以误差带与平滑预测线重合。

State Views 中可以查看初始状态向量（Initial State Vector）$\boldsymbol{x}_{1|0}$，初始状态协方差矩阵（Initial State Covariance Matrix）$\boldsymbol{V}_{1|0}$，最终状态向量的一步向前预测值（Final State Vector）$\boldsymbol{x}_{T+1|T}$及其相应协方差阵（Final State Covariance Matrix）$\boldsymbol{V}_{T+1|T}$。选择 Graph state Series，可以得到如图 10－12 所示的对话框。

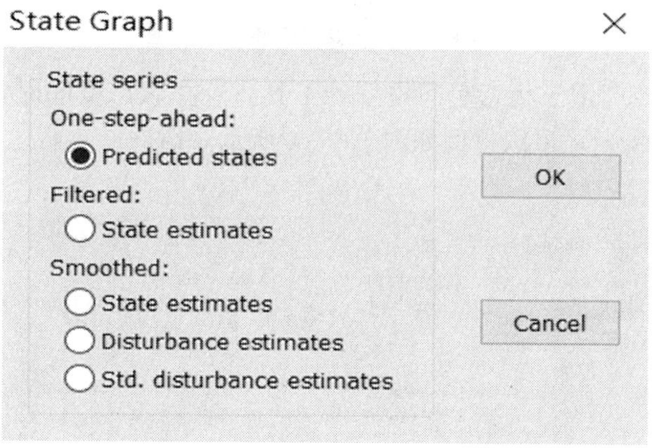

图 10－12　状态变量图形输出选择

在图 10－12 中，可以选择与状态变量相关的一些图形输出。可以在 One-step-ahead 中选择一步向前预测状态图（Predicted states），在 Filtered 中选择输出同期的滤波状态图（State estimates），在 Smoothed 中选择状态变量的平滑预测图（State estimates）及其残差预测图（Disturbance estimates）和标准化残差预测图（Std. disturbance estimates）。

图 10-13 给出了例 10.1 中相应状态的一步向前预测状态图。

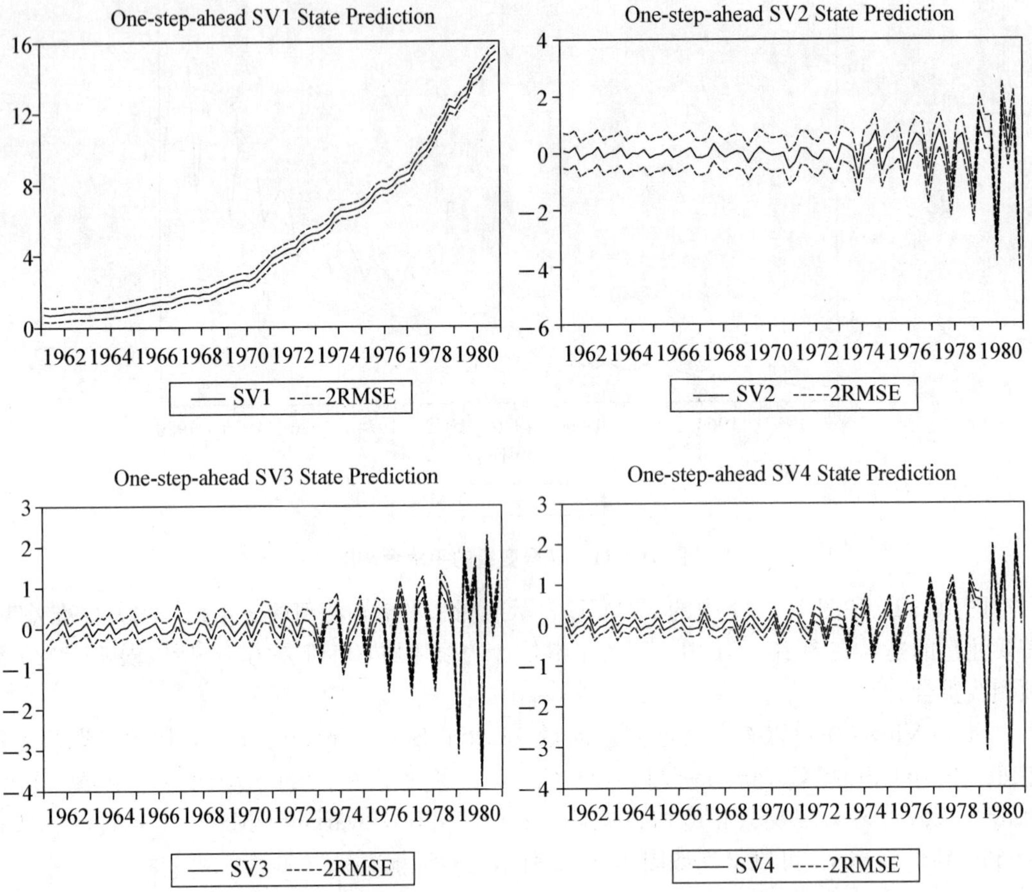

图 10-13　一步向前预测状态图

EViews 提供了专门用于状态空间模型的工具。选择状态空间对象工具栏中 Forecast 按钮或者 Proc→Forecast，可以得到如图 10-14 所示对话框。

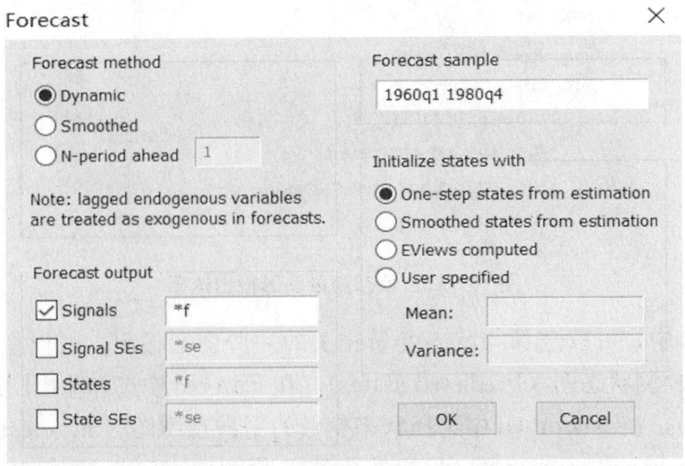

图 10-14　状态空间模型的预测

图 10－14 中，可以在 Forecast method 中选择预测的方法，具体有动态预测（Dynamic）、平滑预测（Smoothed）和 n 步向前预测（N-period ahead）三种方法。注意，不同的方法所采用的用于预测的样本范围（Forecast sample）不同，若选择 n 步向前预测则还需指定向前预测的步数。在 Forecast output 中可以选择输出所想要的序列，具体有信号变量的预测及其标准差，状态变量的预测及其标准差。可以指定输出序列的具体名字，也可采用 * f的形式，表示输出的序列名为原始变量名加上 f，其中 * 所在的位置表示原始变量名，例如，若原始的信号变量名为 y，则预测输出的信号变量名为 yf。注意，输出序列名不能只用 *，因为 EViews 会改写已经存在的同名序列。如果信号变量为表达式，或者出现在多个方程中，那么输出的序列名中不能使用 *，只能使用具体的序列名，并且输出的预测值为整个表达式的预测值。在 Initialize states with 中，EViews 提供了设定状态初始条件的方法。可以选择状态变量和状态协方差的一步向前预测（One-step states from estimation）和平滑预测（Smoothed states from estimation）作为预测期的初始值，这两种初始化方法的不同之处在于用于估计的样本信息量不同。一步向前预测只用了直到预测期起点的样本信息，平滑预测则用到了包含全部预测期的样本信息。另外也可以选择由 EViews 自动求解出初始条件（EViews computed），或者由用户自己指定初始均值和方差（User specified）。

例 10.1 中，在图 10－14 所示对话框中选择动态预测的方法，并选择输出信号变量的预测及其标准差，设定预测样本期为 1960q1 1980q4。不难得到从 1960 年第一季度至 1980 年第四季度的每股收益的动态预测图，如图 10－15 所示，图中虚线表示两倍标准差带。

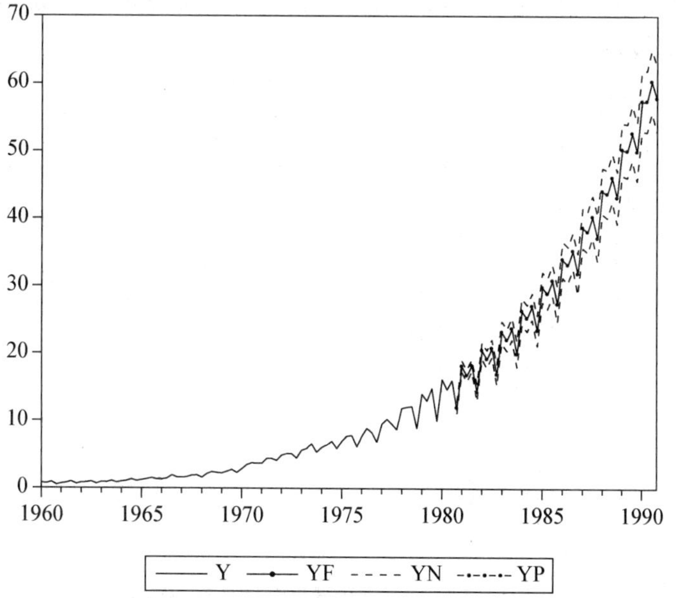

图 10－15 动态预测图

EViews 还允许选择输出关于信号变量和状态变量的各种估计结果，选择状态空间对象工具栏中的 Proc→Make Signal Series 和 Make State Series，分别得到如图 10－16 和图 10－17 所示的对话框。

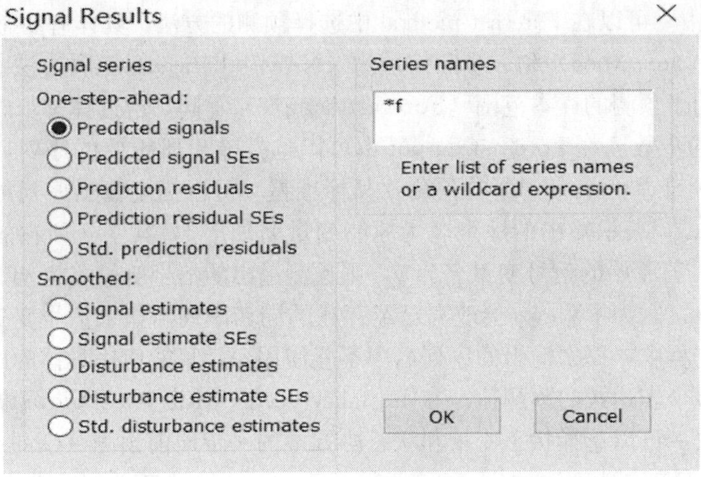

图 10-16　关于信号变量估计结果的输出

在图 10-16 中，可以在 One-step-ahead 中选择创建信号变量在估计区间内的一步向前预测序列（Predicted signals）及其标准差序列（Predicted signal SEs），一步向前预测的残差序列（Prediction residuals）及其标准差序列（Prediction residual SEs），以及一步向前预测的标准化残差序列（Std. prediction residuals）；在 Smoothed 中选择创建信号变量在估计区间内的平滑预测序列（Signal estimates）及其标准差序列（Signal estimate SEs），平滑预测残差序列（Disturbance estimates）及其标准差序列（Disturbance estimate SEs），以及平滑预测的标准化残差序列（Std. disturbance estimates）。Series names 框用于规定输出序列的名字。

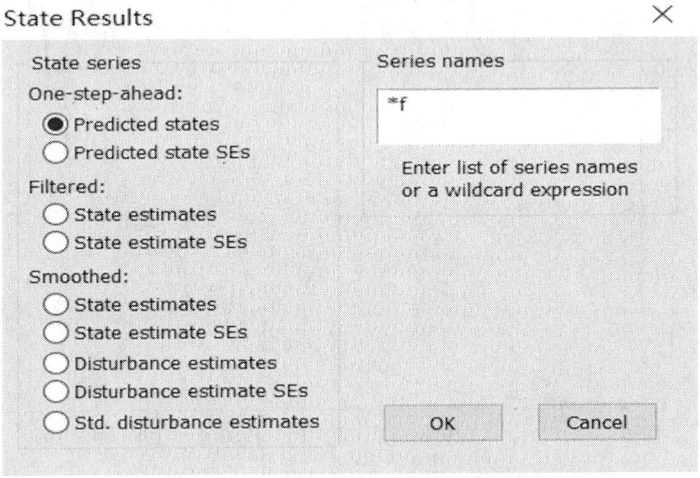

图 10-17　关于状态变量估计结果的输出

在图 10-17 中，可以在 One-step-ahead 中选择创建状态变量在估计区间内的一步向前预测序列（Predicted states）及其标准差序列（Predicted state SEs）；在 Filtered 中选择创建状态变量在估计区间内的滤波序列（State estimates）及其标准差序列（State estimate SEs）；在 Smoothed 中选择创建状态变量在估计区间内的平滑预测序列（State estimates）及其标准差序列（State estimate SEs），平滑预测残差序列（Disturbance estimates）及其标准差序列（Disturbance estimate SEs），以及平滑预测的标准化残差序列（Std. disturbance estimates）。Series names 框用于规定输出序列的名字。

此外，在状态空间对象工具栏中 Proc 下，还可以选择 Make Endogenous Group 来创建一个包含所有信号变量序列的组对象（Group）；选择 Make Gradient Group 来创建一个包含对数似然函数梯度序列的组对象；选择 Make Kalman Filter 来创建一个包含已估计参数值的状态空间对象，从而凝固当前状态空间以备他用；可以选择 Make Model 来创建一个包含状态空间方程的模型对象（Model）；Update Coef from Sspace 用来选择合适的系数向量替代已估计的参数值。

第 11 章

Panel Data 模型

Panel Data（面板数据）是指对不同时刻的截面个体进行连续观测所得到的多维时间序列数据。由于这类数据有着独特的优点，可以整合更多的信息，所以 Panel Data 模型目前已在计量经济学、社会学等领域有着较为广泛的应用。有关 Panel Data 模型的内容相当丰富，本章仅介绍利用 EViews 10.0 软件能够实现的一些 Panel Data 模型的基本类型，主要是线性模型。

11.1 模型的基本问题

Panel Data 在 EViews 中也称为时序与截面合成数据（Pooled Time Series and Cross-section Data）。Panel Data 模型是一类利用混合数据分析变量间相互关系并预测其变化趋势的计量经济模型。模型能够同时反映研究对象在时间和截面单元两个方向上的变化规律及不同时间、不同单元的特性。Panel Data 模型综合利用样本信息，使研究更加深入，同时可以减少多重共线性带来的影响。

在 EViews 中提供了两种实现 Panel Data 模型的途径，即面板数据（Panel Data）模组与合成数据（Pooled Data）模组。尽管二者所采用的模型形式上会有所区别，但就其所研究的问题而言并无实质性的区别，所得到的分析结果也是一致的，不同的仅仅是实现的方法。总的来说，Panel Data 模组所提供的方式更为灵活，允许对非线性模型进行分析，提供的分析方法也稍多，这也意味着其掌握起来会更困难，因此，我们主要介绍 Pooled Data 模组能够实现的有关线性模型分析方法，因为它更为直观。我们先了解一下 Panel Data 分析中所关注的一些基本问题。

11.1.1 模型的基本类型

Panel Data 模型的基本假设可称作参数齐性假设，即经济变量 y 由某一参数的概率分

布函数 $P(y\mid\theta)$ 产生。其中，$\boldsymbol{\theta}$ 是 m 维实向量，在所有时刻对所有个体均相等。违背假定的情况通常有参数非齐性偏差和选择性偏差。参数的非齐性包括截面单元参数非齐性和时间序列参数非齐性。选择性偏差主要是因为样本并非从总体中随机抽取的。

一般的线性合成数据模型可表示为：

$$y_{it}=\alpha_{it}+\boldsymbol{\beta}'_{it}\boldsymbol{x}'_{it}+u_{it},\quad i=1,2,\cdots,N;t=1,2,\cdots,T \tag{11.1.1}$$

式中，α_{it} 为常数项；$\boldsymbol{x}'_{it}=(x_{1it},\ x_{2it},\ \cdots,\ x_{Kit})$，为外生变量向量；$\boldsymbol{\beta}'_{it}=(\beta_{1it},\ \beta_{2it},\ \cdots,\ \beta_{Kit})$，为参数向量；$K$ 为外生变量个数；N 为截面单位总数；T 为时期总数。随机扰动项 u_{it} 相互独立，且满足零均值、同方差。这里的 α_{it}，$\boldsymbol{\beta}_{it}$ 包含了时间和截面效应的，α_{it} 可以进一步分成总体效应与个体效应之和，即

$$\alpha_{it}=\alpha+\delta_i+\eta_t \tag{11.1.2}$$

式中，α 为总体效应；δ_i 为截面效应；η_t 为时期效应，一起构成个体效应。这也是 EViews 软件中所采取的形式。

假定时间序列参数齐性，即参数满足时间一致性，也就是参数值不随时间的不同而变化，式（11.1.1）可写为：

$$y_{it}=\alpha_i+\boldsymbol{\beta}'_i\boldsymbol{x}_{it}+u_{it} \tag{11.1.3}$$

式中，参数 α_i 与$\boldsymbol{\beta}_i$ 都是个体时期恒量（Individual Time-invariant Variable），其取值只受到截面单元不同的影响。在参数不随时间变化的情况下，截距和斜率参数可以有如下两种假设。

H_{01}：回归斜率系数相同（齐性）但截距不同，即有$\boldsymbol{\beta}_1=\boldsymbol{\beta}_2=\cdots=\boldsymbol{\beta}_N$，模型为：

$$y_{it}=\alpha_i+\boldsymbol{\beta}'\boldsymbol{x}_{it}+u_{it} \tag{11.1.4}$$

H_{02}：回归斜率系数和截距都相同，即有 $\alpha_1=\alpha_2=\cdots=\alpha_N$；$\boldsymbol{\beta}_1=\boldsymbol{\beta}_2=\cdots=\boldsymbol{\beta}_N$，模型为：

$$y_{it}=\alpha+\boldsymbol{\beta}'\boldsymbol{x}_{it}+u_{it} \tag{11.1.5}$$

注意这里没有斜率系数非齐性而截距齐性的假设，因为当斜率不同时，考虑截距相同没有实际意义。

判断样本数据究竟符合哪种模型形式（为式（11.1.3）～式（11.1.5）三式中的哪一种），可以利用协方差分析构造式（11.1.6）和式（11.1.7）所示的检验统计量。

$$F_2=\frac{(S_3-S_1)/[(N-1)(K+1)]}{S_1/[NT-N(K+1)]} \tag{11.1.6}$$

$$F_1=\frac{(S_2-S_1)/[(N-1)K]}{S_1/[NT-N(K+1)]} \tag{11.1.7}$$

式中，S_1，S_2，S_3 分别代表式（11.1.3）、式（11.1.4）和式（11.1.5）的残差平方和。令

$$w_{xx,i}=\sum_{t=1}^{T}(x_{it}-\bar{x}_i)(x_{it}-\bar{x}_i)'$$

$$w_{xy,i}=\sum_{t=1}^{T}(x_{it}-\bar{x}_i)(y_{it}-\bar{y}_i)$$

$$w_{yy,i}=\sum_{t=1}^{T}(y_{it}-\bar{y}_i)^2$$

则

$$S_1=\sum_{i=1}^{N}(w_{yy,i}-w'_{xy,i}w_{xx,i}^{-1}w_{xy,i}) \tag{11.1.8}$$

令

$$w_{yy}=\sum_{i=1}^{N}w_{yy,i},\quad w_{xy}=\sum_{i=1}^{N}w_{xy,i},\quad w_{xx}=\sum_{i=1}^{N}w_{xx,i}$$

则

$$S_2=w_{yy}-w'_{xy}w_{xx}^{-1}w_{xy} \tag{11.1.9}$$

令

$$T_{xx}=\sum_{i=1}^{N}\sum_{t=1}^{T}(x_{it}-\bar{x})(x_{it}-\bar{x})'$$

$$T_{xy}=\sum_{i=1}^{N}\sum_{t=1}^{T}(x_{it}-\bar{x})(y_{it}-\bar{y})$$

$$T_{yy}=\sum_{i=1}^{N}\sum_{t=1}^{T}(y_{it}-\bar{y})^2$$

则

$$S_3=T_{yy}-T'_{xy}T_{xx}^{-1}T_{xy} \tag{11.1.10}$$

在零假设 H_{02} 和 H_{01} 下，统计量 F_2 和 F_1 服从特定自由度的 F 分布。如果 F_2 大（等）于某置信度（如 95%）下的同分布临界值，则拒绝 H_{02}，应继续检验，找出非齐性的来源；反之，利用式（11.1.5）拟合样本。在已确定参数存在非齐性的基础上，如果 F_1 大（等）于某置信度（如 95%）下的同分布临界值，则拒绝 H_{01}，应该用式（11.1.3）拟合样本；反之，用式（11.1.4）拟合。

同理，可假定参数是时期个体恒量（Period Individual-invariant Variable），即对特定时期，参数值不随截面单元的不同而变化，只因时间变动而变化，只需对回归系数作时间齐性检验。除非两种检验均表明不能拒绝回归系数齐性的原假设，否则直接用 OLS 估计将是有偏的。EViews 没有提供直接进行上述 F 检验的功能，读者可根据上述公式，在掌握基本的编程知识后进行处理。

11.1.2 固定效应模型与随机效应模型

通常称如式（11.1.4）的 Panel Data 模型为变截距（Variable Intercept）模型，式（11.1.3）为变系数（Variable Coefficient）模型。这两种模型又都有固定效应模型和随机效应模型之分，并分别对应不同的参数估计方法。模型中的截面单元和时期也可以有两种效应，即式（11.1.2）中截面效应固定，时期效应随机；或截面效应随机，时期效应固定。这两种情形的随机效应只有在数据为平衡时才可估计。区分固定效应和随机效应的标准在于推论是否以样本自身个体特性为条件。下面以变截距模型作为例子进行说明。

变截距模型

$$y_{it}=\alpha_i+\boldsymbol{\beta}'\boldsymbol{x}_{it}+u_{it} \tag{11.1.11}$$

是最常用的 Panel Data 模型形式，其中个体恒量 α_i 代表截面单元的个体特性，反映模型中体现的个体差异；个体时期变量（Individual Time-varying Variable）u_{it} 代表模型中体现随截面与时序同时变化的因素的影响。更一般的情况，模型中还可以存在时期个体恒量 λ_t。固定效应模型是把个体特性（α_i）或时期特性（λ_t）当作未知的确定常数，随机效应模型则把它们视为如同 u_{it} 一样的随机变量。当时间序列长度 T 很小而截面单元个数 N 又较大时，两种模型的结果差异可能非常大，因此要重视正确地选择模型类别。

如果研究者仅以样本自身效应为条件进行研究，宜使用固定效应模型；如果欲以样本对总体效应进行推论（marginal inference），则应采用随机效应模型。例如，一项针对一些个体的试验，最终也只关心这些个体的情况，可以使用固定效应模型。但若把这些个体当作一个总体的随机抽样，关心的是总体情况，应该选择随机效应模型。这个原则对于变系数模型也是适用的。

11.2　模型的建立与估计

使用 EViews 软件建立 Panel Data 模型的操作方法与前面介绍的建模方法有较大的区别，尤其是数据的组织方式比较特殊。本节侧重介绍线性 Panel Data 模型的建模过程。

11.2.1　合成数据对象

在第 1 章已经提到，EViews 中有个名为 Pool 的对象，它的主要功能就是存储数据，以备建模时调用。

1. 合成数据对象的建立

数据各截面单元的观测期可以不同，如研究东亚各国的 GDP 序列，中国取 1980—2000 年，日本取 1975—1997 年，建立合成数据对象时应保证工作文件的起止期包括所有个体的样本期。

合成数据对象的创建方法是在工作文件窗口选择 Object/New Object/Pool，在出现的对话框（见图 1－5）左边选择 Pool，并在右上角为新对象起名，如 INC（收入），单击 OK 按钮屏幕出现如图 11－1 所示的截面单元标志（identifier）定义对话框。

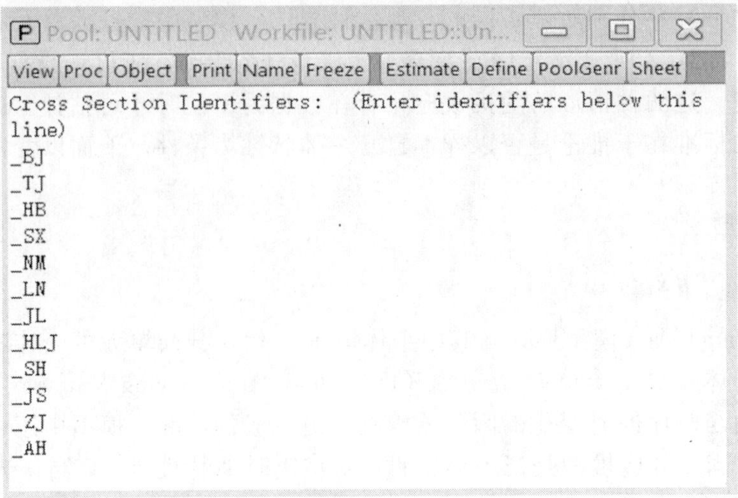

图 11 - 1　截面单元标志定义对话框

对话框等待用户输入截面单元的标志符，为方便操作，应尽量采用简洁且易于识别的标志。例如，把全国各省市作为截面单元，在输入自定义的各地区标志前用下划线“_”作为标志提示符（也可以不用），最好输完一个地区标志换一行，显得一目了然。这里，BJ 代表北京，TJ 代表天津，以此类推。全部输完后，可直接关闭该对话框，计算机将自动保存输入的该 Pool 对象中包含的序列名信息。

需要指出，该对象本身并未包含任何时间序列及数据，只是提供了数据结构的一种描述。选择图 11 - 1 工具栏中的 View/Cross-Section Identifiers 可以查看合成数据对象中标志的定义情况，也可以进行相应的修改。

2. 数据对象的拷贝

通常一个模型会用到不止一个数据对象，如果它们的截面单元构成是相同或相似的，可以用对象拷贝方法减小工作量。注意，根据合成数据对象的性质，这里复制的仍然是一种数据结构而不是数据本身。

拷贝一个数据对象的方法是先打开工作文件中原有的数据对象，然后在工具栏选择 Object/Copy Object，此时计算机会复制出一个与原对象结构相同的未命名的新对象，用户只需给它起名即可，如命名为 CONS（消费）。

11.2.2　合成数据序列建立

利用合成数据建模时，所有数据都存储在序列对象中，为使数据对象能够调用相应的序列，序列名称必须由一个基础名与截面单元标志符组成。例如上面的数据对象 INC，所包含的序列应该以 INC 为基础名，即建立数据对象与诸序列的对应关系。对于北京地区的收入序列，可以在基础名后加上标志符 _ BJ，即用 INC _ BJ 表示，河北为 INC _ HEB 等。这样，由基础名相同的所有截面单元个体序列构成了数据序列（Pool Series），这个整体（包括 INC _ BJ，INC _ HEB 等）可以用 INC? 表示。事实上，截面单元标志符的位置并不重要，完全可以将标志符放在基础名的前面，如用 _ BJINC， _ TJINC， _ HE-

BINC 等代表各地的收入序列，这种情况下数据序列应当用?INC 表示。建立数据序列时，必须遵循一个原则：一个数据对象中的所有序列名称的组成格式应该是统一的，否则计算机将无法识别，如 BJGDP，GDPTJ，GDPHEB 的形式是错误的。

建立数据序列要首先打开数据对象，在工具栏中选择 View/Spreadsheet View，屏幕会出现如图 11－2 所示对话框，用户输入要建立或打开的序列名称，如键入“INC?”，点击 OK 按钮后即将以 INC 为基础名的所有序列列在电子表格中，工作文件同时产生相应的序列对象。

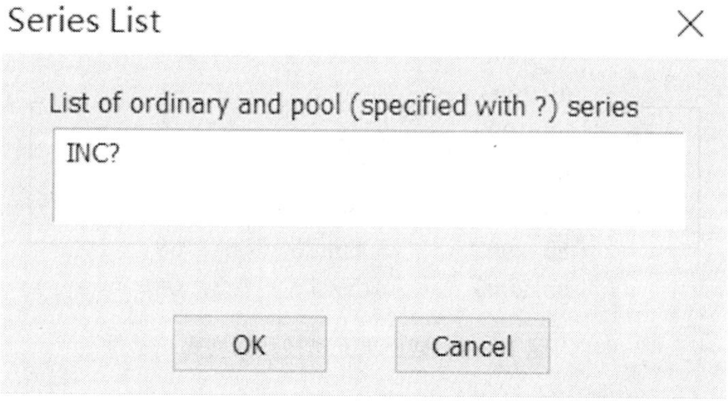

图 11－2　序列列表对话框

11.2.3　合成数据的读入

数据的读入方法较多，一般应根据数据的组织结构选择合适的方法。

1. 非堆栈数据

在非堆栈（Unstacked）数据格式中，一个数据对象的给定截面单元（如 CONS _ BJ）观测值被纵向地组织在一起，每一列是同一截面单元不同时期的数据。每一列都是一个时间序列，如图 11－3 所示。

obs	CONS_BJ	CONS_HB	INC_BJ	INC_HB
1999	7498.480	4026.300	9182.760	5365.030
2000	8493.490	4348.470	10349.69	5661.160
2001	8922.720	4479.750	11577.78	5984.820
2002	12463.92	6679.680	10284.60	5069.280
2003	13882.62	7239.060	11123.84	5439.770

图 11－3　非堆栈数据格式

这种数据格式，使用第 1 章介绍的数据读入方法，将每个截面单元序列视为一般的时间序列就可以了。

2. 堆栈数据

堆栈（Stacked）数据格式中，每个数据对象所对应的截面单元数据按某一顺序被纵向地组织在一起。堆栈的方式有两种。

（1）截面单元堆栈。

图 11－4 是一个按照截面单元堆栈的例子。

	INC?	CONS?
bj_1999	9182.76	7498.48
bj_2000	10349.69	8493.49
bj_2001	11577.78	8922.72
bj_2002	10284.6	12463.92
bj_2003	11123.84	13882.62
tj_1999	7649.83	5851.53
tj_2000	8140.5	6121.04
tj_2001	8958.7	6987.22
tj_2002	7191.96	9337.56
tj_2003	7867.53	10312.91
hb_1999	5365.03	4026.3
hb_2000	5661.16	4348.47
hb_2001	5984.82	4479.75
hb_2002	5069.28	6679.68
hb_2003	5439.77	7239.06

图 11－4　截面单元堆栈数据格式

这种情况下，每一列是一个合成数据对象，如图 11－4 中的 INC?，截面单元数据按时间顺序被集中依次排列。

(2) 时期堆栈。

同样的数据用时期堆栈格式的情况如图 11－5 所示，此时同一时期的不同截面单元数据被集中依次排列。

	INC?	CONS?
bj_1999	9182.76	7498.48
tj_1999	7649.83	5851.53
hb_1999	5365.03	4026.3
bj_2000	10349.69	8493.49
tj_2000	8140.5	6121.04
hb_2000	5661.16	4348.47
bj_2001	11577.78	8922.72
tj_2001	8958.7	6987.22
hb_2001	5984.82	4479.75
bj_2002	10284.6	12463.92
tj_2002	7191.96	9337.56
hb_2002	5069.28	6679.68
bj_2003	11123.84	13882.62
tj_2003	7867.53	10312.91
hb_2003	5439.77	7239.06

图 11－5　时期堆栈数据格式

EViews 读入堆栈数据有两个基本要求：一是数据必须平衡；二是待读入源文件中截面单元的排列顺序与合成数据对象中截面单元标志符顺序一致。对于截面单元堆栈数据，一致意味着每个截面单元的样本期一致；对于时期堆栈数据，则意味着每个时期必须包括相同数目的截面单元且排列顺序一致。如果某些观测值为缺失值，则应该用"—"标记，以保证数据总体结构平衡。

EViews 可以读入多种文件格式的数据，这里主要介绍 Excel 文件的调入。打开数据对象后，在工具栏上选择 Proc/Import Pool data（ASCII，. XLS，. WK?），然后用户给出源文件的路径及名称，并选择"打开"按钮，屏幕会出现如图 11－6 所示文件读入对话窗口。

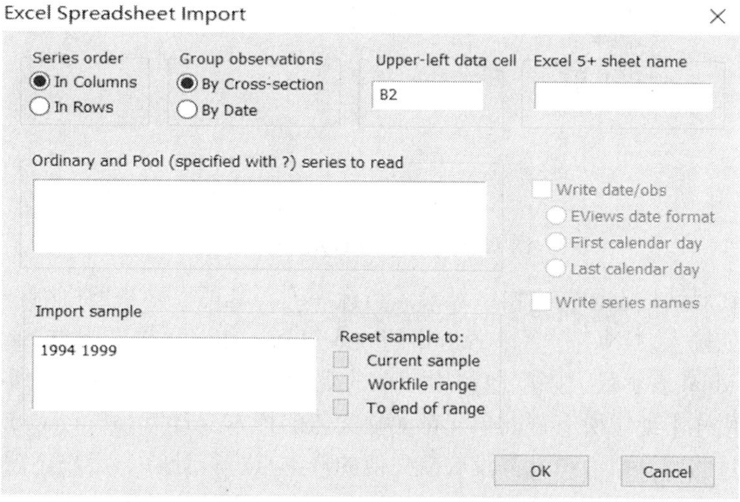

图 11－6　调入 Excel 工作表定义对话窗口

用户应在窗口左上角 Series order 下面指定数据的排列方式，是纵向（In Columns）还是横向（In Rows）；在 Group observations 下面选择数据堆栈类型，是截面单元堆栈（By Cross-section）还是时期堆栈（By Date）；在 Upper-left data cell 下的空白区域指定 Excel 工作表中数据的起始单元格。对话窗口中间空白区域供用户输入欲读入序列的名称，如"INC?"。其他一些选项的功能与第 1 章介绍的 Excel 工作表读入相同。定义完毕点击 OK 按钮完成数据的读入。

除了读入数据文件外，EViews 还可以利用各种软件通用的 Copy/Cut 和 Paste 方式将源数据复制/剪切到 EViews 中，也可以通过选择电子表格窗口工具栏中的 Edit＋/－按钮从只读模式切换到编辑模式，手工录入数据。

11.2.4　合成数据序列的基本分析

1．描述统计

打开一个合成数据对象，出现的窗口中，View 按钮主要有三个功能。选择 Cross Section Identifiers 可以查看或修改截面单元标志符；选择 Spreadsheet（stacked data）可将各序列数据用堆栈的格式显示在电子表格中，点击 Order＋/－按钮可以在截面单元堆栈和时期堆栈两种方式中进行切换；选择 Descriptive Statistics 可以对合成数据序列进行描述统计分析，对话框如图 11－7 所示。

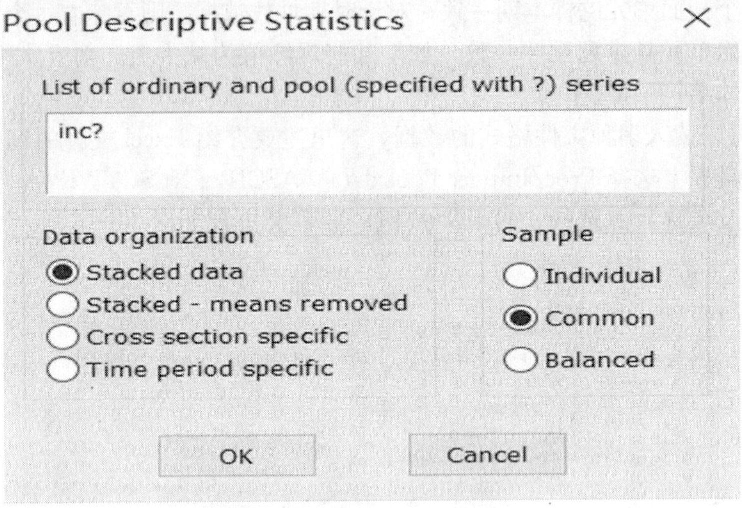

图 11－7 描述统计定义对话框

用户需要在对话框上面的空白区域输入目标序列，既可以是一般序列，也可以是合成数据序列。例如输入“INC?”代表各省市的收入序列。在对话框右下方 Sample 处选择样本类型。Individual 表示最大限度地利用存在的观测值；Common 表示对所列出的某一个变量而言，利用样本期中所有截面单元都无缺失值的样本点计算；Balanced 表示只将所列变量中任意变量的所有截面单元都没有缺失值的样本点进行计算。用户还需在对话框的左下方 Data organization 处指定计算方法。Stacked data 是同时用所有截面单元和时间的数据计算各种描述统计量；Stacked-means removed 是用样本值减去截面单元均值后计算描述统计量；Cross section specific 和 Time period specific 则分别对各截面单元和时期数据进行描述统计分析。

2. 生成新序列

打开一个合成数据对象后选择 PoolGenr 按钮可以建立或修改合成数据序列。用户只需在图 1－15 所示对话框中输入序列的表达式，如

CONS1? ＝CONS?（－1）

表示生成各地区滞后一期的消费合成数据序列。

11.2.5 Panel Data 模型参数估计

EViews 提供了估计固定效应或随机效应的变截距模型、截面单元变系数模型、截面单元具有不同 $AR(p)$ 误差结构系数模型以及对每个截面单元建立一个独立模型。EViews 支持最小二乘估计、加权最小二乘估计等估计方法。下面通过一个例子具体说明建模过程。

例 11.1

建立我国市场经济体制确立以来的城镇居民消费函数 Panel Data 模型。样本数据从 1994—1999 年，包括全国各地区城镇居民年人均可支配收入（INC）和消费性支出（CONS），二者都经过对应地区的居民消费价格指数（P）平减（以 1999 年为基期），数据见表 11－1。样本不包括西藏自治区和重庆市，数据在时间方向有 6 个取值点，每个截面有 29 个单元，总样本量为 174。

表 11－1 城镇居民年人均可支配收入和消费性支出 单位：元

地区	1994 年		1995 年		1996 年		1997 年		1998 年		1999 年	
	CONS	INC	CONS	INC	CONS	INC	CONS	INC	CONS	INC	CONS	INC
北京	4 134	5 085	4 279	5 315	4 377	5 601	4 739	5 668	4 938	6 002	5 281	6 467
天津	3 301	3 982	3 525	4 275	3 724	4 748	4 016	5 100	4 244	5 515	4 589	6 000
河北	2 513	3 177	2 724	3 378	2 741	3 556	3 091	3 828	2 999	3 977	3 190	4 251
山西	2 043	2 566	2 263	2 833	2 402	2 930	2 478	3 062	2 541	3 187	2 705	3 363
内蒙古	2 111	2 498	2 120	2 445	2 199	2 726	2 303	2 996	2 375	3 329	2 645	3 638
辽宁	2 588	3 063	2 682	3 193	2 781	3 349	2 853	3 465	2 990	3 548	3 106	3 814
吉林	2 096	2 561	2 257	2 758	2 450	3 070	2 651	3 260	2 703	3 295	2 930	3 585
黑龙江	2 164	2 597	2 396	2 912	2 495	3 022	2 466	3 139	2 512	3 246	2 730	3 603
上海	4 669	5 889	4 944	6 059	5 218	6 310	5 118	6 333	5 153	6 584	6 098	8 083
江苏	3 080	3 779	3 246	3 988	3 151	4 028	3 476	4 420	3 749	4 614	3 897	5 084
浙江	4 079	5 066	4 499	5 317	4 487	5 414	4 614	5 503	4 626	5 831	4 877	6 302
安徽	2 551	3 048	2 728	3 275	2 827	3 536	2 841	3 537	2 896	3 658	3 065	3 979
福建	3 157	3 673	3 306	3 872	3 414	4 157	3 870	4 817	4 063	5 085	4 184	5 449
江西	2 200	2 773	2 320	2 888	2 328	2 991	2 458	3 128	2 485	3 234	2 673	3 623
山东	2 635	3 444	2 813	3 651	2 922	3 789	3 034	3 897	3 121	4 051	3 400	4 374
河南	2 155	2 619	2 287	2 822	2 351	2 934	2 577	3 123	2 662	3 288	2 821	3 656
湖北	2 733	3 356	2 859	3 354	2 806	3 297	2 839	3 441	3 065	3 630	3 359	4 034
湖南	3 138	3 888	3 290	3 979	3 237	3 991	3 311	3 995	3 335	4 147	3 677	4 455
广东	5 181	6 367	5 529	6 577	5 556	6 728	5 536	6 916	5 797	7 264	6 279	7 622
广西	3 327	3 981	3 429	4 061	3 486	4 043	3 552	4 076	3 599	4 446	3 877	4 750
海南	3 014	3 920	3 400	4 313	3 292	4 250	3 322	4 122	3 338	4 226	3 531	4 691
四川	NA	NA	NA	NA	NA	NA	2 980	3 469	3 198	3 741	3 346	4 074
贵州	2 532	3 220	2 720	3 290	2 703	3 194	2 602	3 250	2 766	3 324	2 919	3 632
云南	2 844	3 452	2 866	3 396	3 079	3 824	3 332	4 082	3 610	4 334	3 587	4 486
陕西	2 246	2 684	2 405	2 805	2 467	2 927	2 529	2 922	2 645	3 155	3 040	3 579
甘肃	2 209	2 658	2 202	2 651	2 164	2 557	2 183	2 662	2 320	3 001	2 835	3 446
青海	2 422	2 813	2 398	2 773	2 383	2 875	2 375	2 878	2 562	3 033	2 807	3 382
宁夏	2 478	2 986	2 443	2 884	2 430	2 889	2 528	2 964	2 612	3 178	2 766	3 488
新疆	2 479	3 170	2 692	3 516	2 645	3 557	2 862	3 567	2 737	3 686	3 141	4 013

资料来源：中国统计年鉴（1995—2000）.

根据消费经济理论，居民消费支出不仅受到即期收入的影响，还应考虑前期消费支出的大小，这种消费习惯的继承性称为“棘轮效应”。新建一个合成数据对象 CONS1 表示滞后一期的消费支出。考虑各省市基本消费存在差异，这里未对样本数据进行 F 检验而直接使用变截距模型。由于模型仅就我国各省市数据资料进行研究，故选择固定效应模型。

$$\mathrm{CONS}_{it}=\alpha_{it}+\beta_1\mathrm{CONS}_{it-1}+\beta_2\mathrm{INC}_{it}+u_{it} \tag{11.2.1}$$

按照本节前两部分介绍的方法建立合成数据对象（分别命名为 CONS 和 INC），并录入数据。双击鼠标左键打开一个合成数据对象，如 INC，在工具栏中选择 Estimate，屏幕出现合成数据模型定义对话框，如图 11－8 所示。对话框有两个选择：Specification 和 Options。在 Specification 下有四部分：定义因变量（Dependent variable）、估计方法（Estimation method）、定义自变量（Regressors and AR() terms）、估计设置（Estimation settings）。

对话框左上角 Dependent variable 处指定因变量名称，要求是一个合成数据对象或包含合成数据对象的表达式，本例输入“CONS?”。

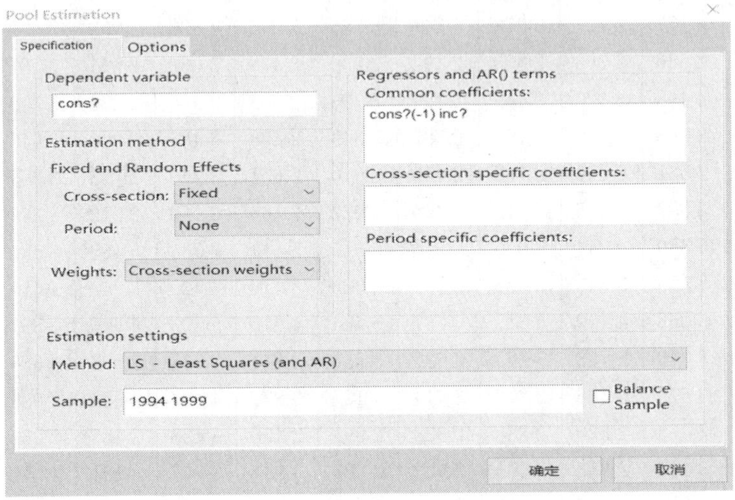

图 11－8　合成数据模型定义对话框

估计方法（Estimation method）部分需要确认选择固定效应（Fixed）还是随机效应（Random）以及权重（Weights）形式。在 Fixed and Random Effects 下需要对截面单元（Cross-section）和时期（Period）的效应形式作出选择。每一个下面又都有三种方式：不包含截距（None，默认形式）、固定效应（Fixed）和随机效应（Random）。当选择 Fixed 和 Random 时，模型将采用式（11.1.1）与式（11.1.2），模型会自动包含一个总体效应（Common coefficients 中默认带有常数项）。Weights 是模型估计时权重的选择，有五个选项：不加权（No weights）、截面加权的广义最小二乘（Cross-section Weights（GLS））、截面似无关回归（Cross-section SUR）、时期加权（Period Weights）、时期似无关回归（Period SUR）。当模型中含有随机效应时，该选择项不可用，此时，EViews 使用 Wansbeek-Kapteyn 方法估计随机成分的方差。EViews 中 Weights 的默认项是 No weights（不加权）；Cross-section（Period）weights，表示使用可行的广义最小二乘法（GLS），估计之目的是减少由于截面数据（时期数据）造成的异方差影响；Cross-section（Period）

SUR 在出现截面异方差和同期相关时采用，表示同时对截面单元异方差性和同期相关性（时期异方差和序列相关性）进行修正的 GLS 估计。注意，当相关协方差矩阵的维数过大而可得到的用于估计的观测值数目又很少时，EViews 将不能对模型进行估计。例如，若选择 Cross-section SUR，则当样本数据中截面单元很多而时序长度又很短时，这种方法通常是失效的（残差的相关系数矩阵退化为奇异阵）。本例的截面效应选择 Fixed effects，不包含时期效应，GLS 的加权矩阵选择 Cross-section weights。

定义自变量（Regressors and AR() terms）下面有三个空白处需要填写。Common coefficients 是共同的系数，如果所有截面单元具有相同的系数，则在空白处输入相应的变量名，否则不需填写。截面单元说明（Cross-section specific coefficients）是截面单元的系数不同，如果建立截面变系数模型，则需要在其下的空白处输入相关变量名。如键入“INC?”，表示每个地区消费模型中收入变量的系数都不相同。时期说明（Period specifi-coefficients）是不同时期系数不同，如果建立时期变系数模型，则需要在其下的空白处输入相关变量名。模型中允许包含有自回归（AR）项。注意，当选择随机效应模型时，模型不能是变系数的，不能包括自回归项，也不能使用加权处理。本例选择变截距模型，自变量系数是常数，在 Common coefficients 下的空行中输入“CONS1?”和“INC?”。

估计设置（Estimation settings）下有两个选项：Method（方法）和 Sample（样本），用于设置模型估计所采用的方法和规定估计模型时采用的样本范围；在右侧还有一个选项 Balance Sample，如果点选，表示在各截面单元间进行数据排除，保证数据平衡。对于 Pooled data，估计模型时可采用的方法有 GLS（广义最小二乘）和 G2LSL（广义两阶段最小二乘，即采用工具变量法）；对于 Panel，还有 GMM（广义矩估计）方法可供选用。当选用 G2LSL（或 GMM）方法时，将会出现如图 11－9 所示对话框。

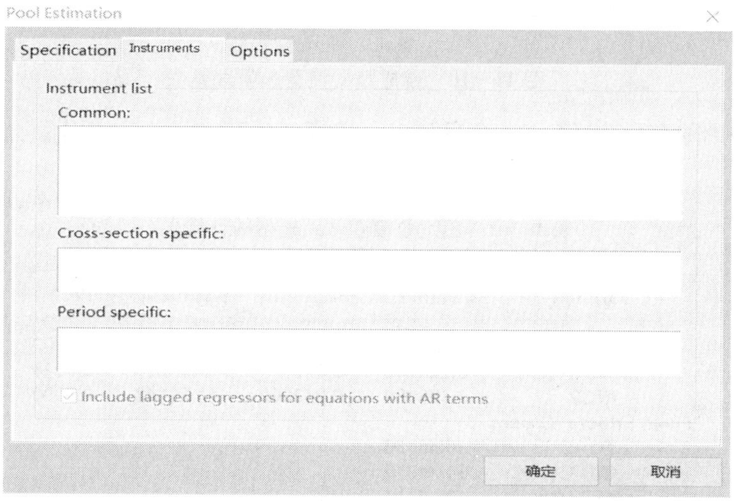

图 11－9　合成数据模型 G2SLS 工具变量定义框

在图 11－9 中，可以对图 11－8 中所规定模型的不同部分选取相应的工具变量。若选中图 11－8 中右下角的 Balance Sample，表示只要某时期任意截面单元数据存在缺失值，EViews 将不利用该观测值进行计算。本例中，Estimation settings 采取默认设置。

此外，还可以对其他一些估计选项进行设置，如图 11－10 所示。对话框中，Coef covariance method 用来选择各种计算方程系数标准误的稳健估计方法，若选择 No d. f. correction，则表明不对所采用的稳健估计进行自由度修正（对于普通最小二乘法不可用）。若在图 11－8 中，选用加权矩阵，可以在图 11－10 中对迭代控制（Iterate control）项指定可行的 GLS 估计的迭代收敛条件，各选项的含义可参见 7. 2. 2 节。如果选择随机效应模型，那么可以在 Weighting options 中选择随机成分方差的估计方法，可选的方法有 Swamy-Arora（默认）、Wallace-Hussain 以及 Wansbeek-Kapteyn 方法。Always keep GLS and IV weights 表示是否保存所有估计得到的可行的 GLS 权数（默认为当权数矩阵的维数很大时将不保存），如果不对权数矩阵进行保存，则 EViews 中关于 Pooled data 的一些功能将不能实现。

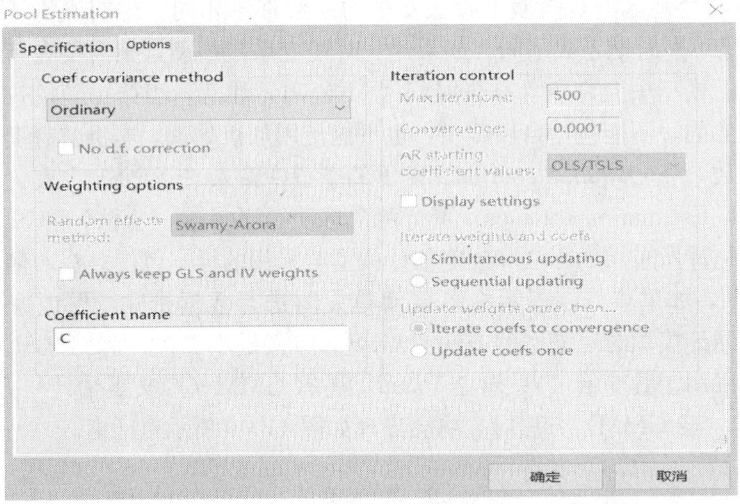

图 11－10　合成数据模型选项设置

由于本例中地区很多，表 11－2 只列出消费模型（11. 2. 1）中部分截面单元的参数估计结果。

表 11－2　固定效应变截距模型估计结果

Variable	Coeffici...	Std. Error	t-Statistic	Prob.
C	540.1143	109.1849	4.946783	0.0000
CONS?(-1)	0.228240	0.071575	3.188818	0.0026
INC?	0.498486	0.042600	11.70143	0.0000
Fixed Effects (Cross)				
_BJ--C	260.6136			
_TJ--C	64.81372			
_HEB--C	-126.5374			
_SX--C	-130.4706			
_NMG--C	-227.5875			
_LN--C	-23.58568			
_JL--C	-88.81957			
_HLJ--C	-156.9732			
_SH--C	293.4386			
_JS--C	-5.421778			
_ZJ--C	234.2008			
_AH--C	-93.67105			

表 11－2 中的系数 0.228 2 和 0.498 5 分别代表式（11.2.1）中 β_1 和 β_2 的估计值。后面三项分别是估计标准误、检验 t 统计量值和相伴概率，可以看出回归系数显著不为 0。表 11－2 中下半部分是各地区截距估计值。如北京市城镇居民消费模型可表示为：

$$CONS\_BJ=(487.12+229.51)+0.24\times CONS1\_BJ+0.5\times INC\_BJ \quad (11.2.2)$$

其他地区模型以此类推.

除了参数估计值外，EViews 的输出结果中还包括模型采用效应的类型（如表 11－3 所示），以及模型的检验结果（如表 11－4 所示），一般来说包括加权和未加权两种情况。本例未采用加权形式，因此只输出了未加权时的情形。

表 11－3　效应类型

Effects Specification
Cross-section fixed (dummy variables)

表 11－4　模型检验结果

Weighted Statistics			
R-squared	0.996198	Mean dependent var	4540.571
Adjusted R-squared	0.995123	S.D. dependent var	2063.166
S.E. of regression	81.99484	Sum squared resid	309265.0
F-statistic	927.1085	Durbin-Watson stat	2.189200
Prob(F-statistic)	0.000000		
Unweighted Statistics			
R-squared	0.994864	Mean dependent var	3400.000
Sum squared resid	312458.5	Durbin-Watson stat	2.127157

表 11－3 表明模型采用的是固定效应，这些效应是通过“哑元”表现出来的。表 11－4 中的结果表明，调整后的决定系数达 0.996 198，说明模型的拟合优度很高，*D.W.* 检验值为 2.189 200，说明残差序列不存在自相关[①]。从整体上讲，该模型效果不错。

若将上述例子中的时期效应改为随机效应，则参数估计结果及效应类型如表 11－5 所示。

表 11－5 的估计结果较表 11－4 多了时期随机效应估计。另外，在效应显示部分，Period random 对应时期随机成分，Idiosyncratic random 对应原有模型中随机项，S. D. 表示各随机成分的标准差，Rho 表示各随机成分方差所占的比重，例如对于时期随机成分，其 Rho 值的计算如下

$$Rho\_pr=8.24^2/(8.24^2+80.86^2)$$

① 此处模型解释变量中包括因变量滞后项，*D.W.* 检验并不严格，但此处 EViews 并未提供其他替代检验法，故将其作为参考。

表 11－5　加入随机效应后结果

Variable	Coeffici...	Std. Error	t-Statistic	Prob.
C	578.0287	170.1744	3.396685	0.0014
CONS?(-1)	0.197928	0.083360	2.374375	0.0218
INC?	0.512634	0.044461	11.53002	0.0000
Fixed Effects (Cross)				
_BJ--C	276.6909			
_TJ--C	68.38446			
_HEB--C	-132.9026			
_SX--C	-140.7984			
_NMG--C	-240.9859			
_LN--C	-26.41883			
_JL--C	-98.21856			
_HLJ--C	-166.9937			
_SH--C	313.2772			
_JS--C	-4.715275			
_ZJ--C	251.2371			
_AH--C	-98.55643			
Random Effects (Period)				
1995--C	2.606480			
1996--C	-2.716620			
1997--C	2.112599			
1998--C	-2.912708			
1999--C	0.910249			

Effects Specification	S.D.	Rho
Cross-section fixed (dummy variables)		
Period random	8.243691	0.0103
Idiosyncratic random	80.86494	0.9897

对于随机效应模型或变系数模型，用 EViews 建模过程大同小异，只是结果输出窗口中的参数估计值格式有所区别。对变系数模型，如例 11.1 将“INC?”键入图 11－8 中 Cross-section specific coefficients 下的空行，令模型中不包含固定效应和随机效应，且在 Common coefficients 框中加入常数 C，则在输出结果中，计算机将用_BJ－－INC_BJ 表示北京地区模型中的收入变量，并在其后面给出系数估计值，其他地区以此类推，如表 11－6 所示。

表 11－6　变系数模型输出结果示例

Variable	Coeffici...	Std. Error	t-Statistic	Prob.
C	552.4179	103.5930	5.332578	0.0000
CONS?(-1)	0.246847	0.069954	3.528721	0.0010
_BJ--INC_BJ	0.527687	0.046147	11.43489	0.0000
_TJ--INC_TJ	0.494980	0.041590	11.90142	0.0000
_HEB--INC_HEB	0.447955	0.041964	10.67479	0.0000
_SX--INC_SX	0.438291	0.041540	10.55104	0.0000
_NMG--INC_NMG	0.404562	0.040136	10.07982	0.0000
_LN--INC_LN	0.473531	0.043793	10.81293	0.0000
_JL--INC_JL	0.453992	0.042096	10.78470	0.0000
_HLJ--INC_HLJ	0.430847	0.041350	10.41943	0.0000
_SH--INC_SH	0.526529	0.044467	11.84095	0.0000
_JS--INC_JS	0.480994	0.042991	11.18820	0.0000
_ZJ--INC_ZJ	0.521995	0.046551	11.21350	0.0000
_AH--INC_AH	0.454355	0.042048	10.80574	0.0000

11.3 模型的检验及其他

11.3.1 固定效应与随机效应检验

模型系数检验的 Wald 检验以及似然比检验在前面章节中已讨论过，故本节仅讨论合成数据中特有的一些检验。

1. 似然比（Likelihood Ratio，LR）检验

模型固定效应的检验可以通过选择 pool 对象框工具栏中 View/Fixed/Random Effects Testing/Redundant Fixed Effects-Likelihood Ratio 来实现。对于固定效应采用似然比检验法，即关于多余变量的检验（请参见第 2 章），检验结果如表 11－7 与表 11－8 所示。

表 11－7 固定效应检验

Test cross-section fixed effects

Effects Test	Statistic	d.f.	Prob.
Cross-section F	2.892667	(10,42)	0.0077

表 11－8 截面固定效应检验方程

	Coefficient	Std. Error	t-Statistic	Prob.
C	64.60396	34.50159	1.872492	0.0668
CONS1?	0.497924	0.058679	8.485602	0.0000
INC?	0.406539	0.041768	9.733339	0.0000
Weighted Statistics				
R-squared	0.994155	Mean dependent var		4569.418
Adjusted R-squared	0.993930	S.D. dependent var		2203.173
S.E. of regression	98.86798	Akaike info criterion		5559.514
Sum squared resid	508293.7	Schwarz criterion		5559.623
Log likelihood	-152883.6	Hannan-Quinn criter.		5559.556
F-statistic	4422.439	Durbin-Watson stat		1.949299
Prob(F-statistic)	0.000000			
Unweighted Statistics				
R-squared	0.991904	Mean dependent var		3448.055
Sum squared resid	479667.7	Durbin-Watson stat		2.043940

该检验的原假设为固定效应是多余的，故而从表 11－7 的结果中可以清晰看到在 5% 的置信水平下拒绝原假设，即所引入的固定效应是合适的。如果截面与时期同时包含固定效应，则检验结果中不仅有对单个固定效应的检验，还有对两个效应的联合检验，这一点与后面即将介绍的随机效应的检验类似。图 11－8 给出的是在零假设限制下的检验方程的估计。

注意，在 EViews 中，该统计检验对于涉及工具变量法（包括 TLSL 及 GMM 等）的

方法不可用。

2. Hausman 检验

随机效应估计的一个核心假设即原假设是随机效应与解释变量无关，Hausman 检验是对这个假设进行检验的一种普遍方法。即

$$H_0: \hat{\beta}_{FE} = \hat{\beta}_{RE}$$

式中，$\hat{\beta}_{RE}$为随机效应的系数估计；$\hat{\beta}_{FE}$为相应的固定效应的系数估计。如果随机效应与解释变量无关，那么二者应相等，此时所采用的统计量为：

$$\chi^2 = (\hat{\beta}_{FE} - \hat{\beta}_{RE})' V(\hat{\beta}_{FE} - \hat{\beta}_{RE})^{-1} (\hat{\beta}_{FE} - \hat{\beta}_{RE}) \xrightarrow{Asym.} \chi^2(k) \tag{11.3.1}$$

式中，k 为自变量的个数，且有 $V(\hat{\beta}_{FE} - \hat{\beta}_{RE}) = V(\hat{\beta}_{FE}) - V(\hat{\beta}_{RE})$。

在 EViews 进行该检验之前，要求所估计的方程中含有随机效应。然后在 pool 对象框工具栏中选择 View/Fixed/Random Effects Testing/Correlated Random Effects-Hausman Test，即可得到输出结果，分为三部分，如表 11－9 至表 11－11 所示。

表 11－9　随机效应检验之一

Test period random effects

Test Summary	Chi-Sq. Statistic	Chi-Sq. d.f.	Prob.
Period random	2.745810	2	0.2534

表 11－10　随机效应检验之二

Period random effects test comparisons:

Variable	Fixed	Random	Var(Diff.)	Prob.
CONS1?	0.317930	0.198973	0.006794	0.1489
INC?	0.525585	0.515017	0.002075	0.8166

从表 11－9 中可知，没有足够的证据证明原假设不正确，从而不能拒绝原假设。输出的第二部分（见表 11－10）进一步给出了随机效应检验的细节，分别给出了固定效应与随机效应的系数估计、它们差分后的方差以及零假设 H_0 的相伴概率，表明在 5%的置信水平下没有足够的证据拒绝原假设。

输出的最后一部分为时期随机效应检验方程的估计，即在零假设条件下的时期随机效应检验方程的估计，参见表 11－11。

11.3.2　单位根与协整检验

1. 单位根检验

多序列单位根检验应用于 Panel Data 的情形，此处的多个序列是指单个序列由于截面的存在而划分为多个序列。这些检验可以通过以下三种对象实现：series（工作区为面板结构），group 和 pool。

表 11－11 时期随机效应检验方程的估计

	Coefficient	Std. Error	t-Statistic	Prob.
C	137.5563	455.3318	0.302101	0.7642
CONS1?	0.317930	0.119704	2.655978	0.0115
INC?	0.525585	0.064940	8.093396	0.0000
Effects Specification				
Cross-section fixed (dummy variables)				
Period fixed (dummy variables)				
R-squared	0.995420	Mean dependent var	3448.055	
Adjusted R-squared	0.993491	S.D. dependent var	1047.447	
S.E. of regression	84.50504	Akaike info criterion	11.95993	
Sum squared resid	271361.8	Schwarz criterion	12.58038	
Log likelihood	-311.8982	Hannan-Quinn criter.	12.19987	
F-statistic	516.1538	Durbin-Watson stat	2.087795	
Prob(F-statistic)	0.000000			

在 pool 对象的对话框中，可以通过 View→Unit Root Test 得到如图 11－11 所示的对话框。

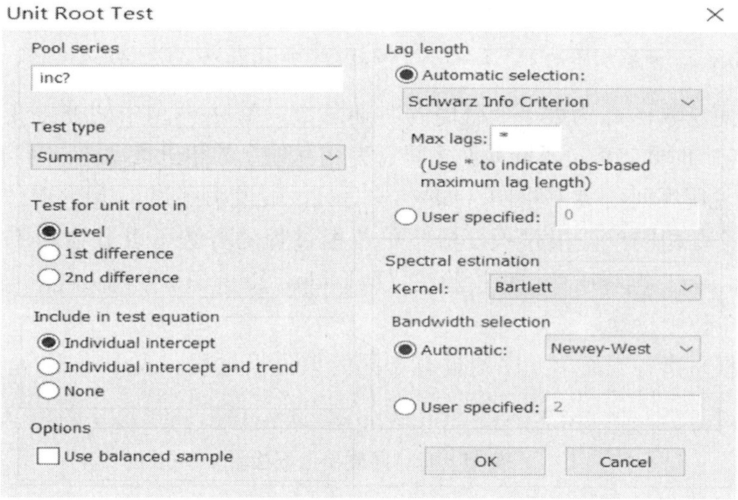

图 11－11 单位根检验

Pool series 中输入进行检验的 pool 序列（一组序列），如“inc?”。Test type 用以选择检验方法，具体有“Summary”“Common root—Levin，Lin，Chu”“Common root-Breitung”“Individual root-Im，Pesaran，Shin”“Individual root-Fisher-ADF”“Individual root-Fisher-PP”“Common root-Hadri”等方法，其中 Common root 假定该组序列有共同的 AR 结构，即有共同的单位根，Individual root 则允许该组序列中有不同的 AR 结构。通常情况下，采用默认的 Summary，此时 EViews 会自动对除 Hadri 检验之外的 5 个检验进行估计，然后就其中可以进行检验的提供一个简洁的检验结果概要。选择某一具体的检验则允许用户更好地控制该检验方法，而且能得到关于该检验方法的具体结果。

Test for unit root in 表示在进行单位根检验之前是否先对序列做差分。Level 表示使用原序列进行分析，1st difference 表示对原序列进行 1 阶差分，2nd difference 表示对原序列进行 2 阶差分。Include in test equation 用于选择第一阶段回归方程中外生回归量的形式。Individual intercept 表示包含个体固定效应，Individual intercept and trend 表示包含个体固定效应和个体趋势，None 表明没有个体确定效应和趋势，即无外生变量。若选择 Use balanced sample 选项，则 EViews 将自动对样本进行调整，以使参与估计检验方程的样本序列中无缺失值。Lag length 依赖于具体检验的形式，当检验中所涉及的回归量包含滞后差分项时（如 LLC 检验、Breitung 检验、IPS 检验和 Fisher-ADF 检验等），这些选项将关系到其滞后阶数的选择；对于涉及核加权（kernel weighting）的检验（如 LLC 检验，Fisher-PP 检验和 Hadri 检验等），则通过带宽及核类型的选择实现对自相关的修正。若选择 Automatic selection 则根据所选的信息准则来决定滞后阶数，同时可以在 Max lags 中规定滞后的最大阶数，如若不填，则 EViews 中将自己决定最大阶数。若选择 User specified，则需要用户自行输入所需阶数。这两种检验均采取核估计方法来估计长期方差，可在 Spectral estimation 框中设置具体的估计方法。用户可以选择三种核形式（Bartlett，Parzen 和 Quadratic spectral）以及带宽（根据 Newey-West 方法自动产生或者由用户指定）。

对合成数据建立以下 $AR(1)$ 过程

$$y_{it}=\rho_i y_{it-1}+\boldsymbol{X}_{it}\delta_i+\varepsilon_{it},\quad i=1,2,\cdots,N;\ t=1,2,\cdots,T_i \tag{11.3.2}$$

式中，N 为截面总数；T_i 为第 i 个截面的时期总数；$\boldsymbol{X}_{it}$ 为模型中的外生变量向量，包含截面中固定效应或时间趋势；不同截面之间 ε_{it} 为相互独立的随机扰动；ρ_i 为自回归系数，如果 $|\rho_i|<1$，则说明序列 y_i 是平稳的；如果 $|\rho_i|=1$，则说明序列 y_i 包含单位根。根据是否所有截面序列具有相同单位根过程，检验单位根过程的方法可以分为同质单位根检验法（Common Root Test）与异质单位根检验法（Individual Root Test）两大类。

（1）同质单位根检验。

同质单位根是指各截面单元序列具有相同的单位根过程。表 11－12 是对这类情况所作的检验。

表 11－12　同质单位根检验

检验方法	检验统计量	检验方程外生回归量的形式	自相关修正方法
零假设：各截面序列均有一个单位根 备择假设：各截面序列平稳			
LLC	t 统计量	N，F，FT	Lags，Kernel
Breitung	t 统计量	FT	Lags
零假设：各截面序列不含单位根 备择假设：各截面序列含单位根			
Hadri	Z 统计量 异方差一致 Z 统计量	F，FT	Kernel

表 11-12 中，N 表明没有个体固定效应和趋势（无外生变量），F 表示固定效应，FT 表示既包含固定效应，又包含趋势（表 11-13 与此同）。

（2）异质单位根检验。

异质单位根是指各截面单元序列具有不同的单位根过程。这种情况下，需要分别对每个截面序列进行单位根检验，再综合各个截面检验结果，构造检验统计量，作出判断。表 11-13 是对这类情况作的检验。

表 11-13　异质单位根检验

检验方法	检验统计量	检验方程外生回归量的形式	自相关修正方法
零假设：各截面序列都含有单位根 备择假设：某些截面序列不含单位根			
IPS	*W* 统计量 *t*-bar 统计量	F，FT	Lags
Fisher-ADF	Fisher 卡方统计量 Choi-*Z* 统计量	N，F，FT	Lags
Fisher-PP	Fisher 卡方统计量 Choi-*Z* 统计量	N，F，FT	Kernel

可以选择某个具体的检验查看其结果，以 IPS 检验为例，检验结果如表 11-14 所示。

表 11-14　IPS 检验结果

Method		Statistic	Prob.**
Im, Pesaran and Shin W-stat		-0.41281	0.3399
Im, Pesaran and Shin t-bar		-2.92637	
T-bar critical values ***:	1% level	-6.29600	
	5% level	-4.06400	
	10% level	-3.42600	

从表 11-14 中不难看出，Wald 统计量的相伴概率为 0.339 9，在置信水平为 5%的前提下不能拒绝原假设，即我们可以认为序列中存在异质单位根。另外，t-bar 统计量值为 −2.93，大于显著性水平为 10%的临界值（critical values），结果与 W 统计量检验结果一致。

通常采用默认的 Summary 形式，以方便对各种检验（Hadri 检验除外）的结果有一个全面了解。其检验结果如表 11-15 所示。

表 11-15　各种检验结果概览（Hadri 检验）

Method	Statistic	Prob.**	Cross-sections	Obs
Null: Unit root (assumes common unit root process)				
Levin, Lin & Chu t*	-14.3389	0.0000	11	55
Breitung t-stat	1.69680	0.9551	11	44
Null: Unit root (assumes individual unit root process)				
Im, Pesaran and Shin W-stat	-0.41281	0.3399	11	55
ADF - Fisher Chi-square	30.6516	0.1035	11	55
PP - Fisher Chi-square	54.1803	0.0002	11	55

表 11－15 所示结果中，Method 给出了所采用的各种检验方法的相应统计量的名称，Statistic 及 Prob. 表示统计量所对应的取值及其相伴概率，Cross-sections 表示截面的个数，Obs 表示所使用的观测值的个数，Null 表示零假设的形式。易知，LLC 检验认为不存在同质单位根过程，Breitung 检验则相反；IPS 检验与 ADF 检验认为存在异质单位根过程，PP 检验则相反。上述结论是基于置信水平为 5%的前提作出的。

还可以另外查看 Hadri 检验的结果，如表 11－16 所示。

表 11－16　Hadri 检验结果

Method	Statistic	Prob.**
Hadri Z-stat	28.2811	0.0000
Heteroscedastic Consistent Z-stat	25.1862	0.0000

由表 11－16 的检验结果可知，Hadri 检验的两个检验统计量均很显著，表明序列中存在同质单位根，但要注意，序列的高度相关会导致 Hadri 检验过度拒绝零假设。

2. Panel Data 协整检验

Panel Data 的应用越来越广泛，有关其协整检验也越来越受到关注。EViews6.0 提供了一些有关这类数据的协整分析工具。

在时间序列分析中，Engle-Granger 协整检验是基于残差检验实现的：如果变量之间存在协整关系，则残差应为 I(0) 过程；如果变量之间不存在协整关系，则残差应为 I(1) 过程。Pedroni 和 Kao 将 Engle-Granger 的框架扩展到了面板数据领域。

（1）Pedroni 检验。

Pedroni 提出了一系列允许不同截面之间存在不同个体效应和趋势的协整检验。考虑如下回归形式：

$$y_{it}=\alpha_i+\gamma_i t+\beta_{1i}x_{1it}+\beta_{2i}x_{2it}+\cdots+\beta_{ki}x_{kit}+\cdots+\beta_{Ki}x_{Kit}+\varepsilon_{it} \tag{11.3.3}$$

式中，$t=1, 2, \cdots, T$；$i=1, 2, \cdots, N$；$k=1, 2, \cdots, K$。T 为时期总数；N 为截面总数；K 为外生变量的个数。假定 y 与 x 满足一阶协整，即 I(1)。参数 α_i 和 γ_i 表示截面个体确定效应和趋势效应。

该检验的零假设为不存在协整，则在零假设下残差项 ε_{it} 应为 I(1) 过程。通过进行如下辅助回归来判断残差项是不是 I(1) 过程。

$$\varepsilon_{it}=\rho_i\varepsilon_{it-1}+u_{it} \tag{11.3.4}$$

或者

$$\varepsilon_{it}=\tilde{\rho}_i\varepsilon_{it-1}+\sum_{j=1}^{p_i}\phi_{ij}\Delta\varepsilon_{it-j}+v_{it} \tag{11.3.5}$$

式中，$t=1, 2, \cdots, T$；$i=1, 2, \cdots, N$。

Pedroni 运用多种方法来构建不同的统计量以检验同一个零假设——不存在协整，即 $\rho_i=1$。基于该零假设的备择假设有两个：同质性备择，即对于所有的截面 i 有 $\rho_i=\rho<1$；异质性备择，即对于所有的截面 i 有 $\rho_i<1$。在零假设下，Pedroni 构造的统计量渐进服从正态分布。

在 EViews 中，可以在 pool 对象中和 panel 工作环境的组（group）中进行协整检验。功能是一样的，此处还是针对 pool 对象来进行说明。在 pool 对象的对话框中，可以通过 View→Cointegration Test 得到如图 11－12 所示的对话框。

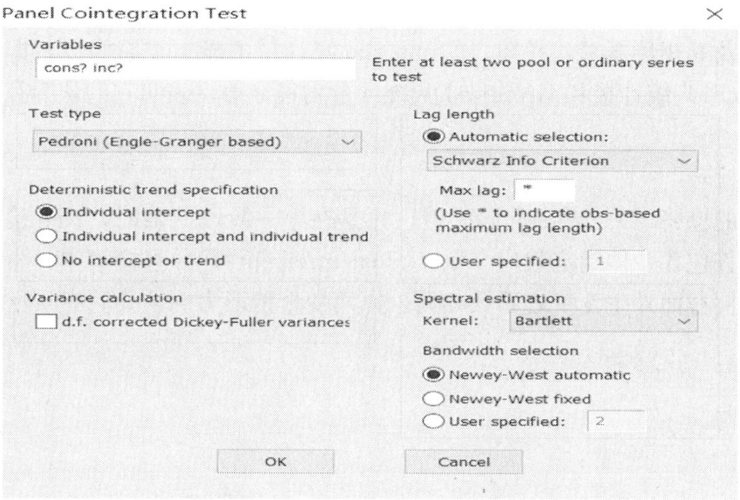

图 11－12　Panel Data 协整检验

从图 11－12 中可以看出，Panel Data 协整检验需要两个以上的 pool 数据或者普通序列。EViews 提供了三种可用于进行 Panel Data 协整检验的方法：Pedroni（Engle-Granger based），Kao（Engle-Granger based）和 Fisher（combined Johansen）。注意，Pedroni 检验适用于组（group）中只包含 7 个及 7 个以下序列的情形。Deterministic trend specification 框用于选择在第二阶段回归中外生回归量的形式。Individual intercept 表示包含个体确定效应，Individual intercept and individual trend 表示包含个体固定效应和个体趋势，No intercept or trend 表明没有个体固定效应和趋势，即无外生变量。其余选项含义请参见单位根检验部分。本例设置如图 11－12 所示，点击 OK 按钮，可得到如表 11－17 所示结果。

表 11－17 的上半部分是同质性备择检验结果，即假定所有截面有共同的 AR 系数，

表 11－17　Pedroni 检验结果

Alternative hypothesis: common AR coefs. (within-dimension)				
	Statistic	Prob.	Weighted Statistic	Prob.
Panel v-Statistic	0.274106	0.3842	-0.678908	0.3168
Panel rho-Statistic	-0.443911	0.3615	-0.091581	0.3973
Panel PP-Statistic	-5.922496	0.0000	-6.191448	0.0000
Panel ADF-Statistic	-3.498714	0.0009	-5.244796	0.0000
Alternative hypothesis: individual AR coefs. (between-dimension)				
	Statistic	Prob.		
Group rho-Statistic	1.369379	0.1562		
Group PP-Statistic	-7.438284	0.0000		
Group ADF-Statistic	-5.495386	0.0000		

EViews 给出了相应统计量加权与未加权时的取值及其相伴概率。不难看出 Panel v 统计量和 Panel rho 统计量不能拒绝没有协整的零假设，Panel PP 统计量和 Panel ADF 统计量将拒绝零假设，认为所有截面有共同的 AR 系数，且该系数的值小于 1。表 11－17 的下半部分是异质性备择检验结果，即只要求每个截面的 AR 系数值小于 1。EViews 中给出了相关统计量的取值及其相伴概率，易知，Group rho 统计量不能拒绝原假设，即认为不存在协整关系，Group PP 统计量和 Group ADF 统计量均很显著，表明它们认为存在异质性协整关系。

（2）Kao 检验。

Kao 检验的思路与 Pedroni 检验类似，只是在第一阶段回归时，Kao 检验确定了模型中必须且只允许包含个体确定效应（Individual Intercept），并且模型中外生变量的系数是齐性的，即不同截面外生变量之系数相同。以两变量情形为例，我们有

$$y_{it}=\alpha_i+\beta x_{it}+\varepsilon_{it} \tag{11.3.6}$$

$$y_{it}=y_{it-1}+u_{it} \tag{11.3.7}$$

$$x_{it}=x_{it-1}+v_{it} \tag{11.3.8}$$

式中，$t=1, 2, \cdots, T$；$i=1, 2, \cdots, N$。其一般情形可以看作 Pedroni 检验的一种特例。

然后同 Pedroni 检验一样进行辅助回归

$$\varepsilon_{it}=\rho\varepsilon_{it-1}+r_{it} \tag{11.3.9}$$

或者

$$\varepsilon_{it}=\rho\varepsilon_{it-1}+\sum_{j=1}^{p_i}\phi_{ij}\Delta\varepsilon_{it-j}+r_{it} \tag{11.3.10}$$

式中，$p>0$。基于不存在协整关系的零假设，Kao 构造了一系列服从渐进标准正态分布的统计量，如式（11.3.11）。

$$ADF=\frac{t_{\tilde{\rho}}+\sqrt{6N}\,\hat{\sigma}_r/(2\,\hat{\sigma}_{lu})}{\sqrt{\hat{\sigma}_{lr}^2/(2\,\hat{\sigma}_r^2)+3\,\hat{\sigma}_r^2/(10\,\hat{\sigma}_{lr}^2)}} \tag{11.3.11}$$

其中，估计的方差为 $\hat{\sigma}_r^2=\hat{\sigma}_u^2-\hat{\sigma}_{uv}^2\sigma_v^{-2}$，估计的长期方差为 $\hat{\sigma}_{lr}^2=\hat{\sigma}_{lu}^2-\hat{\sigma}_{luv}^2\sigma_{lv}^{-2}$。

残差向量 $\boldsymbol{w}_{it}=\begin{bmatrix}u_{it}\\ \varepsilon_{it}\end{bmatrix}$的协方差阵的估计为：

$$\hat{\boldsymbol{\Sigma}}=\begin{bmatrix}\hat{\sigma}_u^2 & \hat{\sigma}_{uv}\\ \hat{\sigma}_{uv} & \hat{\sigma}_v^2\end{bmatrix}=\frac{1}{NT}\sum_{i=1}^{N}\sum_{t=1}^{T}\boldsymbol{w}_{it}\boldsymbol{w}'_{it} \tag{11.3.12}$$

长期协方差阵的估计为：

$$\hat{\boldsymbol{\Sigma}}_l=\begin{bmatrix}\hat{\sigma}_{lu}^2 & \hat{\sigma}_{luv}\\ \hat{\sigma}_{luv} & \hat{\sigma}_{lv}^2\end{bmatrix}=\frac{1}{N}\sum_{i=1}^{N}\left[\frac{1}{T}\sum_{t=1}^{T}w_{it}w'_{it}+\kappa(\hat{w}_i)\right] \tag{11.3.13}$$

其中 κ 为任一核函数。

在 EViews 中，Kao（Engle-Granger based）与 Pedroni（Engle-Granger based）的设置界面类似，如图 11－12 所示，只是在第一阶段回归中外生回归量只允许包含个体固定效应。采用默认设置，然后点击 OK 按钮，可得如表 11－18 所示检验结果。

表 11－18　Kao 检验结果

	t-Statistic	Prob.
ADF	-3.410854	0.0003

由表 11－18 的检验结果可知，ADF 统计量检验显著（在 5%的置信水平下），即 Kao 检验认为序列之间存在协整关系。

（3）联合个体（Combined Individual）检验。

Fisher 在 1932 年成功利用了多个个体独立检验的结果来进行整体的联合检验。后来，Fisher 的方法被用到 Panel Data 的联合检验中，将其与传统的 Johansen 检验结合起来，即整合单个截面的 Johansen 检验结果以得到用于检验整个 Panel Data 的检验统计量。

令 p_i 是单个截面 Johansen 协整检验的 p-值，则在不存在协整关系的零假设下，检验统计量

$$p=-2\sum_{i=1}^{N}\log p_i \rightarrow \chi^2(2N) \tag{11.3.14}$$

式中，N 为截面的个数。在图 11－12 的 Test type 框中选择 Fisher（combined Johansen）方法，则得到界面如图 11－13 所示。

此处出现的选项与前面介绍的 Johansen 检验类似，Deterministic trend specification 框中决定了外生趋势的类型，Lag intervals 则估计所使用的滞后对（lag-pair），此处便不再赘述。尤其需要注意，该方法要先对每个截面内的数据进行协整检验，这就要求单个截面内的数据要足够多才行，本例中由于单个截面内数据只有 6 个数据，故而无法进行该检验。

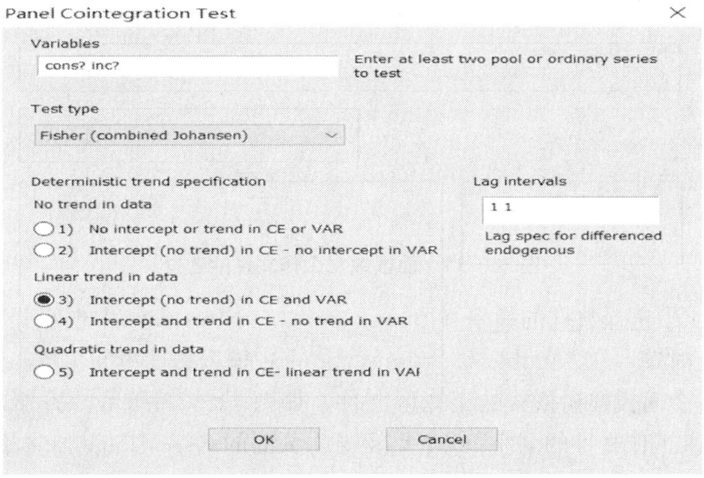

图 11－13　Fisher（combined Johansen）协整检验

11.3.3 有关 Panel Data 模型的其他问题

1. 预测

Panel Data 模型估计结果输出窗口的工具栏中没有 Forecast 按钮，因此不能直接进行预测。若要预测，需在结果输出窗口的工具栏中选择 Proc/Make Model 产生一个模型对象，并给它命名，如 MODEL01，然后在打开的模型对象窗口工具栏中选择 Solve，在屏幕出现的对话框中指定预测方法即可（可参见第 7 章中关于多方程模型的预测）。Panel Data 模型中可以直接实现该功能。

2. 更复杂的 Panel Data 模型

例 11.1 中介绍的是一般的线性 Panel Data 模型的建模方法，实际中可能遇到更复杂一些的模型。比如，需要使用三阶段最小二乘法、GMM 估计、施加系数约束条件等，此时可以选择工具栏中的 Proc/Make System，然后在对话框中输入工具变量名称，进行模型估计。在 Panel Data 模型中可以直接采用 GMM 估计方法（GMM 方法的基本思想参见第 7 章）。此外，Panel Data 模型还可以实现非线性模型和动态 Panel 分析等。

鉴于此，在本章的末尾，对 Panel Data 模型的使用作一个简单介绍，希望能起到抛砖引玉的作用。以例 9.1 为例，讨论建立 Panel Data 模型的其他方法。

在 EViews 中直接建立 Panel 结构的工作区，具体操作如下：File→New→Workfile，然后在 Workfile structure type 中选择 Balanced Panel，得到如图 11 - 14 所示的对话框。

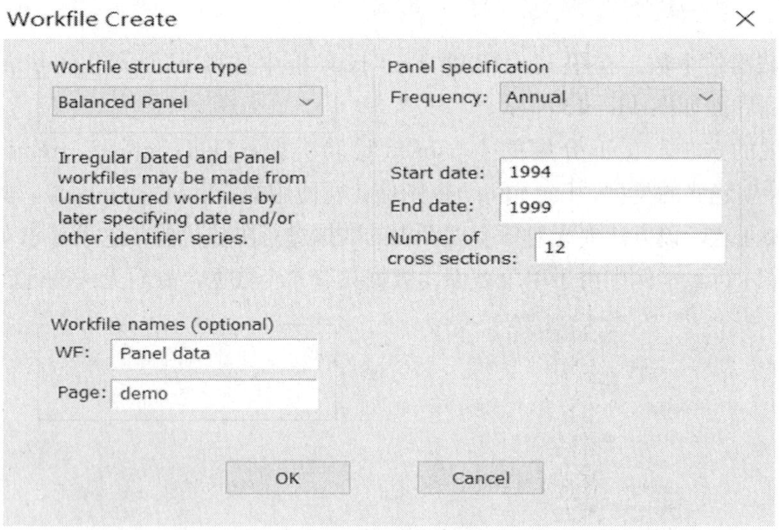

图 11 - 14　面板数据工作文件的建立

在图 11 - 14 中选择数据的频率（Frequency），在 Start data 中规定开始时期，在 End data 中规定终止时期，在 Number of cross sections 中输入截面单元个数，然后点击 OK 按钮，即可建立一个面板数据格式的工作区文件，如图 11 - 15 所示。另外，也可在 Workfile names 中输入工作文件的名字（WF）及当前页面的名字（Page）。本例中，令 WF 为 Panel data，令 Page 为 demo。

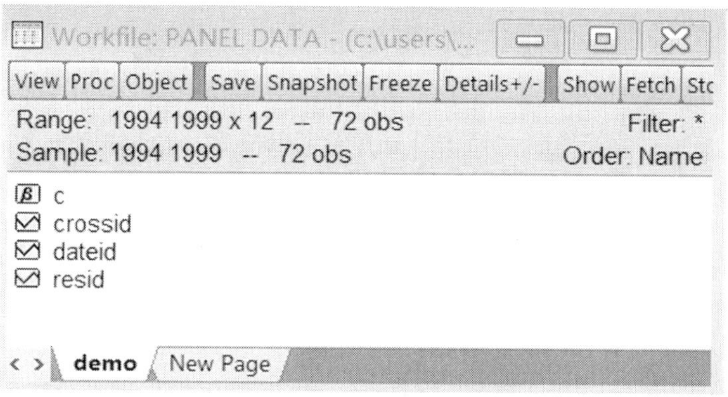

图 11－15　面板数据工作区

由图 11－15 可知，系数 c，序列 crossid，dateid 及 resid 均由系统自动生成。c 与序列 resid 是系统默认的存放估计系数（包括用于迭代的初值等）与残差的序列。crossid，dateid 是 Panel Data 所特有的用于存放截面与时期标号的序列。左键单击 New Page 可以建立新的页面等。

在工作文件区中双击 Range 所在区域，即可得到如图 11－16 所示的工作文件结构定义对话框。亦可通过工作文件工具栏中的 Proc→Structure/Resize Current Page 访问。

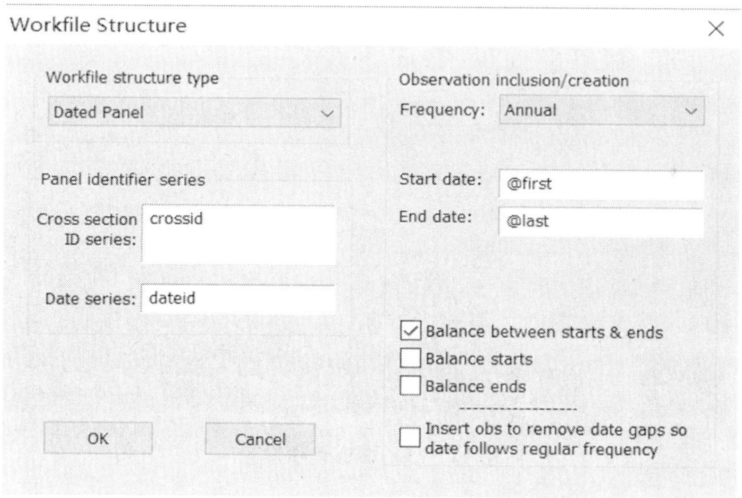

图 11－16　工作文件结构定义对话框

图 11－16 中各选项的含义很明了，在此不再赘述。这个功能使得我们可以更改已读入数据的结构。因此，关键不在于数据在工作区的结构，而是数据自身的结构。

接着，可以像以往一样导入数据（而不必像 pool 对象那样），然后通过 Quick→Estimation Equation 建立 Panel Data 模型，如图 11－17 所示。

图 11－17 中较以前多了 Panel Options 和 Options，如图 11－18 和图 11－19 所示。其设置与 Pooled Data 几乎完全一致。图 11－17 的 Method 中针对 Panel Data 而言可选的方法有 LS，TSLS 和 GMM。此处所采取的设置如图 11－17～图 11－19 所示。

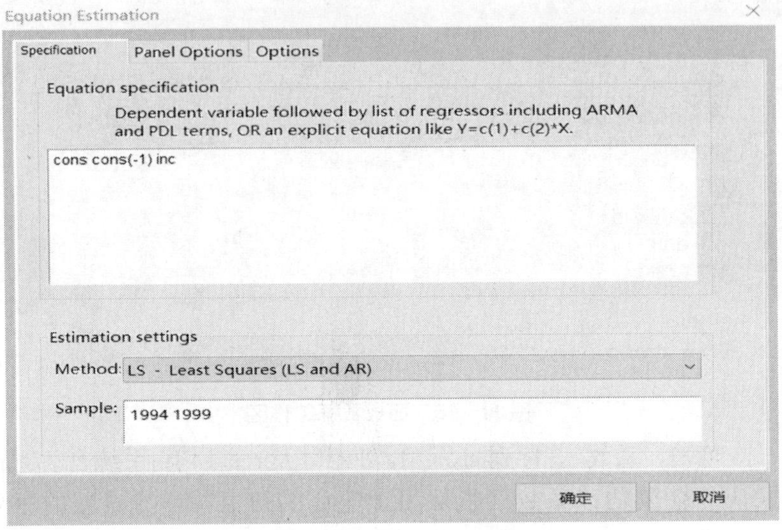

图 11－17　Panel Data 模型定义框

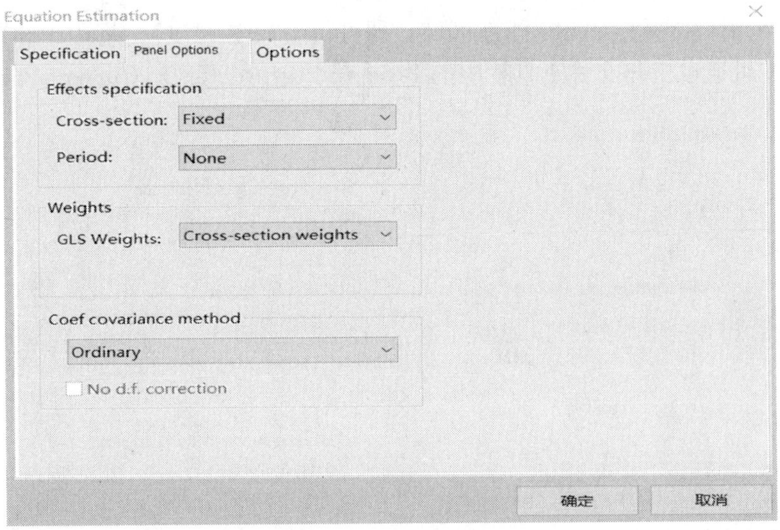

图 11－18　面板选项设置

需要注意的是，Panel Data 的一般模型为：

$$y_{it}=f(X_{it},\beta)+\delta_i+\eta_t+\varepsilon_{it} \qquad (11.3.15)$$

其线性形式为：

$$y_{it}=\alpha+X'_{it}\beta+\delta_i+\eta_t+\varepsilon_{it} \qquad (11.3.16)$$

欲实现例 11.1 中的变系数模型，必须设置一个用以区分不同截面数据的虚拟变量，读者不妨一试。

然后点击确定，即可得到如表 11－19 所示结果。

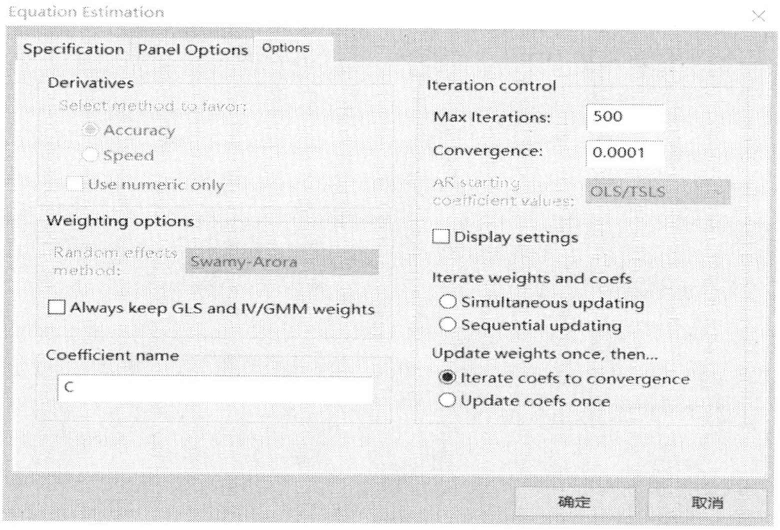

图 11－19　估计选项设置

表 11－19　Panel Data 估计结果

	Coefficient	Std. Error	t-Statistic	Prob.
C	540.1143	109.1849	4.946783	0.0000
CONS(-1)	0.228240	0.071575	3.188818	0.0026
INC	0.498486	0.042600	11.70143	0.0000
Effects Specification				
Cross-section fixed (dummy variables)				
Weighted Statistics				
R-squared	0.996198	Mean dependent var		4540.571
Adjusted R-squared	0.995123	S.D. dependent var		2063.166
S.E. of regression	81.99484	Sum squared resid		309265.0
F-statistic	927.1085	Durbin-Watson stat		2.189200
Prob(F-statistic)	0.000000			

通过估计结果工具栏中的 View→Fixed/Random Effects→Cross-section Effects 来查看截面中的固定效应或随机效应，如表 11－20 所示。

表 11－20　截面确定效应序列

CROSSID	Effect
1	260.6136
2	64.81372
3	-126.5374
4	-130.4706
5	-227.5875
6	-23.58568
7	-88.81957
8	-156.9732
9	293.4386
10	-5.421778
11	234.2008
12	-93.67105

亦可通过 View→Fixed/Random Effects Testing 来对固定效应与随机效应进行检验。可以在 equation 的工具栏中看见 Forecast 按钮，点击它即可得到如图 11－20 所示的预测对话框。

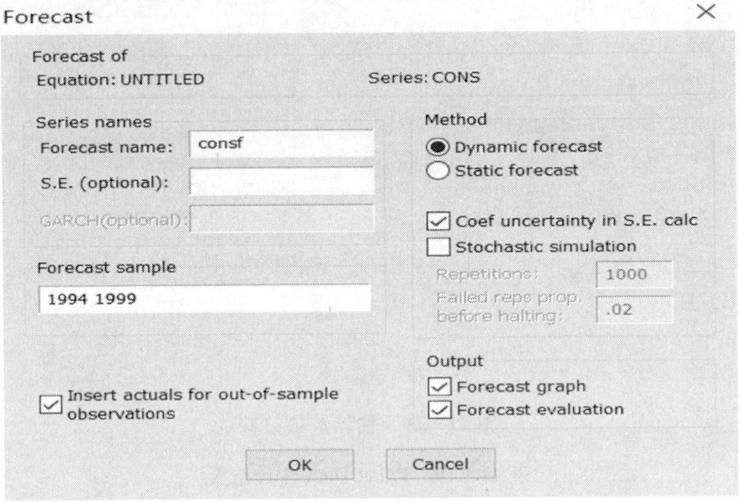

图 11－20　Panel Data 模型预测

点击 OK 按钮，得到如图 11－21 所示预测结果。

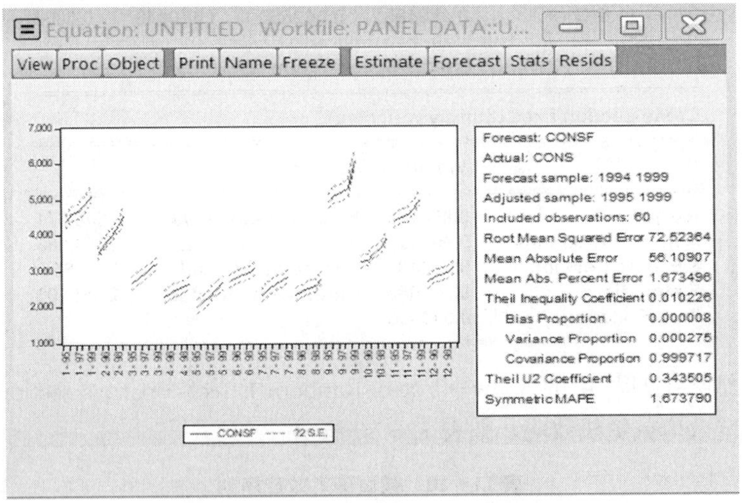

图 11－21　Panel Data 模型预测结果

通过上述介绍，相信读者不难发现 Pooled Data 的方法与 Panel Data 的方法针对相同问题所得到的估计结果是一致的，但 Panel Data 模组的功能更加强大，Pooled Data 显得更加直观，读者可以根据自己的需要选择喜欢的方法。

第 12 章

混频数据模型

传统的宏观计量模型要求模型等式两边的数据频率一致，因此要想利用传统的宏观计量模型去进行参数估计和预测，必须提前对混频数据进行加工处理，通常采用加总、替代、求均值等方法将高频数据转换为低频数据，或者采用线性插值、分段插值等方法将低频数据转换为高频数据。这两种数据频率转换的方法均存在一定的缺陷，如采用加总、替代、求均值等方法在数据降频过程中一定程度上存在人为损失样本；采用线性插值、分段插值等方法在数据升频过程中一定程度上存在人为构造数据。混频数据模型则是不对混频数据做任何频率转换处理，而是直接将不同频率的时间序列数据运用于模型的构建、估计和预测，最大限度将原始数据信息进行充分利用，使得所构建模型的估计结果更加科学，得到的预测结果更为准确。

12.1　混频数据回归模型

Ghysels，Santa-Clara 和 Valkanov 等提出的混频数据抽样模型（Mixed Data Sampling，MIDAS）主要源于分布滞后模型的思想，模型通过一个参数化的紧凑权重直接运用高频自变量与低频因变量构建回归模型，并运用非线性最小二乘法对其进行参数估计。

12.1.1　基础的 MIDAS 回归模型

Ghysels 等提出的 MIDAS 回归模型是紧凑参数化的、在不同频率抽样的简化式回归，通过参数化的多项式权重 $B(L^{1/m};\boldsymbol{\theta})$ 将低频数据 y_t 与高频数据 $x_t^{(m)}$ 整合在单方程的回归模型中，MIDAS 回归模型可表示为如下的形式：

$$y_t=\beta_0+\beta_1 B(L^{1/m};\boldsymbol{\theta})x_t^{(m)}+\varepsilon_t^{(m)} \tag{12.1.1}$$

式中，m 为混频数据的频率倍差；$B(L^{1/m};\theta)=\sum_{k=0}^{K}B(k;\boldsymbol{\theta})K^{k/m}$ 为参数向量 $\boldsymbol{\theta}$ 的函数；$L^{1/m}$

为高频数据的滞后算子，如 $L^{i/m}x_t^{(m)}=x_{t-i/m}^{(m)}$（$i=0$，1，2，…，$K$）；$K$ 为滞后权重多项式的阶数。

权重函数 $B(k;\boldsymbol{\theta})$ 中的参数向量 $\boldsymbol{\theta}$ 和滞后阶数 K 的选择是 MIDAS 模型估计的关键，Ghysels 给出了多种滞后权重多项式，通过不同的权重多项式，能够得到不同类型的权重函数。在 MIDAS 模型中，权重函数包含权重之和等于 1 的假设，并且高频滞后阶数的权重函数为正。常见的权重多项式函数有以下三种。

（1）Almon 滞后多项式函数，具体形式如下：

$$B(k;\boldsymbol{\theta})=\frac{\boldsymbol{\theta}_0+\boldsymbol{\theta}_1 k+\boldsymbol{\theta}_2 k^2+\cdots+\boldsymbol{\theta}_p k^p}{\sum_{k=1}^{K}(\boldsymbol{\theta}_0+\boldsymbol{\theta}_1 k+\boldsymbol{\theta}_2 k^2+\cdots+\boldsymbol{\theta}_p k^p)} \tag{12.1.2}$$

（2）指数 Almon 滞后多项式函数，具体形式如下：

$$B(k;\boldsymbol{\theta})=\frac{\exp(\boldsymbol{\theta}_0+\boldsymbol{\theta}_1 k+\boldsymbol{\theta}_2 k^2+\cdots+\boldsymbol{\theta}_p k^p)}{\sum_{k=1}^{K}\exp(\boldsymbol{\theta}_0+\boldsymbol{\theta}_1 k+\boldsymbol{\theta}_2 k^2+\cdots+\boldsymbol{\theta}_p k^p)} \tag{12.1.3}$$

（3）Beta 滞后多项式函数，具体形式如下：

$$B(k;\boldsymbol{\theta}_1,\boldsymbol{\theta}_2)=\frac{f(k/K,\boldsymbol{\theta}_1;\boldsymbol{\theta}_2)}{\sum_{k=1}^{K}f(k/K,\boldsymbol{\theta}_1;\boldsymbol{\theta}_2)} \tag{12.1.4}$$

式中：

$$f(x,a,b)=\frac{x^{a-1}(1-x)^{b-1}\Gamma(a+b)}{\Gamma(a)\Gamma(b)} \tag{12.1.5}$$

$$\Gamma(a)=\int_0^{\infty}\mathrm{e}^{-x}x^{a-1}\mathrm{d}x \tag{12.1.6}$$

对于 MIDAS 模型来说，最常用的权重函数是 Almon 滞后多项式函数。在宏观经济学领域中最常用的是两参数的指数 Almon 滞后多项式函数，并且限定 $\boldsymbol{\theta}_1\leqslant 300$，$\boldsymbol{\theta}_2<0$，以保证滞后高频数据对应的多项式权函数在宏观经济应用中呈递减趋势，从而满足宏观经济的预测要求。

假设宏观经济中，y_t 为季度数据序列，$x_t^{(m)}$ 为与 y_t 在同一样本期间内抽样 m 次的高频数据，若 $m=3$，则 $x_t^{(m)}$ 为月度数据序列，若 y_t 为 2019 年第一季度的数据，则 $x_t^{(3)}$ 表示 2019 年 3 月的数据，$x_{t-1/3}^{(3)}$ 表示 2019 年 2 月的数据，$x_{t-2/3}^{(3)}$ 表示 2019 年 1 月的数据，$x_{t-3/3}^{(3)}$ 表示 2018 年 12 月的数据，$x_{t-12/3}^{(3)}$ 表示 2018 年 3 月的数据。滞后阶数为 12 的 MIDAS 宏观经济模型为：

$$\begin{aligned}y_t&=\beta_0+\beta_1 B(L^{1/3};\boldsymbol{\theta})x_t^{(3)}+\varepsilon_t^{(3)}\\&=\beta_0+\beta_1[B(0;\boldsymbol{\theta})x_t^{(3)}+B(1;\boldsymbol{\theta})x_{t-1/3}^{(3)}+B(2;\boldsymbol{\theta})x_{t-2/3}^{(3)}\\&\quad+B(3;\boldsymbol{\theta})x_{t-3/3}^{(3)}+\cdots+B(12;\boldsymbol{\theta})x_{t-12/3}^{(3)}]+\varepsilon_t^{(3)}\end{aligned} \tag{12.1.7}$$

12.1.2 扩展的 MIDAS 回归模型

Ghysels，Santa-Clara 和 Valkanov 等提出 MIDAS 回归模型后，得到了更广泛的拓展

模型，主要有 MIDAS 自回归模型、多元 MIDAS 模型、多元 MIDAS 自回归模型、非对称 MIDAS 模型、因子 MIDAS 模型、半参数或非参数 MIDAS 模型等，下面对这些拓展模型做简单介绍。

1. MIDAS 自回归模型

MIDAS 模型的一个基本拓展就是在模型中加入自回归因子，Ghysels，Santa-Clara 和 Valkanov 等认为在 MIDAS 模型中引入滞后自变量将导致模型有效性损失，只有当因变量中包含季节因素时才能使用。Clements 和 Galvão 提出将动态自回归作为一般因素嵌入模型来解决这一问题，包含 $AR(1)$ 的 h 步向前预测的 MIDAS-AR 模型可以表示为：

$$y_t=\beta_0+\lambda y_{t-1}+\beta_1 B(L^{1/m};\boldsymbol{\theta})(1-\lambda L)x_{t-h}^{(m)}+\varepsilon_t^{(m)} \tag{12.1.8}$$

2. 多元 MIDAS 模型

当 MIDAS 模型中存在多个因变量时，多元 MIDAS 模型则可以表示为：

$$y_t=\beta_0+\sum_{i=1}^{n}\beta_{1i}B_i(L^{1/m};\boldsymbol{\theta}_i)x_{i,t}^{(m)}+\varepsilon_t \tag{12.1.9}$$

3. 多元 MIDAS 自回归模型

在多元 MIDAS 模型中加入自回归项，则可以得到多元 MIDAS 自回归模型，多元 MIDAS-AR 模型可以表示为：

$$y_t=\lambda y_{t-p}+\beta_0+\sum_{i=1}^{n}\beta_{1i}B_i(L^{1/m};\boldsymbol{\theta}_i)x_{i,t}^{(m)}+\varepsilon_t \tag{12.1.10}$$

4. 非对称 MIDAS 模型

Ghysels，Santa-Clara 和 Valkanov 等引入的非对称 MIDAS 模型形式如下：

$$y_t=\beta_0+\beta_1(\phi B(L^{1/m};\boldsymbol{\theta}^+)1_{t-1}^{+}x_{t-1}^{(m)}+(2-\phi)\phi B(L^{1/m};\boldsymbol{\theta}^-)1_{t-1}^{-}x_{t-1}^{(m)})+\varepsilon_t^{(m)} \tag{12.1.11}$$

式中，$1_{t-1}^{i}(i=\{+,-\})$ 为指标函数，分别在当 $x_{t-1}>0$ 或 $x_{t-1}<0$ 时取值为 1。参数 ϕ 取值区间为 $[0,2]$。

5. 因子 MIDAS 模型

在经典的 MIDAS 模型中，所使用的高频宏观经济数据变量均为真实的可观测数据。但因子 MIDAS 模型（FaMIDAS）中所有的因变量并非真实的观测数据变量，而是估计出来的因子。因子个数为 1 的 FaMIDAS 模型形式为：

$$y_{tm}=\beta_0+\beta_1 B(L^{1/m};\boldsymbol{\theta})\hat{f}_{t_m}^{(3)}+\varepsilon_{t_m} \tag{12.1.12}$$

$$L^{i/m}\hat{f}_{t_m}^{(3)}=\hat{f}_{t_m-i}^{(3)},i=1,2,\cdots,K \tag{12.1.13}$$

6. 半参数或非参数 MIDAS 模型

半参数或非参数 MIDAS 模型是基于半参数 ARCH（∞）提出来的，主要应用于高频金融时间序列的混频建模，其基本形式如下：

$$y_{t+1}=\beta_0+\sum_{i=1}^{K}\sum_{j=1}^{L}B_{ij}(L^{1/M_i,\theta}m(x_t^{(m_i)}))+\varepsilon_t \tag{12.1.14}$$

式中，m（·）为一个未知函数。

12.2 混频数据预测模型

Ghysels 等提出的 MIDAS 混频数据模型源于分布滞后模型的思想，最初主要应用于金融市场波动和预测，目前该方法已广泛应用于分析、预报和预测未来宏观经济走势。主要有基础的 MIDAS(m，K) 模型、h 步向前预测的 MIDAS(m，K，h) 模型、h 步向前预测的 MIDAS(m，K，h)-$AR(p)$ 模型、多元混频数据预测模型等，下面对这些混频数据预测模型做简单介绍。

12.2.1 基础的 MIDAS（m，K）模型

Ghysels 等提出的基础的 MIDAS（m，K）模型可表示为：

$$y_t=\beta_0+\beta_1 B(L^{1/m};\boldsymbol{\theta})x_t^{(m)}+\varepsilon_t^{(m)} \tag{12.2.1}$$

该模型为基础的单方程模型，其中 $B(L^{1/m};\boldsymbol{\theta})=\sum_{k=1}^{K}B(k;\boldsymbol{\theta})K^{(k-1)/m}, L^{i/m}x_{t-h/m}^{(m)}=x_{t-h/m-i/m}^{(m)}(i=0,1,2,\cdots,K-1)$。

12.2.2 h 步向前预测的 MIDAS(m，K，h) 模型

MIDAS(m，K，h) 为带有简洁参数的单变量单方程直接预测模型，能直接将低频数据 y_t 与高频数据 $x_t^{(m)}$ 通过参数化的多项式权重 $B(L^{1/m};\boldsymbol{\theta})$ 整合成单方程的回归模型，能够在 h 步之前对当前的低频数据进行直接预测，m 为混频数据的倍差，K 为用于参数化权重加总的高频数据滞后阶数，h 为高频数据预测的步长。h 步向前预测的 MIDAS(m，K，h) 模型可表示为如下形式：

$$y_t=\beta_0+\beta_1 B(L^{1/m};\boldsymbol{\theta})x_{t-h/m}^{(m)}+\varepsilon_t^{(m)} \tag{12.2.2}$$

MIDAS(m，K，h) 混频数据预测模型与传统的同频预测模型相比具有季度内实时预报和修正的优点，因为同频数据使用的均为季度数据，然而实时季度数据的获取具有一定的滞后性。以 2019 年国家统计局主要统计信息发布日程表为例，2019 年一季度 GDP 数据发布时间为 4 月 17 日，二季度 GDP 数据发布时间为 7 月 15 日，三季度 GDP 数据发布时间为 10 月 18 日，四季度 GDP 数据发布时间为 2020 年 2 月下旬，因此获取实时的季度 GDP 数据会有 15～25 天的滞后期。但 MIDAS 混频数据模型可以使用较高频率的月度数据来对季度数据进行预测，当最新的月度统计数据公布之后，就可以对季度预测结果进行更新，使得预测结果与未来的实际值更为接近。假设使用月度数据对季度数据进行预测，当季度数据中的第 1 个月数据发布之后，就可以运用如下模型来预测当季的 GDP 增长率，即

$$y_t=\beta_0+\beta_1 B(L^{1/3};\boldsymbol{\theta})x_{t-2/3}^{(3)}+\varepsilon_t \tag{12.2.3}$$

式中，$h=2$ 表示当季中第 1 个月的高频数据信息已经被吸收到模型中，当第 2 个月的数据发布之后，可以令 $h=1$ 来预报当季的 GDP 增长率，当 $h\geqslant 3$ 时，就可以修正预测下一个季度和更远期的 GDP 增长率。因此，MIDAS 混频数据模型能够实现利用月度数据对季度

数据进行实时预报和多期预测，并能利用即时发布的月度数据信息对季度 GDP 数据的预测值进行修正。

12.2.3　h 步向前预测的 MIDAS(m，K，h)-AR(p) 模型

在宏观经济中，很多经济变量的时间序列由于经济系统的惯性，往往存在自相关关系，因此利用因变量来预测自变量时，包含合理的自回归项是非常必要的。p 阶自回归、h 步向前预测的 MIDAS（m，K，h)-$AR(p)$ 模型形式如下：

$$y_t=\beta_0+\lambda y_{t-p}+\beta_1 B(L^{1/m};\boldsymbol{\theta})x_{t-h}^{(m)}+\varepsilon_t \tag{12.2.4}$$

Ghysels 等认为在 MIDAS 模型中直接添加 $AR(p)$ 模型会使低频变量对高频变量产生季节反应。Clements 和 Galvão 将 y_t 中的自回归动态结构（$1-\lambda L^p$）作为一个共同因子引入上述模型当中，以此来消除季节反应。MIDAS(m，K，h)-AR(p) 模型可以表示为：

$$y_t=\beta_0+\lambda y_{t-p}+\beta_1 B(L^{1/m};\boldsymbol{\theta})(1-\lambda L^p)x_{t-h}^{(m)}+\varepsilon_t \tag{12.2.5}$$

12.2.4　多元混频数据预测模型

影响宏观经济总量的因素较多，因此在使用混频数据模型对宏观经济总量进行预测时，通常需要考虑多个因变量。上述介绍的模型均为单变量 MIDAS 模型，实际上，每个模型都有相应的多变量模型，带有 n 个因变量的 $M(n)$-MIDAS(m，K）模型可以表示为：

$$y_t=\beta_0+\sum_{i=1}^{n}\beta_{1i}B_i(L^{1/m};\boldsymbol{\theta})(1-\lambda L^p)x_{i,t}^{(m)}+\varepsilon_t^{(m)} \tag{12.2.6}$$

利用上述内容进行 h 步向前预测，$M(n)$-MIDAS(m，K，h）模型可表示为如下形式：

$$y_t=\beta_0+\sum_{i=1}^{n}\beta_{1i}B_i(L^{1/m};\boldsymbol{\theta})(1-\lambda L^p)x_{t-h/m}^{(m)}+\varepsilon_t^{(m)} \tag{12.2.7}$$

在 h 步向前预测的基础上，加入自回归项，$M(n)$-MIDAS(m，K，h)-$AR(p)$ 模型可表示为如下形式：

$$y_t=\beta_0+\lambda y_{t-p}+\sum_{i=1}^{n}\beta_{1i}B_i(L^{1/m};\boldsymbol{\theta})(1-\lambda L^p)x_{t-h/m}^{(m)}+\varepsilon_t^{(m)} \tag{12.2.8}$$

12.3　混频数据模型估计

EViews 为 MIDAS 模型估计提供了理想的平台，其包含的内置工具不仅可以处理多频数据，还可以深入了解混频数据之间的关系。

12.3.1　MIDAS 模型在 EViews 中的基本设置

在 EViews 中进行 MIDAS 模型估计，具体操作如下：Quick/ Estimate Equation，或者 Object/New Object/Equation，然后在 Method 中选择 MIDAS，得到如图 12－1 所示的对话框。

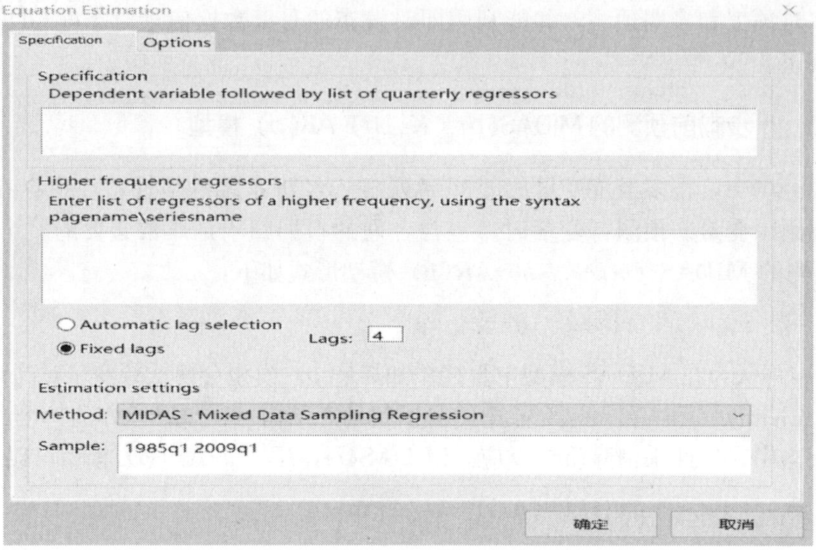

图 12-1　MIDAS 模型的方程定义窗口

打开 Options 对话框，如图 12-2 所示。

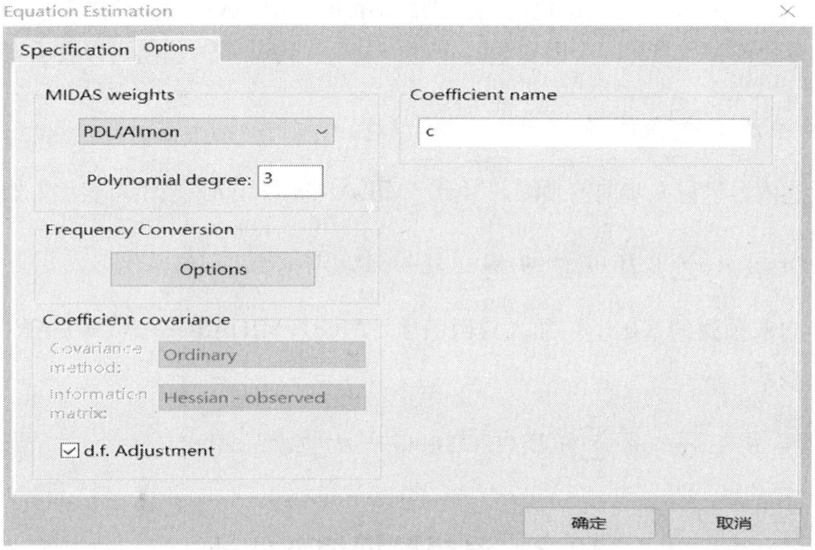

图 12-2　Options 对话框

在 Options 对话框中，有 MIDAS 权重（MIDAS weights）函数的选择，默认情况下，选择 Almon 滞后多项式函数，Step、指数 Almon、Beta 也可以选择。

如果选择 Almon 滞后多项式函数，则必须指定 Almon 多项式的次数；如果选择 Step，则必须指定步长；如果选择 Beta，可以根据需要对 θ_1，θ_3 分别进行约束，或者对两者同时进行约束。

由于指数 Almon，Beta 权重函数涉及非线性估计，因此选择指数 Almon，Beta 时都将启用优化和协方差方法选项（见图 12-3）。

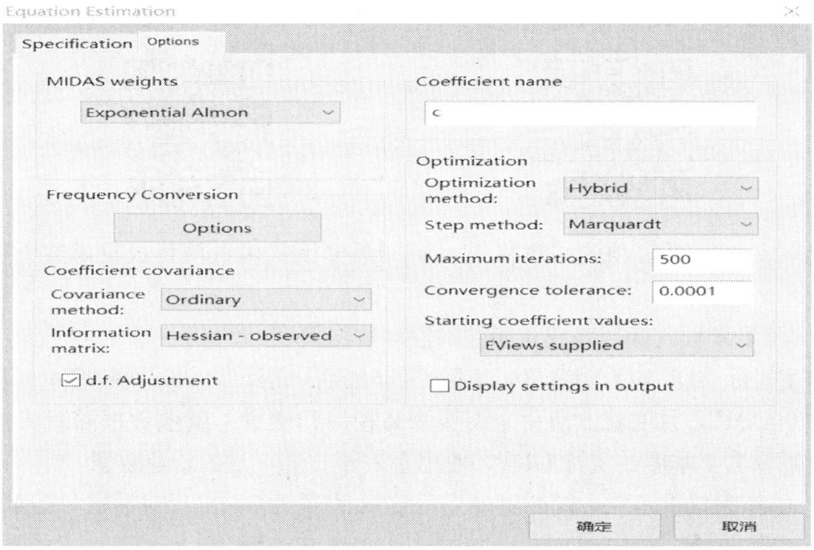

图 12-3　指数 Almon 权重函数优化和协方差方法选项

优化方法下拉菜单提供标准的 EViews 优化设置，默认的混合优化方法除外。混合优化方法是 OPG 和 BFGS 方法的组合，其中 OPG 用于最初的 50 次迭代，然后使用 BFGS 直至收敛。我们发现混合优化方法通常比单独的 OPG 方法或 BFGS 方法更成功达到收敛。

对于非线性模型，可以选择让 EViews 获取起始值，也可以自己给定。

对于指数 Almon 权重函数，EViews 设置 $\theta_1=-1$，$\theta_2=0$，然后进行最小二乘估计以获取剩余的起始值。对于 Beta 权重函数，EViews 设置 $\theta_1=1$，$\theta_2=5$，$\theta_3=0$，然后进行最小二乘估计以获取剩余值。如果不执行形状限制估计，EViews 将通过估计形状 Beta 权重函数模型来更新起始值。

“频率转换选项”（Frequency Conversion）按钮会生成一个辅助对话框，允许更改变量的不同频率的匹配方式。默认情况下，EViews 使用较高频率周期中的最后一次观察作为回归中的第 0 次滞后。也可以更改此选项以指示 EViews 使用第一个观察，或使用每个页面中的任意日期系列来执行日期匹配。

12.3.2　EViews 中的建模

下面结合一个实例来介绍如何用 EViews 建立 MIDAS 模型。

例 12.1

就业与经济增长高度相关，建立就业月度高频数据与 GDP 增长季度低频数据之间的混频数据 MIDAS 模型。数据为 Armesto，Engemann 和 Owyang（2010）使用的数据，其中季度实际 GDP（realgdp）样本数据为 1947—2011 年，经过对数差分和季节性调整等处理，数据见表 12-1；月度非农就业人口总数（emp）样本数据为 1939—2011 年，经过对数差分处理，数据见表 12-2。

表 12-1　realgdp 指标值的数据

表 12-2　emp 指标值的数据

下面选取 Beta 滞后多项式函数和 Almon 滞后多项式函数两种权重函数分别建立混频数据模型。

1. Beta 滞后多项式函数为权重函数的混频数据模型

选取季度实际 GDP 作为因变量，实际 GDP 滞后一期作为低频回归变量，样本数据为“1985Q1－2009Q1”，月度就业滞后 9 期作为高频回归变量。就业数据滞后将被抵消 5 个月，即用于解释第 1 季度的实际 GDP，使用上一年 2—10 月的就业数据。

选择 Beta 作为权重函数，同时将端点系数 θ_3 设置为 0，出现对话框如图 12-4 所示。

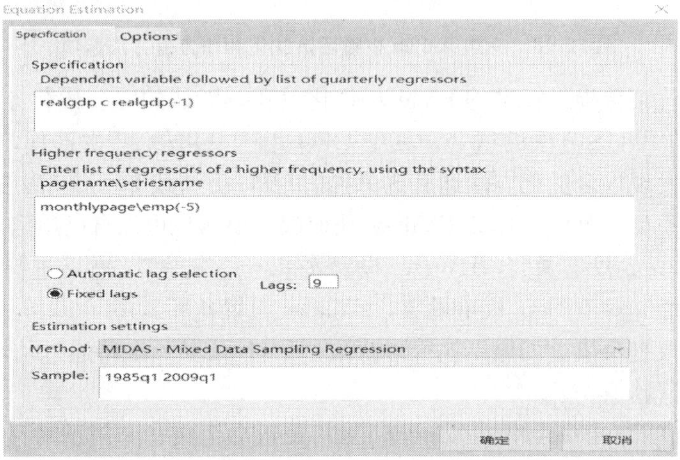

图 12-4　Beta 权重函数的混频数据模型定义窗口

打开 Beta 权重函数的混频数据模型 Options 对话框，如图 12-5 所示。

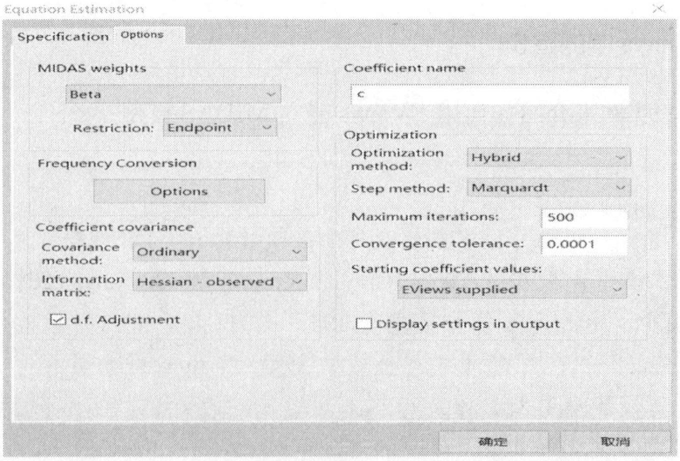

图 12-5　Beta 权重函数的混频数据模型 Options 对话框

点击确定后，模型输出结果如图 12－6 所示。

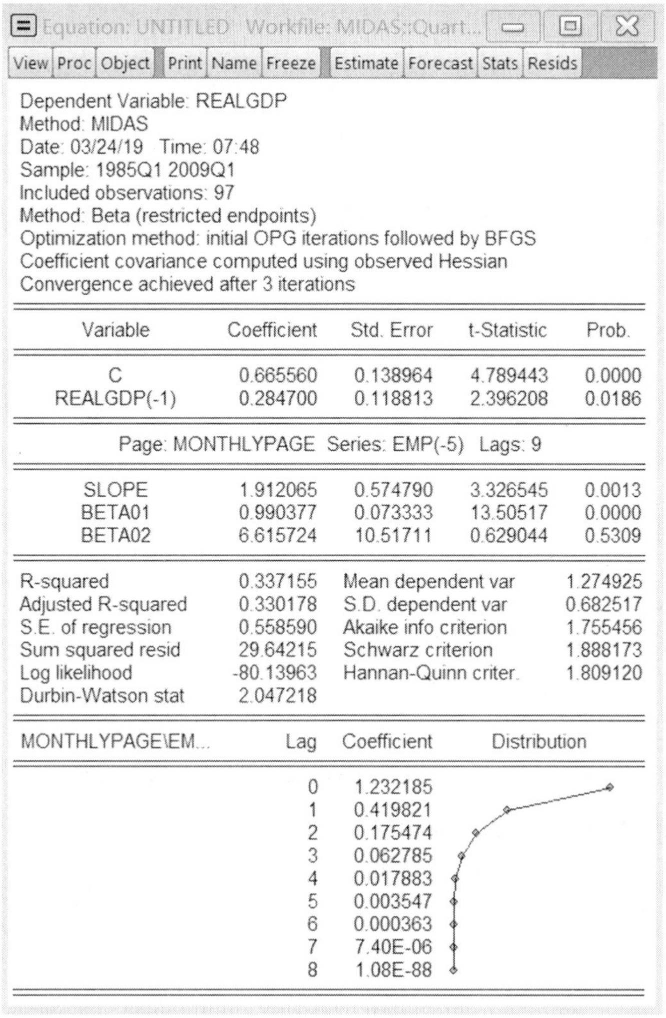

Equation: UNTITLED　Workfile: MIDAS::Quart...

View | Proc | Object | Print | Name | Freeze | Estimate | Forecast | Stats | Resids

Dependent Variable: REALGDP
Method: MIDAS
Date: 03/24/19　Time: 07:48
Sample: 1985Q1 2009Q1
Included observations: 97
Method: Beta (restricted endpoints)
Optimization method: initial OPG iterations followed by BFGS
Coefficient covariance computed using observed Hessian
Convergence achieved after 3 iterations

Variable	Coefficient	Std. Error	t-Statistic	Prob.
C	0.665560	0.138964	4.789443	0.0000
REALGDP(-1)	0.284700	0.118813	2.396208	0.0186
Page: MONTHLYPAGE　Series: EMP(-5)　Lags: 9				
SLOPE	1.912065	0.574790	3.326545	0.0013
BETA01	0.990377	0.073333	13.50517	0.0000
BETA02	6.615724	10.51711	0.629044	0.5309

R-squared	0.337155	Mean dependent var	1.274925
Adjusted R-squared	0.330178	S.D. dependent var	0.682517
S.E. of regression	0.558590	Akaike info criterion	1.755456
Sum squared resid	29.64215	Schwarz criterion	1.888173
Log likelihood	-80.13963	Hannan-Quinn criter.	1.809120
Durbin-Watson stat	2.047218		

MONTHLYPAGE\EM...	Lag	Coefficient	Distribution
	0	1.232185	
	1	0.419821	
	2	0.175474	
	3	0.062785	
	4	0.017883	
	5	0.003547	
	6	0.000363	
	7	7.40E-06	
	8	1.08E-88	

图 12－6　Beta 权重函数的混频数据模型输出结果

输出结果的顶部描述了估计样本区间、样本量、MIDAS 方法及其他估计设置。在这里，我们看到带有端点限制的 Beta 权重函数设置。估计使用初始 OPG 迭代的混合优化方法，然后进行 BFGS 方法直至收敛，系数协方差使用负 Hessian 的倒数计算。

第一部分显示低频回归量的系数，标准误差和 t 统计量，这些结果显示标准回归输出。

接下来，我们显示高频回归变量的结果。首先，我们描述变量的页面和名称以及低频回归中使用的滞后阶数 K。在这里，我们使用“MONTHLYPAGE”中的 EMP（－5），并在低频回归中允许该变量高频滞后 9 期。

公共 SLOPE 系数 λ 的估计结果以及 MIDAS Beta 权重系数 θ 均直接显示在下面。

模型结果显示，月度 EMP（－5）对季度 REALGDP 整体上有正面影响，SLOPE 系数为 1.91，且统计上显著。通过对该总斜率应用权重来获得实际滞后系数，权重函数的形状由剩余的 MIDAS 系数确定。标记为 BETA01(θ_1）的系数非常接近 1，因此滞后模式主要取决于 BETA02(θ_2)。θ_2 大的正估计值与 1 在统计上不同，而值 6.62 意味着滞后模式急剧下降，如输出底部的滞后系数图所示。因此，我们得出结论，就业的零高频滞后对实际 GDP 的影响很大，但效果很快就会消失。端点系数 θ_3 已被限制为零，因此它不会出现在输出中。剩余的输出包括标准的统计和诊断。

继续我们的示例，我们希望在估计样本之后（2009Q2）的期间执行静态预测，直到工作文件（2011Q2）结束。从我们的 MIDAS 方程预测，首先点击“Forecast”按钮，预测对话框如图 12－7 所示。

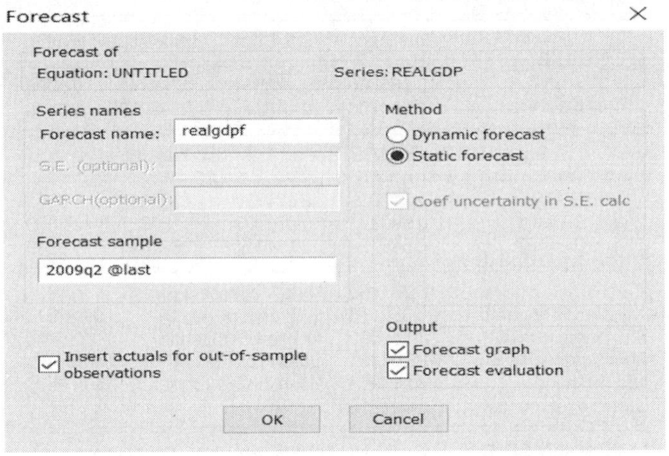

图 12－7　Beta 权重函数的混频数据模型预测对话框

点击 OK 按钮后，预测结果如图 12－8 所示。

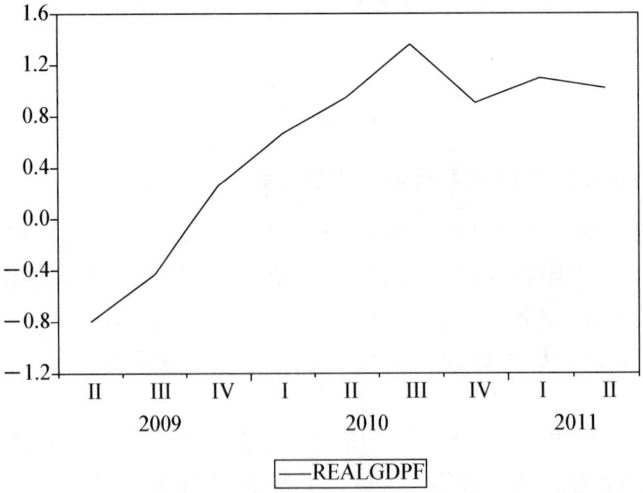

Forecast:REALGDPF	
Actual:REALGDP	
Forecastsample:2009Q22011Q2	
Includedobservations:9	
Root Mean Squared Error	0.564953
Mean Absolute Error	0.490809
Mean Abs. Percent Error	71.41411
Theil Inequality Coefficient	0.303076
Bias Proportion	0.265524
Variance Proportion	0.145474
Covariance Proportion	0.589002
Theil U2 Coefficient	1.234218
Symmetric MAPE	69.24185

图 12－8　Beta 权重函数的混频数据模型预测结果

2. Almon 滞后多项式函数为权重函数的混频数据模型

使用 Almon 二次多项式函数作为权重函数对混频数据模型进行估计，就业滞后阶数选择 12，定义窗口如图 12－9 所示，Options 对话框如图 12－10 所示。

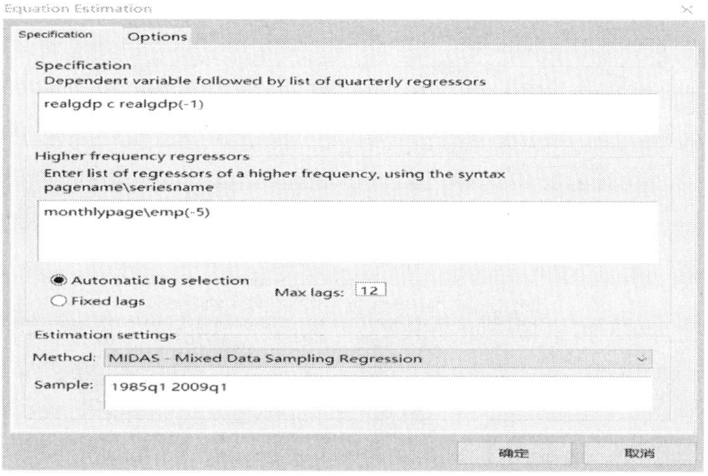

图 12－9　Almon 权重函数的混频数据模型定义窗口

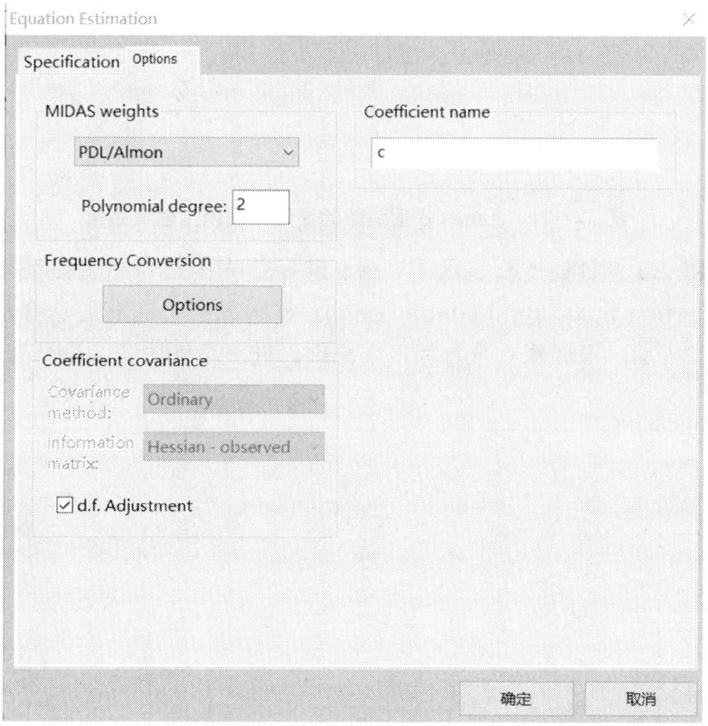

图 12－10　Almon 权重函数的混频数据模型 Options 对话框

点击确定后，Almon 权重函数的混频数据模型输出结果如图 12－11 所示。

与上面估计的 Beta 权重函数模型一样，高频 EMP（－5）对 REALGDP 的总体影响为正且在滞后中减少。然而，与 Beta 权重估计相反，Almon 权重滞后系数不会急剧下降，大致呈线性趋势。

Equation: EQ02 Workfile: MIDAS::QuarterlyP...

View | Proc | Object | Print | Name | Freeze | Estimate | Forecast | Stats | Resids

Dependent Variable: REALGDP
Method: MIDAS
Date: 03/24/19 Time: 08:42
Sample: 1985Q1 2009Q1
Included observations: 97
Method: PDL/Almon (polynomial degree: 2)
Automatic lag selection, max lags: 12
Chosen selection: 7

Variable	Coefficient	Std. Error	t-Statistic	Prob.
C	0.722293	0.138304	5.222492	0.0000
REALGDP(-1)	0.263092	0.114505	2.297643	0.0238
Page: MONTHLYPAGE Series: EMP(-5) Lags: 7				
PDL01	1.673965	0.488421	3.427299	0.0009
PDL02	-0.354906	0.117500	-3.020477	0.0033

R-squared	0.362509	Mean dependent var	1.274925
Adjusted R-squared	0.355798	S.D. dependent var	0.682517
S.E. of regression	0.547803	Akaike info criterion	1.695838
Sum squared resid	28.50836	Schwarz criterion	1.802011
Log likelihood	-78.24812	Hannan-Quinn criter.	1.738769
Durbin-Watson stat	2.065393		

MONTHLYPAGE\EM...	Lag	Coefficient	Distribution
	0	1.319059	
	1	0.964153	
	2	0.609246	
	3	0.254340	
	4	-0.100566	
	5	-0.455472	
	6	-0.810378	

图 12-11　Almon 权重函数的混频数据模型输出结果

请注意，MIDAS 变量描述行显示 EViews 选择 7 作为最合适的高频滞后长度。单击 View/Model Selection Summary/Criteria Graph，显示每个不同滞后选择的残差平方和图形，如图 12-12 所示。根据残差平方和最小原则，进一步证明 7 为最佳滞后期。

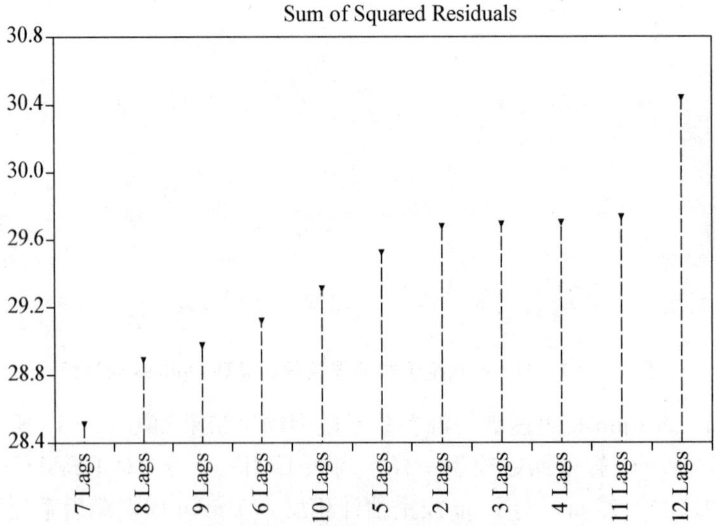

图 12-12　不同阶数的残差平方和

第 13 章

离散因变量模型和受限因变量模型

通常的计量经济学模型都假定因变量是连续变量，但实际常会遇到一些因变量是离散变量或受到某种限制的情况，这时建立模型就不能采用普通最小二乘法建立回归模型。因变量为离散变量的情况称为离散因变量模型，受限的情况称为受限因变量模型。较以前的版本而言，在建立离散因变量模型和受限因变量模型时，EViews10.0 允许输入表达式（如非线性形式）。

13.1 二元选择模型

依据因变量包含的离散值的个数，可将离散选择模型分为二元选择模型（Binary Choice Model）和多元选择模型（Multiple Choice Model）。前者因变量只有两种选择，如一事件发生用 1 表示，不发生用 0 表示；后者因变量存在多种选择，如对某一建议持强烈反对、反对、中立、支持和强烈支持 5 种态度，可以分别用 0，1，2，3 和 4 表示。离散选择模型是要确定具有某种给定特征的个体做出这种选择的概率。

13.1.1 二元选择模型

二元选择模型是模型中因变量只有两种选择的因变量模型，通常可将因变量设定为名义变量。如一件事发生与否，可分别用响应（response）1 和响应 0 表示。若模型中含有多个自变量，则可按矩阵形式定义模型：

$$\boldsymbol{y}=\boldsymbol{X\beta}+\boldsymbol{\mu}, \quad y_i=0,1 \tag{13.1.1}$$

这时将因变量与自变量当作简单的线性回归是不正确的，因为一方面模型的残差项有一些假定条件不能满足，另一方面 y 的拟合值也不可能限定在 0 和 1 之间。

为解决这一问题，可采用如下定义：假设有一个与 $\boldsymbol{X}$ 有关的指标变量 $\boldsymbol{y}^*$，用 y^* 是否超过一个临界值来决定 **y** 取 1 或 0（如通常取 0 作临界值，$\boldsymbol{y}^* > 0$ 则 **y** 取 1，否则取 0），即建立概率模型。令

$$\boldsymbol{y}^* = \boldsymbol{X\beta} + \boldsymbol{\mu}^* \tag{13.1.2}$$

则有

$$\begin{aligned} P(y_i = 1 \mid x_i, \boldsymbol{\beta}) &= P(y_i^* > 0) \\ &= P(\mu_i^* > -x_i'\boldsymbol{\beta}) \\ &= 1 - F(-x_i'\boldsymbol{\beta}) \end{aligned} \tag{13.1.3}$$

式中，F 为残差项 μ^* 的分布函数，要求是连续的（以下 f 的含义为 F 对应的密度函数），它的选择决定了二元选择模型的类型。于是用要考察的这一概率代替原有的因变量。相应地有

$$P(y_i = 0 \mid x_i, \boldsymbol{\beta}) = F(-x_i'\boldsymbol{\beta}) \tag{13.1.4}$$

在这样的定义下，可用极大似然估计法来估计模型的参数。对数似然函数为：

$$\begin{aligned} l(\boldsymbol{\beta}) &= \log L(\boldsymbol{\beta}) \\ &= \sum_{i=0}^{n} [y_i \log(1 - F(-x_i'\boldsymbol{\beta})) + (1 - y_i)\log F(-x_i'\boldsymbol{\beta})] \end{aligned} \tag{13.1.5}$$

F 确定后，可以通过式（13.1.5）最大化的一阶条件求解出模型参数估计量。需要强调的是，建模时输入的是 **y** 的观测值，但估计的对象不是原始模型（13.1.1）而是模型（13.1.2）。

根据 F 的不同，二元选择模型可有不同的类型，表 13-1 是常用的几种二元选择模型。

表 13-1　常用的二元选择模型

μ^* 对应的分布	分布函数 F	相应的二元模型
标准正态分布	$\Phi(x)$	probit 模型
logistic 分布	$\dfrac{e^x}{1+e^x}$	logit 模型
I 型极值分布	$1-\exp(-e^x)$	Extreme value 模型

由式（13.1.5）可知，不同的分布函数假设将得到不同的参数估计值，在实际应用中 logit 模型比较常用。

13.1.2　EViews 中的建模

下面结合一个实例来介绍如何用 EViews 建立二元选择模型。

例 13.1

临床数据表明：心肌梗死和人体内的两项指标值密切相关，即 HDL（高密度脂蛋白）和 Fib（纤维蛋白原），为了研究它们对是否有心梗的影响，收集了 53 个样本（见表 13-2）。其中 Y 表示是否有心梗（有则为 1，否则为 0），*HDL* 和 *Fib* 分别表示这两个指标的化验值（单位：mg/dL）。要求建立它们之间的模型。

表 13－2　心梗与 HDL，Fib 指标值的数据

Y	HDL	Fib	预测值	Y	HDL	Fib	预测值	Y	HDL	Fib	预测值
1	43	0.41	0.490	0	43	0.45	0.516	0	60	0.4	0.242
1	54	0.42	0.332	0	50	0.48	0.427	1	38	0.45	0.592
0	51	0.4	0.363	0	44	0.47	0.513	1	32	0.42	0.661
1	52	0.48	0.397	0	40	0.39	0.523	0	35	0.42	0.618
0	58	0.35	0.241	1	44	0.45	0.500	1	34	0.45	0.651
0	50	0.38	0.365	0	50	0.42	0.390	0	61	0.42	0.240
0	41	0.36	0.488	0	57	0.33	0.243	0	51	0.42	0.375
0	46	0.41	0.444	0	62	0.38	0.209	1	27	0.41	0.724
1	53	0.4	0.334	0	39	0.45	0.577	1	48	0.44	0.432
0	54	0.33	0.281	0	59	0.37	0.239	0	45	0.42	0.465
1	51	0.42	0.375	0	58	0.37	0.251	1	35	0.44	0.630
1	46	0.42	0.450	1	71	0.36	0.117	0	57	0.39	0.274
1	38	0.4	0.560	1	54	0.29	0.259	0	44	0.42	0.481
0	44	0.37	0.449	1	27	0.41	0.724	0	59	0.44	0.275
1	38	0.38	0.548	1	40	0.42	0.543	0	39	0.42	0.558
0	73	0.35	0.100	1	38	0.47	0.605	1	32	0.44	0.673
1	42	0.34	0.460	0	36	0.46	0.628	1	57	0.44	0.302
0	39	0.38	0.532	0	45	0.42	0.465				

1. 建立模型

显然这是一个二元选择模型问题。根据所给数据，要建立的模型形式如式（13.1.6）所示。

$$Y=\beta_0+\beta_1 * HDL+\beta_2 * Fib \tag{13.1.6}$$

假定已在 EViews 中建立好工作文件并导入数据。处理二元选择模型时，只需选 Quick/Estimate Equation 打开方程定义窗口并选择 BINARY 估计方法，或者直接输入命令

binary　y　c　hdl　fib

将会出现如图 13－1 所示的对话框。

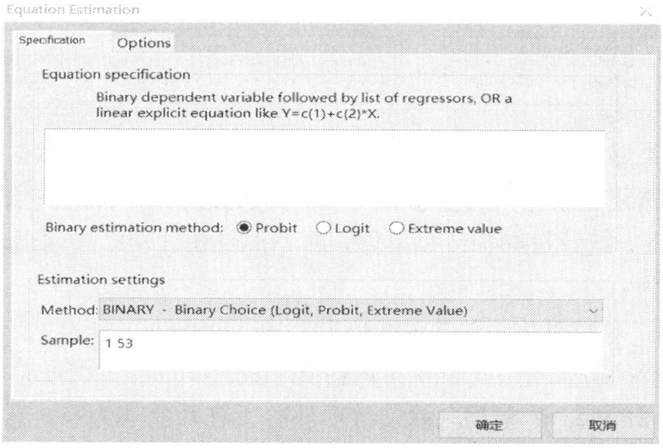

图 13－1　二元选择模型的方程定义窗口

在窗口中的方程定义栏（Equation Specification）中输入二元因变量和自变量序列名

y　c　hdl　fib

然后从窗口中部的 Binary estimation method 中按表 13－1 中的模型类型（Probit，Logit，Extreme value）选择一种。这里我们采用 EViews 默认的 Probit 模型，最后点击"确定"即可得到表 13－3a 的结果，但此时发现得到的结果中常数项不显著，于是将其去掉，建立不含常数项的模型式，重新估计的输出结果见表 13－3b。

表 13－3a　模型输出结果（例 13.1）

Variable	Coefficient	Std. Error	z-Statistic	Prob.
C	0.974472	2.398306	0.406317	0.6845
HDL	-0.038711	0.019592	-1.975841	0.0482
FIB	1.620824	4.668293	0.347198	0.7284

McFadden R-squared	0.075827	Mean dependent var	0.433962
S.D. dependent var	0.500363	S.E. of regression	0.482355
Akaike info criterion	1.378215	Sum squared resid	11.63331
Schwarz criterion	1.489741	Log likelihood	-33.52270
Hannan-Quinn criter.	1.421103	Deviance	67.04541
Restr. deviance	72.54637	Restr. log likelihood	-36.27318
LR statistic	5.500959	Avg. log likelihood	-0.632504
Prob(LR statistic)	0.063897		
Obs with Dep=0	30	Total obs	53
Obs with Dep=1	23		

表 13－3b　模型输出结果（例 13.1）

Variable	Coefficient	Std. Error	z-Statistic	Prob.
HDL	-0.033461	0.014632	-2.286863	0.0222
FIB	3.390850	1.687015	2.009970	0.0444

Mean dependent var	0.433962	S.D. dependent var	0.500363
S.E. of regression	0.478121	Akaike info criterion	1.343604
Sum squared resid	11.65857	Schwarz criterion	1.417955
Log likelihood	-33.60552	Hannan-Quinn criter.	1.372196
Deviance	67.21104	Restr. deviance	72.54637
Avg. log likelihood	-0.634066		
Obs with Dep=0	30	Total obs	53
Obs with Dep=1	23		

参数的估计结果显示在方程输出窗口中，顶部是基本信息，显示估计方法（ML）、使用的样本数以及和迭代收敛有关的信息、用来计算系数协方差阵的方法等。然后是系数估计值、渐进标准误、z 统计量和相伴概率值。再下面是统计量结果输出。表 13－3a 中有一些新出现的统计量为：

Log likelihood：对数似然函数的最大值 l。

Avg. log likelihood：l/n，其中 n 为观察值个数。

Restr. log likelihood：零模型（除常数项外的所有系数都为零，意即仅含常数项，又称截距概率模型）的对数似然函数的最大值，记为 $\bar{l}$。

LR statistics：LR 检验统计量用来检验模型的整体显著性。检验的零假设是除常数项外的所有系数都为零。该统计量定义为：

$$LR=-2(\bar{l}-l) \tag{13.1.7}$$

其作用类似于线性回归中的 F 统计量。但要注意如果回归列表中不包含常数项，不显示该统计量。

Probability（LR stat）：LR 检验统计量的相伴概率值。

McFadden R. squared：似然比的一个指标，类似于线性回归中的 R^2，如果回归列表中不包含常数项，也不显示该统计量。

得到估计结果后，可以写出回归方程。回归系数不像普通回归中那样理解为对因变量的边际效应，只能从符号上判断自变量的增加引起响应变量概率的增减，符号为正表明概率随自变量增加而增大，反之则表明减小。

根据表 13 - 3b 得到的模型为：

$$Y^* = -0.033\,461HDL + 3.390\,850FIB \tag{13.1.8}$$

2. 估计选项

如果按上述的操作步骤无法得到参数估计值或估计值不合理，需要从方程定义窗口中更改估计选项设置来进行新的估计。

由于用极大似然法估计相当于要解一个关于待估参数的非线性函数方程，EViews 在求估计值时采用迭代法，可以不需自己设定 Options 中的默认值。

从估计选项中可以设置估计算法与迭代限制，因此方程定义窗口的 Options 按钮有时要用到。这时会打开 Options 对话框，如图 13 - 2 所示。

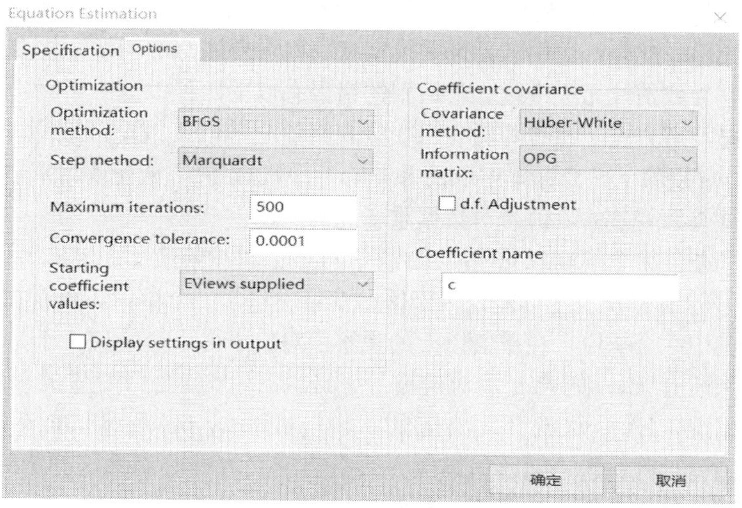

图 13 - 2　Options 对话框

在 Options 对话框中有以下几项设置：

(1) 稳健标准误。对于二元选择模型，EViews 用 Ordinary Huber-White 法（又称 QML）或广义线性模型（GLM）来估计标准误。QML 在模型中有异方差时不太稳健，对于 y 的分布非常规时估计协方差比较稳健，缺点是结果没有有效性。GLM 得到的估计值与 QML 的估计值仅在方差上相差一个常数倍，若选用 GLM 法可以把这个常数作为方差因子估计（variance factor estimate）在结果中给出。

上述方法可从 Options 对话框中 Covariance method 栏点击下拉框选择。当确定选择的方法后，在结果输出的顶部会显示出计算回归系数协方差阵的方法。如本例中若选用GLM，得到的结果输出表头和QML有些不同（见表13-4），两者的估计值完全相同，只是方程稍有出入。表13-4中显示方差因子估计为1.0888，也就是GLM的估计值方差是QML的估计值方差的1.0888倍。

表13-4 GLM估计结果输出表头

```
Sample: 1 53
Included observations: 53
Convergence achieved after 5 iterations
GLM Robust Standard Errors & Covariance
Variance factor estimate = 1.08878404439
Covariance matrix computed using second derivatives
```

（2）估计的运算法则。EViews提供的估计算法Optimization method有四种选择：BFGS，OPG-BHHH，Newton-Raphson，EViews Legacy。其中默认算法是BFGS。Quadratic Hill Climbing这一算法是用对数似然分析的第二个派生矩阵做迭代以及估计系数的协方差阵，它与其他算法的差别在于Newton-Raphson法没有对角加权，BHHH法则用第一个派生矩阵来决定迭代更新和估计的协方差阵，EViews Legacy与BHHH类似。

3. 估计中可能的错误信息

在EViews中，二元选择模型要求因变量只能取两个值：1或0。不满足要求的观察值将在估计时被剔除。此外，运用二元选择模型有一些需要注意的问题，主要是可能会遇到各种错误信息，导致估计无法进行。常遇到的错误有以下四种。

（1）因变量没有方差。意味着所有因变量观察值全部取1或全部取0。这一错误大多发生在当EViews剔除了整个样本中取值并非0，1的观察值，从而使用来估计的观察值较少。这时需要检查因变量的取值，对数据重新编码。

（2）某样本条件完全预测二元响应1或0。样本条件中响应1用success表示，响应0用failure表示。这种错误发生可能是由于回归变量中包含一个单值，所有在单值以下的观察值都对应于其中一个响应，在单值以上的观察值对应于另一个响应，于是极大似然法失效。例如，如果所有$x>0$的自变量对应有$y=1$，那么x就是因变量的一个完全的预测量，遇到这种情况，EViews就会发出信息$x>0$ perfectly predicts binary responses success并且停止估计过程。这一问题的解决方法是在定义方程时剔除这种影响估计的变量，也就是不将x引入待估模型。这是因为既然x已完全预测了二元响应1或0，就不必再引入模型了。

（3）观察值的似然函数值非正。这一错误通常发生在估计用的参数初始值不好或不合理时。EViews默认的初始值应当在大多数场合能满足需要且合理。发生这种错误时可以检查Options对话框确定没有使用用户自定义的初始值，或者更换用户自定义初始值再试验。

（4）矩阵近似奇异。这表明EViews在迭代过程中不能计算出矩阵的逆。这常发生在模型不可识别或当前参数值离真实值太远。如果原因是后者，就要对不同的初始值或估计算法进行试验。在这方面，BHHH算法和Quadratic Hill Climbing算法都没有Newton-Raphson算法那么敏感，因此只需将估计算法换为前两种之一即可解决。

13.1.3　模型分析

得到了模型后，还需进一步分析，对于二元选择模型，EViews 提供了大量具体分析模型的观测和过程。

1. 期望预测表（Expectation Prediction Table，E. P. 表）

E. P. 表主要显示模型正确与错误判决的信息，这种判决是基于用户指定的预测准则和期望值进行的。当预测概率小于或等于指定的一个截断值且观察值 $y=0$，或预测概率大于截断值且 $y=1$，为恰当，否则为不恰当。分组恰当往往表明，预测概率值与实际值（1 或 0）较为接近，因此，分组恰当的观察值数越多，模型拟合越好。

在建好的方程窗口中按菜单 View/ Expectation-Prediction Evaluation 操作后，打开一个对话框（见图 13－3），指定一个在 0～1 之间的预测截断值（cutoff）p，EViews 默认截断值取 0.5。然后每个观察值都会按其预测概率是否大于 P 而作分组。点击 OK 生成 E. P. 表。对于例 13.1，期望-预测图按截断值取 0.5 得到表 13－5。

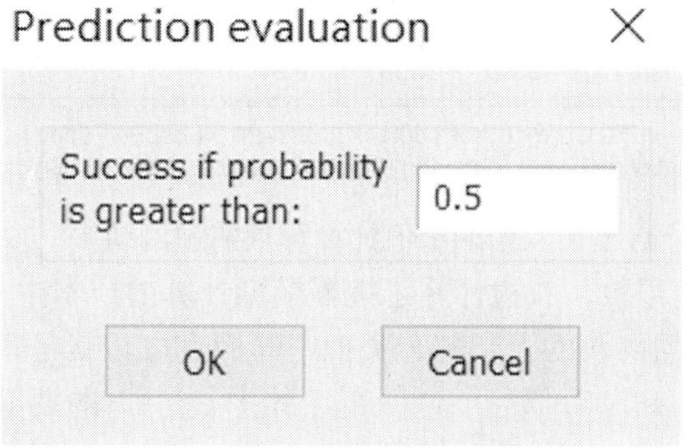

图 13－3　E. P 表指定截断值

表 13－5 的结果显示分为上下两部分，每部分又各分 2 个子表。

上半部分左边的子表是根据当前模型的预测概率 $\hat{p}=1-F(-\boldsymbol{x}'\boldsymbol{\beta})$ 来进行的判决。右边的子表是将因变量 $y=1$ 的样本比率 $\bar{p}$ 作为预测概率，它是一个常数，可由零模型（仅含截距项的模型）估计得到。意思是在 $y=0$ 的 30 个观察值中，依据当前模型和所设定的截断值有 22 个判决正确，零模型全都判决正确，依此类推。

Correct 这一行显示的是正确判决的观察值数。以下两行分别是判决正确和不正确的观察值数的比率。可以看出，虽然零模型对 $y=0$ 判决正确的个数比当前模型多，但如果加上 $y=1$ 的观察值的正判情况，还是当前模型更优（34 比 30），其误判率为 35.85%。

效果（Gain）提供了衡量模型预测能力的一个指标，它表示当前模型与零模型相比，在预测效果上所提高的程度。总效果（Total Gain）是当前模型在预测能力上比零模型提高的绝对百分比，也就是当前模型中误判比例较零模型减少的百分比。如在表中以 $y=0$ 的观察值为例，其总效果就是 80%－100%＝－20%。效果百分比（Percent Gain）则是总效果相对于零模型误判率的百分比，表示当前模型在预测能力上比零模型提高的相对程度。在这里由于零模型误判率为 0，故 Percent Gain 的第一个值显示为 NA，总的效果百分比为 26.09%，说明当前模型有比零模型更优的预测效果。

表 13-5　截断值取 0.5 时的期望预测表

	Estimated Equation			Constant Probability		
	Dep=0	Dep=1	Total	Dep=0	Dep=1	Total
P(Dep=1)<=C	24	11	35	30	23	53
P(Dep=1)>C	6	12	18	0	0	0
Total	30	23	53	30	23	53
Correct	24	12	36	30	0	30
% Correct	80.00	52.17	67.92	100.00	0.00	56.60
% Incorrect	20.00	47.83	32.08	0.00	100.00	43.40
Total Gain*	-20.00	52.17	11.32			
Percent Gai...	NA	52.17	26.09			

	Estimated Equation			Constant Probability		
	Dep=0	Dep=1	Total	Dep=0	Dep=1	Total
E(# of Dep=0)	18.25	11.73	29.99	16.98	13.02	30.00
E(# of Dep=1)	11.75	11.27	23.01	13.02	9.98	23.00
Total	30.00	23.00	53.00	30.00	23.00	53.00
Correct	18.25	11.27	29.52	16.98	9.98	26.96
% Correct	60.84	48.98	55.69	56.60	43.40	50.87
% Incorrect	39.16	51.02	44.31	43.40	56.60	49.13
Total Gain*	4.23	5.59	4.82			
Percent Gai...	9.75	9.87	9.81			

*Change in "% Correct" from default (constant probability) specification

**Percent of incorrect (default) prediction corrected by equation

表 13-5 的下半部分给出了依据期望值计算得到的预测结果。左边是计算了样本中 $y=0$ 和 $y=1$ 的观察值的期望数。右边计算了按零模型计算的样本中 $y=0$ 和 $y=1$ 的观察值的期望数。效果的含义均与表的上半部分类似。简而言之，就是在 30 个 $y=0$ 的个体中，$y=0$ 的期望观察值数为 18.25；23 个 $y=1$ 的个体中，$y=1$ 的期望观察值数为 11.27；比起零模型，它提高了 4.82 个百分点，提高率为 9.81%。

2. 拟合优度检验

类似 Pearson χ^2-拟合优度检验，EViews 提供了 Hosmer-Lemeshow 检验和 Andrews 检验。零假设为拟合完全充分，检验的思路是通过分组比较拟合值和实际值，如果这种差异很大，就可认为模型拟合不充分。

选择 View/Goodness-of-Fit Test（Hosmer-Lemeshow），出现对话框（如图 13-4 所示）。

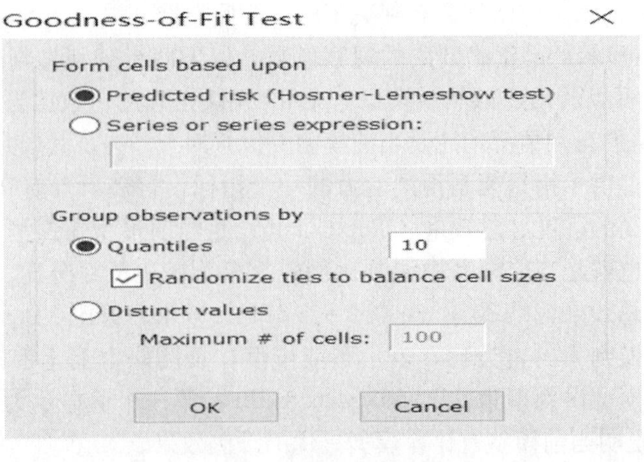

图 13-4　拟合优度检验对话框

首先要确定分组变量，可以选择相应的按钮，或选择一个序列来分组。分组有两种方法。

如果分组变量只取少数几个值，应选择 Distinct values。EViews 可以对每一个不同的值形成一个单独的组。例如，如果选择年龄作分组变量，将会按各个年龄值产生一个组。EViews 默认分组变量取值不超过 100 个，如超过，EViews 会给出错误信息，这时可以通过设置增加这一最大数。

如果分组变量取值相当多，应选择 Quantiles，并在编辑框里输入设定的组数，就可以按这个组数依据分组序列的排序值进行分组，也就是相当于按分位数分组。如果此时分组变量中存在结（ties），也就是出现观察值相等，EViews 就不能按指定组数进行精确分组，除非存在结的值被分在不同的组，这样会导致各组的观察值数不均衡。为了均衡，可选 Randomize ties to balance cell sizes 选项把结随机分到相邻的组中。

统计量要求每组中观察值数不能太少，分组中应考虑到这一点，不应把组数设定得太多。

设把数据分为 J 组，第 j 组的观察值数是 m_j（$j=1, 2, \cdots, J$），设第 j 组中 $y=1$ 的观察值数是 y_j，各拟合概率的平均值是 $\bar{p}_j$。HL 检验统计量定义为：

$$HL = \sum_{j=1}^{J} \frac{(y_i - m_j \bar{p}_j)^2}{m_j \bar{p}_j (1 - \bar{p}_j)} \tag{13.1.9}$$

其分布未知，但 Hosmer 和 Lemeshow 指出，在零假设下该统计量近似服从自由度为 $J-2$ 的 χ^2 分布。由此可得到相应的相伴概率。

Andrews 检验是基于这样考虑：仍分为 J 组，按二元选择任何观察值都会落入 $2J$ 个单元，因此将实际观察值数的这 $2J$ 个向量与从二次模型预测得到的值进行比较得到一个统计量，在零假设下该统计量近似服从 χ^2 分布。

在结果表中，Quantiles of Risk 一栏详细给出了每组中的预测概率的高值和低值，然后是各组观察值数的实际值和预测值，以及每一组的 HL 统计量，该统计量值越大，说明该组的预测值与实际值的差异也越大。

结果表的底部给出了 χ^2 统计量。如果是按拟合值进行的分组，上述两个统计量都会给出。

对例 13.1 中已建的模型进行拟合优度检验，所有选项均为默认的结果输出，如表 13-6 所示。

表 13-6　拟合优度检验的结果输出

H-L Statistic	7.2806	Prob. Chi-Sq(8)	0.5067
Andrews Statistic	11.6756	Prob. Chi-Sq(10)	0.3074

从相伴概率值看，不能拒绝原假设，即可以认为模型拟合精度是很高的。

3. 预测

EViews 可以用估计得到的参数计算出拟合概率

$$\hat{p} = 1 - F(-\boldsymbol{x}_i' \hat{\boldsymbol{\beta}}) \tag{13.1.10}$$

以及拟合的指标变量$x'_i\hat{\beta}$，这可从方程窗口的工具栏中选择 Proc/Forecast（Fitted Probability/Index），或者在方程估计结果页面直接点击 Forecast，出现如图 13－5 所示的对话框，选择要预测的对象即可。

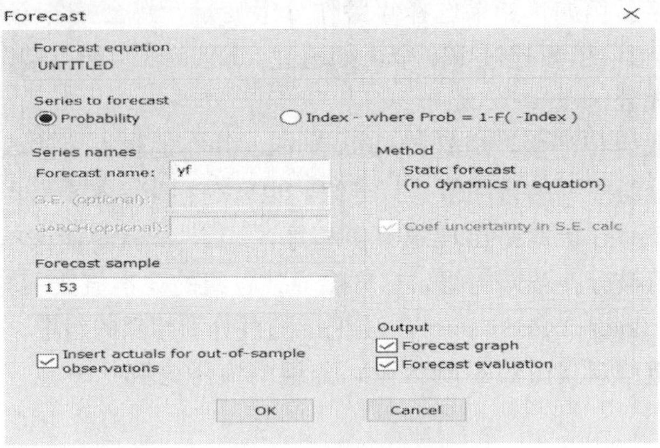

图 13－5　预测对话框

EViews 默认的预测对象是概率值。各个选项选定后，点击 OK 按钮，可以得到响应变量 y 的各个预测概率值，如表 13－2 所示，得到的结果如图 13－6 所示。概率值较接近 1 的，说明取响应 1 的概率较大。

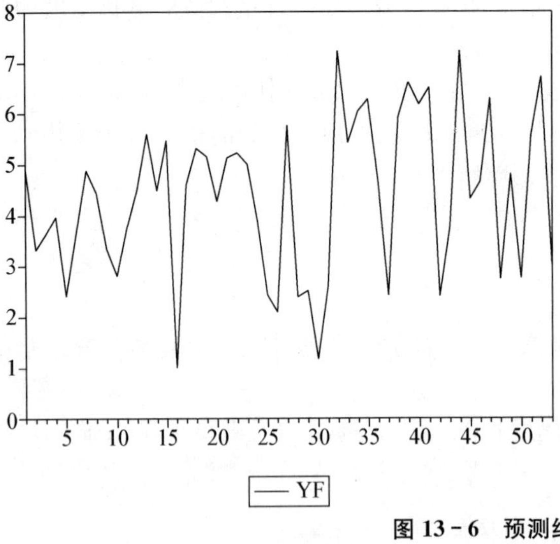

Forecast:YF	
Actual:Y	
Forecastsample:153	
Included observations:53	
Root Mean Squared Error	0.468504
Mean Absolute Error	0.441752
Mean Abs. Percent Error	21.96526
Theil Inequality Coefficient	0.417739
Bias Proportion	0.000027
Variance Proportion	0.531847
Covariance Proportion	0.468125

图 13－6　预测结果

如果自变量 x_t 包含二元因变量的滞后项 y_{t-1}，应在图 13－5 右侧 Method 下选 Dynamic 项预测拟合值 $\hat{p}_{t-1}$，Static 选项是用实际滞后项 y_{t-1} 预测的。因本例方程中没有因变量滞后项，故图 13－5 中无法显示该功能。

对这种预测方法，预测的评估量和预测标准误都不能直接计算得到。标准误可由从 View/Covariance Matrix 得到的系数协方差阵计算得到，或使用函数@cov。

4. 产生残差序列

EViews 能产生三种残差：普通残差、标准化残差和一般化残差。具体希望产生哪一种可以从 Proc/Make Residual Series 出现的对话框中加以选择。

它们的公式如下：

普通残差：$\varepsilon_O = y - \hat{p}$ (13.1.11)

标准化残差：$\varepsilon_S = \dfrac{y-\hat{p}}{\sqrt{\hat{p}(1-\hat{p})}}$ (13.1.12)

一般化残差：$\varepsilon_G = \dfrac{(y-\hat{p})f(-\boldsymbol{x}'\hat{\boldsymbol{\beta}})}{\hat{p}(1-\hat{p})}$ (13.1.13)

一般化残差是从极大似然估计的一阶条件（令残差平方函数的一阶偏导等于零）得到的，这个一阶条件可视为一般化残差与回归变量间的正交条件，即 $\sum_{i=0}^{n}\varepsilon_{G,i}x_i = 0$ 。这一特点与线性回归模型中残差与回归变量间的正交性是类似的。因为一般化残差的这一特点，可将其用于 LM 检验。

13.1.4　异方差检验

对于二元选择模型，可以用 LM 检验验证是否有异方差。零假设是同方差，备择假设是具有如下形式的异方差：

$$\mathrm{Var}(\varepsilon_i) = \exp(2z_i'\gamma) \tag{13.1.14}$$

式中，γ 是一个未知参数；z 是一个变量。检验统计量即是

$$\frac{y_i-\hat{p}_i}{\sqrt{\hat{p}_i(1-\hat{p}_i)}} = \frac{f(-\boldsymbol{x}_i'\boldsymbol{\beta})}{\sqrt{\hat{p}_i(1-\hat{p}_i)}}x_i'b_1 + \frac{f(-\boldsymbol{x}_i'\boldsymbol{\beta})(-\boldsymbol{x}_i'\boldsymbol{\beta})}{\sqrt{\hat{p}_i(1-\hat{p}_i)}}z_i'b_2 + V_i \tag{13.1.15}$$

的回归平方和，它近似服从自由度等于 z 中的变量个数的 χ^2 分布。

EViews 进行这一检验，是在以 y 为因变量，x_1，…，x_n 为自变量的二元选择模型中，取 x_i 为式（13.1.14）中的 z。

建立二元选择模型。先得到拟合概率值 $\hat{p}$ 和拟合指标变量 $\boldsymbol{x}'\hat{\boldsymbol{\beta}}$ 。这可通过 Forecast 操作两次得到，并把结果保存为两个序列，如 p 和 xb。

式（13.1.14）的自变量可以由标准化残差得到。产生标准化残差，命名为 se。注意到只是含 z 的这一项多了一个 $-xb$ 系数，按照式（13.1.14）建模，也就是在主窗口命令行输入命令：

```
series fac=@dnorm(-xb)/@sqrt(p*(1-p))
ls se fac(fib*fac)(hdl*(-xb)*fac)
```

在建立的新方程中，用 Forecast 键得到拟合值，命名为 sef。由于统计量就是这些拟合值的平方和，需要将这个值与自由度为 1 的 χ^2 分布的临界值比较，并求出相伴概率值。于是需要建立标量，用命令：

```
scalar lm_test=@sumsq(sef)
scalar p_val=1-@cchisq(lm_test,1)
```

检查 p 值可双击工作文件中的标量 p _ val，EViews 窗口的左下角的状态栏里会出现这一值为 0.855 0。于是不能拒绝原假设，即可认为无异方差。

13.2 排序选择模型

13.2.1 排序选择模型

当因变量不止两种选择时，要用到多元选择模型。多元选择模型也是社会经济生活中很常见的一类模型。例如：

（1）一个人购买某类商品时将可供选择的商品排队，用 0，1，2，3 表示。影响消费者选择的因素包括商品价格、性能、消费者收入、对该商品的偏好程度等。

（2）不同的消费者对同一种商品的偏好不同，诸如十分喜欢、一般喜欢、无所谓、一般厌恶、十分厌恶，以 0，1，2，3，4 表示。影响消费者偏好的因素有商品价格、性能、消费者收入、对商品的需求程度等。

（3）一个人如何去上班，自己开车、乘出租车、乘公共汽车、骑自行车，也是一个多元选择问题。

上述三个例子代表了多元选择模型的几种常见类型。第一个是将选择对象按照某个准则排队，由决策者从中选择。第二个是决策者对同一个选择对象的偏好程度。这两例都属于排序选择问题，“排序”的意思是在各个选择项间有一定的顺序或级别种类。第三个只是同一个决策者面临多项选择，且多项选择之间没有排序，不属于排序选择问题。

对于排序选择问题，需要建立排序选择模型，或称排序因变量模型（Ordered Dependent Model)，由于它在建模方法上与二元选择模型有很多类似之处，对于非排序的多元问题要用其他手段来解决，所以以下我们只讲述排序选择模型。

与二元选择模型类似，引入指标变量 y^*，y^* 取决于 x。其中假定因变量有 0，1，…，M 等 $M+1$ 个取值。

$$y_i^* = \boldsymbol{x}_i'\boldsymbol{\beta} + \varepsilon, y_i = 0,1,\cdots,M \tag{13.2.1}$$

但是，依据 y^* 来定义所选类数 y_i 时，要取多个临界值。于是按要求取 γ_1，γ_2，…，γ_M 共 M 个临界值。模型要求大的因变量值和大的指标变量值相对应，也就是 $y_i<y_j$ 意味着 $y_i^*<y_j^*$，即观察值 0 对应的 y_0^* 小于观察值 1 对应的 y_1^*。这样定义的 y_i 及 y_j 取每一个选择项的概率见表 13-7。

表 13-7　排序选择模型中的因变量、指标变量和概率值

y_i 取值	相应的 y^* 范围	y_i 取该值的概率
0	$y^* \leqslant \gamma_1$	$F(\gamma_1 - \boldsymbol{x}_i'\boldsymbol{\beta})$
1	$\gamma_1 < y^* \leqslant \gamma_2$	$F(\gamma_2 - \boldsymbol{x}_i'\boldsymbol{\beta}) - F(\gamma_1 - \boldsymbol{x}_i'\boldsymbol{\beta})$
2	$\gamma_2 < y^* \leqslant \gamma_3$	$F(\gamma_3 - \boldsymbol{x}_i'\boldsymbol{\beta}) - F(\gamma_2 - \boldsymbol{x}_i'\boldsymbol{\beta})$
⋮	⋮	⋮
M	$\gamma_M < y^*$	$1 - F(\gamma_M - \boldsymbol{x}_i'\boldsymbol{\beta})$

表 13-7 中的 F 是残差项的分布。和二元模型一样，也按 F 不同可以有常见的三种类型，分别是 normal，logit，extreme value，而且仍可用极大似然法来求估计值。与前面估

计不同的是，由于临界值 γ_1，γ_2，…，γ_M 事先并不确定，所以也作为参数和回归系数一起估计。

13.2.2　EViews 中的处理

例 13.2

来看一个特殊的例子，在调查某市执政者的支持率的民意测验中，由于执政者执行了对某一收入阶层有利的政策而使得不同收入的市民对其支持不同，所以收入成为决定市民是否支持的因素。通过调查取得了市民收入与支持与否的数据，为方便起见仅选取 24 个样本进行排序选择模型分析。数据见表 13－8，其中因变量 y 表示三种态度（其中 0，1，2 分别表示支持，中立，不支持），inc 表示收入。

表 13－8　市民态度和收入数据

y	inc	yf	y	inc	yf
0	550	4.813	1	1 150	10.064
0	600	5.251	1	1 200	10.502
0	650	5.688	1	1 300	11.377
0	700	6.126	1	1 400	12.252
0	750	6.564	2	1 250	10.939
0	800	7.001	2	1 350	11.815
0	900	7.876	2	1 450	12.69
0	1 000	8.751	2	1 500	13.127
1	850	7.439	2	1 550	13.565
1	950	8.314	2	1 600	14.002
1	1 050	9.189	2	1 650	14.44
1	1 100	9.627	2	1 700	14.878

1. 参数估计和结果说明

选 Quick/Estimate Equation 打开方程定义窗口，首先在估计方法栏中选择 ORDERED，标准的定义窗口将会变为与定义相匹配的窗口（见图 13－7）。

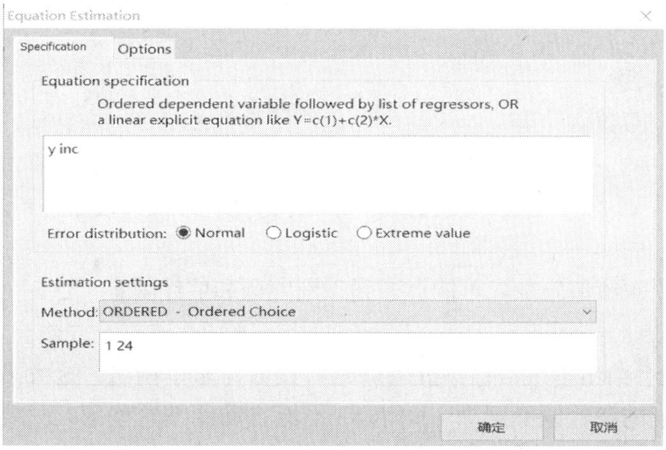

图 13－7　排序选择模型的方程定义窗口

仍只需在方程定义栏中输入多元因变量及自变量列表，但要注意与二元模型不同的是，由于常数项容易和临界值 γ 混淆，所以 EViews 会在定义式中忽略常数项，在定义栏中的变量列表里，有无常数项 c 都被视为没有。因此，只要输入

y inc

然后选择所要建立的模型类型，本例中，残差项的分布选择默认的正态分布，点击 OK 按钮即可，结果如表 13－9 所示。

表 13－9 模型输出结果（例 13.2）

Variable	Coefficient	Std. Error	z-Statistic	Prob.
INC	0.008751	0.002870	3.049588	0.0023
Limit Points				
LIMIT_1:C(2)	8.093075	2.703928	2.993081	0.0028
LIMIT_2:C(3)	11.59779	3.828237	3.029539	0.0024
Pseudo R-squared	0.674560	Akaike info criterion		0.965066
Schwarz criterion	1.112322	Log likelihood		-8.580789
Hannan-Quinn criter.	1.004133	Restr. log likelihood		-26.36669
LR statistic	35.57181	Avg. log likelihood		-0.357533
Prob(LR statistic)	0.000000			

表头仍然是一些基本信息，然后是参数估计值，再下方的极限点（Limit Points）给出的是临界值 γ 的估计值，及其相应的标准误和概率值。

写成模型形式就是：

$$y^{*}=0.008\,571*inc$$

两个临界点 γ_1，γ_2 的估计值 $\hat{\gamma}_1=8.093$，$\hat{\gamma}_2=11.598$，从其他统计量来看，此次建立的 ordered 模型整体效果较好。

还需说明的是，EViews 要求因变量取整数值，否则会给出错误信息并使估计停止。然而这不是很严格的限制，因为可以通过 @round，@floor，@ceiling 等命令把序列转化为整数值表达式。

2. 估计中的问题

排序选择模型参数估计出现的问题与二元选择模型差不多。应特别注意以下几点。

EViews 对排序选择模型中出现的所有系数的个数有限制，要求不得多于 750 个。例如一个模型中包含 25 个自变量，因变量有 726 种选择，那么该模型是不能用 EViews 估计的。

如果有的组里观察值较少，可能会遇到识别问题和估计困难。这时应把适当相邻的组进行合并后重新估计。

EViews 可能会给出错误信息：极限点的参数估计非单调增。这大多发生在第一步迭代时，表明极限点的参数值不正确。EViews 不能自动调整这些值，只能先检查是否使用了用户自定义参数，一般来说，最好还是使用 EViews 默认的参数值。

13.2.3　模型分析

(1) 为了进一步对模型进行分析，以下这些观测和过程是常用的。

View/Dependent Variable Frequencies 对估计样本中的排序因变量计算频率值，既有按实际值和百分比的频率表，也有累计频率。

View/Expectation Prediction Table（期望预测表）。这里的 E. P. 表要比二元的简单。把观察值按预测响应分类，通常按预测概率值和期望概率值的最大值分类。

注意表中有两列数标着 Error，它们的区别在于：前一列是一个响应值观察值数与在该响应值上取概率最高的观察值数之差，后一列是与所有这些概率之和的差。

Proc/Make Ordered Limit Vector 产生一个命名为 LIMITS01 的向量（若该名字已用，则命名为 LIMITS02，以此类推）的向量，即临界值向量 $\boldsymbol{\gamma}$。

Proc/Make Ordered Limit Covariance Matrix 产生一个命名为 VLIMIT01（若该名字已用，则命名为 VLIMIT02，以此类推）的矩阵，该矩阵作为 $\boldsymbol{\gamma}$ 估计值的协方差阵。

(2) 预测。因为因变量表示种类或级别，所以不能直接用已建的模型预测，只能预测每一类对应的概率值。Proc/Forecast 对排序选择模型不适用，只能通过创建模型对象的方法来预测。

方法是选 Proc/Make Model，会建立并打开包含方程系统的模型对象窗口，点击这个窗口的 Solve 按钮。如果模型中的因变量命名为 y，拟合的指标变量 $\boldsymbol{x}_i'\hat{\boldsymbol{\beta}}$ 序列被命名为序列 i _ yf，拟合值落入第一类的拟合概率将被命名为序列 y _ 1f，第二类为 y _ 2f，依此类推。对每一个观察值，落入每一类的拟合概率之和为 1。

指标变量的拟合值在表中已经给出，可以依据该表将其与临界值作比较。

(3) 产生残差序列。选 View/Make Residual Series，输入名字或接受默认名字可以产生残差序列，但与二元模型不同的是排序选择模型只能产生一般化残差。该残差被定义为与自变量无关，因此可用于一些检验中，其定义式是：

$$\varepsilon_{G,i}=\frac{f(\gamma_i-\boldsymbol{x}_i'\boldsymbol{\beta})-f(\gamma_{i-1}-\boldsymbol{x}_i'\boldsymbol{\beta})}{F(\gamma_i-\boldsymbol{x}_i'\boldsymbol{\beta})-F(\gamma_{i-1}-\boldsymbol{x}_i'\boldsymbol{\beta})} \tag{13.2.2}$$

式中，$\gamma_0=-\infty$，$\gamma_{M+1}=\infty$。

13.3　受限因变量模型

在现实中，有时只能得到部分数据，需要从总体的一个受限部分的样本推断总体特征，这就产生了受限因变量模型。

本节重点讲述受限因变量模型中的删失回归模型。

13.3.1　受限因变量模型

受限因变量（Limited Dependent Variable）是指因变量的观测值是连续的，但是受到某种限制，得到的观察值并不完全反映因变量的实际状态。

经济生活中的受限因变量问题很多，常见的有两类：删失和截尾。

（1）删失问题，即把因变量处于某一范围的样本观察值都用一个相同的值代替。这种问题常出现在调查活动中。如考察某商品的需求量，由于需求无法得到，一般用实际购买量作为需求量的观察值。如果商品是限制购买的，每户最多只能购买 100 件，那么对于购买量等于 100 的个体，其需求量可能更大。样本中需求量大于 100 的都用 100 作为观测值。也就是说，有部分与自变量相对应的因变量观察值无法获得。

（2）截尾问题，即不能从全部个体而只能从一部分个体中随机抽取的样本观察值，这部分个体观察值都大于或小于某个确定值，相当于将全体样本从两端"截"掉。例如考察居民收入时，理论上收入数据应从零到无穷大，但由于客观限制，只能从其中一个子区间内获得样本。进一步来讲，对应因变量的特定取值范围，或者没有全部自变量的观察值，或者无法得到因变量的观察值。

一般地，将能得到分析对象在特定区间以内的全部自变量和部分观察值的情形作为删失回归模型的分析对象，对上面的删失问题而言，观察值只取（0，100），将只能得到全部自变量和部分观察值的情形作为截尾回归模型的分析对象。

出现因变量受限问题时，不宜采用普通回归，应分别引进删失回归模型和截尾回归模型，它们的建模方法与本章前两节的建模方法有一些共同之处。

13.3.2 删失回归模型

"删失"并不是把数据从样本中删去，其本质是对出现有删失数据的普通回归模型进行适当的处理。当只能取得因变量的部分值时，可以考虑下面的删失回归模型（Censored Regression Model）：

$$y_i = \boldsymbol{x}_i'\boldsymbol{\beta} + \varepsilon_i \tag{13.3.1}$$

这个模型从形式上跟普通回归是一样的，不同的仅是式（13.3.1）中因变量是删失的。

借鉴前两节的方法，设一个指标变量 y_i^*，将模型化为下列指标变量回归模型：

$$y_i^* = \boldsymbol{x}_i'\boldsymbol{\beta} + \sigma\varepsilon_i \tag{13.3.2}$$

式中，σ 是一个比例参数。引进这个参数是为了能表示出 y 的似然函数，它作为参数与 $\hat{\boldsymbol{\beta}}$ 一起被估计出来，实际上就是原始模型（13.3.1）中残差的标准差。观察值 y 由指标变量得到，如

$$y_i = \begin{cases} 0, & y_i^* \leqslant 0 \\ y_i^*, & y_i^* > 0 \end{cases} \tag{13.3.3}$$

也就是说，所有为负值的指标变量 y^* 相应取 0，这时称这些数据是左删失的。模型（13.3.3）称为规范的删失模型（又称 tobit 模型）。

更一般地，可以取左、右两个临界值：

$$y_i = \begin{cases} \underline{c}_i, & y_i^* \leqslant \underline{c}_i \\ y_i^*, & \underline{c}_i < y_i^* < \overline{c}_i \\ \overline{c}_i, & y_i^* \geqslant \overline{c}_i \end{cases} \tag{13.3.4}$$

$\underline{c}_i$与 $\bar{c}_i$ 是代表临界点的固定值，需要事先确定。如果没有左临界点，可设为$\underline{c}_i=-\infty$；若无右临界点，可设为 $\bar{c}_i=\infty$。规范模型相当于设定了$\underline{c}_i=0$，$\bar{c}_i=\infty$。在本节开头的删失例子中，有$\underline{c}_i=0$，$\bar{c}_i=100$。

根据误差项的分布定义 y_i 的概率值，可以得到相应的似然函数，将其最大化便得到 $\boldsymbol{\beta}$ 和 σ 的估计值。

13.3.3 EViews 中的建模

例 13.3

研究已婚妇女的劳动时间供给问题。现有 50 组调查数据（见表 13－10），其中各变量含义分别为：y 为工作时间；x_1 为未成年子女数，x_2 为年龄；x_3 为受教育年限；x_4 为丈夫收入。

表 13－10　已婚妇女劳动时间数据

y	x_1	x_2	x_3	x_4	y	x_1	x_2	x_3	x_4
0	0	69	16	0	4	2	23	11	2 300
40	0	27	12	37 400	0	2	32	14	11 000
0	0	58	12	30 000	40	1	34	20	8 809
40	2	29	12	18 000	0	1	37	11	32 800
20	0	58	12	60 000	3	0	53	11	0
0	1	36	12	55 000	45	0	26	12	15 704
38	0	52	13	33 000	0	5	42	13	41 000
37	0	29	16	28 000	32	2	47	12	48 200
37	0	46	14	33 000	38	1	43	14	0
0	0	67	7.5	0	0	0	62	12	0
0	0	65	12	0	8	1	29	12	0
38	0	51	12	29 650	0	0	63	13	0
5	2	36	13	0	0	0	57	10	20 000
6	0	22	2.5	12 000	0	3	34	16	60 000
32	1	30	14	45 000	50	3	32	16	33 000
40	2	34	12	39 000	45	0	60	12	0
0	3	38	16	39 750	20	0	53	12	45 000
14	5	34	11	1 200	29	1	37	12	25 400
0	0	48	11	0	0	0	70	12	0
0	3	27	12	14 500	45	3	28	12	24 000
48	1	43	13	16 887	15	0	52	11	0
40	2	33	12	28 320	0	1	38	13	14 000
0	0	58	12	500	40	0	57	16	0
10	0	46	13	1 000	40	1	52	16	22 000
50	0	52	21	99 999	9	1	54	12	0

数据来源：U. S. Bureau of the Census（Current Population Survey，1993）.

尽管可得到影响妇女劳动供给的各种数据，但只要妇女没有提供实际劳动，就只能将劳动时间视为零，但又要利用全部调查数据，所以应建立删失模型。具体而言，观察值在 y 取 0 处左删失。

1. 建立删失模型

打开方程定义窗口，在估计方法栏中选择 CENSORED，定义窗口如图 13－8 所示。

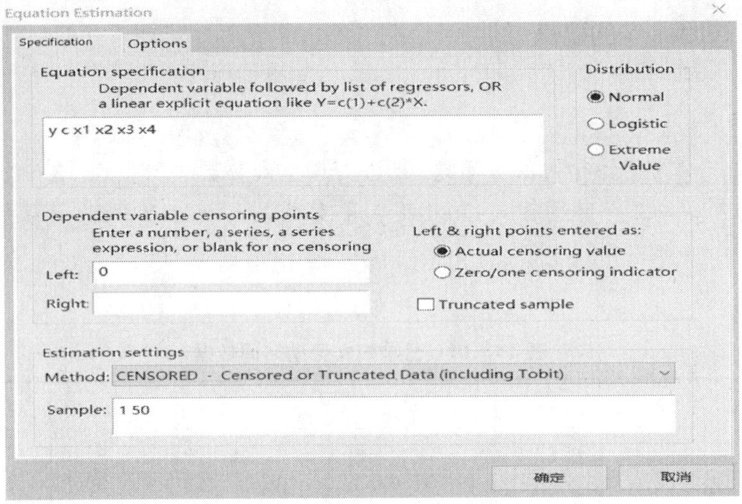

图 13－8　删失回归模型的方程定义窗口

定义窗口包含很多输入选项。在定义栏 Equation specification 中输入因变量和自变量列表。与以往不同的是，不能输入方程的精确表达式，因为 censored 只支持列表形式，即只能输入

y　c　x1　x2　x3　x4

然后在对话框右上部的 Distribution 选项中选择一种作为残差项的假定分布，这里给出这三种分布下残差的期望和方差，目的是根据不同的假定分布估计出模型中的残差标准差（见表 13－11）。

表 13－11　删失模型的残差假定分布

ε 的分布	$E(\varepsilon)$	Var(ε)
标准正态分布	0	1
Logistic 分布	0	$\pi^2/3$
I 型极值分布	0.577 2 （欧拉常数）	$\pi^2/6$

下一步在 Dependent variable censoring points 栏中指定临界点，从而提供关于因变量删失的信息。分两种情况。

（1）临界点对所有个体都已知。按要求在编辑栏里输入左、右临界点的表达式。如果其中一个编辑栏为空，EViews 会认为没有这一类型观察值的删失。

对于规范的 tobit 模型（13.3.3）是在左、右编辑栏分别填入 0 和空；本节开头举的例子分别填入空和 100；一般地，对于模型（13.3.4），分别输入$\underline{c}_i$，$\bar{c}_i$ 的值。

除此之外，还允许临界点已知但对不同观察值是不同的，这只需在适当的编辑栏里输入作为临界点的序列名。

（2）临界点通过指示变量产生并且只对有删失观察值的个体已知。假设的临界点有时对一些个体还是未知的（$\underline{c}_i$和 $\bar{c}_i$ 对有的个体没有观察值）。如当临界点序列是一个取值为 0 或 1 的名义变量时。EViews 提供的方法是：从对话框中选 the Field is zero/one indicator of censoring，然后在适当的编辑栏里输入临界点的指示变量。临界点为 1 的观察值是要做删失处理的，否则不需要。

例如，假设有个人失业时间的观察值，但一些观察值反映的是取到样本时仍在持续的失业，这部分观察值可视为报告值的右删失（因为其失业时间不止报告时间那么长）。如果变量 RCENS 是表示删失的名义变量，即可选 the Field is zero/one indicator of censoring，然后输入空、rcens，如果数据还有左删失，使用单独的二元指示变量，分别输入即可，如输入 lcens，rcens（这里 LCENS 也是一个二元指示变量）。

（3）方法的比较。如果是用指标变量指定的临界值，相当于是在告诉 EViews 对未删失的数据不知道临界值，并且如果数据是左删失的，可能我们没有右删失的信息。在这种情况下，用指标变量指定临界值就不必计算因变量的条件均值和相应残差。

一旦定义完毕，点击 OK 按钮。EViews 会用适当的迭代法估计出参数。

本例是一个规范的 tobit 模型，因此可默认图 13－8 中的其他选项，直接点击 OK 按钮。

2. 估计结果输出

如果模型收敛，在结果显示窗口可得到结果输出。本例中结果显示如表 13－12 所示。

表 13－12　模型输出结果（例 13.3）

Variable	Coefficient	Std. Error	z-Statistic	Prob.
C	18.71270	20.62357	0.907346	0.3642
X1	-6.221407	3.178342	-1.957438	0.0503
X2	-0.943270	0.326380	-2.890097	0.0039
X3	3.053161	1.345538	2.269100	0.0233
X4	0.000155	0.000170	0.910753	0.3624
Error Distribution				
SCALE:C(6)	22.77743	3.100810	7.345638	0.0000
Mean dependent var	19.16000	S.D. dependent var		19.02454
S.E. of regression	17.26854	Akaike info criterion		6.626821
Sum squared resid	13120.91	Schwarz criterion		6.856264
Log likelihood	-159.6705	Hannan-Quinn criter.		6.714194
Avg. log likelihood	-3.193410			
Left censored obs	18	Right censored obs		0
Uncensored obs	32	Total obs		50

可以看出，结果仍是先给出一些基本信息，如假定的误差分布、估计用的样本和算法、要求收敛的迭代次数以及对指定临界值的一些信息。如果用的是左删失为零的规范删失模型，EViews 会把方法标为 TOBIT，对于其他情况，也会标出左（右）删失的详细信息。然后可得估计为：

$$y^* = 18.7127 - 6.2214x_1 - 0.9433x_2 + 3.0532x_3 + 0.0002x_4 \tag{13.3.5}$$

和二元选择模型一样，估计系数不能直接解释为相应自变量的边际效应。这里自变量的变化引起两种效应：对观察到的 y 的均值和 y 被观察到的概率。如对 x_1 的系数而言，表示平均来说，每增加 1 个子女使得劳动时间减少 6.221 4 个小时。

此外，EViews 还输出一个名为 SCALE 的系数，即比例系数的估计值，它可用已知假定分布的方差来估计残差项的标准差。如此时比例参数（由于前面已估出 5 个参数，此时用 SCALE：C(6) 表示）的估计值为 $\hat{\sigma}=22.7774$。由于这是按误差项为标准正态时得到的值，根据表 13－8，得到误差项的标准差为 22.777 4。如果事先指定的是 Logistic 分布，则根据表 13－8 要用 SCALE 的值乘以$\pi/\sqrt{3}$才能得到误差项的标准差。在表 13－8 中还可看出，有 18 个观察值作了删失处理。

和二元选择模型一样，EViews 输出的统计量大多和似然函数有关。和残差有关的统计量由一般化残差计算得到。

13.3.4 模型分析

删失回归中大多数预测和以前的类似，如果对前面的模型很熟悉，是不难弄清这些预测和过程的意义的。

通过 View/Categorical Regressor Stat，可以查看估计样本中因变量和自变量的均值和标准差，还提供对整个样本以及左（右）删失、无删失下个体的统计量。

产生残差序列由 Proc/Make Residual Series 得到，这里仍产生三种残差：普通残差、标准化残差、一般化残差。可从三种残差中选择希望得到的。一般化残差是进行 LM 检验的基础，包括 LM 正态性检验。

预测也提供了两种预测对象：因变量和指标变量。只需从方程窗口的工具栏中选择 Forecast，打开预测对话框并加以选择即可。

如果要预测指标变量，在估计结果窗口点击 Forecast，在弹出的对话框中选 Index-Expected latent variable，输入一个序列名，预测值即可由 $E(y^* \mid \boldsymbol{x},\boldsymbol{\beta},\sigma)=\boldsymbol{x}'\boldsymbol{\beta}$ 产生。

如果预测因变量的值，点选 Expected dependent variable 即可得到。注意得到的期望值满足 $\underline{c}\leqslant E(y)\leqslant\bar{c}$。它的值由指标值乘以落入所在区间的概率相加得到。

13.3.5 截尾回归模型

1. 模型形式

在截尾回归模型（Truncated Regression Model）中，对应因变量的特定取值范围，或者没有全部自变量的观察值，或者无法得到因变量的观察值。模型通常写为：

$$y_i = \boldsymbol{x}_i'\boldsymbol{\beta} + \varepsilon_i \tag{13.3.6}$$

式中，y_i 只有在$\underline{c}_i < \boldsymbol{x}_i'\boldsymbol{\beta} + \varepsilon_i < \overline{c}_i$时才取得观察值，而在截尾问题中是把所有 y_i^* 为负的值从样本中剔除，二者是不同的。

2. EViews 的应用

截尾模型的估计遵循和 censored 模型相同的步骤。

从主菜单选择 Quick/Equation Estimate，在方程定义窗口选择 CENSORED 估计方法（见图 13-8）。

首先在方程定义栏中输入截断因变量和自变量列表（定义式同样必须是列表形式），选择一种误差项分布；接着选择 the Truncated sample 选项来表示要建的是截尾模型；然后通过在两个编辑栏里输入适当的表达式来指定截断点。若某栏为空，EViews 会假定这一方向上没有截断点。截断点的定义类似于删失模型中的删失点。

此外，作如下几点补充说明。

首先，只有当截断点已知时才可进行估计，否则无法定义似然函数。如果想用指标变量来定义截断点，则会得到选择不可行的错误提示。

其次，如果因变量有一些取值在截断点之外，EViews 会给出错误信息，并进一步自动剔除等于截断点的观察值。例如指定下截断点为零时，如果有任何观察值小于零，EViews 就会给出错误信息，并把因变量精确等于零的观察值剔除掉。

EViews 对截尾模型提供了和删失模型相同的过程，只是各自的计算公式不同。比如产生残差序列和进行预测都与删失模型一样，不再赘述。

13.4　计数模型

当因变量 y 为计数变量，即取事件发生的数目时，应考虑使用计数（Count）模型。该模型适用于：因变量是离散的整数且具有数值小、取零的个数较多的情况。于是需要用能反映这种特点的模型形式来改进普通最小二乘法。

EViews 提供了计数数据的多种估计方法，除标准泊松和负二项极大似然法（ML）外，还有拟极大似然法（QML）。

13.4.1　计数模型

1. 计数模型的一般形式

因变量的条件均值受回归变量制约，模型为：

$$m(\boldsymbol{x},\boldsymbol{\beta}) = E(y|\boldsymbol{x},\boldsymbol{\beta}) = \exp(\boldsymbol{x}'\boldsymbol{\beta}) \tag{13.4.1}$$

2. 泊松模型

泊松模型是计数模型中常见的一类，它认定每一个观察值 y_i 都来自一个参数为 λ_i 的泊松分布，而 λ_i 是一个指标变量，它和自变量有关。也就是

$$P(Y_i = y_i) = \frac{\mathrm{e}^{-\lambda_i}\lambda_i^{y_i}}{y_i!}, \quad y_i = 0,1,\cdots,n \tag{13.4.2}$$

λ_i 最一般的表示是对数线性模型，其形式为：

$$\ln\lambda_i=\boldsymbol{\beta}'\boldsymbol{x}_i \tag{13.4.3}$$

由泊松分布的特点，各因变量的期望值为：

$$E(y_i|\boldsymbol{x}_i)=\mathrm{Var}(y_i|\boldsymbol{x}_i)=\lambda_i=\mathrm{e}^{\boldsymbol{\beta}'\boldsymbol{x}_i} \tag{13.4.4}$$

于是可由对数似然函数最大化得到参数 $\boldsymbol{\beta}$ 的估计。如果条件均值分布是正确定义的，即 y 的条件分布是泊松分布，那么得到的 MLE 估计是一致有效的，且有渐进正态分布。

3. 拟极大似然函数法（QML）

拟极大似然函数法是在一系列分布假定下才能实现，它的估计比较稳健，即使分布指定错误也能产生正确定义条件均值参数的一致估计。

结果的这种稳健性类似于普通回归：即使残差分布非正态，ML 估计也是一致的。普通最小二乘法中，一致性要求是条件均值 $m(\boldsymbol{x},\boldsymbol{\beta})=\boldsymbol{x}'\boldsymbol{\beta}$，而在 QML 中，一致性要求有 $m(\boldsymbol{x},\boldsymbol{\beta})=\exp(\boldsymbol{x}'\boldsymbol{\beta})$。

估计标准误的方法是用信息矩阵的逆计算得到，但不具备一致性，除非 y 的条件分布指定正确。然而即使指定错误，用一种稳健的方式估计标准误仍是可能的。

13.4.2 EViews 中的建模

例 13.4

表 13-13 是不同轮船发生事故数据。因变量 y 表示平均每月发生事故数。自变量轮船的特征属性如类型、建造时间等。轮船有 5 种类型，4 个建造时期。运行时间是这一类船总共的运行时间。观察期是两个时期：1960—1974 年及 1975—1979 年，因为 1975—1979 年建的船不可能在 1960—1974 年使用，造成每组数据都有缺失，E 组中第二个数据也缺失。

表 13-13 轮船事故数据

轮船类型						建造时期				使用时期		运行时间	y	
类型	A	B	C	D	E	1960—1964	1965—1969	1970—1974	1975—1979	1960—1974	1975—1979	t（月）	实际值	预测值
1	1	0	0	0	0	1	0	0	0	1	0	127	0	0.292
1	1	0	0	0	0	1	0	0	0	0	1	63	0	0.224
1	1	0	0	0	0	0	1	0	0	1	0	1 095	3	3.995
1	1	0	0	0	0	0	1	0	0	0	1	1 095	4	5.772
1	1	0	0	0	0	0	0	1	0	1	0	1 512	6	5.905
1	1	0	0	0	0	0	0	1	0	0	1	3 353	18	17.544
1	1	0	0	0	0	0	0	0	1	1	0			
1	1	0	0	0	0	0	0	0	1	0	1	2 244	11	8.267
2	0	1	0	0	0	1	0	0	0	1	0	44 882	39	41.547
2	0	1	0	0	0	1	0	0	0	0	1	17 176	29	25.163
2	0	1	0	0	0	0	1	0	0	1	0	28 609	58	53.736

续表

轮船类型						建造时期				使用时期		运行时间	y	
类型	A	B	C	D	E	1960—1964	1965—1969	1970—1974	1975—1979	1960—1974	1975—1979	t（月）	实际值	预测值
2	0	1	0	0	0	0	1	0	0	0	1	20 370	53	57.088
2	0	1	0	0	0	0	0	1	0	1	0	7 064	12	16.723
2	0	1	0	0	0	0	0	1	0	0	1	13 099	44	42.254
2	0	1	0	0	0	0	0	0	1	1	0			
2	0	1	0	0	0	0	0	0	1	0	1	7 117	18	16.488
3	0	0	1	0	0	1	0	0	0	1	0	1 179	1	1.026
3	0	0	1	0	0	1	0	0	0	0	1	552	1	0.746
3	0	0	1	0	0	0	1	0	0	1	0	781	0	1.375
3	0	0	1	0	0	0	1	0	0	0	1	676	1	1.743
3	0	0	1	0	0	0	0	1	0	1	0	783	6	1.521
3	0	0	1	0	0	0	0	1	0	0	1	1 948	2	5.014
3	0	0	1	0	0	0	0	0	1	1	0			
3	0	0	1	0	0	0	0	0	1	0	1	274	1	0.576
4	0	0	0	1	0	1	0	0	0	1	0	251	0	0.474
4	0	0	0	1	0	1	0	0	0	0	1	105	0	0.311
4	0	0	0	1	0	0	1	0	0	1	0	288	0	1.043
4	0	0	0	1	0	0	1	0	0	0	1	192	0	1.044
4	0	0	0	1	0	0	0	1	0	1	0	349	2	1.370
4	0	0	0	1	0	0	0	1	0	0	1	1 208	11	6.091
4	0	0	0	1	0	0	0	0	1	1	0			
4	0	0	0	1	0	0	0	0	1	0	1	2 051	4	6.666
5	0	0	0	0	1	1	0	0	0	0	1	45	0	0.217
5	0	0	0	0	1	1	0	0	0	0	1			
5	0	0	0	0	1	0	1	0	0	1	0	789	7	3.902
5	0	0	0	0	1	0	1	0	0	0	1	437	7	3.302
5	0	0	0	0	1	0	0	1	0	1	0	1 157	5	6.090
5	0	0	0	0	1	0	0	1	0	0	1	2 161	12	15.488
5	0	0	0	0	1	0	0	0	1	1	0			
5	0	0	0	0	1	0	0	0	1	0	1	542	1	3.002

数据来源：Data from McCullgh and Nelder（1983，p. 137）.

数据符合本节开头讲的计数模型条件，故采用泊松模型建模。我们注意到定性变量较多，根据第 2 章的内容，为防止多重共线性，在引入虚拟变量时，需要人为地去掉一个。例如 A，B，C，D，E 这 5 个表示船型的变量中，去掉 A，将其余的 4 个变量引入模型。对于表示建造时期、使用时期的定性变量也是如此。模型为：

$$\ln E(y)=\boldsymbol{\beta}'\boldsymbol{x} \tag{13.4.5}$$

为了方便起见，表示类型的 5 个变量用 $x_1 \sim x_5$ 表示；表示建造时期的 4 个变量用 $y_1 \sim y_4$ 表示，表示使用时期的 2 个变量用 z_1，z_2 表示，运行时间用 da 表示，发生的事故数用

times 表示，建立好工作文件。

估计的时候，选 Quick/Estimate Equation 打开方程定义窗口，从方程定义窗口中的估计方法一栏选择 COUNT，打开计数估计对话框，如图 13－9 所示。

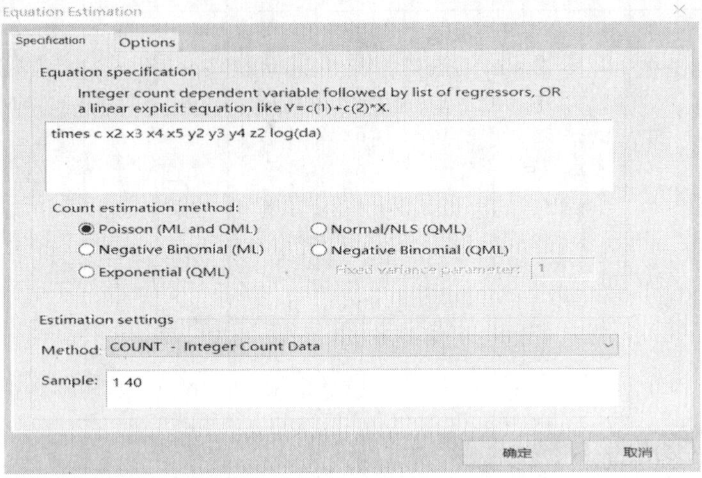

图 13－9　计数模型的方程定义窗口

在上方的编辑栏给出因变量和自变量列表且只能使用列表形式，也就是输入

times c x2 x3 x4 x5 y2 y3 z2 log(da)

如果想更换默认的估计算法、收敛准则、初始值和计算系数协方差的方法，可选 Options 选项加以设定，然后选择一种模型方法，如果合适还可指定一个方差参数值。详细方法会在下面讲到。

此时只需默认其他选项即可，然后点击 OK 按钮，得到输出结果如表 13－14 所示。

表 13－14　模型输出结果（例 13.4）

Variable	Coefficient	Std. Error	z-Statistic	Prob.
C	-5.614437	0.870183	-6.452021	0.0000
X2	-0.354411	0.269730	-1.313947	0.1889
X3	-0.761009	0.338114	-2.250749	0.0244
X4	-0.133843	0.297056	-0.450566	0.6523
X5	0.272956	0.241887	1.128447	0.2591
Y2	0.664869	0.153454	4.332704	0.0000
Y3	0.763619	0.177251	4.308119	0.0000
Y4	0.374746	0.245351	1.527388	0.1267
Z2	0.367946	0.118231	3.112091	0.0019
LOG(DA)	0.905140	0.101497	8.917931	0.0000

R-squared	0.975238	Mean dependent var	10.47059
Adjusted R-squared	0.965952	S.D. dependent var	15.73499
S.E. of regression	2.903420	Akaike info criterion	4.582519
Sum squared resid	202.3164	Schwarz criterion	5.031449
Log likelihood	-67.90283	Hannan-Quinn criter.	4.735617
Restr. log likelihood	-356.2029	LR statistic	576.6002
Avg. log likelihood	-1.997142	Prob(LR statistic)	0.000000

式中的变量名与数据中有所不同，这是为了处理时方便些。写出具体模型就是：

$$\lambda = \exp(-5.6144 - 0.3544\times B - 0.7610\times C - 0.1338\times D + 0.2730\times E + 0.6649\times y_2 + 0.7636\times y_3 + 0.3748\times y_4 + 0.3680\times z_2 + 0.9051\times \log(DA))$$

由表 13 - 14 可以看出，调整的 R^2（Adjusted R-squared）为 0.965 95，模型拟合得很不错。

输出结果中还有这样一些统计量：

LR statistic：是对计数模型进行拟合优度检验的 *LR* 检验统计量。检验通过说明模型拟合较好，各个变量都对模型有显著作用。

Prob(LR statistic)：*LR* 检验的相伴概率，概率越小，越能检验原假设，说明模型拟合优度越劣。

LR 检验还可通过观测 View/Coefficient Tests/Redundant Variables-Likelihood Ratio，然后输入冗余变量，对模型中的自变量进行检验。这里的零假设是冗余变量，不是解释因变量的显著因子。如果用的是稍弱一些的 GLM 估计，得到的将是拟极大似然比（QLR）统计量。

计数模型仍能产生三种残差，与前两节的模型一致。

关于拟最大似然函数法

EViews 提供了两种稳健标准误的选项，在方程定义窗口中点击 Options，在对话框中选择 Robust Covariance 选项，选 Huber/White 计算 QML 标准误，选 GLM 计算过于离散时的标准误。

报告出的模型拟合值如表 13 - 15 所示，为了实际中的应用，还列出了没有船型效应和时期效应时的估计数值。

表 13 - 15　模型拟合值

	变量	全模型	无船型效应	无时期效应
	Constant	5.614 4	5.229 4	3.229 5
轮船类型	B	0.354 4		0.147 3
	C	0.761 0		1.004 7
	D	0.133 8		0.351 0
	E	0.273 0		0.195 6
建造时期	65.69	0.664 9	0.674 9	
	70.74	0.763 6	0.799 1	
	75.79	0.374 7	0.401 1	
使用时期	75.79	0.367 9	0.352 6	
	LOG（*t*）	0.905 1	0.831 7	0.708 1

进行预测时，方法仍与其他模型一样。这里我们用全模型得到了各个 *y* 的预测值，为了比较把它列在表 13 - 13 里。*y* 的预测值由式（13.4.4）得到，也就是用 λ_i 作为每一个观察值的预测值。

对船型和建造时期这两组变量进行 *LR* 检验，变量在解释事故数目中没有显著作用的零假设均被明显拒绝，这说明还是全模型更优。

13.4.3 模型方法

从图 13-9 中可看出，EViews 提供了五种模型方法，在建模中需要加以选择。这五种方法如下（括号中是 EViews 建模的准则：ML 或 QML）。

（1）Poisson（ML and QML）。泊松假定最重要的限制是条件均值和方差相等。如果这一条件被拒绝，模型出现定义错误，EViews 会给出缓和这种限制的许多其他估计。

我们注意到泊松估计可以解释为一种拟极大似然估计（QML）。如果条件均值是正确引入的，将会产生参数 $\boldsymbol{\beta}$ 的估计。EViews 默认报告出 ML 标准误。如果想计算 QML 标准误，应点击 Options，选 Robust Covariances，然后选择想要的协方差阵估计。

（2）Negative Binomial（ML）。当泊松假定不满足时，另一种选择可选负二项模型，ML 估计的有效性和一致性要求 y 的条件分布是负二项分布。

（3）Exponential（QML）。和其他 QML 估计一样，如果条件均值正确引入的话，那么指数 QMLE 即使在 y 的条件分布不是指数分布的情况下，估计也是一致的。EViews 默认报告出 QML 标准误。

（4）Normal/NLS（QML）。假定 y_i 服从正态分布 $N(m_i, \sigma^2)$，然后通过对数似然函数求出估计值：

对于固定的 σ^2 和正确引入的 m_i，ML 估计在即使分布非正态时也是一致的。注意到在固定 σ^2 时，将正态似然函数最大化等价于将下列非线性模型的平方最小化：

$$y_i = \exp(\boldsymbol{x}'\boldsymbol{\beta}) + u_i \tag{13.4.6}$$

EViews 默认取 $\sigma^2=1$，可通过改变 Fixed variance parameter 栏里的数指定取其他正值。EViews 默认报告出 QML 标准误。

（5）Negative Binomial（QML）。如果将负二项似然函数最大化，对固定的 η^2，获得的是条件均值参数 $\boldsymbol{\beta}$ 的 QMLE。这里又引入了一个和条件均值 m_i 一起决定条件方差的参数 η^2。如果 m_i 正确引入的话，即使 y 的条件分布不是负二项分布，QML 估计也是一致的。

EViews 默认取 $\eta^2=1$，这是几何分布的特例。可以通过改变 Fixed variance parameter 栏里的数指定取其他正数。对于负二项分布的 QMLE，EViews 默认报告出稳健的 QMLE 标准误。

13.4.4 模型分析

EViews 提供了计数模型的观测，可以查看估计输出，计算因变量的频率，执行系数检验等。除此之外，可在方程窗口上选择 View/Actual，Fitted，Residual，从描述普通残差的几个观测中选择，可以查看残差的相关图和柱状图，普通残差这样计算：

$$\varepsilon_o = y - \exp(x'\beta)$$

然而要注意到方程结果输出的底部给出的是 LR 统计量，通过 View/Coefficient Tests/Redundant Variables-Likelihood Ratio 可检验把一个或几个因变量视为多余变量时模型的拟合情况。

常用的过程有：

Forecast　用于预测，它提供了两种预测对象：预测因变量 y 或线性指标 $\boldsymbol{x}'\hat{\boldsymbol{\beta}}$，注意到有关系 $\hat{y}=\exp(\boldsymbol{x}'\hat{\boldsymbol{\beta}})$。

Make Residual Series　仍提供了三种残差供选择输出：普通残差、一般残差和标准化残差。

附录　EViews 编程基础

本附录内容请扫描二维码。

附表　常用统计分布表

本附表内容请扫描二维码。

参考文献

［1］汪仁官. 概率论引论. 北京：北京大学出版社，1994.

［2］茆诗松，王静龙. 数理统计. 上海：华东师范大学出版社，1990.

［3］易丹辉. 统计预测：方法与应用. 2 版. 北京：中国人民大学出版社，2014.

［4］李子奈，叶阿忠. 高等计量经济学. 北京：清华大学出版社，2000.

［5］陆懋祖. 高等时间序列经济计量学. 上海：上海人民出版社，1999.

［6］顾岚. 时间序列分析在经济中的应用. 北京：中国统计出版社，1994.

［7］何晓群. 回归分析与经济数据建模. 北京：中国人民大学出版社，1997.

［8］Robert S. Pindyck，Daniel L. Rubinfeld. Econometric Model and Economic Forecasts. forth edition. McGraw-Hill Companies，1998.

［9］William H. Greene. Econometric Analysis. Prentice-Hall International Inc.，1997.

［10］William W. S. Wei. Time Series Analysis：Univariate and Multivariate Methods. Addison-Wesley，1989.

［11］Robert F. Engle. ARCH Selected Readings. Oxford University Press，1995.

［12］Chen Hsiao. Analysis of Panel Data. Cambridge University Press，1986.

［13］C. Radhakrishna Rao，Helge Toutenburg. Linear Models-Least Squares and Alternatives. Springer-Verlag，1995.

［14］吴喜之. 非参数统计. 北京：中国统计出版社，2006.

［15］高铁梅. 计量经济分析方法与建模——EViews 应用及实例. 清华大学出版社，2006.

［16］伍德里奇. 横截面与面板数据的经济计量分析. 北京：中国人民大学出版社，2007.

［17］张晓峒. EViews 使用指南与案例. 北京：机械工业出版社，2007.

［18］ Roger Koenker. Quantile Regression. New York：Cambridge University Press，2005.

［19］ Roger Koenker，Gilbert Bassett Jr. Regression Quantiles. Econometrica，1978，46（1）：33－50.

［20］ 易丹辉. 时间序列分析：方法与应用. 2 版. 北京：中国人民大学出版社，2018.

［21］ Elena Andreou. Eric Ghysels，Andros Kourtellos. Should Macroeconomic Forecasters Use Daily Financial Data and How?. Journal of Business and Economic Statistics，2013（3）：240－251.

［22］ Michelle T. Armesto Kristie M. Engemann，Michael T. Owyang. Forecasting with Mixed Frequencies. Federal Reserve Bank of St. Louis Review，2010（92）：521－36.

［23］ Eric Ghysels Pedro Santa-Clara，Rossen Valkanov. The MIDAS Touch：Mixed Data Sampling Regression Models. University of North Carolina and UCLA Discussion Paper，2004.

［24］ Eric Ghysels，Pedro Santa-Clara，Rossen Valkanov. Predicting Volatility：Getting the Most out of Return Data Sampled at Different Frequencies. Journal of Econometrics，2006（131）：59－95.

［25］ Eric Ghysels，Arthur Sinko，Rossen Valkanov. MIDAS Regressions：Further Results and New Directions. Econometric Reviews，2007（26）：53－90.

［26］ 刘金全，刘汉，印重．中国宏观经济混频数据模型应用：基于 MIDAS 模型的实证研究. 经济科学，2010（5）：23－34.

［27］ 刘汉，刘金全．中国宏观经济总量的实时预报与短期预测——基于混频数据预测模型的实证研究. 经济研究，2011（3）：4－17.

［28］ 王维国，于扬．基于混频回归类模型对中国季度 GDP 的预报方法研究. 数量经济技术经济研究，2016（4）：108－125.

［29］ 何强．利用混频大数据预测中国季度 GDP 增速研究. 调研世界，2018（7）：9－14.

［30］ 唐成千，莫旋．中国宏观经济的混频模型分析和短期预测. 经济问题探索，2016（11）：16－24.

教师教学服务说明

中国人民大学出版社管理分社以出版经典、高品质的工商管理、统计、市场营销、人力资源管理、运营管理、物流管理、旅游管理等领域的各层次教材为宗旨。

为了更好地为一线教师服务，近年来管理分社着力建设了一批数字化、立体化的网络教学资源。教师可以通过以下方式获得免费下载教学资源的权限：

在中国人民大学出版社网站 www. crup. com. cn 进行注册，注册后进入“会员中心”，在左侧点击“我的教师认证”，填写相关信息，提交后等待审核。我们将在一个工作日内为您开通相关资源的下载权限。

如您急需教学资源或需要其他帮助，请在工作时间与我们联络：

中国人民大学出版社　管理分社

联系电话：010-82501048，62515782，62515735

电子邮箱：glcbfs@crup. com. cn

通讯地址：北京市海淀区中关村大街甲 59 号文化大厦 1501 室（100872）